Der Einfluss des EG-Rechts auf die
Anwendung nationalen Rechts

Europäische Hochschulschriften
Publications Universitaires Européennes
European University Studies

Reihe II
Rechtswissenschaft

Série II Series II
Droit
Law

Bd./Vol. 3297

PETER LANG
Frankfurt am Main · Berlin · Bern · Bruxelles · New York · Oxford · Wien

Joos Hellert

Der Einfluss des EG-Rechts auf die Anwendung nationalen Rechts

Eine vergleichende Studie zum Recht in der Bundesrepublik Deutschland und im Vereinigten Königreich von Großbritannien und Nordirland

PETER LANG
Europäischer Verlag der Wissenschaften

Die Deutsche Bibliothek - CIP-Einheitsaufnahme

Hellert, Joos:

Der Einfluss des EG-Rechts auf die Anwendung nationalen Rechts
Eine vergleichende Studie zum Recht in der Bundesrepublik Deutschland und im Vereinigten Königreich von Großbritannien und Nordirland / Joos Hellert. - Frankfurt am Main ; Berlin ; Bern ; Bruxelles ; New York ; Oxford ; Wien : Lang, 2001
(Europäische Hochschulschriften : Reihe 2, Rechtswissenschaft ; Bd. 3297)
Zugl.: Augsburg, Univ., Diss., 2001
ISBN 3-631-38513-7

D 384
ISSN 0531-7312
ISBN 3-631-38513-7

www.peterlang.de

für

meine Eltern

und

Katia

„As I started, the sheer odiousness of the text sank in. The purpose of the Order, to make it more likely (I would put it no stronger than that) that women should be paid the same rate for the same task, as men, was unchallengeable. In my view, in most instances, women deserve not less but *more* than the loutish, leering, cigaretting males who control most organisations at most levels. But give a civil servant a good case and he'll wreck it with clichés, bad punctuation, double negatives and convoluted apology. Stir into this a directive from the European Community, some contrived legal precedent and a few caveats from the European Court of Justice and you have a text which is impossible to read [...]. I found myself dwelling on, implicitly, it could be said, sneering at, the more cumbrous and unintelligible passages."

Allan Clark, ehemaliger britischer Arbeitsminister, über seinen in alkoholisiertem Zustand vorgetragenen Entwurf der Equal Pay Regulations 1983 an das House of Commons - Diaries (1993), p. 29 f.

VORWORT

Die vorliegende Arbeit zum Einfluss des EG-Rechts auf die Anwendung nationalen Rechts wurde im Sommersemester 2001 von der Juristischen Fakultät der Universität Augsburg als Dissertation angenommen. Anhand eines Vergleichs mit der Rechtslage im Vereinigten Königreich war es mein Ziel, noch immer bestehende Probleme bei der EG-rechtskonformen Anwendung bundesdeutschen Rechts einer nachvollziehbaren Lösung zuzuführen.

Mein besonderer Dank gilt meinem Doktorvater Herrn Prof. Dr. *Thomas M.J. Möllers* vor allem für die überaus unkomplizierte und zielorientierte Betreuung dieser Arbeit. Die gemeinsamen Gespräche über Entwürfe und Ergebnisse haben nicht nur Freude bereitet, sie waren darüber hinaus für die Entstehung der Arbeit von großer Bedeutung. Ferner bedanke ich mich bei Herrn Prof. Dr. *Volker Behr* für die zügige Erstellung des Zweitgutachtens.

Auf dem Gebiet der Rechtsvergleichung ist es (leider noch immer) nichts Außergewöhnliches, dass die Beschaffung der ausländischen Materialien eine der schwierigsten Aufgaben darstellt, die es zu bewältigen gilt. Dank der immer freundlichen Hilfe des Teams um Herrn *Keith Taylor* von der Edinburgh University Library war dies in meinem Fall anders.

Es ist ein häufiges Phänomen, dass eine spätere Durchsicht des eigens verfassten Textes eher zu einem Auswendiglernen führt, denn zu einer wirklich ergiebigen Korrektur. Hier hat einmal mehr mein Bruder *Claas* wertvollste Hilfe geleistet, wofür ich nicht nur ihm, sondern auch seiner Familie zu Dank verpflichtet bin. Gleiches gilt für meinen Freund *Jochen Strauß*, der die Durchsicht der englischsprachigen Zusammenfassung übernommen hat.

Schließlich gilt meine Dankbarkeit ebenso wie Anerkennung vor allem meiner *Katia*. Nur wer mich wirklich kennt, dürfte in Ansätzen erahnen, welchen Beitrag sie zum Gelingen dieser Arbeit geleistet hat.

Grafing, im Sommer 2001

Joos Hellert

INHALTSVERZEICHNIS

ABKÜRZUNGSVERZEICHNIS

a.A.	andere Ansicht
a.a.O.	am angegebenen Ort
ABl	Amtsblatt
Abs.	Absatz
A.C.	Court of Appeal/Appelate Court
AcP	Archiv für die civilistische Praxis
a.F.	alte Fassung
AGB	Allgemeine Geschäftsbedingungen
All E.R.	All England Law Reports
Am.J.Com.L.	The American Journal of Comparative Law
AP	Nachschlagewerk des Bundesarbeitsgerichts
AöR	Archiv für öffentliches Recht
ArbG	Arbeitsgericht
ArbGG	Arbeitsgerichtsgesetz
ArbuR	Arbeit und Recht
Art.	Artikel
Artt.	Artikel (plural)
BAG	Bundesarbeitsgericht
BauGB	Baugesetzbuch
BayVBl.	Bayerische Verwaltungsblätter
BB	Der Betriebs-Berater
Bd.	Band
Begr.	Begründer
Beschl.	Beschluss
BFH	Bundesfinanzhof
BGB	Bürgerliches Gesetzbuch
BGBl.	Bundesgesetzblatt
BGH	Bundesgerichtshof
BT-Drs.	Bundestagsdrucksache
BVerfG	Bundesverfassungsgericht
BVerwG	Bundesverwaltungsgericht
Ch	Chancery Division
C.L.J.	The Cambridge Law Journal
C.M.L.R.	Common Market Law Reports
CML Rev.	Common Market Law Review
Co. Rep.	Coke's Reports
DB	Der Betrieb
ders.	derselbe
dies.	dieselbe

DÖV .... Die Öffentliche Verwaltung
DStR .... Deutsches Steuerrecht
DVBl. .... Deutsche Verwaltungsblätter
E .... Entscheidungen des Bundesverfassungsgerichts/ Bundesverwaltungsgerichts
EC .... European Community
ECA .... European Communities Act
ed. .... editor
Edin. L.R. .... Edinburgh Law Review
eds. .... editors
EG .... Europäische Gemeinschaft
EGBGB .... Einführungsgesetz zum Bürgerlichen Gesetzbuch
EGV .... Vertrag zur Gründung der Europäischen Gemeinschaft
EL .... Ergänzungslieferung
E.L.Rev. .... European Law Review
EPL .... European Public Law
ERPL .... European Review of Private Law
EU .... Europäische Union
EuGH .... Europäischer Gerichtshof
EuGRZ .... Europäische Grundrechte
EuR .... Europarecht
EuZW .... Europäische Zeitschrift für Wirtschaftsrecht
EWG .... Europäische Wirtschaftsgemeinschaft
EWGV .... Vertrag zur Gründung der Europäischen Wirtschaftsgemeinschaft
EWS .... Europäisches Wirtschafts- und Steuerrecht
EzA .... Entscheidungssammlung zum Arbeitsrecht
f. .... folgende
ff. .... fortfolgende
FS .... Festschrift
GG .... Grundgesetz
GRUR .... Gewerblicher Rechtsschutz und Urheberrecht
GS .... Gedächtnisschrift
GVG .... Gerichtsverfassungsgesetz
Harv. L. Rev. .... Harvard Law Review
HausTWG .... Gesetz über den Widerruf von Haustürgeschäften und ähnlichen Geschäften
Hrsg. .... Herausgeber/-in
ibid. .... ibidem (ebenda)
I.C.L.Q. .... International and Comparative Law Quarterly
I.L.J. .... Industrial Law Journal
IRLR .... Industrial Relations Law Reports

IStR	Internationales Steuerrecht
J.C.M.S.	Journal of Common Market Studies
Jura	Juristische Ausbildung
JuS	Juristische Schulung
JZ	Juristen-Zeitung
K.B.	King's Bench Division
LAG	Landesarbeitsgericht
L.Q.R.	The Law Quarterly Review
L.Soc.Gaz.	The Law Society's Gazette
MDR	Monatsschrift für Deutsches Recht
MLR	Modern Law Review
m.w.N.	mit weiteren Nachweisen
n.F.	neue Fassung
NILQ	Northern Ireland Legal Quarterly
NJW	Neue Juristische Wochenschrift
NJW-RR	NJW-Rechtsprechungs-Report Zivilrecht
N.L.J.	New Law Journal
Nr.	Nummer
NVwZ	Neue Zeitschrift für Verwaltungsrecht
NZA	Neue Zeitschrift für Arbeitsrecht
O.J.L.S.	Oxford Journal of Legal Studies
ÖJZ	Österreichische Juristen-Zeitung
p.	page
P.L.	Public Law
ProdHaftG	Produkthaftungsgesetz
Q.B.	Queen's Bench Division
RabelsZ	Zeitschrift für ausländisches und internationales Privatrecht
RdA	Recht der Arbeit
Rdnr.	Randnummer
RIW	Recht der internationalen Wirtschaft
S.	Seite
s.	section
SAE	Sammlung Arbeitsrechtlicher Entscheidungen
Slg.	Sammlung
S.L.G.	Scottish Law Gazette
ss.	sections/subsection
StVj	Steuerliche Vierteljahresschrift
u.a.	und andere
UIG	Umweltinformationsgesetz
Urt.	Urteil
UStG	Umsatzsteuergesetz

UWG	Gesetz gegen den unlauteren Wettbewerb
v.	versus
v.	vom
Vgl.	Vergleiche
Vol.	Volume
VVDStRL	Veröffentlichungen der Vereinigung der Deutschen Staatsrechtslehrer
W.L.R.	Weekly Law Reports
WM	Wertpapier Mitteilungen
WRP	Wettbewerb in Recht und Praxis
Z	Entscheidungen des Bundesgerichtshofs in Zivilsachen
ZEuP	Zeitschrift für Europäisches Privatrecht
ZfA	Zeitschrift für Arbeitsrecht
ZfRV	Zeitschrift für Rechtsvergleichung
ZGR	Zeitschrift für Unternehmens- und Gesellschaftsrecht
ZHR	Zeitschrift für das gesamte Handels- und Wirtschaftsrecht
ZIP	Zeitschrift für Wirtschaftsrecht
ZPO	Zivilprozeßordnung
ZUM	Zeitschrift für Urheber- und Medienrecht
ZZP	Zeitschrift für Zivilprozeß

Einleitung und Gang der Untersuchung

Sowohl in der Bundesrepublik Deutschland als auch im Vereinigten Königreich von Großbritannien und Nordirland besteht eine Methodenlehre zur Anwendung des innerstaatlichen Rechts. Der Umgang mit diesen Methodenlehren ist grundsätzlich allgemein anerkannt, erweist sich jedoch dort als Gegenstand von Kontroversen, wo es um die Auslegung und Fortbildung beziehungsweise Interpretation von Rechtssätzen geht, die im Regelungsbereich des Rechts der Europäischen Gemeinschaft liegen. Bekannte Beispiele der Vergangenheit liefert etwa die mitgliedstaatliche Gesetzgebung im Rahmen von Art. 141 EGV und der Gleichbehandlungs-Richtlinie (76/207/EWG)[1]. So war es für den Fall der geschlechtsspezifischen Diskriminierung beim Zugang zum Arbeitsplatz im Sinne des § 611 a BGB a.F. umstritten, ob jene Vorschrift, die ihrem Wortlaut nach allein einen verschuldensabhängigen Ersatz des negativen Interesses vorsah, auch für den von der Richtlinie vorgeschriebenen verschuldensunabhängigen Ersatz eines weitergehenden Schadens herangezogen werden konnte beziehungsweise ob eine entsprechende Rechtsfindung aufgrund der Verletzung des allgemeinen Persönlichkeitsrechts in Betracht kam. Die grundsätzliche Fragestellung lautet, ob respektive inwieweit im Interesse des europäischen Integrationsgedankens und der damit verbundenen gemeinschaftsweiten Rechtsharmonisierung der anerkannte Umgang mit den nationalen Methodenlehren zu Gunsten einer bestmöglichen Verwirklichung dieser Ziele zu modifizieren ist. Hinter einer derartigen Modifikation stünde die Überlegung, etwaige Gemeinschaftsrechtsverstöße nationaler Gesetze schon aufgrund ihrer EG-rechtskonformen Anwendung zu umgehen. Im Rahmen einer Antwort verbietet sich schon angesichts der heute im Grundsatz ebenfalls anerkannten Vorgaben des Gemeinschaftsrechts für die Anwendung nationalen Rechts ein schlichter Verweis auf die anerkannte Dogmatik bestehender Rechtsanwendungsmethoden. Vielmehr ist es erforderlich, Grundlagen und Grenzen nationaler Rechtsanwendung im Lichte des Gemeinschaftsrechts zu hinterfragen. Zu diesem Zweck soll nachfolgend die bundesdeutsche Rechtslage mit der des Vereinigten Königreichs verglichen werden.

---

[1] ABlEG Nr. L 39 v. 14.2.1976, S. 40. Vgl. etwa die Rechtsprechung zu § 611 a BGB a.F.: BAG, Urt. v. 14.3.1989, AP § 611 a BGB Nr. 5; BAG, Urt. v. 14.3.1989, AP § 611 a BGB Nr. 6. Vgl. außerdem die Rechtsprechung zum Sex Discrimination Act 1975 und zum Equal Pay Act 1970: House of Lords, Urt. v. 22.4.1982, [1982] 2 All ER 402 - *Garland v. British Rail Engineering Ltd.*; House of Lords, Urt. v. 11.2.1988, [1988] 1 A.C. 618 - *Duke v. G.E.C. Reliance Ltd.*; House of Lords, Urt. v. 30.6.1988, [1989] 1 A.C. 66 - *Pickstone v. Freemans plc.*; House of Lords, Urt. v. 26.11.1992, [1993] 1 W.L.R. 49 - *Webb v. EMO Air Cargo (U.K.) Ltd. (No. 1)*; House of Lords, Urt. v. 19.10.1995, [1995] 4 All ER 577 - *Webb v. EMO Air Cargo (U.K.) Ltd. (No. 2)*.

Brechmann schreibt in der Einleitung seiner Monographie zur richtlinienkonformen Auslegung bundesdeutschen Rechts, dass es aufgrund der nationalen Herkunft der Methodenlehren geboten sei, diesbezügliche Untersuchungen auf das Recht eines Mitgliedstaats zu beschränken[2]. Dieser Aussage ist zuzustimmen, soweit sie zum Ausdruck bringt, dass Rechtsanwendungsmethoden schon aufgrund ihrer rechtshistorischen Entwicklung ein Kernstück der jeweils voneinander unabhängigen mitgliedstaatlichen Rechtsordnungen darstellen. Indes vermag dieser Umstand nichts daran zu ändern, dass gerade zwischen Mitgliedstaaten der Europäischen Union eine rechtsvergleichende Untersuchung methodenrechtlicher Aspekte angebracht erscheint. Zunächst folgt aus der rein nationalen Natur der Methodenlehren noch nicht, dass diese keinerlei Gemeinsamkeiten aufweisen, die Grundlage einer vergleichenden Betrachtung des auf beide Rechtslagen ausgeübten gemeinschaftsrechtlichen Einflusses sein können. Vor allem wenn man das Gewaltenteilungsprinzip als eines der wesentlichen Elemente berücksichtigt, denen eine Methodenlehre gerecht werden muss, wird deutlich, dass von einem rein nationalen Ursprung derselben und damit von einer fehlenden Vergleichsbasis keine Rede sein kann[3]. Im Übrigen sei bereits an dieser Stelle klargestellt, dass das Ziel dieser Untersuchung nicht allein darin liegen kann, nach konkreten - vom EG-Recht geforderten - methodologischen Veränderungen zu fragen, sondern vielmehr auch die jeweilige Grundeinstellung zum Umgang mit der eigenen Methodenlehre herauszuarbeiten. Ohne Frage fordert die europäische Integration von allen Mitgliedstaaten ein bestimmtes Maß an Bereitschaft zur Entfernung vom bisher bekannten Rechtsfindungsprozess.

Der Gang der Untersuchung gestaltet sich derart, dass in einem einleitenden Kapitel die Anforderungen erörtert werden, die kraft Gemeinschaftsrechts an die Anwendung mitgliedstaatlichen Rechts zu stellen sind. Obwohl gesagt wurde, dass der eigentliche Untersuchungsgegenstand im Rahmen der nationalen Rechtsordnungen angesiedelt ist, sind diese gemeinschaftsrechtlichen Vorgaben von Bedeutung. Nach der Rechtsprechung des *EuGH* hat das unmittelbar wirkende Gemeinschaftsrecht Vorrang vor mitgliedstaatlichem Recht, da die Mitgliedstaaten durch die Ratifizierungen des EG-Vertrags ihre diesbezügliche Souveränität aufgegeben und auf die Europäische Gemeinschaft übertragen haben. Auf diese Weise ist die an sich

---

[2] *Brechmann*, Die richtlinienkonforme Auslegung (1994), S. 3 f.

[3] Zur „Europäisierung" der Lehren von *John Locke* und *Charles de Montesquieu* - vgl. etwa *Wesel*, Geschichte des Rechts (1997), Rdnr. 267. Vgl. außerdem *Luttermann*, JZ 1998, 880, 883; *Schulze*, in: Schulze (Hrsg.), Auslegung europäischen Privatrechts und angeglichenen Rechts (1999), S. 9, 20 ff.; *Großfeld*, AcP 184 (1984), 289, 305: „Wir sind Teil einer gemeineuropäischen Tradition, die selbst im Zeitalter der Nationalstaaten viel von ihrer Kraft bewahrt."

eigenständige Gemeinschaftsrechtsordnung in die Rechtsordnungen der Mitgliedstaaten aufgenommen worden und infolgedessen innerhalb dieser zu beachten[4]. Mithin dürfen widersprechende nationale Rechtsvorschriften nicht mehr angewandt werden. Darüber hinaus verpflichtet das Gemeinschaftsrecht die mitgliedstaatlichen Organe, zu denen der *EuGH* auch die Gerichte als maßgebliche Rechtsanwendungsinstanzen zählt, auf eine EG-rechtskonforme Anwendung des innerstaatlichen Rechts zu achten[5]. Dies gilt nicht nur für das unmittelbar wirkende Gemeinschaftsrecht, sondern auch in Anbetracht des nur als „mittelbar wirkend" bezeichneten EG-Rechts. Während Ersteres Rechtswirkungen direkt gegenüber dem einzelnen Bürger entfalten kann und folglich den beschriebenen Vorrang für sich beansprucht, bedarf das mittelbar wirkende Gemeinschaftsrecht hierfür grundsätzlich einer Transformation in das nationale Recht des jeweiligen Mitgliedstaats. Für die Frage nach dem Einfluss des Gemeinschaftsrechts auf die Anwendung nationalen Rechts wird diese Unterscheidung aufrechtzuerhalten sein.

Die Darstellung der bundesdeutschen Rechtslage im zweiten Kapitel greift nach einer Skizzierung der herkömmlichen nationalen Methodenlehre die beschriebene Unterscheidung des Gemeinschaftsrechts auf und untersucht dementsprechend Grundlagen und Grenzen einer gemeinschaftsrechtskonformen sowie richtlinienkonformen Rechtsanwendung. Während sich die Bezeichnung *Gemeinschaftsrechtskonformität* für die Übereinstimmung von unmittelbar wirkendem Gemeinschaftsrecht und mitgliedstaatlichem Recht etabliert hat, ist zuzugeben, dass die Formulierung *Richtlinienkonformität* zu kurz greift. Vereinzelt ist nämlich auch denkbar, dass Vorschriften des EG-Vertrags selbst mittelbare Wirkungen entfalten[6]. Da die hiermit verbundene Problematik jedoch in den weitaus überwiegenden Fällen im Zusammenhang mit Richtlinienbestimmungen auftritt, wird sie zumeist unter dem Topos der „richtlinienkonformen Rechtsanwendung" behandelt. Dem soll hier entsprochen werden, sodass dieser Unterscheidung folgend die Anwendung der jeweils gewonnen Erkenntnisse vor allem an der Auslegung und Fortbildung von § 239 Abs. 1 BGB sowie Art. 19 Abs. 3 GG beziehungsweise an der Rechtsprechung zu § 611 a Abs. 2 BGB a.F. und § 1 Abs. 1 HausTWG verdeutlicht wird. Soweit hierbei die innerstaatliche Anerkennung des gemeinschaftsrechtlichen Vorrangs von Bedeutung ist, sei aber schon an dieser Stelle darauf hingewiesen, dass eine

---

[4] EuGH, Urt. v. 15.7.1964, Slg. 1964, 1259, 1269 - Rs. 6/64, *Costa ./. E.N.E.L.*; EuGH, Urt. v. 9.3.1978, Slg. 1978, 629, 644 - Rs. 106/77, *Staatliche Finanzverwaltung ./. S.p.A. Simmenthal*.

[5] EuGH, Urt. v. 4.2.1988, Slg. 1988, 673, 690 - Rs. 157/86, *Murphy ./. An Bord Telecom Eireann*; EuGH, Urt. v. 10.4.1984, Slg. 1984, 1891, 1909 - Rs. 14/83, *von Colson und Kamann ./. Land Nordrhein-Westfalen*; EuGH, Urt. v. 13.11.1990, Slg. 1990, I-4135, 4159 - Rs. C-106/89, *Marleasing SA ./. La Comercial Internacional de Alimentación SA*.

[6] Vgl. hierzu etwa *Jarass*, RIW 1993, 1, 7.

kritische Auseinandersetzung mit der *Solange*-Rechtsprechung des *Bundesverfassungsgerichts* unterbleibt.
Anders als die Bundesrepublik Deutschland ist das Vereinigte Königreich kein Gründungsmitglied der Europäischen Gemeinschaften, sondern trat diesen am 1. Januar 1973 bei. Vor allem hierin liegt der Grund, dass es nicht wie in Deutschland zu einer schlichten Ratifikation des EG-Vertrags kam, sondern zur Verabschiedung des European Communities Act 1972. Dieses Gesetzeswerk greift die zu jenem Zeitpunkt gegebene Entwicklung des Gemeinschaftsrechts auf und enthält in ss. 2 und 3 Vorschriften, welche für den gemeinschaftsrechtlichen Einfluss auf die Anwendung innerstaatlichen Rechts von entscheidender Bedeutung sind. Umstritten ist jedoch auch deren Anwendung, weshalb sich ungeachtet der positiven Gesetzeslage ein *case-law* herausgebildet hat, an dem die Beschreibung der Rechtslage des Vereinigten Königreichs im dritten Kapitel ausgerichtet ist. Die diesbezüglichen Leitentscheidungen des *House of Lords* werden unter Berücksichtigung weiterer instanzgerichtlicher Entscheidungen sowie des einschlägigen Schrifttums entsprechend dem Grundaufbau des vorhergehenden Kapitels chronologisch dargestellt.
Nach einem Vergleich der dargestellten Rechtslagen im vierten Kapitel werden im abschließenden fünften Kapitel unter Zuhilfenahme der Rechtslage des Vereinigten Königreichs Schlussfolgerungen für den EG-rechtskonformen Umgang mit der deutschen Methodenlehre im Regelungsbereich des Gemeinschaftsrechts gezogen. Im Zentrum steht dabei die Frage, inwieweit bundesdeutsches Recht vom Recht der Europäischen Gemeinschaft durchdrungen werden muss, kann und sollte.

1. Kapitel: Die Rechtsprechung des EuGH zum Einfluss des EG-Rechts auf die Anwendung nationalen Rechts

Im Rahmen der Rechtsprechung des *EuGH* zum Einfluss des EG-Rechts auf die Anwendung nationalen Rechts ist nach der Normqualität des jeweiligen Gemeinschaftsrechtsakts zu differenzieren. Zum einen geht der *Gerichtshof* schon seit den 60er Jahren von der grundsätzlichen Möglichkeit aus, dass Instrumente des Gemeinschaftsrechts unter bestimmten Voraussetzungen fähig sind, Rechtswirkungen unmittelbar gegenüber dem einzelnen Bürger zu erzeugen[1]. Daneben wurde ab den 80er Jahren ausdrücklich festgestellt, dass auch von solchen Gemeinschaftsrechtsakten, die die Voraussetzungen einer unmittelbaren Wirkung nicht erfüllen und infolgedessen einer nationalen Umsetzung bedürfen, nichtsdestoweniger Rechtswirkungen ausgehen können, die der jeweilige Anwender mitgliedstaatlichen Rechts zu berücksichtigen hat[2]. In diesem Zusammenhang hat sich aufgrund der Erforderlichkeit einer mitgliedstaatlichen Norm, durch welche die gemeinschaftsrechtliche Vorgabe erst Wirkung entfalten kann, sowie angesichts des damit einhergehenden qualitativen Unterschieds zur unmittelbaren Wirkung die Bezeichnung „mittelbar wirkendes" Gemeinschaftsrecht etabliert[3].

A. Unmittelbare Wirkung des Gemeinschaftsrechts

Der *EuGH* hat sich mit der Frage der unmittelbaren Wirkung des Gemeinschaftsrechts erstmals im Jahre 1963 in der Entscheidung *van Gend & Loos ./. Niederländische Finanzverwaltung* befasst. Mit Blick auf Art. 12 EWGV a.F. machte der *Gerichtshof* folgende Ausführungen:

---

[1] Vgl. dazu sogleich A.

[2] Vgl. dazu sogleich B.

[3] Die Bezeichnung „mittelbar wirkendes" Gemeinschaftsrecht entspricht der Terminologie des überwiegenden Schrifttums in der Europäischen Union - vgl. etwa *Dänzer-Vanotti*, StVj 1991, 1,13; *Löw*, DB 1991, 546, 547; *Zöckler*, Jahrbuch junger Zivilrechtswissenschaftler 1992, 141, 158; *Zuleeg*, in: Schulze (Hrsg.), Auslegung europäischen Privatrechts und angeglichenen Rechts (1999), S. 163, 173. Im englischen Sprachraum wird insofern von *„indirectly effective" Community law* gesprochen - vgl. etwa *Betlem*, (1995) 3 ERPL 1; *Craig*, (1997) 22 E.L.Rev. 519; *Deards*, (1996) 2 EPL 71; *Fitzpatrick*, in: Hepple/Szyszczak (eds.), Discrimination: the limits of law (1992), p. 67, 73; *McCrudden*, (1993) 13 O.J.L.S. 320, 323. Andere Autoren differenzieren an dieser Stelle zwischen einer objektiven und einer subjektiven (unmittelbaren) Wirkung des Gemeinschaftsrechts - vgl. *Klein*, Unmittelbare Geltung, Anwendbarkeit und Wirkung von europäischem Gemeinschaftsrecht (1988), S. 15 ff.; *Bach*, JZ 1990, 1108, 1111 ff.

> „Das Ziel des EWG-Vertrages ist die Schaffung eines gemeinsamen Marktes, dessen Funktionieren die der Gemeinschaft angehörigen Einzelnen unmittelbar betrifft; damit ist zugleich gesagt, daß dieser Vertrag mehr ist als ein Abkommen, das nur wechselseitige Verpflichtungen zwischen den vertragsschließenden Staaten begründet. [...]
> Aus alledem ist zu schließen, daß die Gemeinschaft eine neue Rechtsordnung des Völkerrechts darstellt, zu deren Gunsten die Staaten, wenn auch in begrenztem Rahmen, ihre Souveränitätsrechte eingeschränkt haben, eine Rechtsordnung, deren Rechtssubjekte nicht nur die Mitgliedstaaten, sondern auch die Einzelnen sind. Das von der Gesetzgebung der Mitgliedstaaten unabhängige Gemeinschaftsrecht soll daher den Einzelnen, ebenso wie es ihnen Pflichten auferlegt, auch Rechte verleihen. Solche Rechte entstehen nicht nur, wenn der Vertrag dies ausdrücklich bestimmt, sondern auch auf Grund von eindeutigen Verpflichtungen, die der Vertrag den Einzelnen wie auch den Mitgliedstaaten und den Organen der Gemeinschaft auferlegt."[4]

Gemäß der weiteren Entscheidungsgründe ist insofern ein hinreichend klarer und uneingeschränkter Regelungsgehalt der betreffenden Vertragsbestimmung erforderlich[5]. Für Art. 12 EWGV a.F. folgerte der *Gerichtshof* hieraus, dass diese Vorschrift „unmittelbare Wirkungen erzeugt und individuelle Rechte begründet"[6]. Die erstmalige Anerkennung unmittelbarer Wirkung einer Vertragsvorschrift ist jedoch nicht die allein entscheidende Kernaussage der *van Gend & Loos*-Entscheidung. Vor dem Hintergrund, dass mit der Annahme unmittelbarer Wirkung Konflikte zwischen dem Gemeinschaftsrecht und dem Recht der Mitgliedstaaten vorprogrammiert sind, kommt hinzu, dass sich der *EuGH* gleichzeitig den Weg für die Feststellung des gemeinschaftsrechtlichen Vorrangs bereitete, indem er hervorhob, dass die Mitgliedstaaten durch die Zustimmung zum EG-Vertrag ihre Souveränitätsrechte eingeschränkt haben.
Diese Argumentation wurde ebenfalls mit Bezug auf unmittelbar wirkende Vertragsvorschriften im Jahre 1964 in der Rechtssache *Costa ./. E.N.E.L.* aufgegriffen[7]. Entsprechend dem Grundsatz *pacta sunt servanda* ergänzte der *EuGH* nunmehr, dass eine derartige Souveränitätsbeschränkung nicht einseitig von einem Mitgliedstaat rückgängig gemacht werden könne, indem dieser dem Gemeinschaftsrecht widersprechende Rechtsakte erlässt. Zudem stellte der *Gerichtshof* auf die Vorschriften der Artt. 10 (ex-Art. 5) und 12 (ex-Art. 7) EGV ab, gegen die gleichfalls verstoßen werden würde. Infolgedessen konnte der *EuGH* seine Erwägungen mit folgender Bemerkung abschließen:

---

[4] EuGH, Urt. v. 5.2.1963, Slg. 1963, 1, 24 f. - Rs. 26/62, *van Gend & Loos ./. Niederländische Finanzverwaltung.*
[5] EuGH, Urt. v. 5.2.1963, Slg. 1963, 1, 25 f. - Rs. 26/62, *van Gend & Loos ./. Niederländische Finanzverwaltung.*
[6] EuGH, Urt. v. 5.2.1963, Slg. 1963, 1, 27 - Rs. 26/62, *van Gend & Loos ./. Niederländische Finanzverwaltung.*
[7] EuGH, Urt. v. 15.7.1964, Slg. 1964, 1259, 1269 f. - Rs. 6/64, *Costa ./. E.N.E.L.*.

> „Die Staaten haben somit dadurch, daß sie nach Maßgabe der Bestimmungen des Vertrages Rechte und Pflichten, die bis dahin ihren inneren Rechtsordnungen unterworfen waren, der Regelung durch die Gemeinschaftsrechtsordnung vorbehalten haben, eine endgültige Beschränkung ihrer Hoheitsrechte bewirkt, die durch spätere einseitige, mit dem Gemeinschaftsbegriff unvereinbare Maßnahmen nicht rückgängig gemacht werden kann."[8]

Gegenüber der Entscheidung in *Van Gend & Loos* war damit insbesondere klargestellt, dass sich auch ein dem EWG-Vertrag zeitlich nachfolgender Gesetzgebungsakt eines Mitgliedstaats nicht gegen unmittelbar wirkendes Gemeinschaftsrecht durchsetzen kann[9]. Aus heutiger Sicht kann in diesem Zusammenhang ergänzt werden, dass es sich nach allgemein anerkannter Auffassung insofern nicht um einen Geltungsvorrang, sondern lediglich um einen Anwendungsvorrang des Gemeinschaftsrechts gegenüber den mitgliedstaatlichen Rechtsordnungen handelt[10].
Von besonderer Bedeutung ist darüber hinaus im Kontext der Entscheidung *Costa ./. E.N.E.L.* ein weiterer Begründungsansatz für den Vorrang des Gemeinschaftsrechts. Mit Rücksicht auf Verordnungen im Sinne des Art. 249 Abs. 2 EGV führte der *EuGH* aus:

> „Der Vorrang des Gemeinschaftsrechts wird auch durch Artikel 189 bestätigt; ihm zufolge ist die Verordnung ‚verbindlich' und ‚gilt unmittelbar in jedem Mitgliedstaat'. Diese Bestimmung, die durch nichts eingeschränkt wird, wäre ohne Bedeutung, wenn die Mitgliedstaaten sie durch Gesetzgebungsakte, die den gemeinschaftsrechtlichen Normen vorgingen, einseitig ihrer Wirksamkeit berauben könnten."[11]

Ergänzend zum Vorrang des Gemeinschaftsrechts lässt sich aus dieser Überlegung folgern, dass nach der Auffassung des *Gerichtshofs* der gemeinschaftsrechtliche Vorrang nicht auf das Primärrecht beschränkt sein soll, sondern vielmehr auch auf unmittelbar wirkende Verordnungen zu erstrecken ist[12].

---

[8] EuGH, Urt. v. 15.7.1964, Slg. 1964, 1259, 1270 f. - Rs. 6/64, *Costa ./. E.N.E.L.*.
[9] Vgl. auch EuGH, Urt. v. 9.3.1978, Slg. 1978, 629, 644 - Rs. 106/77, *Staatliche Finanzverwaltuug ./. S.p.A. Simmenthal*. Dazu sogleich.
[10] EuGH, Urt. v. 7.2.1991, Slg. 1991, I-297, 321 - Rs. C-184/89, *Nimz ./. Freie und Hansestadt Hamburg*; EuGH, Urt. v. 13.3.1997, Slg. 1997, I-1489, 1498 - Rs. C-197/96, *Kommission ./. Französische Republik*. Vgl. außerdem *Craig/de Búrca*, The Evolution of EU Law (1999), p. 189 ff.; *Ehricke*, RabelsZ 59 (1995), 598, 627 ff.; *Oppermann*, Europarecht (1999), Rdnr. 632 ff.; *Streinz*, Europarecht (1999), Rdnr. 200; *Zuleeg*, VVDStRL 53 (1994), 154, 159 ff.
[11] EuGH, Urt. v. 15.7.1964, Slg. 1964, 1259, 1270 - Rs. 6/64, *Costa ./. E.N.E.L.*.
[12] Siehe auch EuGH, Urt. v. 14.12.1971, Slg. 1971, 1039, 1049 - Rs. 43/71, *Politi s.a.s. ./. Finanzministerium der Italienischen Republik*.

Die unmittelbare Wirkung von Verordnungen folgt regelmäßig aus deren unmittelbarer Geltung im Sinne von Art. 249 Abs. 2 EGV, worauf auch der *EuGH* in seiner *Costa ./. E.N.E.L.* - Entscheidung abstellt[13]. Indes folgt hieraus nicht, dass beide Begriffe als kongruent behandelt werden können[14]. Vor allem *Winter* hat überzeugend dargetan, dass insofern ein qualitativer Unterschied besteht. Obwohl gemäß Art. 249 Abs. 2 EGV Verordnungen stets unmittelbar gelten, müssen diese nicht denknotwendig auch Rechte und Pflichten gegenüber dem einzelnen Bürger erzeugen und dementsprechend unmittelbare Wirkung haben[15]. Dogmatisch überzeugend erscheint es daher, einen eigenständigen Gehalt des Geltungsmoments gegenüber dem Wirkungsmoment anzunehmen, wonach aus Ersterem zusätzlich folgt, dass sich die Mitgliedstaaten im Anwendungsbereich der abschließenden Verordnungsbestimmungen nationaler Gesetzgebungsakte zu enthalten haben[16].

Vor diesem Hintergrund überzeugen auch die Ausführungen des *Gerichtshofs* aus dem Jahre 1974 in der Rechtssache *van Duyn ./. Home Office*, in der es um die Frage der unmittelbaren Wirkung einer Richtlinienbestimmung ging:

---

[13] *Toth*, European Community Law, Vol. I (1990), p. 179. Siehe zudem wiederum EuGH, Urt. v. 14.12.1971, Slg. 1971, 1039, 1049 - Rs. 43/71, *Politi s.a.s. ./. Finanzministerium der Italienischen Republik.*

[14] So aber weite Teile des Schrifttums - vgl. etwa *Hetmeier*, in: Lenz (Hrsg.), EG-Vertrag Kommentar (1999), Art. 249, Rdnr. 7; *Oppermann*, Europarecht (1999), Rdnr. 544; *Pescatore*, (1983) 8 E.L.Rev. 155; *Weymüller*, RIW 1991, 501, 502.

[15] *Winter*, (1972) 9 CML Rev. 425 ff. & 435 ff. Vgl. außerdem *Dashwood*, [1977/78] 16 J.C.M.S. 229, 230 f-; *Easson*, [1979] 28 I.C.L.Q. 319, 320 f.; *Bleckmann*, Europarecht (1997), Rdnr. 411; *Klein*, Unmittelbare Geltung, Anwendbarkeit und Wirkung von europäischem Gemeinschaftsrecht (1988), S. 18 f.

[16] Vgl. *Dashwood*, [1977/78] 16 J.C.M.S. 229, 230; *Green*, (1984) 4 E.L.Rev. 295, 301; *Oppermann*, Europarecht (1999), Rdnr. 647 f.; *Richter*, EuR 1988, 394, 397 f.; *Usher*, (1980) 5 E.L.Rev. 470 f.; *ders.*, European Community law and national law (1981), p. 17 ff.; *ders.*, in: Vaughan (ed.), Law of the European Communities Service (1999), para 189 ff.; *Wyatt*, [1977] 36 C.L.J. 216, 218; *ders.*, (1983) 8 E.L.Rev. 241, 248; *Zöckler*, Jahrbuch junger Zivilrechtswissenschaftler 1992, 141, 144. Dies bedeutet indes nicht, dass zwischen unmittelbarer Geltung und unmittelbarer Wirkung keine Gemeinsamkeiten bestünden - so aber *Usher*, a.a.O.; *Winter*, (1972) 9 CML Rev. 425, 435 f. Dem widerspricht schon Art. 249 Abs. 2 Satz 1 EGV, wonach die Verordnung „allgemeine Geltung" hat. Eine derartige Allgemeinheit - vgl. dazu *Grabitz*, in: Grabitz/Hilf (Hrsg.), Das Recht der Europäischen Union (2000), Art. 189 EGV a.F., Rdnr. 48 - allein gegenüber den Mitgliedstaaten ergäbe keinen Sinn. Es ist vielmehr davon auszugehen, dass der Begriff der unmittelbaren Geltung den der unmittelbaren Wirkung mitumfasst. Vgl. auch die Definition von „unmittelbarer Geltung" in EuGH, Urt. v. 9.3.1978, Slg. 1978, 629, 643 f. - Rs. 106/77, *Staatliche Finanzverwaltung ./. S.p.A. Simmenthal.* Insgesamt zur Terminologie des *EuGH* - vgl. etwa *Herber*, in: Knobbe-Keuk (Hrsg.), FS Döllerer (1988), S. 225, 243; *Steiner*, [1982] 98 L.Q.R. 229, 234 ff.

„Zwar gelten nach Artikel 189 Verordnungen unmittelbar und können infolgedessen schon wegen ihrer Rechtsnatur unmittelbare Wirkungen erzeugen. Hieraus folgt indessen nicht, daß andere in diesem Artikel genannte Kategorien von Rechtsakten niemals ähnliche Wirkungen erzeugen könnten. Mit der den Richtlinien durch Artikel 189 zuerkannten verbindlichen Wirkung wäre es unvereinbar, grundsätzlich auszuschließen, daß betroffene Personen sich auf die durch die Richtlinie auferlegte Verpflichtung berufen können. Insbesondere in den Fällen, in denen etwa die Gemeinschaftsbehörden die Mitgliedstaaten durch Richtlinie zu einem bestimmten Verhalten verpflichten, würde die nützliche Wirkung (‚effet utile') einer solchen Maßnahme abgeschwächt, wenn die einzelnen sich vor Gericht hierauf nicht berufen und die staatlichen Gerichte sie nicht als Bestandteil des Gemeinschaftsrechts berücksichtigen könnten. Artikel 177, wonach die staatlichen Gerichte befugt sind, den Gerichtshof mit der Gültigkeit und Auslegung aller Handlungen der Organe ohne Unterschied zu befassen, setzt im übrigen voraus, daß die einzelnen sich vor diesen Gerichten auf die genannten Handlungen berufen können. Es ist daher in jedem einzelnen Fall zu prüfen, ob die Bestimmung, um die es geht, nach Rechtsnatur, Systematik und Wortlaut geeignet ist, unmittelbare Wirkungen in den Rechtsbeziehungen zwischen den Mitgliedstaaten und den einzelnen zu begründen."[17]

Der *Gerichtshof* entschied mithin, dass die Anerkennung einer unmittelbaren Wirkung nicht durch die Wahl einer Richtlinie als Gemeinschaftsrechtsinstrument ausgeschlossen wird, obgleich die maßgebliche Vorschrift des Art. 249 Abs. 3 EGV deren unmittelbare Geltung unerwähnt lässt, statt dessen aber eine Implementierung in die mitgliedstaatlichen Rechtsordnungen vorsieht. In Ergänzung zur verbindlichen Wirkung einer Richtlinie und zum so genannten *effet utile* wurde die Grundlage dieser Feststellung im Jahre 1979 in der Rechtssache *Strafverfahren gegen Tullio Ratti* erstmals dahingehend formuliert, dass „ein Mitgliedstaat, der die in der Richtlinie vorgeschriebenen Durchführungsmaßnahmen nicht fristgemäß erlassen hat, den einzelnen nicht entgegenhalten kann, daß er […] die aus dieser Richtlinie erwachsenen Verpflichtungen nicht erfüllt hat"[18]. Dies wiederum veranlasste den *Gerichtshof* sieben Jahre später in der Rechtssache *Marshall ./. Southampton and South-West Hampshire Area Health Authority (Teaching)*

---

[17] EuGH, Urt. v. 4.12.1974, Slg. 1974, 1337, 1348 - Rs. 41/74, *van Duyn ./. Home Office*. Die einzelnen Voraussetzungen zur Annahme unmittelbarer Wirkung von Richtlinienbestimmungen hat der *EuGH* später präzisiert. Erforderlich ist demnach, dass die betreffende Richtlinienbestimmung zum einen in der vorgesehenen Frist nicht ordnungsgemäß umgesetzt wurde und zum anderen inhaltlich unbedingt und hinreichend genau für die Annahme einer unmittelbaren Wirkung ist - siehe EuGH, Urt. v. 5.4.1979, Slg. 1979, 1629, 1645 - Rs. 148/78, *Strafverfahren gegen Tullio Ratti*; EuGH, Urt. v. 19.1.1982, Slg. 1982, 53, 71 - Rs. 8/81, *Becker ./. Finanzamt Münster-Innenstadt*.

[18] EuGH, Urt. v. 5.4.1979, Slg. 1979, 1629, 1642 - Rs. 148/78, *Strafverfahren gegen Tullio Ratti*. Siehe außerdem EuGH, Urt. v. 19.1.1982, Slg. 1982, 53, 72 - Rs. 8/81, *Becker ./. Finanzamt Münster-Innenstadt*.

dazu, auf seine ständige Rechtsprechung zu verweisen, wonach „die einzelnen berechtigt sind, sich gegenüber dem Staat auf [Bestimmungen einer Richtlinie] zu berufen, wenn der Staat die Richtlinie nicht fristgemäß in nationales Recht umsetzt oder die unzutreffende Umsetzung der Richtlinie vornimmt“[19]. Mit Blick auf die unmittelbare Wirkung von Richtlinien zwischen Privaten (so genannte horizontale Wirkung) ergänzte der *Gerichtshof*:

> „Zu dem Argument, wonach eine Richtlinie nicht gegenüber einem einzelnen in Anspruch genommen werden könne, ist zu bemerken, daß nach Artikel 189 EWG-Vertrag der verbindliche Charakter einer Richtlinie, auf dem die Möglichkeit beruht, sich vor einem nationalen Gericht auf die Richtlinie zu berufen, nur für ‚jeden Mitgliedstaat besteht, an den sie gerichtet wird‘, besteht. Daraus folgt, daß eine Richtlinie nicht selbst Verpflichtungen für einen einzelnen begründen kann und daß eine Richtlinienbestimmung daher als solche nicht gegenüber einer derartigen Person in Anspruch genommen werden kann. Es ist deshalb zu prüfen, ob im vorliegenden Fall davon auszugehen ist, daß die Beklagte als einzelner gehandelt hat.“[20]

Diese Ablehnung unmittelbar horizontaler Wirkung bestätigte der *EuGH* im Jahre 1994 in der Rechtssache *Faccini Dori ./. Recreb Srl*, wo er wiederholte, dass es nicht hinnehmbar sei, „daß der Staat [...] sich auf die Nichterfüllung seiner Verpflichtungen berufen könnte, um den Bürgern diese Rechte zu versagen“. Neu war indes eine weitere Begründung, mit der der *Gerichtshof* seine diesbezüglichen Ausführungen abschloss:

> „Eine Ausdehnung dieser Rechtsprechung auf den Bereich der Beziehungen zwischen den Bürgern hieße, der Gemeinschaft die Befugnis zuzuerkennen, mit unmittelbarer Wirkung zu Lasten der Bürger Verpflichtungen anzuordnen, obwohl sie dies nur dort darf, wo ihr die Befugnis zum Erlaß von Verordnungen zugewiesen ist.“[21]

Die Problematik dieser Argumentation liegt auf der Hand. Abgesehen davon, dass die unmittelbare Wirkung in Art. 249 EGV überhaupt nicht erwähnt wird, immerhin aber als Bestandteil der dort genannten unmittelbaren Geltung zu

---

[19] Zum umstrittenen Begriff des „Staats“ - siehe EuGH, Urt. v. 12.7.1990, Slg. 1990, I-3313, 3348 f. - Rs. 188/89, *Foster ./. British Gas plc.*. Kritisch zum Ganzen *Grabitz*, in: Grabitz/Hilf (Hrsg.), Das Recht der Europäischen Union (2000), Art. 189 EGV a.F., Rdnr. 61 a.

[20] EuGH, Urt. v. 26.2.1986, Slg. 1986, 723, 749 - Rs. 152/84, *Marshall ./. Southampton and South-West Hampshire Area Health Authority (Teaching)*. Siehe auch EuGH, Urt. v. 8.10.1987, Slg. 1987, 3969, 3985 f. - Rs. 80/86, *Strafverfahren gegen Kolpinghuis Nijmegen BV*.

[21] EuGH, Urt. v. 14.7.1994, Slg. 1994, I-3325, 3356 - Rs. C-91/92, *Faccini Dori ./. Recreb Srl*.

behandeln ist[22], fällt zuvorderst auf, dass im Rahmen eines Vergleichs der Richtlinie mit der Verordnung die vom *EuGH* vollzogene Differenzierung zwischen vertikalen und horizontalen Rechtsbeziehungen keinen Anhaltspunkt im EG-Vertrag findet. Dementsprechend muss man in Anbetracht des vorgebrachten *argumentum e contrario* fragen, auf welcher Grundlage die Gemeinschaft, wenn sie denn keine Befugnis zum Erlass unmittelbar horizontal wirkender Richtlinienbestimmungen hat, eine nach der Konzeption des EG-Vertrags gleichwertige Befugnis zum Erlass unmittelbar vertikaler Richtlinienbestimmungen haben soll[23]. Ein Ausweg aus diesem Dilemma zeigt sich indes auf, sofern man die Grundlage zur Anerkennung einer unmittelbar vertikalen Wirkung von Richtlinienbestimmungen nicht als Befugnisnorm begreift. Maßgeblich ist vielmehr, dass in einem solchen Falle der jeweils verpflichtete Mitgliedstaat als alleiniger Adressat dieses Gemeinschaftsrechtsinstruments in Anwendung des allgemeinen Rechtsprinzips des *venire contra factum proprium* für sein eigenes Fehlverhalten verantwortlich gemacht wird[24].

---

[22] Vgl. dazu bereits oben Fußnote 16. In Übereinstimmung mit den Ausführungen des Gerichtshofs in *van Duyn*, wo die unmittelbare Wirkung einer Verordnung im Zusammenhang mit deren unmittelbaren Wirkung gesehen wurde, dürfte aus dieser Bemerkung folgen, dass nach Ansicht des *EuGH* im Rahmen von Art. 249 Abs. 3 EGV *e contrario* davon auszugehen ist, dass Richtlinienbestimmungen keine unmittelbare Geltung zukommt - vgl. auch *Oldenbourg*, Die unmittelbare Wirkung von Richtlinien im innerstaatlichen Bereich (1984), S. 16 unter anderem mit Hinweis auf Generalanwalt *Reischl*, in: Rs. 148/78, *Strafverfahren gegen Tullio Ratti*, Slg. 1979, 1647, 1650. Entgegen anderslautender Vorschläge - vgl. etwa *Bach*, JZ 1990, 1108, 1110; *Klein*, Unmittelbare Geltung, Anwendbarkeit und Wirkung von europäischem Gemeinschaftsrecht (1988), S. 12; *Grabitz*, in: Kruse (Hsrg.), Zölle, Verbrauchssteuern, europäisches Marktordnungsrecht (1988), S. 33, 38 f. & 49; *Haneklaus*, DVBl. 1993, 129, 130; *Langenfeld*, DÖV 1992, 955, 956 - bezieht sich demnach die Bedeutung unmittelbarer Geltung allein auf das Verbot innerstaatlicher Gesetzgebungstätigkeit, nicht hingegen auf die zwischenstaatliche Verbindlichkeit des jeweiligen Gemeinschaftsrechtsakts. Letzteres ist in Art. 249 Abs. 2 und 3 EGV vielmehr allein mit dem Terminus „verbindlich“ festgesetzt. Vgl. in diesem Zusammenhang im Übrigen auch *Steiner*, [1982] 98 L.Q.R. 229, 246 ff, die den Begriff der unmittelbaren Geltung zwar sowohl auf Verordnungen und Richtlinien anwenden will, insofern aber in Anlehnung an *Winter*, (1972) 9 CML Rev. 425, 435 f., anstatt von einer Enthaltungspflicht des Mitgliedstaats lediglich von einer fehlenden Mitwirkungspflicht ausgeht. Dies jedoch dürfte den verbliebenen Unterschied zwischen den beiden Instrumenten des Gemeinschaftsrechts - entgegen der Konzeption des EG-Vertrags - vollends aufheben. Der von ihr vorgebrachte qualitative Unterschied vermag insoweit wenig zu überzeugen: „The only difference in their effect is that a true Regulation will be directly applicable at once, and a true Directive only on the expiry of the time limit for implementation.“ - a.a.O., p. 238.

[23] Vgl. etwa *Hartley*, [1996] 112 L.Q.R. 95, 98.

[24] Vgl. hierzu *Haneklaus*, DVBl. 1993, 129, 133; *Bleckmann*, RIW 1984, 774, 776 f.; *Coppel*, [1994] 57 MLR 859, 863 f.; *Spetzler*, RIW 1989, 362 ff.; *Craig*, (1997) 22 E.L.Rev. 519, 522 f.; *Emmert*, EWS 1992, 56, 57 ff.; *Green*, (1984) 4 E.L.Rev. 295, 302 ff.; *Grundmann*, JZ 1996, 274, 275; *Jarass*, NJW 1990, 2420, 2422; *Nessler*, RIW 1993, 206, 207 f.; *Scherzberg*,

Unabhängig der letztgenannten Differenzierung lässt sich zusammenfassend sagen, dass der *EuGH* die Möglichkeit einer unmittelbaren Wirkung einschließlich des damit zusammenhängenden Vorrangs gegenüber mitgliedstaatlichem Recht sowohl für das Primärrecht als auch für das Sekundärrecht bejaht hat[25]. Auf dieser Grundlage konnte er für die hier interessierende Anwendung nationalen Rechts in der Rechtssache *Staatliche Finanzverwaltung ./. S.p.A. Simmenthal* folgenden Schluss ziehen:

> „Aus alledem folgt, daß jeder im Rahmen seiner Zuständigkeit angerufene staatliche Richter verpflichtet ist, das Gemeinschaftsrecht uneingeschränkt anzuwenden und die Rechte, die es den einzelnen verleiht, zu schützen, indem er jede möglicherweise entgegenstehende Bestimmung des nationalen Rechts, gleichgültig, ob sie früher oder später als die Gemeinschaftsnorm ergangen ist, unangewendet läßt."[26]

Mit Blick auf die nationale Rechtsanwendung war damit für den Kollisionsfall eine Pflicht zur Nichtanwendung mitgliedstaatlicher Vorschriften zu Gunsten des unmittelbar wirkenden Gemeinschaftsrechts ausdrücklich anerkannt. Allerdings ergänzte der *EuGH* seine diesbezügliche Rechtsprechung im Jahre 1988 in der Entscheidung *Murphy ./. An Bord Telecom Eireann* dahingehend, dass er nunmehr die Möglichkeit einer gemeinschaftsrechtskonformen Anwendung nationalen Rechts in seine Überlegungen einbezog und eine diesbezügliche Pflicht einer Nichtanwendungspflicht voranstellte. Ohne dabei die tatsächliche Wirkung des Gemeinschaftsrechts zu beeinflussen, wurde auf diese Weise anerkannt, dass dessen Vorrang aufgrund des jeweils mildesten

---

Jura 1993, 225, 226; *Timmermanns*, (1979) 16 CML Rev. 533, 541 ff.; *Voß*, StuW 1993, 155, 157; kritisch *Dendrinos*, Rechtsprobleme der Direktwirkung der EWG-Richtlinien (1989), S. 180 ff.; *Langenfeld*, DÖV 1992, 955, 958; *Nicolaysen*, EuR 1984, 380, 387 ff.; a.A. *Wyatt*, (1983) 8 E.L.Rev. 241, 245 ff. Einen Vergleich mit Vorschriften des Primärrechts hat *Easson*, (1979) 4 E.L.Rev. 67, 72, angestellt und herausgearbeitet, dass Vertragsvorschriften anders als Richtlinienbestimmungen aufgrund der mitgliedstaatlichen Zustimmungsgesetze bereits Bestandteil der nationalen Rechtsordnungen sind und infolgedessen fähig sind, auch unmittelbar horizontale Wirkungen zu erzeugen - a.A. wohl *Robinson*, (1995) 32 CML Rev. 629, 636 f.

[25] Vgl. hierzu *Oldenbourg*, Die unmittelbare Wirkung von EG-Richtlinien im innerstaatlichen Bereich, S. 18 ff., der richtigerweise darauf hinweist, dass die Vorrangfrage allein im Zusammenhang mit unmittelbar wirkendem Gemeinschaftsrecht von Bedeutung ist. Siehe auch *Everling*, DVBl. 1985, 1201, 1203; *Zuleeg*, ZGR 1980, 466, 480; a.A. *Usher*, European Community law and national law (1981), p. 30 ff.; *ders.*, in: Vaughan (ed.), Law of the European Communities Service (1999), para 387 ff.

[26] EuGH, Urt. v. 9.3.1978, Slg. 1978, 629, 644 - Rs. 106/77, *Staatliche Finanzverwaltung ./. S.p.A. Simmenthal*. Siehe außerdem bereits EuGH, Urt. v. 4.4.1968, Slg. 1968, 363, 373 - Rs. 34/67, *Firma Gebrüder Lück ./. Hauptzollamt Köln-Rheinau* sowie EuGH, Urt. v. 7.2.1991, Slg. 1991, I-297, 321 - Rs. C-184/89, *Nimz ./. Freie und Hansestadt Hamburg*. Vgl. zum Ganzen etwa *Craig/de Búrca*, The Evolution of EU Law (1999), p. 189 ff.

Mittels zu verwirklichen ist (Art. 5 Abs. 3 EGV n.F.)[27]. Ausgehend von der unmittelbar wirkenden Vorschrift des Art. 141 EGV (ex-Art. 119) formulierte der *Gerichtshof* daher die Pflicht zur gemeinschaftsrechtskonformen Rechtsanwendung wie folgt:

> „Es ist Sache des nationalen Gerichts, das innerstaatliche Gesetz unter voller Ausschöpfung des Beurteilungsspielraum, den ihm das nationale Recht einräumt, in Übereinstimmung mit den Anforderungen des Gemeinschaftsrechts auszulegen und anzuwenden; soweit eine solche gemeinschaftsrechtskonforme Auslegung nicht möglich ist, darf es entgegenstehende innerstaatliche Vorschriften nicht anwenden."[28]

Die Neuerung der *Murphy*-Entscheidung in Form einer Pflicht zur gemeinschaftsrechtskonformen Rechtsanwendung im positiven Sinne wurde im Anschluss an *Zuleeg*[29] vor allem von *Ehricke* mit der Vorschrift des Art. 10 EGV n.F. begründet[30]: Jene Vorschrift statuiert den Grundsatz der Gemeinschaftstreue, nach dem die Mitgliedstaaten die Pflicht haben, das Gemeinschaftsrecht effektiv durchzusetzen (so genannter *effet utile*)[31]. Hierzu ist in der Rechtsprechung des *EuGH* anerkannt, dass eine solche Verpflichtung von sämtlichen Organen des jeweiligen Mitgliedstaats, also auch von der Judikative, erfüllt werden muss[32]. Die nationalen Gerichte trifft demnach unter anderem die Pflicht, gemeinschaftsrechtliche Implikationen im innerstaatlichen Recht zu gewährleisten und Kollisionen zwischen Gemeinschaftsrecht und nationalem Recht von vornherein durch eine gemeinschaftsrechtskonforme Anwendung des Letzteren zu vermeiden. Zu diesem Zweck hat der *EuGH* das Institut der gemeinschaftsrechtskonformen Anwendung nationalen Rechts geschaffen.

---

[27] Ebenso *Brechmann*, Die richtlinienkonforme Auslegung (1994), S. 63 ff.; *Ehricke*, RabelsZ 59 (1995), 598, 631.

[28] EuGH, Urt. v. 4.2.1988, Slg. 1988, 673, 690 - Rs. 157/86, *Murphy ./. An Bord Telecom Eireann.*

[29] *Zuleeg*, VVDStRL 53 (1994), 154, 165 ff.; *ders.*, in: von der Groeben/Thiesing/Ehlermann (Hrsg.), Kommentar zum EG-Vertrag, Bd. 1 (1997), Art. 5 a.F., Rdnr. 6; zuletzt auch *ders.*, in: Schulze (Hrsg.), Auslegung europäischen Privatrechts und angeglichenen Rechts (1999), S. 163, 167 f.

[30] *Ehricke*, RabelsZ 59 (1995), 598, 624 ff. Vgl. außerdem *Behrens*, EuZW 1994, 289; *Möllers*, EuR 1998, 20, 40.

[31] Siehe hierzu auch EuGH, Urt. v. 16.11.1977, Slg. 1977, 2115, 2145 - Rs. 13/77, *GB - INNO - BM ./. Vereniging van der Kleinhandelaars in Tabak (ATAB)*; EuGH, Urt. v. 21.9.1983, Slg. 1983, 2633, 2666 - Rs. 205-215/82, *Deutsche Milchkontor GmbH ./. Bundesrepublik Deutschland.*

[32] EuGH, Urt. v. 16.12.1976, Slg. 1976, 1989, 1998 - Rs. 33/76, *Rewe-Zentralfinanz eG und Rewe-Zentral AG ./. Landwirtschaftskammer für das Saarland.* Vgl. außerdem *Bleckmann*, Europarecht (1997), Rdnr. 1318.

B. *Mittelbare Wirkung des Gemeinschaftsrechts*

Obwohl die vorhergehende Darstellung zeigt, dass die unmittelbare Wirkung des Gemeinschaftsrechts nicht auf bestimmte Rechtsakte beschränkt ist, muss man sich nichtsdestoweniger verdeutlichen, dass die Rechtsfolgen der *Murphy*-Entscheidung keine Anwendung finden, wo das betreffende EG-Recht die einzelnen Voraussetzungen einer unmittelbaren Wirkung - etwa mangels hinreichender Bestimmtheit - nicht erfüllt. Das Gleiche gilt, wo schon aufgrund der dargestellten *EuGH*-Rechtsprechung zu horizontalen Rechtsbeziehungen die Annahme einer unmittelbaren Wirkung ausscheidet. Beides bedeutet allerdings nicht, dass insofern keine Wege zur Durchsetzung des Gemeinschaftsrechts vorhanden sind. Vielmehr greifen hier die weiteren Feststellungen der *Faccini Dori*-Entscheidung ein, wonach in erster Linie bei der Anwendung des nationalen Rechts auf dessen Richtlinienkonformität zu achten ist[33]. Soweit eine solche nicht zu erreichen ist, steht dem durch die EG-Rechtswidrigkeit der nationalen Rechtsordnung geschädigten Bürger als *ultima ratio* auf der Grundlage der Entscheidung *Francovich ./. Italienische Republik*[34] ein Schadensersatzanspruch gegen den betreffenden Mitgliedstaat zu[35]. Im hier interessierenden Kontext des gemeinschaftsrechtlichen Einflusses auf die Anwendung nationalen Rechts ist indes allein die richtlinienkonforme Rechtsanwendung von Bedeutung[36].

Die Rechtsprechung des *EuGH* zur richtlinienkonformen Rechtsanwendung setzte im wesentlichen mit seiner Entscheidung in der Rechtssache *von Colson und Kamann ./. Land Nordrhein-Westfalen* aus dem Jahre 1984 ein[37]. Gegenstand dieses Verfahrens war das Ersuchen des *ArbG Hamm* um

---

[33] Obwohl das mittelbar wirkende Gemeinschaftsrecht nicht zwingend in Richtlinien enthalten sein muss, sondern vielmehr auch in Form des Primärrechts auftreten kann, hat sich die Bezeichnung Richtlinienkonformität durchgesetzt. Dies nicht zuletzt auch deshalb, weil diese Kategorie freilich die häufigste Erscheinungsform darstellt und bisher auch die alleinige Grundlage für die einschlägigen *EuGH*-Entscheidungen bildete. Dem wird hier entsprochen - vgl. dazu bereits oben unter der Überschrift „Einleitung und Gang der Untersuchung".

[34] EuGH, Urt. v. 19.11.1991, Slg. 1991, I-5357, 5415 f. - Rs. C-6/90 & 9/90, *Francovich ./. Italienische Republik*. Vgl. hierzu *Bebr*, (1992) 29 CML Rev. 557 ff.; *Craig*, [1993] 109 L.Q.R. 595 ff.; *ders.*, [1997] 113 L.Q.R. 67 ff.; *Emiliou*, (1996) 21 E.L.Rev. 399 ff.; *van Gerven*, [1996] 45 I.C.L.Q. 507 ff.; *Hervey/Rostant*, (1996) 25 I.L.J. 259 ff.; *Ossenbühl*, DVBl. 1992, 993 ff.; *Parker*, [1992] 108 L.Q.R. 181 ff.; *Szyszczak*, [1992] 55 MLR 690 ff.; *Tridimas*, [1996] 55 C.L.J. 412 ff.

[35] EuGH, Urt. v. 14.7.1994, Slg. 1994, I-3325, 3357 - Rs. 91/92, *Faccini Dori ./. Recreb Srl.*

[36] *van Gerven*, (1995) 32 CML Rev. 679, 682: „[...] the Court considers the requirement of interpretation of national laws in conformity with a directive and the principle of State liability for failure to transpose a directive within the period prescribed therefor, as complementary to its doctrine of direct effect of clear and unconditional directive provisions."

[37] Vgl. zur früheren Rechtsprechung *Brechmann*, Die richtlinienkonforme Auslegung (1994), S. 32 ff.

Vorabentscheidung über die Auslegung und Anwendung der Gleichbehandlungs-Richtlinie (76/207/EWG). Mit Bezug auf den Vortrag der deutschen Bundesregierung, wonach es allein Sache der nationalen Gerichte sei, über Fragen der Anwendung bundesdeutschen Rechts zu entscheiden, machte der *Gerichtshof* zunächst folgende Ausführungen:

> „Allerdings ist klarzustellen, daß die sich aus einer Richtlinie ergebende Verpflichtung der Mitgliedstaaten, das in dieser vorgesehene Ziel zu erreichen, sowie die Pflicht der Mitgliedstaaten gemäß Artikel 5 EWG-Vertrag, alle zur Erfüllung dieser Verpflichtung geeigneten Maßnahmen allgemeiner oder besonderer Art zu treffen, allen Trägern öffentlicher Gewalt in den Mitgliedstaaten obliegen, und zwar im Rahmen ihrer Zuständigkeiten auch den Gerichten. Daraus folgt, daß das nationale Gericht bei der Anwendung des nationalen Rechts, insbesondere auch der Vorschriften eines speziell zur Durchführung der Richtlinie 76/207 erlassenen Gesetzes, dieses nationale Recht im Lichte des Wortlauts und des Zwecks der Richtlinie auszulegen hat, um das in Artikel 189 Absatz 3 genannte Ziel zu erreichen.“[38]

Hierzu ist vorweg anzumerken, dass die Übernahme des Begriffs „Auslegung“ aus deutscher Sicht Bedenken begegnet, da der *EuGH* insoweit von dem Leitbild der französischen *interprétation* ausgeht[39], diese jedoch - wie noch zu zeigen sein wird - einen weiteren Anwendungsbereich erfasst, als die „Auslegung“ in der deutschen Rechtsterminologie. Für die Ebene des Gemeinschaftsrechts wird hier deshalb die allgemeinere Bezeichnung „Rechtsanwendung“ bevorzugt.
Darüber hinaus lässt sich zur zitierten Äußerung des *EuGH* zunächst feststellen, dass dieser auf der Grundlage von Artt. 249 Abs. 3 (ex-Art. 189 Abs. 3) und 10 (ex-Art. 5) EGV eine Pflicht zur richtlinienkonformen Rechtsanwendung nationalen Rechts annimmt[40]. Dies beinhaltet bereits eine gewisse Ähnlichkeit

---

[38] EuGH, Urt. v. 10.4.1984, Slg. 1984, 1891, 1909 - Rs. 14/83, *von Colson und Kamann ./. Land Nordrhein-Westfalen.* Siehe auch EuGH, Urt. v. 10.4.1984, Slg. 1984, 1921, 1942 - Rs. 79/83, *Harz ./. Deutsche Tradax GmbH.*

[39] Vgl. nur *Franzen*, Privatrechtsangleichung durch die Europäische Gemeinschaft (1999), S. 358; *Möllers*, EuR 1998, 20, 44.

[40] Die Berufung auf Artt. 249 Abs. 3 und 10 EGV trifft im weit überwiegenden Schrifttum auf deutliche Zustimmung. Vereinzelt wird insofern allerdings darauf hingewiesen, dass Art. 249 Abs. 3 EGV die speziellere Vorschrift darstelle - so *Franzen*, Privatrechtsangleichung durch die Europäische Gemeinschaft (1999), S. 298; *Grundmann*, Europäisches Schuldvertragsrecht (1999), S. 115; *ders.*, in: Schulze (Hrsg.), Auslegung europäischen Privatrechts und angeglichenen Rechts (1999), S. 63, 71 ff.; *Rüffler*, ÖJZ 1997, 121, 123. Hingegen vertritt *Nettesheim*, AöR 1994, 261, 268 ff., dass Art. 249 Abs. 3 EGV schon aufgrund systematischer Erwägungen nicht als taugliche Grundlage in Betracht kommt; maßgeblich sei daher allein Art. 10 EGV. Ferner betrachtet *Jarass*, EuR 1991, 211, 216, die gemeinschaftsrechtlich begründete Pflicht zur richtlinienkonformen Rechtsanwendung als einen Fall der Rechtsfortbildung durch den *EuGH*, da die Pflichten aus Artt. 249 Abs. 3 und 10 EGV den Mitgliedstaat treffen und nicht die einzelnen öffentlich-rechtlichen Stellen in den

der *von Colson und Kamann*-Entscheidung mit der *Murphy*-Entscheidung. Jedoch wurde diese Pflicht angesichts der sich anschließenden Ablehnung einer unmittelbaren Wirkung der Gleichbehandlungs-Richtlinie nicht durch eine dahinter stehende Nichtanwendungspflicht ergänzt. Unter vorheriger Betonung des Richtlinieninhalts fasste der *Gerichtshof* vielmehr die Rechtsanwendungspflicht des nationalen Richters, durch welche dem Gemeinschaftsrecht eine zumindest *mittelbare* Wirkung zukommt, wie folgt zusammen:

> „[...] Es ist Sache des nationalen Gerichts, das zur Durchführung der Richtlinie erlassene Gesetz unter voller Ausschöpfung des Beurteilungsspielraums, den ihm das nationale Recht einräumt, in Übereinstimmung mit den Anforderungen des Gemeinschaftsrechts auszulegen und anzuwenden."[41]

Es fällt auf, dass diese Formulierung nahezu wortgleich mit dem ersten Halbsatz der vorgenannten *Murphy*-Formel übereinstimmt[42]. Demgegenüber stellt das Fehlen des zweiten Halbsatzes den entscheidenden Unterschied zwischen unmittelbar und nur mittelbar wirkendem Gemeinschaftsrecht dar. Während sich Ersteres aufgrund des Vorrangs des Gemeinschaftsrechts letztendlich auch gegen widersprechendes nationales Recht durchsetzt, geht es bei Letzterem trotz des gemeinschaftsrechtlichen Einflusses ausschließlich um die Anwendung nationalen Rechts. Dies folgt zuvorderst aus dem Regelungsgehalt von Art. 249 Abs. 3 EGV, wonach das nicht unmittelbar wirkende Gemeinschaftsrecht allein eine an die Mitgliedstaaten gerichtete Umsetzungsverpflichtung enthält. Infolgedessen liegt - wie *Ehricke* es formuliert - das nur mittelbar wirkende Gemeinschaftsrecht auch auf einer anderen Ebene als das mitgliedstaatliche Recht, weshalb nicht wie im Bereich des unmittelbar wirkenden Gemeinschaftsrecht eine gleich gelagerte Kollisionslage entsteht, für die die Vorrangfrage zu stellen ist. Kommt für den Rechtsanwender daher ausschließlich eine Berufung auf die nationale Gesetzgebungsautorität in Betracht, so vermag ihm die gemeinschaftsrechtliche Pflicht zur richtlinienkonformen Rechtsanwendung lediglich aufzugeben, unter verschiedenen Rechtsanwendungsmöglichkeiten des innerstaatlichen Rechts derjenigen den Vorzug zu geben, welche der gemeinschaftsrechtlichen Vorgabe entspricht. In der Terminologie von *Ehricke* besteht demnach - anders als beim unmittelbar wirkenden Gemeinschaftsrecht - keine Vorrangregel, sondern eine

---

Mitgliedstaaten; ähnlich *Di Fabio*, NJW 1990, 947, 953; a.A. aber *Gellermann*, Beeinflussung des bundesdeutschen Rechts durch Richtlinien der EG (1994), S. 105.

[41] EuGH, Urt. v. 10.4.1984, Slg. 1984, 1891, 1909 - Rs. 14/83, *von Colson und Kamann ./. Land Nordrhein-Westfalen*.

[42] So auch *Rodríguez Iglesias/Riechenberg*, in: Due (Hrsg.), FS Everling, Bd. 2 (1995), S. 1213, 1218.

bloße Vorzugsregel[43]. Dieser würde es widersprechen, wenn sich das Ergebnis der Rechtsanwendung nicht mehr im Rahmen des „Beurteilungsspielraums, den [...] das nationale Recht einräumt", läge. Mithin werden der mittelbaren Wirkung des Gemeinschaftsrechts durch die jeweiligen nationalen Rechtsanwendungsmethoden Grenzen gesetzt.

Die innerhalb der mitgliedstaatlichen Rechtsordnungen bestimmten Grenzen bestehen unabhängig von denen, die der *EuGH* darüber hinaus im Jahre 1987 in der Rechtssache *Strafverfahren gegen Kolpinghuis Nijmegen BV* herausgestellt hat. Demnach findet die gemeinschaftsrechtliche Pflicht zur richtlinienkonformen Rechtsanwendung zusätzlich „ihre Grenzen in den allgemeinen Rechtsgrundsätzen, die Teil des Gemeinschaftsrechts sind, und insbesondere in dem Grundsatz der Rechtssicherheit und im Rückwirkungsverbot"[44].

Im Zusammenhang der *Kolpinghuis Nijmegen*-Entscheidung noch nicht abschließend geklärt ist hingegen, inwieweit der *Gerichtshof* zur zeitlichen Entstehung der Pflicht zur richtlinienkonformen Rechtsanwendung bereits vor Ablauf der Umsetzungsfrist Stellung bezogen hat. Einerseits wird vorgetragen, dass die diesbezüglichen Äußerungen vor dem Hintergrund zu verstehen sind, dass der *EuGH* im Rahmen der vorhergehenden Frage letztlich eine Pflicht zur

---

[43] *Ehricke*, RabelsZ 59 (1995), 598, 612 ff.; *ders.*, EuZW 1999, 553, 554; *Baldus/Becker*, ZEuP 1997, 874, 882 ff.; *Brandner*, in: Geiß/Nehm/Brandner/Hagen (Hrsg.), FS BGH (2000), S. 299, 307; *Brechmann*, Die richtlinienkonforme Auslegung (1994), S. 250 ff.; *Dänzer-Vanotti*, RIW 1991, 754 f.; *ders.*, DB 1994, 1052 ff.; *Everling*, DVBl. 1985, 1201, 1203; *Franzen*, Privatrechtsangleichung durch die Europäische Gemeinschaft (1999), S. 294; *Gellermann*, Beeinflussung des bundesdeutschen Rechts durch Richtlinien der EG (1994), S. 104 & 112 f.: „relativer Vorrang der richtlinienkonformen Interpretation"; *Heß*, JZ 1995, 150, 151; *Jarass*, EuR 1991, 211, 215 f.; *Leonard*, Die Rechtsfolgen der Nichtumsetzung von EG-Richtlinien (1997), S. 121 f.; *Oldenbourg*, Die unmittelbare Wirkung von EG-Richtlinien im innerstaatlichen Bereich, S. 18 ff.; *Rüffler*, ÖJZ 1997, 121, 126; *Treber*, WM 1998, 1908, 1916; *Zöckler*, Jahrbuch junger Zivilrechtswissenschaftler 1992, 141, 150 f. & 158; *Zuleeg*, ZGR 1980, 466, 480; a.A. *Dendrinos*, Rechtsprobleme der Direktwirkung der EWG-Richtlinien (1989), S. 290; *Lutter*, JZ 1992, 593, 604, Fußnote 135; *Voß*, StuW 1993, 155, 157; *Spetzler*, RIW 1990, 286, 289; differenzierter hingegen *Spetzler*, RIW 1991, 579 ff.; *Ehricke*, RabelsZ 59 (1995), 598, 614 ff., unterscheidet insofern zwischen dem gemeinschaftsrechtlichen Gebot der richtlinienkonformen Auslegung und einer entsprechenden Pflicht, die sich allein aus dem nationalen Recht ergeben soll. Hiermit wird indes allein dem Umstand Ausdruck verliehen, dass eine Richtlinienkonformität nicht erreicht werden kann, wo die Methodik des nationalen Rechts ein derartiges Rechtsanwendungsergebnis nicht mehr zulässt. Wieso es sich deshalb aber nicht um eine Rechtspflicht, wenn auch um eine solche des Gemeinschaftsrechts, handeln soll, vermag nicht zu überzeugen.

[44] EuGH, Urt. v. 8.10.1987, Slg. 1987, 3969, 3986 - Rs. 80/86, *Strafverfahren gegen Kolpinghuis Nijmegen BV*. Für den konkreten Fall folgerte der *EuGH* hieraus, „daß eine Richtlinie für sich allein und unabhängig von zu ihrer Durchführung erlassenen innerstaatlichen Rechtsvorschriften eines Mitgliedstaats nicht die Wirkung haben kann, die strafrechtliche Verantwortlichkeit derjenigen, die gegen die Vorschriften der Richtlinie verstoßen, festzulegen oder zu verschärfen".

richtlinienkonformen Rechtsanwendung ablehnte, die zur Festlegung von strafrechtlicher Verantwortlichkeit eines Einzelnen unabhängig von einer mitgliedstaatlichen Rechtsnorm beziehungsweise zu einer Strafverschärfung führt. Aufgrund dieser Ablehnung war die Erörterung des zeitlichen Rahmens ohne weitere Relevanz, was der Gerichtshof durch folgende Bemerkung im Rahmen der vierten Frage zum Ausdruck brachte[45]:

> „Was die dritte Frage betrifft, mit der nach den Grenzen gefragt wird, die sich aus dem Gemeinschaftsrecht für die Verpflichtung oder die Möglichkeit des innerstaatlichen Gerichts ergeben könnten, die innerstaatlichen Rechtsvorschriften im Lichte der Richtlinie auszulegen, so macht es für die Lösung dieses Problems keinen Unterschied, ob die Umsetzungsfrist schon abgelaufen ist oder nicht."[46]

Die beschriebene Auffassung missachtet jedoch den Unterschied zwischen den abstrakt gehaltenen Aussagen der *EuGH*-Entscheidung einerseits und deren Auswirkungen auf das niederländische Strafverfahren gegen das *Kolpinghuis Nijmegen BV* andererseits. Der *Gerichtshof* beantwortete die dritte Frage nämlich keineswegs im Wege einer Ablehnung der richtlinienkonformen Rechtsanwendung auf den entscheidungserheblichen Sachverhalt. Vielmehr bejahte er grundsätzlich eine solche Pflicht unter Berufung auf die *von Colson und Kamann*-Formel, nahm von deren Anwendungsbereich allerdings diejenigen Fälle aus, die zu den beschriebenen strafrechtlichen Wirkungen führen. Diese Differenzierung ist von entscheidender Bedeutung, wenn man vor ihrem Hintergrund die obigen Ausführungen des *Gerichtshofs* analysiert. Insbesondere die abschließende Bemerkung des *EuGH* ist demnach dahingehend zu verstehen, dass es für die festgestellte Pflicht zur richtlinienkonformen Rechtsanwendung keinen Unterschied macht, „ob die für den Mitgliedstaat geltende Frist für die Anpassung der innerstaatlichen Rechtsvorschriften zu dem maßgeblichen Zeitpunkt noch nicht abgelaufen war"[47].

---

[45] So vor allem *Hartley*, The Foundations of European Community Law (1998), p. 212; *Brealey/Hoskins*, Remedies in EC Law (1998), p. 94; *de Búrca*, [1992] 55 MLR 215, 218 f.; *Craig/de Búrca*, EU Law - Text, Cases, and Materials (1998), p. 204; *Ehricke*, EuZW 1999, 553, 557; *Götz*, NJW 1992, 1849, 1854; *Ress*, DÖV 1994, 489, 492; *Rüffler*, ÖJZ 1997, 121, 125. *Hartley*, a.a.O., geht sogar noch einen Schritt weiter und folgert aus dieser Entscheidung, dass es aus der Perspektive des Gemeinschaftsrechts falsch wäre, eine Richtlinie vor Ablauf ihrer Umsetzungsfrist bei der Anwendung nationalen Rechts zu berücksichtigen.

[46] EuGH, Urt. v. 8.10.1987, Slg. 1987, 3969, 3987 - Rs. 80/86, *Strafverfahren gegen Kolpinghuis Nijmegen BV*. Einen ähnlichen Zusammenhang stellt die folgende und abschließende Bemerkung des *EuGH* dar, in der es heißt: „Auf die vierte Vorlagefrage ist demgemäß zu antworten, daß es für die vorstehenden Antworten keinen Unterschied macht, ob die für den Mitgliedstaat geltende Frist für die Anpassung der innerstaatlichen Rechtsvorschriften zu dem maßgeblichen Zeitpunkt noch nicht abgelaufen war."

[47] Siehe EuGH, a.a.O. Vgl. außerdem Generalanwalt *Darmon*, in: Rs. C-87-89/90, *Verholen ./. Sociale Verzekeringsbank*, Slg. 1991, I-3757, 3771; Generalanwalt *Léger*, in: Rs. C-5/94,

Entgegen verbreiteter Auffassung widersprach der *EuGH* diesem Verständnis auch nicht in der späteren Rechtssache *Inter-Environnement Wallonie ASBL ./. Région wallonne.* Dort heißt es hinsichtlich der fristgemäßen Umsetzung von Richtlinien:

> „Die Mitgliedstaaten sind zwar nicht verpflichtet, diese Maßnahmen vor Ablauf der Umsetzungsfrist zu erlassen, doch ergibt sich aus Artikel 5 Absatz 2 in Verbindung mit Artikel 189 Absatz 3 des Vertrages und aus der Richtlinie selbst, daß sie während dieser Frist den Erlaß von Vorschriften unterlassen müssen, die geeignet sind, das in dieser Richtlinie vorgeschriebene Ziel ernstlich in Frage zu stellen."[48]

In Anbetracht dieser gemeinschaftsrechtlichen Vorgaben an die mitgliedstaatlichen Gesetzgeber wurde gefolgert, dass die Pflichten innerstaatlicher Stellen, insbesondere der Gerichte, nicht weiter gehen können[49]. Anderenfalls, das heißt bei Anerkennung einer Pflicht zur richtlinienkonformen Rechtsanwendung bereits vor Fristablauf, wäre der den Mitgliedstaaten zugestandene Handlungsspielraum entwertet.

Hiergegen wurde zu Recht auf den Zweck der Umsetzungsfrist hingewiesen. Diese besteht nur deshalb, damit die Mitgliedstaaten nicht zeitweilig vor die rechtliche Unmöglichkeit einer geforderten Richtlinienumsetzung gestellt werden[50]. Wäre nämlich eine innerstaatliche Rechtsangleichung schon mit

---

The Queen ./. Ministry of Agriculture, Fisheries and Food, ex parte: Hedley Lomas (Ireland) Ltd., Slg. 1996, I-2553, 2571; *Arnull*, (1988) 13 E.L.Rev. 42, 43; *Betlem*, (1995) 3 ERPL 1, 11; *von Bogdandy*, in: Grabitz/Hilf (Hrsg.), Das Recht der Europäischen Union (2000), Art. 5 EGV a.F., Rdnr. 55; *Craig*, (1997) 22 E.L.Rev. 519, 525; *Ellis*, European Community Sex Equality Law (1991), p. 27; *Gellermann*, Beeinflussung des bundesdeutschen Rechts durch Richtlinien der EG (1994), S. 109 f.; *Jarass*, Grundfragen der innerstaatlichen Bedeutung des EG-Rechts (1994), S. 92; *ders.*, EuR 1991, 211, 220 f.; *Leible/Sosnitza*, NJW 1998, 2507, 2508; *Lenz*, DVBl. 1990, 903, 908; *Leonard*, Die Rechtsfolgen der Nichtumsetzung von EG-Richtlinien (1997), S. 119 f.; *Nettesheim*, AöR 1994, 261, 277; *Roth*, ZIP 1992, 1054, 1057; *Sack*, WRP 1998, 241, 243; *Steindorff*, AG 1988, 57, 58; *Weatherill/Beaumont*, EU Law (1999), p. 412 f.

[48] EuGH, Urt. v. 18.12.1997, Slg. 1997, I-7411, 7449 - Rs. C-129/96, *Inter-Environnement Wallonie ASBL ./. Région wallonne.*

[49] So *Ehricke*, EuZW 1999, 553, 555 ff.; *Leible/Sosnitza*, NJW 1998, 2507, 2508; *Zöckler*, Jahrbuch junger Zivilrechtswissenschaftler 1992, 141, 150; *Zuleeg*, in: Schulze (Hrsg.), Auslegung europäischen Privatrechts und angeglichenen Rechts (1999), S. 163, 169 f. Vgl. außerdem *Bach*, JZ 1990, 1108, 1112; *Brandner*, in: Schulze (Hrsg.), Auslegung europäischen Privatrechts und angeglichenen Rechts (1999), S. 131, 132 ff.; *Jarass*, EuR 1991, 211, 221; *Scherzberg*, Jura 1993, 225, 232. Die entgegengesetzte Folgerung aus dieser Entscheidung wird von *Sack*, WRP 1998, 241, 243, gezogen - teilweise zutreffend dagegen aber *Bayreuther*, EuZW 1998, 478, 479.

[50] Vgl. vor allem *Sack*, WRP 1998, 241, 243 f.; *Basedow*, in: Pfeiffer (Hrsg.), FS Brandner (1996), S. 651, 657 f.

Erlass eines mittelbar wirkenden Gemeinschaftsrechtsakts gefordert, wäre diese Forderung angesichts der verfassungsrechtlich vorgesehenen und zumeist zeitaufwendig ausgestalteten nationalen Gesetzgebungsverfahren nicht rechtzeitig zu erfüllen. Aus diesem Grund wird der Legislative eine Frist zur positivrechtlichen Umsetzung der Richtlinie eingeräumt. Demgegenüber dient die Umsetzungsfrist jedoch nicht dazu, auch die materiellrechtlichen Wirkungen der gemeinschaftsrechtlichen Vorgaben hinauszuzögern. Der Umsetzungsbefehl besteht vielmehr schon mit Erlass der Richtlinie[51]. Bedenkt man vor diesem Hintergrund, dass für die judikative Rechtsangleichung keine entsprechend langwierigen Verfahrensvorgaben bestehen, so ist kein Grund ersichtlich, die beschriebene Rechtsprechung des *EuGH*, die ihrem ausdrücklichen Wortlaut nach ausschließlich für den „Erlaß von Vorschriften" beziehungsweise „Maßnahmen" gilt, auch auf die mitgliedstaatlichen Rechtsanwendungsinstanzen, insbesondere also auf die Gerichte, zu übertragen. Der „Handlungsspielraum", der nach der Gegenansicht sämtlichen mitgliedstaatlichen Organen zuzubilligen ist, besteht damit in Wahrheit nur für die Legislative. Infolgedessen wird er durch eine Pflicht zur richtlinienkonformen Rechtsanwendung nicht angerührt. Vielmehr bleibt die gemeinschaftsrechtlich den nationalen Gesetzgebern vorbehaltene Wahl von Form und Mittel der Richtlinienumsetzung im eigenen Recht gewahrt[52]. Zum einen findet nämlich die gemeinschaftsrechtlich vorgegebene richtlinienkonforme Rechtsanwendung nur innerhalb bestehender Rechtsanwendungsalternativen statt, sodass die vor einer besonderen Durchführungsmaßnahme bestehende innerstaatliche Gesetzgebung vollumfänglich respektiert wird[53]. Zum

---

[51] *Ehricke*, RabelsZ 59 (1995), 598, 621.

[52] A.A. *Bayreuther*, EuZW 1998, 478, 479; *Brandner*, in: Geiß/Nehm/Brandner/Hagen (Hrsg.), FS BGH (2000), S. 299, 306; *Brechmann*, Die richtlinienkonforme Auslegung (1994), S. 278; *Ehricke*, RabelsZ 59 (1995), 598, 621 f.; *Ehricke*, EuZW 1999, 553, 555 f.; *Götz*, NJW 1992, 1849, 1854; *Langenfeld*, DÖV 1992, 955, 964; *Rüffler*, ÖJZ 1997, 121, 125; *Zöckler*, Jahrbuch junger Zivilrechtswissenschaftler 1992, 141, 150; kritisch auch *Everling*, ZGR 1992, 376, 383 f.

[53] Unergiebig sind daher auch die Einwände von *Ehricke*, EuZW 1999, 553, 556. Dieser trägt vor, dass „[auch] das Zuwarten mit der Umsetzung der Richtlinie innerhalb der Umsetzungsfrist […] einen Ausdruck des gesetzgeberischen Willens [darstellt], nämlich daß die bisherige nationale Rechtslage weiter gelten soll". Ungeachtet der an dieser Stelle zu erhebenden Frage, durch welchen Rechtsakt sich dieser erst nach Erlass der Richtlinie gebildete gesetzgeberische Wille manifestieren soll, ist hierzu festzustellen, dass die „nationale Rechtslage" auch nach der hier vertretenen Auffassung weiter gilt. Ebenso wenig kann es folglich überzeugen, wenn auf die EG-vertraglich festgeschriebene Unterscheidung zwischen unmittelbar wirkenden Verordnungen und nur mittelbar wirkenden Richtlinien hingewiesen wird. Soweit *Ehricke*, a.a.O., vor diesem Hintergrund gar ausdrücklich argumentiert, dass die „richtlinienkonforme Auslegung" nur zum Zuge kommen dürfe, wenn „das Regelungsziel in das nationale Recht umgesetzt worden ist oder qua unmittelbarer Anwendbarkeit ein Teil des nationalen Rechts geworden ist", setzt er sich in Widerspruch zur

anderen kann der Gesetzgeber auch noch nach erfolgter richtlinienkonformer Anwendung innerstaatlichen Rechts die Richtlinie in anderer Art legislativ umsetzen[54]. Es lässt sich mithin nur folgern, dass die nationalen Gerichte damit auch nach der Entscheidung *Inter-Environnement Wallonie ASBL ./. Région wallonne* schon vom Zeitpunkt des Richtlinienerlasses ab gemeinschaftsrechtlich verpflichtet bleiben, innerstaatliches Recht richtlinienkonform anzuwenden.

Das bisher beschriebene Gebot einer richtlinienkonformen Rechtsanwendung nationalen Rechts war erneut Verfahrensgegenstand in der Rechtssache *Marleasing SA ./. La Comercial Internacional de Alimentación SA* im Jahre 1990. Das vorlegende spanische Gericht war zur Entscheidung über die Nichtigkeit der *La Comercial International Alimentación SA* aufgerufen. Während Art. 11 lit. b der EG-Richtlinie 68/151/EWG vorsieht, das dies nur geschehen dürfe, „wenn der tatsächliche Gegenstand des Unternehmens rechtswidrig ist oder gegen die öffentliche Ordnung verstößt", enthielt das spanische Recht mit Art. 1275 des spanischen Bürgerlichen Gesetzbuchs nur eine allgemeine Regelung, wonach ein Vertrag unter anderem unwirksam ist, sofern sein Grund gegen die Gesetze oder die guten Sitten verstößt.

In Anbetracht des *von Colson und Kamann*-Präjudiz, wo es heißt, dass das nationale Gericht insbesondere bei der Anwendung eines zur Durchführung einer Richtlinie erlassenen Gesetzes zur richtlinienkonformen Rechtsanwendung aufgerufen sei, ging es in der *Marleasing*-Entscheidung des *EuGH* zunächst um die Frage, ob gleiches auch für den Fall einer bereits vor Erlaß der Richtlinie bestehenden nationalen Rechtsnorm anzunehmen ist. Unter Hinweis auf die bereits in *von Colson und Kamann* herausgestellte Verpflichtung der Mitgliedstaaten einschließlich ihrer Gerichte aus Artt. 249 Abs. 3 sowie 10 EGV folgerte der *EuGH* nunmehr ausdrücklich,

> „[...] daß ein nationales Gericht, soweit es bei der Anwendung nationalen Rechts - gleich, ob es sich um vor oder nach der Richtlinie erlassene Vorschriften handelt - dieses Recht auszulegen hat, seine Auslegung soweit wie möglich am Wortlaut und Zweck der Richtlinie ausrichten muß, um das mit der Richtlinie verfolgte Ziel

---

Rechtsprechung des *EuGH* in der Rechtssache *Marleasing SA ./. La Comercial Internacional de Alimentación SA*. Dazu sogleich.

[54] *Hergenröder*, in: Lieb (Hrsg.), FS Zöllner (1999), S. 1139, 1154. Kritisch insoweit aber wiederum *Ehricke*, EuZW 1999, 553, 555, der „eine nicht unerhebliche Rechtsunsicherheit" befürchtet. Indes übersieht er hier, dass die Möglichkeit einer Rechtsprechungs- beziehungsweise Gesetzesänderung einer jeden Rechtsordnung immanent ist. Zudem gilt es insofern entgegen *Ehricke* festzustellen, dass die Rechtsunsicherheit aufgrund von Änderungen, die der Umsetzung einer EG-Richtlinie dienen, wegen deren erkennbarer Existenz geringer wiegen.

> zu erreichen und auf diese Weise Artikel 189 Absatz 3 EWG-Vetrag nachzukommen."[55]

Damit war klargestellt, dass das Gebot der Richtlinienkonformität für das gesamte mitgliedstaatliche Recht gilt[56]. Zweifel an der bisherigen Rechtsprechung entstanden jedoch hinsichtlich zweier weiterer Formulierungen des *Gerichtshofs*. Zum einen folgerte er, dass die vorerwähnte Pflicht es „verbietet", das nationale Recht derart anzuwenden, „daß die Nichtigkeit einer Aktiengesellschaft aus anderen als den in Artikel 11 dieser Richtlinie abschließend aufgezählten Gründen ausgesprochen werden kann". Zum anderen fasste der *EuGH* seine Antwort auf die Vorlagefrage in der Weise zusammen, dass ein mitgliedstaatliches Gericht das nationale Recht unter Berücksichtigung des Wortlauts und des Zwecks der Richtlinie „auslegen muß, um zu verhindern", dass das von der Richtlinie vorgegebene Ziel unerreicht bleibt. Vor diesem Hintergrund wurde vorgetragen, dass die *Marleasing*-Entscheidung bestehende Rechtsanwendungsgrenzen der nationalen Rechtsordnungen anders als noch in *von Colson und Kamann* nicht mehr anerkenne[57]. Letztlich habe sich daher die gemeinschaftsrechtlich vorgegebene Rechtsfolge in jedem Fall mittelbar durch die richtlinienkonforme Anwendung nationalen Rechts durchzusetzen.

Dem ist jedoch nur zuzustimmen, soweit es darum geht, dass der *EuGH* in seiner *Marleasing*-Entscheidung eine gesteigerte Entschlossenheit zur Durchsetzung einer richtlinienkonformen Rechtsanwendung zum Ausdruck

---

[55] EuGH, Urt. v. 13.11.1990, Slg. 1990, I-4135, 4159 - Rs. C-106/89, *Marleasing SA ./. La Comercial Internacional de Alimentación SA*.

[56] Vgl. hierzu *Arnull*, (1992) 17 E.L.Rev. 265, 272.

[57] So vor allem *Brechmann*, Die richtlinienkonforme Auslegung (1994), S. 72 ff., unter Hinweis auf *Müller-Graff*, NJW 1993, 13, 21; *Götz*, NJW 1992, 1849, 1854; *Nessler*, RIW 1993, 206, 208. Vgl. außerdem *Betlem*, (1995) 3 ERPL 1, 14; *de Búrca*, [1992] 55 MLR 215, 223 & 228; *Craig*, (1992) 12 O.J.L.S. 453, 478; *Stuyck/Wytinck*, (1991) 28 CML Rev. 210 ff.; *Campbell*, [1992] 43 NILQ 330, 347 ff.; *Chalmers*, European Union Law, Vol. I (1998), p. 395 ff.; *Docksey/Fitzpatrick*, (1991) 20 I.L.J. 113, 119; *Gravells*, (1993) P.L. 44, 51; *Hakenberg*, ZIP 1994, 1510, 1511; *Hilf*, EuR 1993, 1, 10; *Lutter*, JZ 1992, 593, 597; *ders.*, in: Schulze (Hrsg.), Auslegung europäischen Privatrechts und angeglichenen Rechts (1999), S. 83, 84; *Mead*, (1991) 16 E.L.Rev. 490, 498 ff.; *ders.*, (1991) 88 L.Soc.Gaz. 27-19; *Prechal*, Directives in European Community Law (1995), p. 220 ff.; *Robinson*, (1995) 32 CML Rev. 629, 637 f.; *Schmidt*, RabelsZ 59 (1995), 569, 584; *Steindorff*, in: Due (Hrsg.), FS Everling, Bd. 2 (1995), S. 1455, 1460; *Wyatt/Dashwood*, European Community Law (1993), p. 72; differenzierend: *Grundmann*, ZEuP 1996, 599, 413 ff.; *ders.*, Europäisches Schuldvertragsrecht (1999), S. 116 ff.; *ders.*, in: Schulze (Hrsg.), Auslegung europäischen Privatrechts und angeglichenen Rechts (1999), S. 63, 74 f.; *Posch*, ZEuP 1998, 521, 533 ff.

gebracht hat[58]. Indes muss einem derartigen Verständnis der Entscheidung entgegengetreten werden, sofern gleichzeitig ein Bruch mit dem bisherigen Gebot der Richtlinienkonformität angenommen wird. Verwiesen sei zunächst auf den Umstand, dass das vorlegende spanische Gericht in seinem Beschluss eine der Richtlinie widersprechende Auslegung nationalen Rechts niemals ausdrücklich abgelehnt hatte[59], sondern lediglich den *Gerichtshof* sogleich hinsichtlich einer unmittelbaren Wirkung der betreffenden Richtlinienbestimmung anrief. Im Übrigen darf in diesem Fall wohl davon ausgegangen werden, dass der *EuGH* an einer richtlinienkonformen Auslegungsfähigkeit des generalklauselartigen spanischen Rechts nicht zweifelte[60]. Davon unabhängig ist aber vor allem das einleitende Zitat aufschlussreich, wonach der *Gerichtshof* unter Berufung auf die *von Colson und Kamann*-Formel eine derartige Rechtsanwendung vom Gemeinschaftsrecht nur „soweit wie möglich" fordert[61]. Damit werden die nationalen Rechtsanwendungsmethoden einschließlich ihrer Grenzen auch in die *Marleasing*-Entscheidung aufgenommen. Aus der Abweichung dieser Formulierung von der *von Colson und Kamann*-Entscheidung, nach der eine richtlinienkonforme Rechtsanwendung „unter voller Ausschöpfung des Beurteilungsspielraums" des nationalen Gerichts stattfinden musste, lässt sich allenfalls die Betonung darauf entnehmen, dass die Überlegungen des nationalen Rechtsanwenders nicht an den herkömmlichen Rechtsanwendungsgrenzen Halt machen sollen, sondern vielmehr auch diese zu Gunsten einer richtlinienkonformen Anwendung mitgliedstaatlichen Rechts kritisch zu hinterfragen sind. Dies bedeutet indes nicht, dass anerkannte Grenzen allein in Anbetracht widersprechenden Gemeinschaftsrechts unreflektiert über Bord zu werfen sind. Aus dem Vorbehalt des *Gerichtshofs* ist auch weiterhin zu folgern, dass der Umfang nationaler Rechtsanwendungsmethoden allein anhand

---

[58] Vgl. *Campbell*, [1992] 43 NILQ 330, 349; *Kapteyn/Verloren van Themaat*, Introduction to the Law of the European Communities (1998), p. 539; *Plaza Martin*, [1994] 43 I.C.L.Q. 26, 31.

[59] So aber etwa *Schmidt*, RabelsZ 59 (1995), 569, 584.

[60] Vgl. hierzu *Baldus/Becker*, ZEuP 1997, 874, 884; *Nettesheim*, AöR 1994, 261, 264; *Prechal*, Directives in European Community Law (1995), p. 221 f.; *Rodríguez Iglesias/Riechenberg*, in: Due (Hrsg.), FS Everling, Bd. 2 (1995), S. 1220 ff.

[61] Bezeichnenderweise wird diese Formulierung von einigen Autoren vollständig übersehen - vgl. etwa *Brechmann*, Die richtlinienkonforme Auslegung (1994), S. 66 ff. Soweit *Brechmann* - ähnlich *Curtin*, (1990) 15 E.L.Rev. 195, 220; *Geoghegan*, The Status of Non Implemented Directives before Irish Courts Post Marleasing (1992), p.251 ff.; *Schmidt*, RabelsZ 59 (1995), 569, 584 f. - herausstellt, dass Generalanwalt *van Gerven* in seinem Schlussantrag auf den Vorrang des Gemeinschaftsrechts abstellt, so sei dem entgegengehalten, dass der *EuGH* diese Überlegung gerade nicht übernommen hat. Zudem sei auf die Natur der Pflicht zur richtlinienkonformen Rechtsanwendung als bloße Vorzugsregel verwiesen - vgl. im Übrigen *Baldus/Becker*, ZEuP 1997, 874, 884 f.; *Franzen*, Privatrechtsangleichung durch die Europäische Gemeinschaft (1999), S. 294.

des nationalen Rechts zu bestimmen ist. Im Gesamtkontext der *EuGH*-Rechtsprechung kommt der *Marleasing*-Entscheidung damit letztlich vor allem eine klarstellende Funktion zu. Eine Änderung der bisherigen Rechtsprechung ist mit ihr hingegen nicht verbunden. Dies bestätigte auch der *Gerichtshof* selbst in späteren Entscheidungen, zuletzt unter anderem in der Rechtssache *EvoBus Austria GmbH ./. Niederösterreichische Verkehrsorganisations GmbH (Növog)*[62].

Mithin weist *Grundmann* auch nach der *EuGH*-Entscheidung in *Marleasing* zu Recht darauf hin, dass es für die Frage der Richtlinienkonformität mitgliedstaatlichen Rechts entscheidend auf die Wahrung der Souveränität der nationalen Gesetzgeber ankommt[63]. Soweit es demnach zu Gunsten eines richtlinienkonformen Rechtsanwendungsergebnisses nach nationaler Methodik erforderlich ist, dass der nationale Gesetzgeber einen Richtlinieninhalt in seine Regelungsabsicht aufgenommen hat, ist in Ergänzung zum bisher Gesagten auf die Rechtsprechung des *EuGH* aus dem Jahre 1993 in der Rechtssache *Wagner Miret ./. Fondo de Garantia Salarial* hinzuweisen. Hiernach ist die gesetzgeberische Absicht, „den sich aus der Richtlinie ergebenden Verpflichtungen in vollem Umfang nachzukommen", zu vermuten[64].

---

[62] EuGH, Urt. v. 24.9.1998, Slg. 1998, I-5411. 5437 f. - Rs. C-111/97, *EvoBus Austria GmbH ./. Niederösterreichische Verkehrsorganisations GmbH (Növog)*; siehe außerdem EuGH, Urt. v. 16.12.1993, Slg. 1993, I-6911, 6932 - Rs. C-334/92, *Wagner Miret ./. Fondo de garantía salarial*; EuGH, Urt. v. 17.9.1997, Slg. 1997, I-4961, 4997 - Rs. C-54/96, *Dorsch Consult Ingenieurgesellschaft mbH ./. Bundesbaugesellschaft Berlin mbH.* Vgl. hierzu auch House of Lords, Urt. v. 26.11.1992, [1993] 1 W.L.R. 49, 60 per Lord Keith of Kinkel - *Webb v. EMO Air Cargo (U.K.) Ltd. (No. 1)*; *Banks*, in: Curtin/O'Keeffe (eds.), Constitutional Adjudication in European Community and National Law (1992), p. 107, 119; *Bernard*, (1995) I.L.J. 97, 101; *Boch*, (1996) 33 CML Rev. 547, 562 f.; *Bourn*, (1991) 141 N.L.J. 1142; *Brealey/Hoskins*, Remedies in EC Law, p. 90 f.; *Classen*, EuZW 1993, 83, 86 f.; *Curtin*, (1990) CML Rev. 709, 724 f.; *ders.*, (1992) 21 I.L.J. 74, 81; *ders.*, in: Curtin/O'Keeffe (eds.), Constitutional Adjudication in European Community and National Law (1992), p. 33, 40 f.; *Deards*, (1996) 2 EPL 71, 73; *Ehricke*, RabelsZ 59 (1995), 598, 617; *Ellis*, EC Sex Equality Law (1998), p. 41; *Greenwood*, [1992] 51 C.L.J. 3, 5; *Kapteyn/Verloren van Themaat*, Introduction to the Law of the European Communities (1998), p. 539 f.; *Lewis/Moore*, (1993) P.L. 151, 156; *Maltby*, [1993] 109 L.Q.R. 301, 304 f.; *McCrudden*, (1993) 13 O.J.L.S. 320, 323 f.; *Plaza Martin*, [1994] 43 I.C.L.Q. 26, 31; *Ress*, DÖV 1994, 489; *Rüffler*, ÖJZ 1997, 121, 123; *Schulze*, in: Schulze (Hrsg.), Auslegung europäischen Privatrechts und angeglichenen Rechts (1999), S. 9, 15; *Snyder*, [1993] 56 MLR 19, 43; *Steindorff*, EG-Vertrag und Privatrecht (1996), S. 450; *Steiner*, (1993) 18 E.L.Rev. 3, 5; *dies.*, Enforcing EC Law (1995), p. 20; *Tridimas*, (1994) 19 E.L.Rev. 621, 624; *Usher*, in: Vaughan (ed.), Law of the European Communities Service (1999), para 364; *Weatherill/Beaumont*, EU Law (1999), p. 411 f.

[63] *Grundmann*, Europäisches Schuldvertragsrecht (1999), S. 117 f.; *ders.*, in: Schulze (Hrsg.), Auslegung europäischen Privatrechts und angeglichenen Rechts (1999), S. 63, 72 f.

[64] EuGH, Urt. v. 16.12.1993, Slg. 1993, I-6911, 6932 - Rs. C-334/92, *Wagner Miret ./. Fondo de garantía salarial*.

Die damit skizzierte Rechtsprechung zum mittelbar wirkenden Gemeinschaftsrecht wurde schließlich entgegen *Craig* auch nicht mit der Entscheidung in der Rechtssache *Strafverfahren gegen Luciano Arcaro* im Jahre 1996 eingeschränkt, in der der *EuGH* folgendes ausführte:

> „Diese Verpflichtung des nationalen Gerichts, bei der Auslegung der einschlägigen Bestimmungen seines nationalen Rechts auf den Inhalt der Richtlinie abzustellen, findet jedoch ihre Grenzen, wenn eine solche Auslegung dazu führt, daß einem einzelnen eine in einer nicht umgesetzten Richtlinie vorgesehene Verpflichtung entgegengehalten wird [...].“[65]

Mit Blick auf horizontale Rechtsbeziehungen ergänzte *Craig* hierzu, dass eine richtlinienkonforme Rechtsanwendung, die für eine Partei zur Verbesserung der Rechtsposition führt, regelmäßig mit einer entsprechend umfangreicheren Verpflichtung der anderen Partei einhergeht. Aus der *Arcaro*-Entscheidung ließe sich daher folgern, dass das Gebot einer richtlinienkonformen Rechtsanwendung nicht mehr gelten soll, wo dies zu einer Verpflichtung eines Einzelnen führt, die die Auslegung des nationalen Rechts allein so nicht ergeben hätte[66]. Jedoch greift dieses Verständnis zu kurz. Der *EuGH* hat in *Marleasing* klargestellt, dass jegliches nationales Recht „soweit wie möglich“ im Lichte einer Richtlinie anzuwenden ist. Daraus ergibt sich, dass Richtlinien - so weit wie aufgrund nationaler Methodik möglich - ins nationale Recht umgesetzt sind, und zwar unabhängig davon, ob die betreffende nationale Vorschrift der Richtlinie zeitlich voraus- oder nachgeht[67]. Vor diesem Hintergrund ist die spätere *Arcaro*-Entscheidung dahingehend zu verstehen, dass eine Pflicht zur richtlinienkonformen Rechtsanwendung nicht bereits dort auf ihre Grenzen stößt, wo das nationale Recht ohne Berücksichtigung einer anwendbaren Richtlinie eine richtlinienkonforme Verpflichtung eines Einzelnen nicht vorgesehen hätte. Eine Grenze ist vielmehr erst dort zu ziehen, wo das nationale Recht eine derartige Rechtsfolge nicht vorsehen hätte *können*, es mithin zu einer Rechtsanwendung *contra legem* käme. *Langenfeld* hatte insofern schon früher formuliert, dass „aus der richtlinienkonformen Auslegung einer nationalen Bestimmung durchaus auch Belastungen für den einzelnen ‚erwachsen‘ [können], jedoch werden diese nicht etwa neu ‚begründet‘“[68]. Im Übrigen wird

---

[65] EuGH, Urt. v. 26.9.1996, Slg. 1996, I-4705, 4730 - Rs. 168/95, *Strafverfahren gegen Luciano Arcaro*.

[66] *Craig*, (1997) 22 E.L.Rev. 519, 526 ff. & 535 ff. Vgl. außerdem *Craig/de Búrca*, EU Law - Text, Cases, and Materials (1998), p. 205.

[67] Vgl. *Jarass*, EuR 1991, 211, 218.

[68] *Langenfeld*, in: Siedentopf (Hrsg.), Europäische Integration und nationalstaatliche Verwaltung (1991), S. 173, 183. Vgl. außerdem *Fitzpatrick*, in: Hepple/Szyszczak (eds.), Disrimination: the limits of law (1992), p. 67, 74; *Reich*, NJW 1999, 2397, 2401; *Ward*, (1998) 23 E.L.Rev. 65, 70; *Zuleeg*, in: Schulze (Hrsg.), Auslegung europäischen Privatrechts

ein solches Verständnis auch durch die bereits genannte *EvoBus Austria*-Entscheidung bestätigt, in der die Rechtssache *Luciano Arcaro* neben der Rechtssache *Marleasing* keine Erwähnung findet[69].

---

und angeglichenen Rechts (1999), S. 163, 173; ungenau hingegen *Szyszczak*, (1992) 29 CML Rev. 604, 614.

[69] EuGH, Urt. v. 24.9.1998, Slg. 1998, I-5411, 5437 - Rs. C-111/97, *EvoBus Austria GmbH ./. Niederösterreichische Verkehrsorganisations GmbH (Növog)*; ebenso EuGH, Urt. v. 17.12.1998, Slg. 1998, I-8597, 8632 - Rs. C-2/97, *Società italiana petroli (IP) SpA ./. Borsana Srl.* Vgl. außerdem *Arnull*, (1999) 24 E.L.Rev. 1, 2; *Gundel*, EuZW 2001, 143, 144. Im Übrigen mag es verwundern, dass *Craig* sein Verständnis nicht schon im Anschluss an die *Kolpinghuis Nijmegen*-Entscheidung äußerte, da es insofern wohl zumindest folgerichtig wäre, eine entsprechende Grenze der Pflicht zur richtlinienkonformen Rechtsanwendung unter dem Merkmal Rechtssicherheit zu behandeln.

2. Kapitel: Die Rechtslage in der Bundesrepublik Deutschland

Die Darstellung der Rechtslage in der Bundesrepublik Deutschland beginnt mit der vom Gemeinschaftsrecht unbeeinflussten nationalen Methodenlehre. Erst im Anschluss hieran wird deren Anwendung im Bereich des unmittelbar und mittelbar wirkenden Gemeinschaftsrechts sowohl anhand obergerichtlicher Entscheidungen als auch anhand des ergangenen Schrifttums beschrieben.

A. Nationale Methodenlehre

Im Gegensatz zur dargestellten Rechtsprechung des *EuGH* ist nach bundesdeutscher Methodik zuvorderst herauszustellen, dass bei der Anwendung nationalen Rechts nicht von einer einheitlichen Methode im Sinne der französischen *interprétation* auszugehen ist, sondern vielmehr zwischen einerseits der Gesetzesauslegung und andererseits der Rechtsfortbildung als Unterfälle der deutschen Methodenlehre zu differenzieren ist.

I. Auslegung von Gesetzen

1. Ziel der Gesetzesauslegung

Fragt man nach dem Ziel der Gesetzesauslegung, so offenbart das einschlägige Schrifttum einen schon als „gefestigt" zu bezeichnenden Streitstand. Die Extrempositionen schlagen einerseits vor, dass der Sinngehalt einer Norm letztlich in der Feststellung des gesetzgeberischen Willens liegt (so genannte subjektive Theorie). Andererseits wird auf den objektiven Sinngehalt abgestellt, nach dem es gerade nicht auf den gesetzgeberischen Willen, sondern auf den „Willen des Gesetzes" ankommen soll (so genannte objektive Theorie)[1]. Es wird indes zu zeigen sein, dass keiner dieser beiden Ansatzpunkte für sich allein Gültigkeit beanspruchen kann, die Antwort auf die Frage nach dem Auslegungsziel vielmehr in einem vermittelnden Ansatz zu finden ist.

a) Subjektive Theorie

Soweit nach der subjektiven Theorie der Sinngehalt einer Norm anhand des gesetzgeberischen Willens ermittelt werden soll, kommt es entscheidend auf den

---

[1] Vgl. die umfassenden Nachweise zum Meinungsstand bei *Hassold*, ZZP 1981, 192, 193 f.

mit dieser Norm verfolgten Zweck an[2]. Dessen Feststellung erfolgt vor allem - aber keineswegs ausschließlich - anhand des Auslegungsmittels der historischen Auslegung. Von besonderer Bedeutung ist daher die Gesetzesanwendung unter Zuhilfenahme der jeweiligen Gesetzesmaterialien. Auf diese Weise, so wird vorgetragen, werde die Autorität des Gesetzgebers respektiert. Auch komme der subjektiven Theorie aufgrund ihres festen zeitlichen Anknüpfungspunkts, nämlich dem Erlass des Gesetzeswerks, ein hohes Maß an Vorhersehbarkeit und Beständigkeit zu[3].

Indes liegen zumindest die Einwände gegen eine strenge Fassung der subjektiven Theorie auf der Hand: Zuvorderst wird geltend gemacht, dass sich die verbindliche Annahme eines einheitlichen gesetzgeberischen Willens zumeist verbietet. *Bydlinski* hat in diesem Zusammenhang formuliert, dass „der Gesetzgeber“ nur eine „zusammenfassende Bezeichnung für die im Gesetzgebungsakt im Zusammen- und Gegeneinanderwirken der Meinungen tatsächlich durchdrungenen menschlichen Wertungen und Zwecke, für die gesetzeskausalen Interessen oder Wertungen [...]“ darstellt[4]. Dies impliziert, dass Wertungen und Zwecke in die Gesetzgebung einfließen, die zuweilen von Personen herrühren, die dem Gesetzgebungsorgan gar nicht angehören. Hieraus folgt zwar nicht, dass einer Rechtsnorm in aller Regel keine konkret zu bestimmende subjektive *ratio* zugrunde liegt. Jedoch verbietet sich vor diesem Hintergrund eine unbedingte Verbindlichkeit derselben[5]. Diese kann vielmehr allein der vom Gesetzgebungsorgan in seiner Gesamtheit mehrheitlich verabschiedeten Gesetzesfassung zukommen.

Darüber hinaus muss die rein subjektive Theorie versagen, wo eine Rechtsnorm ursprünglich nicht dazu bezweckt war, eine Antwort auf einen - möglicherweise zum Zeitpunkt ihres Erlasses noch gar nicht erkennbaren - Sachverhalt zu geben, ihrem Wortlaut nach aber dennoch auf die gegebenen Umstände anwendbar ist[6]. *Hassold* verweist in diesem Zusammenhang auf die Möglichkeit einer über die Gesetzesauslegung hinausgehenden Rechtsfortbildung[7]. Damit aber überspannt auch er den Anspruch des historischen Gesetzgebers, indem er diesem unterstellt, sämtliche regelungsbedürftigen Fallkonstellationen im vorhinein beachtet haben zu wollen[8]. Ein Blick auf die weite Treu und Glauben-Vorschrift

---

[2] Vgl. hierzu etwa *Enneccerus/Nipperdey*, Allgemeiner Teil des Bürgerlichen Rechts, Bd. I/1 (1959), S. 324 f. Vgl. außerdem die Darstellungen bei *Fikentscher*, Methoden des Rechts, Bd. III (1976), S. 662; *Hassold*, ZZP 1981, 192, 199.
[3] *Hassold*, ZZP 1981, 192, 206 f.
[4] *Bydlinski*, Juristische Methodenlehre und Rechtsbegriff (1991), S. 431.
[5] *Bydlinski*, Juristische Methodenlehre und Rechtsbegriff (1991), S. 432 f.; *Larenz*, Methodenlehre der Rechtswissenschaft (1991), S. 329 & 344.
[6] Vgl. hierzu *Esser*, Vorverständnis und Methodenwahl in der Rechtsfindung (1970), S. 125 f.
[7] *Hassold*, ZZP 1981, 192, 209.
[8] Vgl. hierzu *Larenz*, Methodenlehre der Rechtswissenschaft (1991), S. 329.

des § 242 BGB widerlegt dies in eindrucksvoller Weise[9]. Zudem wird vor diesem Hintergrund deutlich, dass nach der streng subjektiven Theorie der eigentliche Gesetzgebungsakt zu einem reinen Fixpunkt verkommen würde, von dem aus der Wille des Gesetzgebers unabhängig zu ermitteln wäre[10]. Eine derartige Verkürzung des Gesetzestextes auf eine bloße Ausgangsfunktion kann kaum überzeugen.
Schließlich hat sich die subjektive Theorie an dem begründeten Vertrauen der Normadressaten zu messen. Zwar mag der subjektiven Theorie ein hohes Maß an Vorhersehbarkeit und Beständigkeit anhaften, gleichzeitig aber kann sie bestehendes Vertrauen in die Aussage einer Rechtsnorm dadurch verletzen, dass sie einem mit dieser Norm verfolgten Zweck folgt, der unter Umständen in der betreffenden Gesetzesfassung so nicht zum Ausdruck kommt[11].

b) Objektive Theorie

Soweit hingegen die objektive Theorie den Sinngehalt einer Rechtsnorm anhand des Kriteriums „Willen des Gesetzes" festzustellen beabsichtigt, scheint ein Konflikt mit dem Vertrauen der Normadressaten in die Aussage des Gesetzestextes von vornherein ausgeschlossen. Neben dem Gesetzestext selbst bleibt nach der objektiven Theorie in ihrer strengsten Form die Historie der Gesetzgebung nämlich völlig unberücksichtigt. Dies hat zur Folge, dass aufgrund des Gesetzeswortlauts als alleinigem Anhaltspunkt stets eine zeitgemäße Auslegung desselben vorgenommen werden kann[12].
Gerade diese Offenheit der objektiven Theorie ist aber zugleich Ansatzpunkt der gegen sie gerichteten Kritik. Es wird befürchtet, dass die Gesetzesauslegung zu stark mit individuellen Wertungen des Interpreten einhergeht[13], wodurch die Grenze zwischen der bloßen Auslegung positiven Rechts und der

---

[9] Vgl. hierzu etwa *Teichmann*, in: Soergel (Begr.), Bürgerliches Gesetzbuch, Bd. 2 (1990), § 242, Rdnr. 5 ff.
[10] Vgl. hierzu aber *Savigny*, System des heutigen Römischen Rechts, Bd. I (1840), S. 230 f.; kritisch auch *Hassold*, ZZP 1981, 192, 204 f.
[11] Vgl. hierzu *Hassold*, ZZP 1981, 192, 208; *Bydlinski*, Juristische Methodenlehre und Rechtsbegriff (1991), S. 467 ff.
[12] Vgl. hierzu etwa *Meier-Hayoz*, Der Richter als Gesetzgeber (1951), S. 57 f.; *Zippelius*, Juristische Methodenlehre (1994), S. 22 ff. Vgl. außerdem die Darstellungen bei *Fikentscher*, Methoden des Rechts, Bd. III (1976), S. 664; *Hassold*, ZZP 1981, 192, 203.
[13] Vgl. hierzu *Bydlinski*, Juristische Methodenlehre und Rechtsbegriff (1991), S. 434; *Canaris*, in: Beuthien/Fuchs/Roth/Schiemann/Wacke (Hrsg.), FS Medicus (1999), S. 25, 39; *Coing*, Juristische Methodenlehre (1972), S. 48 f.; *Fikentscher*, Methoden des Rechts, Bd. III (1976), S. 665.

Rechtsfortbildung geleugnet zu werden droht[14]. Dies widerspräche dem Rechtsstaatsprinzip des Art. 20 GG[15].

c) *Vermittelnde Auffassung*

Heute bestehen kaum noch Zweifel daran, dass „beide Theorien in reiner Form nicht haltbar" sind[16]. Dementsprechend zeigt sich, dass die modernen Standpunkte - obwohl der einen oder anderen Theorie zuneigend - in ihrer praktischen Wirksamkeit weit mehr Gemeinsamkeiten als Unterschiede aufweisen[17]. *Hassold* hat sich im Anschluss an *Engisch*[18] für eine „vermittelnde Lehre auf der Grundlage der subjektiven Theorie" ausgesprochen und als Ziel den im Gesetzeswortlaut wenigstens angedeuteten Willen des Gesetzgebers anvisiert[19]. Demgegenüber geht vor allem von *Larenz* eine vermittelnde Auffassung aus, die eher der objektiven Lehre zuzurechnen ist, aber dennoch darauf achtet, dass das Gesetz „seinem Ursprung verhaftet" bleibt[20]. Deshalb darf sich die Auslegung „über die erkennbare Regelungsabsicht und die von ihm bewusst getroffenen Wertentscheidungen des historischen Gesetzgebers [...]

---

[14] *Ebsen*, Gesetzesbindung und „Richtigkeit" der Entscheidung (1974), S. 43; *Enneccerus/Nipperdey*, Allgemeiner Teil des Bürgerlichen Rechts, Bd. I/1 (1959), S. 328; *Heck*, AcP 112 (1914), 1, 6; *Kriele*, Theorie der Rechtsgewinnung (1976), S. 209.

[15] Vgl. hierzu *Hassold*, ZZP 1981, 192, 205 f. Siehe in diesem Zusammenhang zudem die im Jahre 1990 aufgehobene Vorschrift des § 137 GVG.

[16] So ausdrücklich *Hassold*, ZZP 1981, 192, 209. Vgl. außerdem *Larenz*, Methodenlehre der Rechtswissenschaft (1991), S. 316.

[17] Aus diesem Grund dürfte es auch die obergerichtliche Rechtsprechung bisher abgelehnt haben, sich auf einen Ansatz zu beschränken - siehe für einen eher subjektiven Ansatz BGH, Beschl. v. 10.7.1951, Z 3, 82, 84; BGH, Urt. v. 27.9.1951, Z 3, 162, 166; BGH, Urt. v. 30.10.1951, Z 3, 308, 311 ff.; BGH, Urt. v. 21.11.1952, Z 8, 88, 92 f.; BGH, Urt. v. 6.12.1955, Z 19, 227; 230; BGH, Beschl. v. 14.6.1965, Z 44, 46, 48; dagegen eher an der objektiven Theorie ausgerichtet sind BGH, Urt. v. 28.2.1957, Z 23, 377, 390; BGH, Urt. v. 7.7.1960, Z 33, 321, 330; BGH, Beschl. v. 15.2.1965, Z 36, 370, 377; BGH, Urt. v. 21.3.1962, Z 37, 58, 60; BGH, Urt. v. 30.6.1966, Z 46, 74, 76 ff.; BGH, Urt. v. 20.3.1951, NJW 1951, 369. Das *Bundesverfassungsgericht* spricht von einem „objektivierten Willen des Gesetzgebers" - siehe vor allem BVerfG, Beschl. v. 17.5.1960, E 11, 126, 129 ff.; außerdem BVerfG, Urt. v. 21.5.1952, E 1, 299, 312; BVerfG, Beschl. v. 12.11.1958, E 8, 274, 307; BVerfG, Beschl. v. 15.12.1959, E 10, 234, 244; BVerfG, Beschl. v. 11.6.1966, E 19, 354, 362. Vgl. zur Rechtsprechung auch *Fikentscher*, Methoden des Rechts, Bd. III (1976), S. 666 ff.

[18] *Engisch*, Einführung in das juristische Denken (1983), S. 81 & 249 f.

[19] *Hassold*, ZZP 1981, 192, 210. Es fragt sich in diesem Zusammenhang allerdings, wie „unvollkommen" diese Andeutung sein darf - siehe hierzu S. 208.

[20] *Larenz*, Methodenlehre der Rechtswissenschaft (1991), S. 316 ff. Vgl. zur Einordnung dieser Auffassung *Fikentscher*, Methoden des Rechts, Bd. III (1976), S. 664 f. *Larenz* selbst bevorzugt hingegen den Begriff der „Vereinigungstheorie" - S. 318, Fußnote 15.

nicht hinwegsetzen". Maßgebliches Auslegungsziel ist daher der „normative Sinn des Gesetzes", der aufgrund einer Gesamtschau verschiedener Mittel zu erforschen ist, zu denen nicht allein der Gesetzestext selbst oder aber - wie nach dem streng subjektiven Ansatz - nur die Gesetzesmaterialien zählen dürfen. Geht es auch nach der Auffassung von *Larenz* damit nicht allein um den „fortgeschriebenen Inhalt des Gesetzes"[21], so fügt sich in dieses Verständnis die Kritik von *Hassold* an der objektiven Theorie widerstandslos ein: „Oft findet man durch einen Blick in die Materialien, was sonst langwieriges Suchen und Überlegen erfordern würde."[22] Beide Ansätze stimmen aufgrund der Voraussetzung eines angedeuteten gesetzgeberischen Willens beziehungsweise des Gesetzeswillens als Auslegungsziel vor allem in dem Punkt überein, dass ein Auslegungsergebnis noch innerhalb des Gesetzeswortlauts liegen muss[23]. Mithin besteht ein - zumindest grundsätzlicher - Konsens über das Ziel der Gesetzesauslegung, sodass sich als nächstes die Frage nach den Auslegungsmitteln stellt, deren jeweilige Funktion und Rang vom Auslegungsziel geprägt sind[24].

---

[21] So *Larenz*, Methodenlehre der Rechtswissenschaft (1991), S. 319.

[22] *Hassold*, ZZP 1981, 192, 204.

[23] Vgl. *Brandenburg*, Die teleologische Reduktion, (1983), S. 3; *Göldner*, in: Canaris/Diederichsen (Hrsg.), 2. FS Larenz (1983), S. 199, 201; *Hassold*, in: Canaris/Diederichsen (Hrsg.), 2. FS Larenz (1983), S. 211, 218 f.; *Larenz*, Methodenlehre der Rechtswissenschaft (1991), S. 322 f.; *Müller*, Juristische Methodik (1997), S. 216 ff.; *Neuner*, Die Rechtsfindung contra legem (1992), S. 90 ff.; *Raisch*, Vom Nutzen der überkommenen Auslegungskanones für die praktische Rechtsanwendung (1988), S. 29; *Schlüchter*, Mittlerfunktion der Präjudizien (1986), S. 8 ff.; *Schünemann*, in: Kohlmann (Hrsg.), FS Klug (1983), Bd. I, S. 169, 180; *Zeller*, Auslegung von Gesetz und Vertrag (1989), S. 153 ff.; *Zippelius*, in: Canaris/Diederichsen (Hrsg.), 2. FS Larenz (1983), S. 739, 743 f.; *ders.*, Juristische Methodenlehre (1994), S. 43; kritisch hingegen *Fikentscher*, Methoden des Rechts, Bd. III (1976), S. 670, der der Andeutungstheorie von *Engisch* eine solche Grenze nicht entnehmen will. Vgl. hiergegen aber *Engisch*, Einführung in das juristische Denken (1983), S. 81 ff. & 249 (Fußnote 106 b). A.A. *Depenheuer*, Der Wortlaut als Grenze (1988), S. 42 ff.; *Hegenbarth*, Juristische Hermeneutik und linguistische Pragmatik (1982), S. 15 ff.; *Kriele*, Theorie der Rechtsgewinnung (1976), S. 223; *Schiffauer*, Wortbedeutung und Rechtserkenntnis (1979), S. 69 ff. & 254; *Wank*, Juristische Begriffsbildung (1985), S. 31 ff. Ebenso anerkannt ist die Wortlautgrenze in der Rechtsprechung - siehe BVerfG, Beschl. v. 11.6.1958, E 8, 28, 34 f.; BVerfG, Urt. v. 14.12.1965, E 19, 242, 247; BVerfG, Urt. v. 14.12.1965, E 19, 248, 253; BVerfG, Urt. v. 14.12.1965, E 19, 268, 281; BVerfG, Beschl. v. 11.4.1967, E 21, 292, 305; BVerfG, Beschl. v. 11.6.1980, E 54, 277, 299 f.; BGH, Urt. v. 30.6.1966; Z 46, 74, 76; BGH, Urt. v. 11.2.1955, St 7, 190 ff.

[24] Vgl. hierzu *Hassold*, ZZP 1981, 192, 196.

2. *Grammatikalische Auslegung*

Die Rechtsanwendung anhand der Gesetzesgrammatik ist aufgrund des für die Auslegung erforderlichen objektiven Elements von zentraler Bedeutung. Indem die grammatikalische Auslegungsmethode den isolierten Sinn des Gesetzeswortlauts zu ermitteln sucht, stellt sie zunächst den Ausgangspunkt einer jeden Gesetzesanwendung dar[25]. Maßgeblich ist insofern grundsätzlich der allgemeine Sprachgebrauch, es sei denn die betreffende Rechtsnorm ist in einem rein fachbezogenen Kontext zu verstehen[26]. Vor allem im ersten Fall führt dies jedoch nicht selten zu einem unsicheren Ergebnis, das heißt, dass die grammatikalische Auslegung einen eindeutigen Schluss nicht zulässt[27]. Der Rechtsanwender ist demnach auf weitere Auslegungsmittel angewiesen, um zu einem abschließenden Auslegungsergebnis zu gelangen. Führt hingegen bereits die grammatikalische Auslegung zu einem eindeutigen Normsinn, so verbleibt daneben kein Raum für weitere Auslegungsmittel[28]. Dies folgt aus der zusätzlichen Funktion des Gesetzeswortlauts als Auslegungsgrenze, die überschritten wird, sobald ein Rechtsanwendungsergebnis nicht mehr mit einem noch möglichen Wortsinn übereinstimmt[29]. Zu diesem hat *Larenz* formuliert:

> „Unter dem ‚möglichen Wortsinn‘ verstehe ich alles, was nach dem allgemeinen oder dem jeweils als maßgeblich zu erachtenden Sprachgebrauch dieses Gesetzgebers - wenn auch vielleicht nur unter besonderen Umständen - noch als mit diesem Ausdruck gemeint verstanden werden kann.“[30]

Zusammengefasst kommt dem Gesetzeswortlaut als Gegenstand der grammatikalischen Auslegung damit nicht nur die Rolle des „Ausgangspunkts für die richterliche Sinnesermittlung“ zu, sondern darüber hinaus auch eine Grenzfunktion für die richterliche „Auslegungstätigkeit“[31].

---

[25] *Larenz*, Methodenlehre der Rechtswissenschaft (1991), S. 320 ff.; *Depenheuer*, Der Wortlaut als Grenze (1988), S. 14; *Fikentscher*, Methoden des Rechts, Bd. III (1976), S. 670; *Hassold*, in: Canaris/Diederichsen (Hrsg.), 2. FS Larenz (1983), S. 211, 214 f.; *Heck*, AcP 112 (1914), 1, 23; *Looschelders/Roth*, Juristische Methodik im Prozeß der Rechtsanwendung (1996), S. 21 ff.

[26] Vgl. hierzu vor allem auch *Bydlinski*, Juristische Methodenlehre und Rechtsbegriff (1991), S. 437 ff.; *Neuner*, Die Rechtsfindung contra legem (1992), S. 119 ff.

[27] Vgl. hierzu etwa den Fall BGH, Urt. v. 30.6.1966, Z 46, 74, in dem es um die Frage geht, inwieweit Schallplatten als Verlagserzeugnisse im Sinne des § 17 GWB a.F. angesehen werden können.

[28] *Neuner*, Die Rechtsfindung contra legem (1992), S. 115, spricht insofern auf der Ebene der Auslegung von einem Vorrang des eindeutigen Wortlauts.

[29] Vgl. hierzu bereits oben Fußnote 23.

[30] *Larenz*, Methodenlehre der Rechtswissenschaft (1991), S. 322.

[31] Vgl. hierzu vor allem die Formulierung von *Meier-Hayoz*, Der Richter als Gesetzgeber (1951), S. 42; zustimmend *Larenz*, Methodenlehre der Rechtswissenschaft (1991), S. 322.

3. Systematische Auslegung

Neben der grammatikalischen Auslegung, die auf eine isolierte Betrachtung der anzuwendenden Rechtsvorschrift ausgerichtet, kommt der systematischen Rechtsanwendungsmethode eine herausragende Rolle im Rahmen der Gesetzesauslegung zu. Nach diesem Auslegungsmittel entscheidend ist zuvorderst der Bedeutungszusammenhang der fraglichen Norm innerhalb des maßgeblichen Gesetzes als Ganzem[32], unter Umständen sogar innerhalb verschiedener Normensysteme aus dem betroffenen Regelungsbereich[33]. Soweit der Wortsinn einer Rechtsvorschrift verschiedene Rechtsanwendungsmöglichkeiten eröffnet, ist daher zu fragen, ob sich aufgrund des inhaltlichen Zusammenhangs mit einer oder mehreren anderen Rechtsregeln beziehungsweise bereits aufgrund der äußeren Einordnung in den Gesetzeszusammenhang Rückschlüsse für den zu ermittelnden Sinngehalt dieser Vorschrift ziehen lassen.
Die eigenständige Bedeutung der systematischen Auslegung wird von *Neuner* zu Gunsten einer so genannten punktuellen Gesetzesinterpretation bestritten[34]. Hiernach sollen systematische Erwägungen allein dazu dienen, die historische Auslegung anhand der gesetzgeberischen Regelungsabsicht zu ergänzen, sofern sich aus den hierfür maßgeblichen Gesetzesmaterialien keine konkreten Folgerungen ergeben. Für diesen Fall eröffne die Gesetzessystematik die Möglichkeit, „die Wertungen des Gesetzgebers konsequent zu Ende zu führen“ und bewirke dadurch „eine Effektuierung des gesetzgeberischen Rechtsetzungsprimats“.
Dieser Auffassung ist mit dem überwiegenden Schrifttum entgegenzuhalten, dass sich gerade aus dem Kontext, in dem ein Ausdruck verwandt wird, aussagekräftige Rückschlüsse auf dessen objektive Bedeutung ziehen lassen. Aus diesem Grund muss auch dem Bedeutungszusammenhang eine eigenständige und möglicherweise die Gesetzesauslegung begrenzende Funktion zukommen[35]. Das von *Neuner* favorisierte Verständnis stellt demgegenüber eine Verkürzung der verfügbaren Auslegungsmittel dar, die nicht einmal mit einer an der subjektiven Theorie orientierten vermittelnden Lehre zu rechtfertigen sein dürfte. Wie die Ermittlung des Gesetzeswillens, so hat nämlich auch die Feststellung einer positivrechtlichen Andeutung eines gesetzgeberischen Willens anhand des gesamten Rechts zu erfolgen.

---

[32] *Larenz*, Methodenlehre der Rechtswissenschaft (1991), S. 324 ff.; *Fikentscher*, Methoden Rechts, Bd. III (1976), S. 672; *Zippelius*, Juristische Methodenlehre (1994), S. 48 f.
[33] Vgl. hierzu vor allem *Bydlinski*, Juristische Methodenlehre und Rechtsbegriff (1991), S. 442; *Zippelius*, Juristische Methodenlehre (1994), S. 48 f.
[34] *Neuner*, Die Rechtsfindung contra legem (1992), S. 105 ff. & 122 f.
[35] *Larenz*, Methodenlehre der Rechtswissenschaft (1991), S. 343 f.; *Zippelius*, Juristische Methodenlehre (1994), S. 43 f.

4. *Historische Auslegung*

Soweit demnach entgegen *Neuner* eine punktuelle Gesetzesinterpretation abgelehnt wird, setzt das Auslegungsmittel der Gesetzeshistorie nicht nur verschiedene Rechtsanwendungsmöglichkeiten aufgrund des Wortsinns der maßgeblichen Vorschrift voraus, sondern daneben auch eine fehlende Eindeutigkeit aufgrund deren Systematik. Ist dies der Fall, so ist im Rahmen der historischen Auslegung nach den Regelungsabsichten des Gesetzgebers bei Erlass der anzuwendenden Rechtsvorschrift zu fragen[36]. Hierfür ist vor allem auf die Gesetzesmaterialien, daneben aber auch auf die zugrunde liegenden allgemeinen Umstände zum Entstehungszeitpunkt der betreffenden Vorschrift abzustellen[37]. Steht das Auslegungsergebnis hingegen bereits aufgrund der grammatikalischen und systematischen Auslegungsmethoden eindeutig fest, kann der mit dem Normerlass verfolgte Zweck allein - wie noch zu zeigen sein wird - unter dem Topos *Rechtsfortbildung* Beachtung finden[38].

Bereits oben wurde allerdings herausgestellt, dass sich die Bestimmung des Gesetzgebers alles andere als unproblematisch darstellt[39]. Gesetzesvorschriften rühren nicht selten von Einzelpersonen her, die vielfach - etwa als Ministerialbeamte - nicht einmal dem eigentlichen Gesetzgebungsorgan angehören. Aus diesem Umstand wurde geschlossen, dass der Erkenntnis einer „gesetzgeberischen" Regelungsabsicht keine unbedingte Verbindlichkeit zukommen kann. Hinsichtlich subjektiver Normvorstellungen ist daher grundsätzlich allenfalls von einer Indizwirkung auszugehen. Indes hat *Larenz* in Ergänzung hierzu betont, dass wenigstens in Bezug auf „Grundabsichten", die im parlamentarischen Entscheidungsprozess widerspruchslos zum Ausdruck gebracht wurden, von einem methodologisch beachtlichen Willen des Gesetzgebers gesprochen werden kann[40].

---

[36] BVerfG, E 1, 299, 312; BVerfG, Beschl. v. 12.11.1958, E 8, 274, 312; BVerfG, Beschl. v. 17.5.1960, E 11, 126, 131. Vgl. außerdem *Bydlinski*, Juristische Methodenlehre und Rechtsbegriff (1991), S. 449 ff.; *Larenz*, Methodenlehre der Rechtswissenschaft (1991), S. 328 ff. Gesprochen wird in diesem Zusammenhang auch von einer historisch-teleologischen (*Larenz*) beziehungsweise von einer subjektiv-teleologischen (*Neuner*) Auslegung - differenzierend hingegen *Bydlinski*, Juristische Methodenlehre und Rechtsbegriff (1991), S. 449 ff.

[37] Vgl. hierzu auch *Fikentscher*, Methoden des Rechts, Bd. III (1976), 674 f.; *Bydlinski*, Juristische Methodenlehre und Rechtsbegriff (1991), S. 449 ff.; *Hassold*, in: Canaris/Diederichsen (Hrsg.), 2. FS Larenz (1983), S. 211, 226.

[38] Dazu sogleich II.

[39] Vgl. dazu oben 1.a.

[40] *Larenz*, Methodenlehre der Rechtswissenschaft (1991), S. 329.

5. Teleologische Auslegung

Soweit die bisher beschriebenen Auslegungsmittel noch kein eindeutiges Ergebnis offenbaren, ist schließlich eine Rechtsanwendung anhand der Gesetzesteleologie zu bedenken[41]. Die Methode der teleologischen Auslegung ist strikt von der historischen Auslegung zu trennen, mit der nach dem vom Gesetzgeber verfolgten Zweck gefragt wird[42]. Die teleologische Auslegung stellt zwar ebenfalls auf den Gesetzeszweck ab, im Unterschied zur historischen jedoch auf den objektiven. Lässt sich eine maßgebliche gesetzgeberische Regelungsabsicht nicht feststellen oder aufgrund bestehender Grenzen nicht ausnutzen, so ist in Zweifelsfällen des Weiteren ein etwaiger objektiv hervortretender Gesetzeszweck von Bedeutung. Insofern wird im Interesse einer „sachgemäßen Regelung" (*Larenz*) dem Gesetzgeber mit dem Mittel der teleologischen Auslegung unterstellt, dass er im Einklang etwa mit den Normen desselben Sachbereichs, der Forderung des Gleichbehandlungsprinzips zur Vermeidung von Wertungswidersprüchen sowie den Folgerungen, die sich aus den sonstigen zugrunde liegenden Rechtsprinzipien sowie dem Grundsatz der Natur der Sache ergeben, tätig geworden ist.

Es kann freilich nur wenig überraschen, wenn diejenigen Autoren, die eher einem subjektiven Ansatz für die Gesetzesauslegung zuneigen, in der Heranziehung der Gesetzesteleologie im Rahmen der Auslegung (teilweise wird anstelle von teleologischer Auslegung auch von „objektiv-teleologischer Auslegung" gesprochen) schwerwiegendere Probleme erblicken[43]. Jedoch gebietet sich ein teleologisches Auslegungsmittel schon vor dem Hintergrund des verfassungsrechtlich verankerten Rechtstaatsprinzips, wonach jedwede Rechtsanwendung derart zu gestalten ist, dass sie bestmöglichst voraussehbar wird. Dies aber wäre ohne das Mittel der teleologischen Auslegung nicht gewährleistet. Bei einem *non-liquet* würde die Rechtsfindung vielmehr entscheidend von rein subjektiven Wertungen des Rechtsanwenders abhängen[44]. Zudem gilt es zu bedenken, dass die teleologische Auslegung letztlich mit einer Fiktion arbeitet: Indem die objektiven Gesetzeszwecke dem Gesetzgeber unterstellt werden, führt sie die historische Auslegung zu Ende[45]. An der

---

[41] *Bydlinski*, Juristische Methodenlehre und Rechtsbegriff (1991), S. 453 ff.; *Larenz*, Methodenlehre der Rechtswissenschaft (1991), S. 333 ff.

[42] Ebenso *Fikentscher*, Methoden des Rechts, Bd. III (1976), S. 675; *Neuner*, Die Rechtsfindung contra legem (1992), S. 110.

[43] Vgl. hierzu etwa *Neuner*, Die Rechtsfindung contra legem (1992), S. 110 f. Einen differenzierten Ansatz wählt daher wohl *Hassold*, in: Canaris/Diederichsen (Hrsg.), 2. FS Larenz (1983), S. 211, 227 ff.

[44] Vgl. *Bydlinski*, Juristische Methodenlehre und Rechtsbegriff (1991), S. 454.

[45] Dies scheint auch *Neuner*, Die Rechtsfindung contra legem (1992), S. 110 f., zu bedenken, wenn er „die Übergänge zwischen subjektiv-teleologischer und objektiv-teleologischer Auslegung" als „fließend" bezeichnet.

Maßgeblichkeit dieses Auslegungsmittels bestehen aber gemeinhin keine Zweifel.

6. *Verfassungskonforme Auslegung*

Abschließend ist auf das Mittel der verfassungskonformen Auslegung einzugehen. Bei dieser kann man darüber streiten, ob sie einen Unterfall der systematischen[46] beziehungsweise der teleologischen[47] Auslegung darstellt oder ob man vielmehr von einem eigenständigen Auslegungsmittel ausgehen sollte. Die Besonderheiten dieser Rechtsanwendungsform sprechen für Letzteres. Maßgebliches Grundprinzip der verfassungskonformen Auslegung ist nämlich, dass - anders als die Rechtsideen der teleologischen Auslegung - das Verfassungsrecht dem einfachen Gesetzesrecht vorgeht und im Kollisionsfall Letzteres ungültig werden lässt[48]. Auf dieser Grundlage hat das *Bundesverfassungsgericht* das Gebot einer verfassungskonformen Auslegung entwickelt, wonach zur Verhinderung einer Verfassungswidrigkeit und einer damit verbundenen Nichtanerkennung der gesetzgeberischen Autorität einfachgesetzliche Rechtsvorschriften im Einklang mit den maßgeblichen Verfassungsprinzipien zu interpretieren sind[49]. Eine solch normorientierte Gesetzesauslegung stößt jedoch auf ihre Grenzen, wo sich die Verfassungskonformität nicht mehr innerhalb der durch die anderen Auslegungsmittel gesetzten Grenzen verwirklichen lässt[50]. Anderenfalls würde es sich nicht mehr um eine Form der Gesetzesauslegung, sondern bereits um Gesetzeskorrektur handeln. Aus den gleichen Gründen gilt es daher auch das „Konkretisierungs-

---

[46] So *Fikentscher*, Methoden des Rechts, Bd. III (1976), S. 687.

[47] So *Bydlinski*, Juristische Methodenlehre und Rechtsbegriff (1991), S. 455 ff.

[48] *Larenz*, Methodenlehre der Rechtswissenschaft (1991), S. 339; *Bydlinski*, Juristische Methodenlehre und Rechtsbegriff (1991), S. 457; *Hassold*, in: Canaris/Diederichsen (Hrsg.), 2. FS Larenz (1983), S. 211, 234; *Neuner*, Die Rechtsfindung contra legem (1992), S. 128.

[49] Ständige Rechtsprechung - vgl. BVerfG, Beschl. v. 7.5.1953, E 2, 266, 282; BVerfG, Beschl. v. 11.6.1958, E 8, 28, 33 f.; BVerfG, Beschl. v. 17.3.1959, E 9, 194, 197 ff.; BVerfG, Beschl. v. 20.12.1960, E 12, 45, 49 ff.; BVerfG, Beschl. v. 9.5.1962, E 14, 56, 73; BVerfG, Urt. v. 6.5.1964, E 18, 18, 34; BVerfG, Beschl. v. 28.4.1965, E 19, 1, 5; BVerfG, Beschl. v. 25.4.1972, E 33, 52, 65; BVerfG, Beschl. v. 1.3.1978, E 48, 40, 45 f.; BVerfG, Beschl. v. 9.8.1978, E 49, 148, 157; BVerfG, Urt. v. 24.4.1985, E 69, 1, 55.

[50] BVerfG, Beschl. v. 11.6.1958, E 8, 28, 34 f.; BVerfG, Urt. v. 14.12.1965, E 19, 242, 247; BVerfG, Urt. v. 14.12.1965, E 19, 248, 253; BVerfG, Urt. v. 14.12.1965, E 19, 268, 281; BVerfG, Beschl. v. 11.6.1980, E 54, 277, 299.

primat des Gesetzgebers" zu beachten, vorausgesetzt, dass dieser hiervon Gebrauch gemacht hat[51].

7. *Rangverhältnis der einzelnen Auslegungsmethoden*

Enneccerus/Nipperdey haben die „wahre Kunst der Auslegung" als die „richtige Abwägung aller Auslegungsgesichtspunkte" bezeichnet[52]. Dem liegt die verbreitete Auffassung zugrunde, dass die einzelnen Auslegungsmittel grundsätzlich in keinem festen Rangverhältnis zueinander stehen[53]. Soweit im Gegensatz hierzu vereinzelt eine Rangordnung befürwortet wird, lässt sich das damit begründen, dass die bezeichneten Auslegungsgrenzen, die aus den einzelnen Auslegungsmitteln resultieren, in eine Hierarchie zueinander gesetzt werden[54]. Dies überzeugt indes wenig. Zwar trifft es zu, dass nach dem hier vertretenen Verständnis im Falle eines eindeutigen Wortsinns der anzuwendenden Rechtsvorschrift eine Bedeutung für das Rechtsanwendungsergebnis allein der grammatikalischen Auslegung zukommt. Sobald nach dem Gesetzeswortlaut aber ein Auslegungsergebnis nur noch näher liegt als ein anderes, ist es nicht mehr auszuschließen, dass etwa aufgrund der historischen oder gar teleologischen Auslegung dennoch der ferner liegende Wortsinn zur Anwendung kommt. Der Deutlichkeit wegen sollte daher von einem Rangverhältnis zwischen den einzelnen Auslegungsmitteln grundsätzlich nicht ausgegangen werden. Etwas anderes gilt allein in Ansehung der verfassungskonformen Auslegung. Sofern eine solche im Rahmen der Grenzen der Gesetzesauslegung durchführbar ist, gebührt dieser aufgrund der Höherrangigkeit des Verfassungsrechts der Vorzug vor allen anderen.

II. *Rechtsfortbildung*

Aufgrund des Vorgesagten ist die äußerste Grenze dessen, was noch als Auslegung von Gesetzen zu bezeichnen ist, überschritten, sobald ein

---

[51] Vgl. hierzu *Göldner*, Verfassungsprinzip und Privatrechtsnorm in der verfassungskonformen Auslegung und Rechtsfortbildung (1969), S. 182 ff.; zustimmend *Larenz*, Methodenlehre der Rechtswissenschaft (1991), S. 341.

[52] *Enneccerus/Nipperdey*, Allgemeiner Teil des Bürgerlichen Rechts, Bd. I/1 (1959), S. 335.

[53] *Coing*, Grundzüge der Rechtsphilosophie (1993), S. 271 ff.; *Fikentscher*, Methoden des Rechts, Bd. III (1976), S. 684; *Larenz*, Methodenlehre der Rechtswissenschaft (1991), S. 345; *Siebert*, Die Methode der Gesetzesauslegung (1958), S. 10 ff.; *Wank*, Grenzen richterlicher Rechtsfortbildung (1978), S. 76 f.; *Zippelius*, Juristische Methodenlehre (1994), S. 55 ff.

[54] Vgl. hierzu etwa *Canaris*, in: Beuthien/Fuchs/Roth/Schiemann/Wacke (Hrsg.), FS Medicus (1999), S. 25, 50 ff.; *Hassold*, in: Canaris/Diederichsen (Hrsg.), 2. FS Larenz (1983), S. 211, 217 ff.; *Neuner*, Die Rechtsfindung contra legem (1992), S. 111 ff.

Rechtsanwendungsergebnis nicht mehr unter den noch möglichen Sinn des maßgeblichen Gesetzeswortlauts gefasst werden kann. Jenseits dieser Grenze kommt eine entsprechende Rechtsanwendung daher nur noch nach den Grundsätzen der Rechtsfortbildung in Betracht. Diese ist aus rechtstaatlichen Gründen geboten, wo das geschriebene Recht keine Lösung für einen konkreten Sachverhalt zur Verfügung stellt und der Richter demnach allein aufgrund der Gesetzesauslegung eine Sachentscheidung verweigern müsste[55].
Für die Begrenzung der Auslegungsfähigkeit eines Gesetzestextes durch dessen Wortlaut wurde bereits im Rahmen der Erörterung des Auslegungsziels die Bedeutung des Vertrauensschutzes und folglich der Rechtssicherheit herausgestellt[56]. Die damit hervorgerufene Differenzierung zwischen Gesetzesauslegung und Rechtsfortbildung schließt indes nicht aus, dass sich - wie zu zeigen sein wird - beide Rechtsanwendungsmethoden gleicher Grundlagen bedienen. *Larenz* hat insoweit klargestellt, dass es sich lediglich um „verschiedene Stufen desselben gedanklichen Verfahrens" handelt[57]. Den entscheidenden Unterschied aber hat *Canaris* wie folgt beschrieben:

> „[S]oweit eine Entscheidung mit dem Wortlaut des Gesetzes vereinbar ist, kann sie sich unmittelbar auf die Autorität des Befehls des Gesetzgebers berufen; soweit sie darüber hinausgeht, hat sie ihre Überzeugungskraft auf andere Gründe zu stützten."[58]

1. Vorliegen einer Lücke

Grundsätzliche Voraussetzung einer jeden Rechtsfortbildung ist das Vorliegen einer so genannten Lücke, innerhalb derer das Recht überhaupt erst einer Fortbildung bedarf, damit der Richter nicht zur Verweigerung einer

---

[55] BVerfG, Urt. v. 26.6.1991, E 84, 212, 226 f.; BVerfG, Beschl. v. 2.3.1993, E 88,103, 115 f. Vgl. außerdem *Larenz*, Methodenlehre der Rechtswissenschaft (1991), S. 367; *Schumann*, ZZP 1968, 79 ff.; *Wank*, Die Auslegung von Gesetzen (1997), S. 95.
[56] Oben I.1.a. Vgl. hierzu auch *Bydlinski*, Juristische Methodenlehre und Rechtsbegriff (1991), S. 467 ff., vor allem 470.
[57] *Larenz*, Methodenlehre der Rechtswissenschaft (1991), S. 366 f. Vgl. außerdem *Esser*, Grundsatz und Norm (1990), S. 259 f.; *Hassold*, in: Canaris/Diederichsen (Hrsg.), 2. FS Larenz (1983), S. 211, 220 f.; *Neuner*, Die Rechtsfindung contra legem (1992), S. 91: „Die Festlegung des Wortsinns als Grenze der Auslegung sagt also noch nichts über die tatsächlichen Schranken richterlicher Rechtsfortbildung aus, sondern impliziert lediglich, daß der Wortsinn als potentielle Grundlage der Gesetzesbindung in Betracht kommt und die Grenzen der Rechtsfindung secundum legem absteckt."
[58] *Canaris*, Die Feststellung von Lücken im Gesetz (1983), S. 20.

Sachentscheidung gezwungen wird[59]. Ohne eine solche ausfüllungsbedürftige Lücke würde sich eine Rechtsfortbildung daher aufgrund der rechtstaatlichen Grundsätze der Gewaltenteilung und der Rechtssicherheit verbieten. Entsprechend der Mittel zur Gesetzesauslegung richtet sich die Lückenfeststellung zuvorderst nach Wortlaut und Zusammenhang des Gesetzes selbst, darüber hinaus aber auch nach der zugrunde liegenden Regelungsabsicht des historischen Gesetzgebers sowie der objektiv zu ermittelnden Teleologie des Gesetzes[60]. Zusammengefasst hat sich insofern das Erfordernis einer „planwidrigen Unvollständigkeit" des geschriebenen Rechts durchgesetzt[61]. Dabei wird mit dem Kriterium der Planwidrigkeit zum Ausdruck gebracht, dass das bloße Schweigen des Gesetzes zur einer bestimmten Sachverhaltskonstellation noch nicht die Annahme einer ausfüllungsbedürftigen Lücke rechtfertigt. Vielmehr gilt es, ein so genanntes beredtes Schweigen auszuschließen[62]. Dieses liegt vor, wo der Gesetzgeber absichtlich die Regelung eines bestimmten Sachgebiets unterlassen hat. Hier würde die Annahme einer Lücke und deren Ausfüllung das Rechtssetzungsprimat des Gesetzgebers als Bestandteil des Gewaltenteilungsprinzips missachten. Zuzugeben ist aber freilich, dass die hiermit verbundene Frage, ob es sich im Einzelfall um ein ungewolltes gesetzgeberisches Schweigen und damit um eine Lücke oder allenfalls um einen von der Judikative hinzunehmenden rechtspolitischen Fehler des Gesetzgebers handelt, nicht immer einfach zu beantworten ist. Gerade in Anbetracht objektiv-teleologischer Gesichtspunkte kann sich nämlich die schwierige Frage stellen, inwieweit eine allgemeine Rechtsidee in das betreffende Gesetz einzubeziehen ist. Vor allem für den Grundsatz der Gleichbehandlung wird dies aber allgemein angenommen[63].

Eine weitere verfassungsgerichtlich begründete Beschränkung der Lückenfeststellung wurde zuletzt von *Franzen* in Anbetracht der vom *Bundesverfassungsgericht* entwickelten „Wesentlichkeitstheorie"[64] vorgeschla-

---

[59] *Canaris*, Die Feststellung von Lücken im Gesetz (1983), S. 21; *Langenbucher*, Die Entwicklung und Auslegung von Richterrecht (1996), S. 48 f.

[60] So auch *Larenz*, Methodenlehre der Rechtswissenschaft (1991), S. 373 - vgl. aber sogleich die Erörterung einer „gesetzesübersteigenden Rechtsfortbildung".

[61] ibid. Der Begriff geht zurück auf *Elze*, Lücken im Gesetz (1916), S. 3 ff.; vgl. außerdem *Bydlinski*, Juristische Methodenlehre und Rechtsbegriff (1991), S. 473; *Canaris*, Die Feststellung von Lücken im Gesetz (1983), S. 16 f. & 31 ff.; *Engisch*, Einführung in das juristische Denken (1983), S. 141; *Fikentscher*, Methoden des Rechts, Bd. III (1976), S. 719; *Wank*, Grenzen richterlicher Rechtsfortbildung (1978), S. 69 f.

[62] Vgl. *Fikentscher*, Methoden des Rechts, Bd. III (1976), S. 721 f.; *Larenz*, Methodenlehre der Rechtswissenschaft (1991), S. 370 f.; *Zeller*, Auslegung von Gesetz und Vertrag (1989), S. 482 f.

[63] Vgl. etwa *Bydlinski*, Juristische Methodenlehre und Rechtsbegriff (1991), S. 456 & 477 f.

[64] Siehe BVerfG, Urt. v. 6.12.1972, E 34,165, 192 f.; BVerfG, Beschl. v. 28.10.1975, E 40, 237, 249; BVerfG, Beschl. v. 27.1.1976, E 41, 251, 260; BVerfG, Beschl. v. 22.6.1977, E 45,

gen[65]. Seiner Auffassung nach müsse diese als „absolute Aufgabenzuweisung an den parlamentarischen Gesetzgeber" verstanden werden, was dazu führe, dass wesentliche Entscheidungen von keiner anderen Staatsgewalt und daher auch nicht von der Rechtsprechung getroffen werden dürfen[66]. *Franzen* stellt insofern zutreffend fest, dass sich die Wesentlichkeitstheorie aus dem Grundsatz des Vorbehalts des Gesetzes entwickelt hat. Dieser Grundsatz besagt, dass das Gesetz die Entscheidung über die Grenzen der Freiheit des Bürgers nicht einseitig in das Ermessen der Verwaltung legen darf[67]. Ebenso zutreffend kommt *Franzen* auch zu dem Ergebnis, dass dieser Grundsatz nicht auf die rechtsfortbildende Judikative übertragen werden kann. Zurückgreifen mag man insofern auf die französische Umschreibung, wonach der Rechtsprechung allein die Rolle als „la bouche de la loi" zukommt[68]. Maßgeblich ist nämlich, dass auch bei der Methode der Rechtsfortbildung keine Entscheidung „einseitig in das Ermessen" der Judikative gelegt wird. Vielmehr besteht schon mit dem Erfordernis der planwidrigen Unvollständigkeit des geschriebenen Rechts und den weiteren Voraussetzungen zur rechtsfortbildenen Lückenausfüllung[69] eine Bindung an gesetzgeberische Entscheidungen[70]. Bedenkt man nunmehr, dass die „Wesentlichkeitstheorie" eine Ausdehnung des vorgenannten Grundsatzes - möglicherweise auch unter Einbeziehung des Demokratieprinzips[71] - darstellt, so kann man nicht umhin anzuerkennen, dass auch solche Fragen, die für die Gesellschaft von besonderer Bedeutung sind - ungeachtet einer etwaigen richterlichen Rechtsfortbildung - letztlich auf gesetzgeberischen Entscheidungen beruhen. Mithin enthält die gegenwärtige Rechtslage eine Anordnung, zu deren Durchsetzung der Richter von Verfassungs wegen aufgerufen ist[72]. Dem *Bundesverfassungsgericht* ist daher beizupflichten, wenn es die Wirkungen der „Wesentlichkeitstheorie" auf die Funktionsabgrenzung zwischen Legislative und

---

400, 417 f.; BVerfG, Beschl. v. 21.12.1977, E 47, 46, 78 f.; BVerfG, Beschl. v. 19.4.1978, E 48, 210, 221; BVerfG, Beschl. v. 8.8.1978, E 49, 89, 126 f.

[65] *Franzen*, Privatrechtsangleichung durch die Europäische Gemeinschaft (1999), S. 425 f.

[66] Vgl. hierzu auch *Hillgruber*, JZ 1996, 118, 123 f.; *Kloepfer*, NJW 1985, 2497, 2499 ff.; *Langenbucher*, Die Entwicklung und Auslegung von Richterrecht (1996), S. 24; *Ossenbühl*, in: Isensee/Kirchhof (Hrsg.), Handbuch des Staatsrechts, Bd. III (1996), § 62, Rdnr. 48.

[67] *Sachs*, in: Sachs (Hrsg.), Kommentar zum Grundgesetz (1999), Art. 20, Rdnr. 115.

[68] Vgl. *Frosini*, Gesetzgebung und Auslegung (1995), S. 56.

[69] Dazu sogleich 2.

[70] *Hergenröder*, in: Lieb (Hrsg.), FS Zöllner (1999), S. 1139, 1155, stellt insofern unter Hinweis auf §§ 132 Abs. 4 GVG, 45 Abs. 2 Satz 2 ArbGG fest, dass die „Aufgabe des Richters ausschließlich die Fortbildung des vorhandenen, nicht aber die Schaffung von grundlegend neuem Recht" ist.

[71] So *Franzen*, Privatrechtsangleichung durch die Europäische Gemeinschaft (1999), S. 425 f. Vgl. außerdem *Busch*, Das Verhältnis des Art. 80 Abs. 1 S. 2 GG zum Gesetzes- und Parlamentsvorbehalt (1992), S. 34 ff.

[72] Siehe BVerfG, Urt. v. 26.6.1991, E 84, 212, 226 f.; BVerfG, Beschl. v. 2.3.1993, E 88, 103, 115 f.

Exekutive begrenzt und infolgedessen die Möglichkeit zur richterlichen Rechtsfortbildung hiervon unberührt lässt.
Überdies soll nach der differenzierten Aufassung von *Larenz* das bisher Gesagte nur für einen Teilbereich der Rechtsfortbildung gelten, nämlich für den von ihm als „gesetzesimmanent" bezeichneten. Daneben soll unter dem Topos „gesetzesübersteigende Rechtsfortbildung" eine über die Gesetzesauslegung hinausgehende Rechtsanwendung auch dann möglich sein, „wenn anderenfalls ein Zustand entstehen würde, der mit den elementaren Anforderungen des Rechts hinsichtlich eines Mindestmaßes von Rechtssicherheit und Gerechtigkeit nicht vereinbar wäre"[73]. Der *Larenz*schen Auffassung liegt dabei die Prämisse zugrunde, dass die objektiv zu ermittelnde Gesetzesteleologie zum obigen Lückenbegriff - wenn überhaupt - nur bedingt etwas beitragen kann[74]. Indes ist kaum zu erkennen, wo die Grenze zwischen einer noch gesetzesimmanenten objektiven Teleologie einerseits und einer zwar anzuerkennenden aber eben auch gesetzesübersteigenden (*extra legem* aber *intra ius*) andererseits verlaufen soll[75]. Auch *Larenz* widmet sich dieser Fragestellung nur beiläufig[76] und richtet sein Augenmerk vornehmlich auf die Abgrenzung zwischen der Rechtsfortbildung *praeter legem* und *contra legem.* Damit aber stellt er die gleichen Überlegungen wie diejenigen Autoren an, die ausschließlich zwischen verschiedenen Typen von Lücken differenzieren. Bei diesen fällt die Abgrenzung der Lückenfeststellung zum lediglich rechtspolitischen Fehler bei der „Normlücke" und auch noch bei der „Regelungslücke" bedeutend einfacher aus, als bei der „Rechtslücke", die nach dem Verständnis von *Engisch* und *Canaris* die Aufdeckung eines planwidrig nicht gesetzlich niedergelegten Rechtsprinzips darstellt[77]. Schon der Übersichtlichkeit halber soll daher auch im Rahmen dieser Untersuchung ein umfassender Lückenbegriff verwandt werden[78].

---

[73] *Larenz*, Methodenlehre der Rechtswissenschaft (1991), S. 376.

[74] *Larenz*, Methodenlehre der Rechtswissenschaft (1991), S. 413 f.

[75] Ebenso *Bydlinski*, Juristische Methodenlehre und Rechtsbegriff (1991), S. 491; vgl. außerdem *Fikentscher*, Methoden des Rechts, Bd. III (1976), S. 726 ff.

[76] *Larenz*, Methodenlehre der Rechtswissenschaft (1991), S. 413: „Auch wenn für eine solche ‚gesetzesübersteigende Rechtsfortbildung' noch gewisse Anhaltspunkte im Gesetz gefunden werden können, […]."; S. 419: „Die Natur der Sache ist ein objektiv-teleologisches Auslegungskriterium insoweit, als dem Gesetzgeber unterstellt werden kann, er habe sie nicht mißachtenwollen. Indessen ist gerade hier zu beachten, daß sie zumeist noch verschiedene Regelungsmöglichkeiten im Einzelnen offen läßt. Man darf sie nicht vorschnell mit einer von ihnen gleichsetzen."

[77] *Engisch*, Einführung in das juristische Denken (1983), S. 138 ff.; *Canaris*, Die Feststellung von Lücken im Gesetz (1983), S. 35 f.

[78] Vgl. außerdem *Coing*, Grundzüge der Rechtsphilosophie (1993), S. 288 ff.; *Zippelius*, Juristische Methodenlehre (1994), S. 58 ff.

2. *Lückenausfüllung*

Methodologisch ist streng zwischen der Feststellung und Ausfüllung von Lücken zu unterscheiden. Indes bedeutet dies auch hier nicht, dass den zu trennenden Gedankenschritten keine einheitlichen Überlegungen zugrunde liegen können[79]. Dies gilt vor allem für die so genannten Norm- und Regelungslücken[80]. Im Vordergrund der Lückenausfüllung steht der so genannte Analogieschluss[81]. Bei diesem wird aufgrund des Gleichheitsgedankens die vorhandene gesetzliche Regelung eines Sachverhalts beziehungsweise der allgemeine Rechtsgrundsatz, der einer Gruppe verschiedener Normen gemein ist, auf einen zwar ungeregelten aber wertungsmäßig vergleichbaren Sachverhalt übertragen[82]. Die Frage der wertungsmäßigen Vergleichbarkeit bestimmt sich dabei nach der *ratio* der vorhandenen Rechtsvorschriften, wodurch die Nähe zur Lückenfeststellung offenbar wird.
Der gleiche Gedankengang wie beim Analogieschluss liegt dem so genannten *argumentum a maiore ad minus* beziehungsweise dem *argumentum a fortiori* zugrunde. Zwar handelt es sich insofern nicht um eine wertungsmäßig vergleichbaren Sachverhalt. Die im geschriebenen Recht zum Ausdruck kommende Wertung muss hier aber „erst recht“ auf die gegenständliche Sachverhaltskonstellation Anwendung finden, da ein entsprechendes Bedürfnis noch deutlicher in Erscheinung tritt[83].
Den Gegensatz sowohl zum Analogieschluss als auch zum *argumentum a maiore ad minus* bildet das so genannte *argumentum e contrario* (Umkehrschluss). Bei diesem ist der gesetzlichen Vorgabe gedanklich das Merkmal der Ausschließlichkeit („nur“) hinzuzufügen, wodurch die Anwendung der vorhandenen gesetzlichen Wertung für gerade nicht erweiterungsfähig erklärt wird[84]. Zu Frage der Abgrenzung des *argumentum e contrario* und seinen „Gegenstücken“ hat *Bydlinksi* festgestellt, dass sich die Annahme eines Umkehrschlusses schon allein aus den „Buchstaben“ herleiten lassen muss („armseliger Umkehrschluss“), wohingegen die ausgedehnte Anwendung einer

---

[79] Vgl. hierzu *Larenz*, Methodenlehre der Rechtswissenschaft (1991), S. 401.
[80] Vgl. *Canaris*, Die Festellung von Lücken im Gesetz (1983), S. 144 ff.; *Larenz*, Methodenlehre der Rechtswissenschaft (1991), S. 401.
[81] Kritisch *Canaris*, Die Feststellung von Lücken im Gesetz (1983), S. 97 ff.
[82] Vgl. *Bydlinski*, Juristische Methodenlehre und Rechtsbegriff (1991), S. 475 ff.; *Esser*, Vorverständnis und Methodenwahl in der Rechtsfindung (1970), S. 180 ff.; *Heck*, AcP 112 (1914), 1, 224 ff.; *Larenz*, Methodenlehre der Rechtswissenschaft (1991), S. 381 ff.; *Neuner*, Die Rechtsfindung contra legem (1992), S. 111; *Pawlowski*, Methodenlehre für Juristen (1999), S. 225; *Wank*, Die Auslegung von Gesetzen (1997), S. 97 f.; *Zippelius*, Juristische Methodenlehre (1994), S. 61 ff.
[83] Vgl. *Bydlinski*, Juristische Methodenlehre und Rechtsbegriff (1991), S. 479.
[84] Vgl. hierzu insbesondere *Larenz*, Methodenlehre der Rechtswissenschaft (1991), S. 390.

Wertung des Gesetzes aufgrund dessen umfassend ermittelter *ratio* erfolgen kann[85].

Als ein weiteres Instrument der Lückenausfüllung erweist sich die teleologische Reduktion, bei der die Besonderheit darin besteht, dass die Lücke nicht schon durch das Fehlen einer anwendbaren Rechtsvorschrift gegeben ist, sondern erst aufgrund eines zu weiten gesetzlichen Anwendungsbereichs und das Fehlen einer entsprechenden Ausnahmevorschrift[86]. Diese Betrachtungsweise mag zunächst etwas konstruiert erscheinen, fügt sich aber ohne weiteres in das bisher Gesagte ein, wenn man die Lückenausfüllung nicht in einem ausschließlich positiven Sinne, das heißt als lediglich „normbegründend", begreift. In Übereinstimmung mit den sonstigen Formen der Rechtsfortbildung wird auch im Rahmen der teleologischen Reduktion einer vorhandenen *ratio legis* aufgrund des Gleichheitsgedankens zur Durchsetzung verholfen[87]. Der Unterschied liegt allein darin, dass in den betreffenden Fällen der Anwendungsbereich des geschriebenen Rechts nicht - wie bisher - durch die Ausfüllung einer Lücke zu erweitern ist, sondern dieser Anwendungsbereich die Lücke gerade in sich trägt und deshalb durch die Lückenausfüllung zu reduzieren ist.

Sofern die bisher beschriebenen Formen der Rechtsfortbildung nicht weiterführen, kommt schließlich entsprechend dem Mittel der teleologischen Gesetzesauslegung auch eine Rechtsfortbildung anhand allgemeiner Rechtsgrundsätze, die aufgrund objektiv-teleologischer Erwägungen in die Rechtsanwendung miteinzubeziehen sind, in Betracht[88]. Ohne Anspruch auf Vollständigkeit sei in diesem Zusammenhang auf *Larenz* verwiesen, der unter dem von ihm herangezogenen Topos der „gesetzesübersteigenden Rechtsfortbildung" eine solche erörtert, die sich aus den Bedürfnissen des Rechtsverkehrs, den klar hervortretenden Vorgaben aus der Natur der Sache sowie aus rechtsethischen Prinzipien ergibt[89].

B. Gemeinschaftsrechtskonformität[90]

Ausgangspunkt der Erörterung einer gemeinschaftsrechtskonformen Anwendung nationalen Rechts ist der vom *EuGH* in seiner Rechtsprechung entwickelte Vorrang des unmittelbar wirkenden Gemeinschaftsrechts gegenüber

---

[85] *Bydlinski*, Juristische Methodenlehre und Rechtsbegriff (1991), S. 476 f.

[86] *Larenz*, Methodenlehre der Rechtswissenschaft (1991), S. 377 ff., spricht in diesem Zusammenhang von einer „verdeckten Lücke" im Gegensatz zur „offenen Lücke".

[87] Vgl. *Larenz*, Methodenlehre der Rechtswissenschaft (1991), S. 392.

[88] Vgl. *Bydlinski*, Juristische Methodenlehre und Rechtsbegriff (1991), S. 481 ff.

[89] *Larenz*, Methodenlehre der Rechtswissenschaft (1991), S. 414 ff.

[90] Vgl. zur Terminologie oben „Einleitung und Gang der Untersuchung".

den Rechtsvorschriften der Mitgliedstaaten. Für den hieraus resultierenden Einfluss des EG-Rechts auf das bundesdeutsche Recht wird im Folgenden zwischen der Nichtanwendung gemeinschaftsrechtswidrigen innerstaatlichen Rechts und dessen gemeinschaftsrechtskonformer Anwendung im positiven Sinne unterschieden.

I. Nichtanwendung nationalen Rechts

1. Einfache Gesetze und Rechtsverordnungen

Die Rechtsprechung des *EuGH* zur gemeinschaftsrechtskonformen Anwendung innerstaatlichen Rechts in ihrer intensivsten Ausprägung, nämlich der Pflicht zur Nichtanwendung nationalen Rechts, wurde bereits im Jahre 1971 durch das *Bundesverfassungsgericht* grundsätzlich anerkannt. Anlass hierzu gab eine Verfassungsbeschwerde gegen eine Entscheidung des *Bundesfinanzhofs*, in der Letzterer entgegen § 7 Abs. 4 UStG die Anwendung eines Umsatzsteuerausgleichsatzes in Höhe von 3% auf die Einfuhr von Milchpulver aus einem anderen Mitgliedstaat der damaligen Europäischen Wirtschaftsgemeinschaft für rechtmäßig erklärt hatte[91]. Das *Gericht* prüfte diese letztinstanzliche Entscheidung in Anbetracht der Vorschrift des Art. 95 EWGV a.F. (heute Art. 90 EGV n.F.), die eine höhere Besteuerung von Waren aus anderen Mitgliedstaaten verbietet. Zuvor hatte bereits der *EuGH* im Jahre 1966 eine unmittelbare Wirkung dieser Vertragsvorschrift festgestellt[92]. Das *Bundesverfassungsgericht* äußerte sich zunächst wie folgt:

> „[D]urch die Ratifizierung des EWG-Vertrages […] ist in Übereinstimmung mit Art. 24 Abs. 1 GG eine eigenständige Rechtsordnung der Europäischen Wirtschaftsgemeinschaft entstanden, die in die innerstaatliche Rechtsordnung hineinwirkt und von den deutschen Gerichten anzuwenden ist. […] Art. 24 Abs. 1 GG besagt bei sachgerechter Auslegung nicht nur, daß die Übertragung von Hoheitsrechten auf zwischenstaatliche Einrichtungen überhaupt zulässig ist, sondern auch, daß die Hoheitsakte ihrer Organe […] vom ursprünglich ausschließlichen Hoheitsträger anzuerkennen sind.
>
> Von dieser Rechtslage ausgehend müssen seit dem Inkrafttreten des Gemeinsamen Markts die deutschen Gerichte auch solche Rechtsvorschriften anwenden, die zwar einer eigenständigen außerstaatlichen Hoheitsgewalt zuzurechnen sind, aber dennoch aufgrund ihrer Auslegung durch den Europäischen Gerichtshof im innerstaatlichen Raum unmittelbare Wirkung entfalten und entgegenstehendes nationales Recht überlagern und verdrängen;

---

91 BFH, Urt. v. 15.1.1969, E 95, 67, 69 ff.

92 EuGH, Urt. v. 16.6.1966, Slg. 1966, 257, 265 ff. - Rs. 57/65, *Alfons Lütticke GmbH ./. Hauptzollamt Saarlouis*. Siehe außerdem EuGH, Urt. v. 3.4.1968, Slg. 1968, 215, 232 - Rs. 28/67, *Molkerei-Zentrale Westfalen/Lippe ./. Hauptzollamt Paderborn*.

> denn nur so können die den Bürgern des Gemeinsamen Markts eingeräumten subjektiven Rechte verwirklicht werden."[93]

Hiermit erkannte das *Bundesverfassungsgericht* die zum Entscheidungszeitpunkt bereits vorliegenden grundlegenden Feststellungen des *EuGH* in den Rechtssachen *van Gend & Loos* (unmittelbare Wirkung) sowie *Costa ./. E.N.E.L.* (Vorrang des Gemeinschaftsrechts) an. Mithin war auch aus nationaler Sicht eine Kollision zwischen unmittelbar wirkendem Gemeinschaftsrecht und widersprechendem nationalen Recht zu lösen. Anders als im Bereich verfassungswidriger nachkonstitutioneller Gesetze überließ das Gericht diese Aufgabe indes „der umfassenden Prüfung und Verwerfungskompetenz der zuständigen Gerichte"[94]. Für den konkreten Fall folgerte die zuständige Kammer daher:

> „Im Rahmen dieser Kompetenz durfte der Bundesfinanzhof dem auf den Streitfall anzuwendenden § 7 Abs. 4 UStG die Gültigkeit für eine Einfuhr aus einem Mitgliedsland der Europäischen Wirtschaftsgemeinschaft insoweit aberkennen, als diese Norm nach seiner Überzeugung Art. 95 EWGV widersprach. Damit vollzog er lediglich diejenige auf den Einzelfall bezogene Korrektur des innerstaatlichen Rechts, die erforderlich war, um der unmittelbaren Wirkung des Art. 95 EWGV für den einzelnen Bürger und dem Vorrang dieser Norm vor entgegenstehendem nationalen Recht Geltung zu verschaffen."[95]

Abgesehen von der auch im bundesdeutschen Verfassungsrecht umstrittenen Frage, inwieweit neben der Judikative auch die Exekutive zur Verwerfung gemeinschaftsrechtswidriger Normen bundesdeutschen Rechts befugt ist[96], ist die bis hierher aufgezeigte Rechtsprechung des *Bundesverfassungsgerichts* weitgehend unwidersprochen geblieben[97]. Ergänzend hierzu wurde allerdings auch anhand der deutschen Zustimmungsgesetze zu den Gemeinschaftsverträgen erörtert, wie der Vorrang des Gemeinschaftsrechts zu verstehen ist. Auch insoweit kann heute aber als allgemein anerkannt bezeichnet werden, dass es sich allein um einen Anwendungsvorrang handelt[98]. Dieser stellt im Gegensatz

---

[93] BVerfG, Beschl. v. 9.6.1971, E 31, 145, 173 f.

[94] ibid.

[95] BVerfG, Beschl. v. 9.6.1971, E 31, 145, 175.

[96] Überwiegend wird dies bejaht. Vgl. hierzu etwa *Everling*, DVBl. 1985, 1201 f.; *Jarass*, NJW 1991, 2665; *ders.*, Grundfragen der innerstaatlichen Bedeutung des EG-Rechts (1994), S. 102 ff.; *Mögele*, BayVBl. 1993, 129, 132; *Streinz*, in: Isensee/Kirchhof (Hrsg.), Handbuch des Staatsrechts, Bd. VII (1992), § 182, Rdnr. 64.

[97] Vgl. *Everling*, DVBl. 1985, 1201; *Hetmeier*, in: Lenz (Hrsg.), EG-Vertrag Kommentar (1999), Art. 249, Rdnr. 23; *Rojahn*, in: von Münch/Kunig (Hrsg.), Grundgesetz-Kommentar, Bd. 2 (1995), Art. 23, Rdnr. 45; *Spetzler*, RIW 1990, 286, 287 f.

[98] Vgl. zur parallel gelagerten Diskussion auf der Grundlage des EG-Vertrags bereits oben 1. Kapitel, A., Fußnote 10. Siehe außerdem vor allem BVerfG, Urt. v. 28.1.1992, E 85, 191, 204.

zum Geltungsvorrang, der zu Gunsten des deutschen Verfassungsrechts besteht, das schonendere Mittel dar, insbesondere weil er nur dann zu einer Unbeachtlichkeit des innerstaatlichen Rechts führt, wenn auch tatsächlich eine Kollision mit unmittelbar wirkendem Gemeinschaftsrecht gegeben ist.

2. *Grundgesetz*

Aus deutscher Sicht weniger eindeutig gestaltet sich die nationale Rechtslage für das Verhältnis des Gemeinschaftsrechts zu den Vorschriften des Grundgesetzes. Die Ursache hierfür ist, dass die Bundesrepublik Deutschland gemäß Art. 24 GG a.F. beziehungsweise Art. 23 GG n.F. Hoheitsrechte an die Europäischen Gemeinschaften nur insoweit übertragen haben kann, wie das entsprechende nationale Zustimmungsgesetz vor den Vorschriften des Grundgesetzes zu bestehen vermag. In diesem Zusammenhang hat das *Bundesverfassungsgericht* wiederholt auf die Grundrechte als ein „unaufgebbares, zur Verfassungsstruktur des Grundgesetzes gehörendes Essentiale der geltenden Verfassung der Bundesrepublik Deutschland“ hingewiesen[99]. Dies gibt Anlass, zunächst auf den Einfluss des Gemeinschaftsrechts auf die herkömmliche Anwendung bundesdeutscher Grundrechte einzugehen. Daneben stellt sich aber im Anwendungsbereich von Art. 24 GG a.F. beziehungsweise Art. 23 GG n.F. die - vor dem Hintergrund der verfassungsgerichtlichen Rechtsprechung zuweilen vernachlässigte - Frage, inwieweit sonstige Verfassungsvorschriften vom Gemeinschaftsrecht überlagert werden können.

a) *Grundrechte*

Die Frage, inwieweit deutsche Grundrechtsbestimmungen der Anwendung widersprechender Gemeinschaftsrechtsakte entgegengehalten und damit in ihrer herkömmlichen Weise angewandt werden können, war Gegenstand einer langwierigen Rechtsprechungsentwicklung durch das *Bundesverfassungsgericht*. Zunächst wurde im Jahre 1974 im Rahmen eines Normenkontrollverfahrens gemäß Art. 100 Abs. 1 GG wegen der Grundrechtswidrigkeit einer EG-Verordnung folgende Feststellung getroffen (so genannter *Solange I*-Beschluss):

> „Solange der Integrationsprozeß der Gemeinschaft nicht so weit fortgeschritten ist, daß das Gemeinschaftsrecht auch einen von einem Parlament beschlossenen und in Geltung stehenden formulierten Katalog von Grundrechten enthält, der dem Grundrechtskatalog des Grundgesetzes adäquat ist, ist nach Einholung der in

---

[99] BVerfG, Beschl. v. 29.5.1974, E 37, 271, 279 f. - „*Solange I*“; siehe außerdem BVerfG, Beschl. v. 22.10.1986, E 73, 339, 375 f. - „*Solange II*“.

> Art. 177 des Vertrags geforderten Entscheidung des Europäischen Gerichtshofs die Vorlage eines Gerichts der Bundesrepublik Deutschland an das Bundesverfassungsgericht im Normenkontrollverfahren zulässig und geboten, wenn das Gericht die für es entscheidungserhebliche Vorschrift des Gemeinschaftsrechts in der vom Europäischen Gerichtshof gegebenen Auslegung für unanwendbar hält, weil und soweit sie mit einem der Grundrechte des Grundgesetzes kollidiert."[100]

Das *Bundesverfassungsgericht* hat damit zweierlei zum Ausdruck gebracht: In Verbindung mit seiner einleitend wiedergegebenen Bemerkung zu Art. 24 GG a.F. hält das *Gericht* zum einen in materiellrechtlicher Hinsicht eine Übereinstimmung der Gemeinschaftsgesetzgebung mit den grundrechtlichen Anforderungen des Grundgesetzes für erforderlich[101]. Grundsätzlich formuliert, bedeutet dies nichts anderes, als einen Vorrang deutscher Grundrechtsgewährleistungen gegenüber dem abgeleiteten Gemeinschaftsrecht[102]. Dieser rechtfertigte sich zunächst damit, dass auch im Vollzug einer EG-Verordnung durch eine deutsche Behörde oder ein deutsches Gericht die Ausübung deutscher öffentlicher Gewalt im Sinne des Art. 93 Abs. 1 Nr. 4 a GG liegt[103]. Zum anderen ist - wenn auch zu diesem Zeitpunkt wenig überraschend - festzuhalten, dass das Gericht zudem eine eigene Pflicht zur Überprüfung dieses Grundrechtsstandard bejahte. Die damit vollzogene Differenzierung ist von Bedeutung, da allein der zweitgenannte Aspekt im Rahmen der weiteren Rechtsprechungsentwicklung modifiziert wurde[104]. Dementsprechend enthält der so genannte *Solange II*-Beschluss aus dem Jahre 1986 folgende Passage:

> „Solange die Europäischen Gemeinschaften, insbesondere die Rechtsprechung des Gerichtshofs der Gemeinschaften einen wirksamen Schutz der Grundrechte gegenüber der Hoheitsgewalt der Gemeinschaften generell gewährleisten, der dem vom Grundgesetz als unabdingbar gebotenen Grundrechtsschutz im wesentlichen gleichzuachten ist, zumal den Wesensgehalt der Grundrechte generell verbürgt, wird das Bundesverfassungsgericht seine Gerichtsbarkeit über die Anwendbarkeit von abgeleitetem Gemeinschaftsrecht, das als Rechtsgrundlage für ein Verhalten deutscher Gerichte oder Behörden im Hoheitsgebiet der Bundesrepublik

---

[100] BVerfG, Beschl. v. 29.5.1974, E 37, 271, 285 - „*Solange I*".

[101] Das *Bundesverfassungsgericht* hat später zu Recht festgestellt, dass sich die Maßgeblichkeit des deutschen Grundrechtskatalogs allein auf das abgeleitete Gemeinschaftsrecht (Sekundärrecht) beschränkt, während in Anbetracht des Primärrechts allein das bundesdeutsche Zustimmungsgesetz Gegenstand einer verfassungsgerichtlichen Prüfung sein kann - siehe BVerfG, Beschl. v. 25.7.1979, E 52, 187, 199 - „*Vielleicht*".

[102] BVerfG, Beschl. v. 29.5.1974, E 37, 271, 281 - „*Solange I*". Vgl. außerdem *Hirsch*, NJW 1996, 2457, 2460; *Kleinmann*, NJW 1969, 355, 357; a.A. *Jarass*, in: Jarass/Pieroth, Grundgesetz Kommentar (2000), Art. 23, Rdnr. 39.

[103] BVerfG, Beschl. v. 29.5.1974, E 37, 271, 283 - „*Solange I*".

[104] Siehe hierzu zunächst den so genannten *Mittlerweile*-Beschluss des BVerfG v. 14.2.1983, NJW 1983, 1258, 1259.

> Deutschland in Anspruch genommen wird, nicht mehr ausüben und dieses Recht mithin nicht mehr am Maßstab der Grundrechte überprüfen; entsprechende Vorlagen nach Art. 100 Abs. 1 GG sind somit unzulässig."[105]

Hierzu lässt sich zunächst feststellen, dass der *Solange II*-Beschluss keine Änderung des durch *Solange I* grundsätzlich begründeten Vorrangverständnisses bewirkt. Neu war indes die weitgehende Ablehnung einer bundesverfassungsgerichtlichen Pflicht zur Durchsetzung dieses Vorrangs der deutschen Grundrechte gegenüber widersprechenden Gemeinschaftsrechtsakten. Wurde im *Solange I*-Beschluss noch eine Adäquanz des Grundrechtsschutzes sowie ein parlamentarisch verabschiedeter Grundrechtskatalog gefordert, hatte es nunmehr den Anschein, dass sich das *Bundesverfassungsgericht* vor allem in Anbetracht der grundrechtsbezogenen Rechtsprechung des *EuGH* seiner im *Solange I*-Beschluss herausgestellten Aufgabe umfänglich entzog. Indes wurde diese äußerst restriktive Haltung im so genannten *Maastricht*-Urteil aus dem Jahre 1993 dahingehend gelockert, dass

> „das Bundesverfassungsgericht seine Gerichtsbarkeit über die Anwendbarkeit von abgeleitetem Gemeinschaftsrecht in Deutschland in einem „Kooperationsverhältnis" zum Europäischen Gerichtshof [ausübt], in dem der Europäische Gerichtshof den Grundrechtsschutz in jedem Einzelfall für das gesamte Gebiet der Europäischen Gemeinschaften garantiert, das Bundesverfassungsgericht sich deshalb auf eine generelle Gewährleistung der unabdingbaren Grundrechtsstandards [...] beschränken kann."[106]

Zudem wurde im *Maastricht*-Urteil in Erweiterung des *Solange I*-Beschlusses zum Anwendungsbereich der Grundrechte festgestellt, dass

> „[a]uch Akte einer besonderen, von der Staatsgewalt der Mitgliedstaaten geschiedenen öffentlichen Gewalt einer supranationalen Organisation [...] die Grundrechtsberechtigten in Deutschland [betreffen]. Sie berühren damit die Gewährleistungen des Grundgesetzes und die Aufgaben des Bundesverfassungsgerichts, die den Grundrechtsschutz in Deutschland insoweit nicht nur gegenüber

---

[105] BVerfG, Beschl. v. 22.10.1986, E 73, 339, 387 - „*Solange II*".

[106] BVerfG, Urt. v. 12.10.1993, E 89, 155, 175 - „*Maastricht*". Siehe außerdem BVerfG, Beschl. v. 12.5.1989, NJW 1990, 974 - „*Wenn nicht*": „Soweit die Richtlinie den Grundrechtsstandard des Gemeinschaftsrechts verletzen sollte, gewährt der *EuGH* Rechtsschutz. Wenn auf diesem Wege der vom Grundgesetz als unabdingbar gebotene Grundrechtsstandard nicht verwirklicht werden sollte, kann das *BVerfG* angerufen werden." Vgl. zur Lockerung der Rechtsprechung durch das Maastricht-Urteil *Götz*, JZ 1993, 1081, 1083; *Hetmeier*, in: Lenz (Hrsg.), EG-Vertrag Kommentar (1999), Art. 249, Rdnr. 23; *Horn*, DVBl. 1995, 91 ff.; *Oppermann*, Europarecht (1999), Rdnr. 624; *Tietje*, JuS 1994, 197, 199 f.; *Tomuschat*, EuGRZ 1993, 489, 490.

deutschen Staatsorganen zum Gegenstand haben (Abweichung von BVerfGE 58, 1 [27]).“[107]

Aufgrund des Vorgesagten lässt sich damit der Einfluss des Gemeinschaftsrechts auf die Anwendung bundesdeutscher Grundrechte in der Weise zusammenfassen, dass - rechtstheoretisch betrachtet - im Bereich wesentlicher Grundrechtsgewährleistungen ein solcher Einfluss mangels gemeinschaftsrechtlichen Vorrangs nicht besteht. Der Einzelne kann sich daher wie im rein nationalen Kontext mit Hilfe bundesdeutscher Grundrechte gegen nationale und gemeinschaftliche Akte hoheitlicher Gewalt zur Wehr setzen, ungeachtet dessen, dass diese auf gemeinschaftlicher Rechtsgrundlage erfolgen. Auch wo die Grundrechte gar Leistungsansprüche des Einzelnen gegen die Bundesrepublik Deutschland gewähren, bleibt nach der hier nachgezeichneten verfassungsgerichtlichen Rechtsprechung deren Bestehen vom Gemeinschaftsrecht unbeeinflusst. Vielmehr ist mit dem *Bundesverfassungsgericht* im *Maastricht*-Urteil darauf hinzuweisen, dass Gemeinschaftsrechtsakte, die nicht vom deutschen Zustimmungsgesetz gedeckt sind, im deutschen Hoheitsbereich unverbindlich sind[108]. Für dieses Zustimmungsgesetz ist aber gemäß dem neugefassten Art. 23 Abs. 1 GG nunmehr auch positivrechtlich vorgesehen, dass es einen dem „Grundgesetz im wesentlichen vergleichbaren Grundrechtsschutz“ Rechnung tragen muss[109]. Mithin lässt sich eine normtheoretische Höherwertigkeit des deutschen Grundrechtsstandards erkennen, die grundsätzlich eine vom Gemeinschaftsrecht beeinflusste Anwendung deutscher Grundrechte ausschließt. Hinzuzufügen ist aber freilich, dass - rechtstatsächlich besehen - das vom *Bundesverfassungsgericht* ausgerufene „Kooperationsverhältnis“ zum *EuGH* den Vorrang bundesdeutscher

---

[107] BVerfG, Urt. v. 12.10.1993, E 89, 155, 175 - „*Maastricht*“. Siehe hierzu auch S. 174: „Die in der Präambel des Grundgesetzes angelegte und in Art. 23 und 24 GG geregelte Offenheit für eine europäische Integration hat zur Folge, daß grundrechtserhebliche Eingriffe auch von europäischen Organen ausgehen können und ein Grundrechtsschutz dementsprechend für das gesamte Geltungsgebiet dieser Maßnahmen gewährleistet werden muß; dadurch erweitert sich insbesondere der räumliche Anwendungsbereich der Freiheitsrechte und die Vergleichsperspektive bei der Anwendung des Gleichheitssatzes.“

[108] BVerfG, Urt. v. 12.10.1993, E 89, 155, 188 & 195 & 210 - „*Maastricht*“. Vgl. hierzu *Streinz*, DVBl. 1990, 949, 954; kritisch aber *Klein*, VVDStRL (50) 1991, 56, 66 ff.

[109] Vgl. zu dieser Formulierung etwa *Pernice*, in: Dreier (Hrsg.), Kommentar zum Grundgesetz, Bd. II (1998), Art. 23, Rdnr. 75 ff.; *Randelzhofer*, in: Maunz/Dürig/Herzog/Scholz (Hrsg.), Grundgesetz Kommentar, Bd. III (2000), Art. 23, Rdnr. 61; *Rojahn*, in: von Münch/Kunig (Hrsg.), Grundgesetz-Kommentar, Bd. 2 (1995), Art. 23, Rdnr. 39.

Grundrechtsgewährleistungen auf absehbare Zeit als nicht durchsetzbar erscheinen lässt[110].

b) Sonstige Verfassungsvorschriften

Neben den Grundrechten ist der Einfluss des Gemeinschaftsrechts auf die Anwendung deutschen Verfassungsrechts - so weit ersichtlich - bislang noch nicht weiter von der Rechtsprechung im Einzelnen erörtert worden. Ursprünglich war daher auf die grundsätzlichen Ausführungen der *Solange*-Entscheidungen zurückzugreifen. Das *Bundesverfassungsgericht* führte hier insbesondere aus, dass auf der Grundlage von Art. 24 GG a.F. keine Gesetzgebungskompetenz an die Europäischen Gemeinschaften als zwischenstaatliche Einrichtungen verliehen werden können, die „die Identität der geltenden Verfassung der Bundesrepublik durch Einbruch in die sie konstituierenden Strukturen aufheben würde“[111]. Nicht ausgeschlossen sei demgegenüber, dass „die zuständigen Gemeinschaftsorgane Recht setzen, das die deutschen zuständigen Verfassungsorgane nach dem Recht des Grundgesetzes nicht setzen könnten“[112]. Vor diesem Hintergrund wird deutlich, welch ultimative Funktion den nunmehr in der Neufassung des Art. 23 Abs. 1 GG festgelegten Schranken der Integrationsermächtigung einschließlich der Bezugnahme auf Art. 79 Abs. 2 und 3 GG zukommt[113]. Soweit diese höherwertigen Schranken bei einer Gemeinschaftsgesetzgebung im Rahmen der übertragenen Rechtssetzungskompetenzen nicht überschritten werden, ist daher in Übereinstimmung mit dem weiten Vorrangverständnis des *EuGH* auch aus deutscher Sicht ein gemeinschaftsrechtlicher Vorrang selbst gegenüber Verfassungsvorschriften anzunehmen[114]. Folglich gilt das bereits oben zu einfachen Gesetzen und Rechtsverordnungen Gesagte entsprechend[115]. Verdeutlichen lässt sich dieses Ergebnis an dem umstrittenen Anwendungsbereich von Art. 19 Abs. 3 GG. Ihrem Wortlaut nach erweitert

---

[110] Vgl. auch *Gersdorf*, DVBl. 1994, 674, 578; *Oppermann*, DVBl. 1994, 901, 906 f.; *Schröder*, DVBl. 1994, 316, 323 f.; anders aber etwa *Streinz*, in: Sachs (Hrsg.), Grundgesetz Kommentar (1999), Art. 23, Rdnr. 44.

[111] BVerfG, Beschl. v. 29.5.1974, E 37, 271, 279 - „*Solange I*“; siehe außerdem BVerfG, Beschl. v. 22.10.1986, E 73, 339, 375 - „*Solange II*“; BVerfG, Beschl. v. 23.6.1981, E 58, 1, 40 - „*Eurocontrol I*“.

[112] BVerfG, Beschl. v. 29.5.1974, E 37, 271, 279 - „*Solange I*“.

[113] Vgl. zur Entstehung dieser Verfassungsvorschrift anhand der Rechtsprechung des *Bundesverfassungsgerichts* etwa *Rojahn*, in: von Münch/Kunig (Hrsg.), Grundgesetz-Kommentar (1995), Art. 23, Rdnr. 36.

[114] Vgl. hierzu etwa *Hetmeier*, in: Lenz (Hrsg.), EG-Vertrag Kommentar (1999), Art. 249, Rdnr. 23.

[115] Vgl. oben 1, vor allem BVerfG, Beschl. v. 9.6.1971, E 31, 145, 173 f.

diese Vorschrift die Geltung der Grundrechte allein auf „inländische juristische Personen". Angesichts des damit verbundenen Ausschlusses juristischer Personen aus anderen EU-Mitgliedstaaten wird hierin für den Regelungsbereich des EG-Vertrags zum Teil ein Verstoß gegen das unmittelbar wirkende Diskriminierungsverbot des Art. 12 EGV erblickt[116]. Infolgedessen hat etwa *Degenhardt* vorgeschlagen, die Beschränkung des Art. 19 Abs. 3 GG auf inländische juristische Personen unangewandt zu lassen und vielmehr eine Grundrechtsberechtigung juristischer Personen aus anderen EU-Mitgliedstaaten aufgrund von Art. 12 EGV anzunehmen[117]. Es handelt sich mithin um einen klassischen Fall der gemeinschaftsrechtlich begründeten Nichtanwendung bundesdeutschen Verfassungsrechts. Dass Art. 19 Abs. 3 GG dabei gleichzeitig eine grundrechtsbezogene Vorschrift darstellt, hindert diese Folgerung schon deshalb nicht, weil es insofern um ein „Mehr" an Grundrechtsschutz geht.

II. Gemeinschaftsrechtskonforme Rechtsanwendung

Zuzugeben ist zunächst, dass die Problematik der gemeinschaftsrechtskonformen Anwendung innerstaatlichen Rechts bislang nur äußerst eingeschränkt Eingang in die ansonsten breit angelegte wissenschaftliche Erörterung des Verhältnisses zwischen nationalem Recht und Gemeinschaftsrecht gefunden hat[118]. Der Grund hierfür ist, dass die gemeinschaftsrechtskonforme Rechtsanwendung im positiven Sinne gegenüber der schlichten Nichtanwendung innerstaatlichen Rechts im praktischen Ergebnis keine Unterschiede aufweist[119]. Dementsprechend ist auch die *Murphy*-Entscheidung, wonach einer gemeinschaftsrechtskonformen Anwendung des mitgliedstaat-

---

[116] So *Degenhardt*, EuGRZ 1981, 161, 168; *von Bogdandy*, in: Grabitz/Hilf (Hrsg.), Das Recht der Europäischen Union (2000), Art. 6 EGV a.F., Rdnr. 32; im Ansatz ebenso *Dreier*, in: Dreier (Hrsg.), Kommentar zum Grundgesetz, Bd. I (1996), Art. 19 III, Rdnr. 14, vgl. jedoch zu dessen abweichenden Ergebnis sogleich II. Dagegen wird vorgebracht, dass das Diskriminierungsverbot des Art. 12 EGV allein Diskriminierungen im Wirtschaftsverkehr auf einfachgesetzlicher Ebene verbietet, nicht aber die Gleichstellung von In- und Ausländern in jeder Hinsicht fordert - vgl. etwa *Rüfner*, in: Isensee/Kirchhof (Hrsg.), Handbuch des Staatsrechts, Bd. V (1992), § 116, Rdnr. 59; *Krüger*, in: Sachs (Hrsg.), Grundgesetz Kommentar (1999), Art. 19, Rdnr. 52.

[117] *Degenhardt*, EuGRZ 1981, 161, 168.

[118] Eine Ausnahme bildet insofern der Aufsatz „Die richtlinienkonforme und die gemeinschaftsrechtskonforme Auslegung nationalen Rechts" von *Ehricke*, RabelsZ 59, (1995), 598 ff.

[119] So ausdrücklich *Veelken*, JuS 1993, 265, 271; ähnlich *Everling*, ZGR 1992, 376, 382; *Grundmann*, ZEuP 1996 399, 409; *ders.*, Europäisches Schuldvertragsrecht (1999), S. 112; *Jarass*, Grundfragen der innerstaatlichen Bedeutung des EG-Rechts (1994), S. 95; *Nettesheim*, AöR 1994, 261, 283.

lichen Rechts grundsätzlich der Vorzug gebührt, im deutschen Schrifttum nur wenig beachtet worden. Soweit dieser Ansatz aber näher erörtert wurde, ist er auch auf Zustimmung gestoßen[120]. Dies erklärt sich mit der Überlegung, dass aufgrund einer vorzugswürdigen gemeinschaftsrechtskonformen Anwendung nationalen Rechts im positiven Sinne die Autorität des nationalen Gesetzgebers grundsätzlich gewahrt bleibt und nicht wie bei der Nichtanwendung innerstaatlichen Rechts eine vollständige Leugnung erfährt[121]. Vor dem Hintergrund des gemeinschaftsrechtlichen Grundsatzes der Verhältnismäßigkeit im Sinne des Art. 5 Abs. 3 EGV muss daher die gemeinschaftsrechtskonforme Rechtsanwendung als das mildere Mittel erscheinen und die unmittelbare Berufung auf das Gemeinschaftsrecht als *ultima ratio* zurücktreten[122].

1. Fallbeispiele

Die gemeinschaftsrechtskonforme Rechtsanwendung ist gegenwärtig vor allem im Rahmen der nachfolgend aufgeführten Vorschriften bundesdeutschen Rechts Gegenstand wissenschaftlicher Erörterungen[123].

---

[120] Vgl. etwa *Behrens*, EuZW 1994, 289; *Ehricke*, RabelsZ 59 (1995), 598 ff., v.a. 623 ff.; *Möllers*, EuR 1998, 20, 39 f.

[121] So auch *Brechmann*, Die richtlinienkonforme Auslegung (1994), S. 64; *Ehricke*, RabelsZ 59 (1995), 598, 631; *Jarass*, Grundfragen der innerstaatlichen Bedeutung des EG-Rechts (1994), S. 93 f.

[122] Vgl. dazu bereits oben 1. Kapitel, A., Fußnote 27.

[123] Neben den nachfolgend genannten Bestimmungen sah die Vorschrift des § 917 Abs. 2 ZPO a.F. vor, dass ein Arrestgrund im Sinne des Abs. 1 anzunehmen war, wenn ein Urteil im Ausland vollstreckt werden müsste. Soweit in dieser Bestimmung ein Verstoß gegen das Diskriminierungsverbot des Art. 12 EGV n.F. erblickt wurde (so EuGH, Urt. v. 10.2.1994, NJW 1994, 1271 f. = EuZW 1994, 216 f. - Rs. 398/92, *Firma Mund & Fester ./. Firma Hatrex Internationaal Transport*; zustimmend *Koch*, EuZW 1995, 78, 81; Schlosser, ZEuP 1995, 250, 253 f.; a.A. *Mankowski*, NJW 1992, 599, 601; *Thümmel*, NJW 1996, 1930, 1934; vgl. außerdem *Ameli/Baets/Ehricke/Kennett/Haegenborgh/Verschuur*, (1995) 4 ERPL 613 ff.), sollte eine gemeinschaftsrechtskonforme Anwendung von § 917 Abs. 2 ZPO a.F. Abhilfe schaffen. Bei dieser sollte der Begriff „Ausland" dahingehend interpretiert werden, als umfasste er nicht die Mitgliedstaaten des Übereinkommens vom 27.9.1968 über die gerichtliche Zuständigkeit und Vollstreckung gerichtlicher Entscheidungen in Zivil- und Handelssachen (EuGVÜ) - vgl. *Brödermann*, MDR 1992, 89, 94f.; Ehricke, NJW 1991, 2189, 2190 f.; *ders.*, NJW 1992, 603 f.; *ders.*, RabelsZ 59 (1995), 598, 605 f.; *Thomas/Putzo*, Zivilprozeßordnung (1997), § 917, Rdnr. 3; a.A. *Thümmel*, EuZW 1994, 242, 243 f.; *ders.*, NJW 1996, 1930, 1934. Der Vollständigkeit halber sei ergänzt, dass unter anderem genau jene Ergänzung durch Gesetz vom 6.8.1998 in die heutige Fassung des § 917 Abs. 2 Satz 2 ZPO aufgenommen wurde.

Einen weiteren - zwischenzeitlich ebenfalls durch gesetzgeberisches Tätigwerden behobenen - Anwendungsfall gemeinschaftsrechtskonformer Rechtsanwendung lieferte die Vorschrift des § 110 ZPO a.F.. Gemäß Abs. 1 dieser Bestimmung mussten Kläger aus fremden Staaten dem

a) § 239 Abs. 1 BGB

Ein erstes Beispiel der gemeinschaftsrechtskonformen Rechtsanwendung liefert die Vorschrift des § 239 Abs. 1 BGB, wonach ein zur Sicherheitsleistung „tauglicher Bürge" seinen allgemeinen Gerichtsstand im Inland haben muss. Dieser wird gemäß § 13 ZPO durch dessen jeweiligen Wohnsitz beziehungsweise bei juristischen Personen gemäß § 17 ZPO durch deren Sitz bestimmt. Ihrem Wortlaut nach bewirkt diese Regelung damit, dass die gemeinschaftsrechtliche Dienstleistungsfreiheit im Sinne der Artt. 49 ff. EGV solcher Personen aus anderen EU-Staaten verletzt wird, die in Deutschland im Rahmen der von ihnen erbrachten Dienstleistungen Sicherheit im Wege einer Bürgschaft leisten wollen[124]. Nach Vorschlag verschiedener Autoren soll deutsches Recht daher in der Weise zur Anwendung kommen, dass auch Personen aus anderen EU-Staaten „taugliche Bürgen" im Sinne des § 239 Abs. 1 BGB sein können[125].

Beklagten auf Verlangen Sicherheit wegen entstehender Prozesskosten leisten. Hiervon ausgenommen waren nach § 110 Abs. 2 Nr. 1 ZPO a.F. allein Angehörige solcher Staaten, in denen unter gleichen Voraussetzungen ein Deutscher nicht zur Sicherheitsleistung verpflichtet war (Prinzip der Gegenseitigkeit). Dies stellte nach verbreiteter Auffassung einen Verstoß gegen die Dienstleistungsfreiheit der Artt. 49 ff. EGV n.F. (so EuGH, Urt. v. 1.7.1993, EuZW 1993, 514 f. = JZ 1994, 39 ff. 17 - Rs. C-20/92, *Hubbard ./. Hamburger*; *Bork/Schmidt-Parzefall*, JZ 1994, 18, 19 f.; *Bungert*, IStR, 1993, 481 ff.; *Schlosser*, EuZW 1993, 659 ff.; *Zimmermann*, RIW 1992, 707, 709 f.), die Freizügigkeit im Sinne der Artt. 39 ff. EGV n.F. in Verbindung mit EWG-Verordnung Nr. 1612/68 (so *Kampf*, NJW 1990, 3054 ff.; *Zimmermann*, RIW 1992, 707, 710 f.) beziehungsweise das allgemeine Diskriminierungsverbot des Art. 12 EGV n.F. (so OLG München, Beschl. v. 17.11.1992, NJW 1993, 865; *Bungert*, IStR 1993, 481, 483 ff.; *Kampf*, NJW 1990, 3054, 3055; *Schlosser*, RIW 1983, 473, 483; *Zimmermann*, RIW 1992, 707, 711 f.) dar. Infolgedessen wurde „entgegen dem Wortlaut der Vorschrift" die Erstreckung der Ausnahme von Abs. 1 unabhängig vom Gegenseitigkeitsprinzip auf alle EG-Ausländer vertreten - vgl. *Ehricke*, RabelsZ 59 (1995), 598, 606 f. Eine schlichte Nichtanwendung vertraten hingegen OLG München, Beschl. v. 17.11.1992, NJW 1993, 865; *Bork/Schmidt-Parzefall*, JZ 1994, 18, 22; *Brödermann*, MDR 1992, 89, 95; *Bungert*, IStR 1993, 481, 486; *Kampf*, NJW 1990, 3054, 3056 f.; *Zimmermann*, RIW 1992, 707, 712, ohne dabei jedoch die Möglichkeit einer gemeinschaftsrechtskonformen Anwendung von § 110 ZPO a.F. und damit die grundsätzliche Anerkennung der Autorität des deutschen Gesetzgebers zu erwägen. Zwischenzeitlich hat der Gesetzgeber reagiert und § 110 Abs. 2 Nr. 1 ZPO dahingehend gefasst, dass eine Ausnahme von der Pflicht zur Sicherheitsleistung nach Abs. 1 in Übereinstimmung mit völkerrechtlichen Verträgen besteht.

[124] Vgl. *Ehricke*, EWS 1994, 259, 260 ff.; zustimmend *Mülbert*, ZHR 1995, 2, 29. So weit ersichtlich, hat sich der *EuGH* zu dieser Frage noch nicht geäußert.

[125] Vgl. *Ehricke*, RabelsZ 59 (1995), 598, 607; *Fahse*, in: Soergel, Bürgerliches Gesetzbuch, Bd. 2 (1999), § 239, Rdnr. 4; *Möllers*, EuR 1998, 20, 40.

b) § 80 VwGO

Ein weiterer Beispielsfall gemeinschaftsrechtskonformer Anwendung bundesdeutschen Rechts ist dem öffentlich-rechtlichen Bereich zu entnehmen. Der *EuGH* hat in der Rechtssache *Kommission der Europäischen Gemeinschaften ./. Bundesrepublik Deutschland* (Destillation von Tafelwein) entschieden, dass bei Widerspruch und Anfechtungsklage gegen einen auf gemeinschaftsrechtlicher Grundlage ergangenen Verwaltungsakt dessen sofortiger Vollzug anzuordnen ist[126]. Gerade im Gegensatz hierzu stellt nach der einschlägigen deutschen Vorschrift des § 80 VwGO die aufschiebende Wirkung der vorgenannten Rechtsbehelfe den Regelfall dar und eine Ausnahme hiervon speziell zu Gunsten des Gemeinschaftsrechts besteht nicht. Zur Lösung dieser Normenkollision wird daher vorgeschlagen, auf die Regelung des § 80 Abs. 2 Nr. 4 VwGO zurückzugreifen und die sofortige Vollziehung aufgrund eines überwiegenden „öffentlichen Interesses" anzuordnen[127]. Teilweise wird dagegen jedoch zu bedenken gegeben, dass ein derartiger Ansatz zum einen nicht mit der vom Ermessen geprägten Natur dieser Vorschrift in Einklang zu bringen sei; zum anderen müssen die Belange eines effektiven Rechtsschutzes im Sinne des Art. 19 Abs. 4 GG mit in die Betrachtung eingestellt werden[128].

c) Art. 19 Abs. 3 GG

Bereits oben wurde die Vorschrift des Art. 19 Abs. 3 GG als Beispiel für eine Nichtanwendung bundesdeutschen Verfassungsrechts aufgrund des widersprechenden Diskriminierungsverbots des Art. 12 EGV angeführt[129]. Dies entsprach der Auffassung von *Degenhardt*. Demgegenüber hat *Dreier*, der ebenfalls von einem Konflikt zwischen beiden Normen ausgeht, vorgeschlagen, diesen ungeachtet der Bezeichnung „inländische juristische Personen" durch eine „gemeinschaftsrechtskonforme Auslegung" von Art. 19 Abs. 3 GG zu lösen[130]. Auf diese Weise greift er der Auffassung von *Degenhardt* vor und wählt anstelle einer in die Autorität des nationalen Gesetzgebers schwerer

---

[126] EuGH, Urt. v. 10.7.1990, Slg. 1990, I-2879, 2903 - Rs. C-217/88, *Kommission der Europäischen Gemeinschaften ./. Bundesrepublik Deutschland.* Vgl. hierzu *Schwarze*, in: Baur (Hrsg.), FS Börner (1992), S. 389, 398 ff.

[127] Vgl. etwa *Mögele*, BayVBl. 1993, 129, 140; *Triantafyllou*, NVwZ 1992, 129, 132 f.; *Zuleeg*, VVDStRL 53 (1994), 154, 167. Gleiches gilt freilich für die Bestätigung einer solchen Anordnung gemäß § 80 Abs. 5 VwGO.

[128] *Vedder*, EWS 1991, 10, 14.

[129] Vgl. oben I.2.b., vor allem Fußnote 117.

[130] *Dreier*, in: Dreier (Hrsg.), Kommentar zum Grundgesetz, Bd. I (1996), Art. 19 III, Rdnr. 14.

eingreifenden Nichtanwendung innerstaatlichen Rechts das mildere Mittel einer gemeinschaftsrechtskonformen Anwendung desselben im positiven Sinne. Da dies jedoch dem eindeutigen Wortlaut der Verfassungsvorschrift widerspricht, hat *Stiess* hiergegen vorgebracht, dass die von *Dreier* vorgeschlagene „gemeinschaftsrechtskonforme Auslegung" auf eine verbotene Rechtsfortbildung *contra legem* hinausliefe[131].

2. *Grundlagen*

a) *Kraft Gemeinschaftsrechts*

Soweit bislang zur Dogmatik der gemeinschaftsrechtskonformen Anwendung bundesdeutschen Rechts Stellung bezogen wurde, hat sich die Auffassung etabliert, dass hinter einer entsprechenden Pflicht des nationalen Rechtsanwenders aus Art. 10 EGV der Vorrang des Gemeinschaftsrechts steht[132]. Dieser Vorrang besteht angesichts eines Normenkonflikts, wie er dem deutschen Rechtsanwender aus dem Bereich der Verfassungskonformität einfachgesetzlicher Rechtsvorschriften vertraut ist[133]. In beiden Fällen drohen einander widersprechende Rechtsnormen, von denen eine als höherwertig anzusehen ist, zu kollidieren. Mit Blick auf die Methode der verfassungskonformen Auslegung wurde einleitend gesagt, dass diese zur Verhinderung einer drohenden Verfassungswidrigkeit einfachgesetzlicher Rechtsvorschriften und einer damit einhergehenden Nichtanerkennung der gesetzgeberischen Autorität eine entsprechend normorientierte Rechtsanwendung verlangt[134]. Gleiches wird nunmehr vor dem Hintergrund der *Murphy*-Rechtsprechung des *EuGH* auch für die Anwendung sämtlicher deutscher Rechtsvorschriften im Bereich des unmittelbar wirkenden Gemeinschaftsrechts als Folge des anerkannten Vorrangs akzeptiert, vorausgesetzt, dass das maßgebliche Gemeinschaftsrecht vom deutschen Zustimmungsgesetz zum EG-Vertrag gedeckt ist und nicht gegen die Integrationsschranken des Art. 23 Abs. 1 GG verstößt[135]. *Zuleeg* und *Ehricke*

---

[131] *Stiess*, Schutz der Wirtschaftswerbung durch Verfassungsrecht und Gemeinschaftsrecht (2000), S. 58.

[132] Vgl. hierzu bereits oben 1. Kapitel, A., vor allem Fußnoten 29 f.

[133] *Jarass*, EuR 1991, 211, 213 ff.; *Zuleeg*, VVDStRL 53 (1994), 154, 165 f.

[134] Ständige Rechtsprechung des *Bundesverfassungsgerichts* - vgl. dazu bereits oben Fußnote 49.

[135] Vgl. dazu insbesondere *Ehricke*, RabelsZ 59 (1995), 598, 624 ff. - dazu bereits oben 1. Kapitel, A.; vgl. außerdem *Behrens*, EuZW 1994, 289; *Brechmann*, Die richtlinienkonforme Auslegung (1994), S. 64; *Carstens*, in: Aubin (Hrsg.), FS Riese (1964), S. 65, 77; *Everling*, ZGR 1992, 376, 382; *Jarass*, EuR 1991, 211, 215; *Möllers*, EuR 1998, 20, 40; *Zuleeg*, VVDStRL 53 (1994), 154, 165 f.; *Zuleeg*, Die gemeinschaftsrechtskonforme

haben in diesem Zusammenhang sogar das für den innerstaatlichen Bereich formulierte Prinzip der weitestmöglichen *Kollisionsvermeidung* auf das Verhältnis zwischen der gemeinschaftlichen und nationalen Rechtsordnung übertragen[136].

b) *Kraft nationalen Rechts*

Aufgrund des Vorgesagten ergibt sich, dass aus EG-rechtlicher Perspektive dem Gebot der gemeinschaftsrechtskonformen Rechtsanwendung die Rolle einer eigenständigen Rechtsanwendungsmethode zukommt, die den Inhalt der nationalen Methodenlehre um den Aspekt des unmittelbar wirkenden Gemeinschaftsrechts ergänzt. Dies bedeutet indes nicht, dass Letzteres daneben nicht auch schon aufgrund der herkömmlichen nationalen Auslegungskanones Eingang in die Anwendung innerstaatlichen Rechts finden kann. Allerdings scheidet mangels positivrechtlicher Bezugnahme auf unmittelbar wirkende Vorschriften des Gemeinschaftsrechts eine entsprechende Rechtserkenntnis aufgrund grammatikalischer Erwägungen in den allermeisten Fällen aus. Gleiches gilt angesichts der systematischen Rechtsanwendungsmethode, da Rechtsakte verschiedener Gesetzgebungsautoritäten grundsätzlich keiner einheitlichen Systematik zugeschrieben werden können.
Eine bedeutende Erkenntnisquelle zu Gunsten einer gemeinschaftsrechtskonformen Rechtsanwendung offenbart hingegen die historische Auslegungsmethode. Hierzu ist in Übereinstimmung mit der Rechtssprechung des *EuGH*[137] auch aus deutscher Sicht anerkannt, dass bei nationalen Gesetzgebungsakten, die

---

Auslegung und Fortbildung mitgliedstaatlichen Rechts, in: Schulze (Hrsg.), Auslegung europäischen Privatrechts und angeglichenen Rechts (1999), S. 163, 169. *Nettesheim*, AöR 1994, 261, 278 f., will die Grenze des Art. 23 Abs. 1 GG nicht anerkennen, weil er einen Zirkelschluss befürchtet, der dadurch entstehe, dass diese Vorschrift selbst ebenso gut gemeinschaftsrechtskonform angewandt werden könne. Er verkennt indes, dass das EG-Recht seine Existenzgrundlage in den Rechtsordnungen der Mitgliedstaaten und aus bundesdeutscher Sicht damit vor allem in Art. 23 GG findet. Vor diesem Hintergrund hat eine gemeinschaftsrechtskonforme Anwendung der grundgesetzlichen Integrationsvorschrift von vornherein auszuscheiden.

[136] *Zuleeg*, VVDStRL 53 (1994), 154, 165 f.; ihm folgend *Ehricke*, RabelsZ 59 (1995), 598, 627 ff. Auch das *Bundesverfassungsgericht* spricht von einer judikativen „Pflicht, sich um die Konkordanz beider Rechtsordnungen [...] zu bemühen." - siehe BVerfG, Beschl. v. 29.5.1974, E 37, 271, 278 - *„Solange I"*. Vgl. außerdem *Borck*, WRP 1994, 15, 20; *Meier*, WRP 1993, 21.

[137] Siehe EuGH, Urt. v. 16.12.1993, Slg. 1993, I-6911, 6932 - Rs. C-334/97, *Wagner Miret ./. Fondo de garantia salarial*.

in ihrer Entstehung gemeinschaftsrechtlichen Vorgaben zeitlich nachfolgen, ein EG-rechtskonformer Wille des Gesetzgebers bereits vermutet werden kann[138]. Überdies stellt die objektiv hervortretende Teleologie bundesdeutscher Gesetze eine der Gesetzeshistorie vergleichbar wichtige Erkenntnisquelle zu Gunsten des unmittelbar wirkenden Gemeinschaftsrechts dar[139]. Insofern ist von Bedeutung, dass es sich bei den hier interessierenden Vorgaben des EG-Rechts nicht nur um allgemeine Rechtsideen handelt, deren teleologische Berücksichtigung zuweilen Schwierigkeiten bereitet, sondern um ganz konkrete Rechtssätze, zu deren unmittelbarer Wirkung im innerstaatlichen Bereich der deutsche Gesetzgeber seine Zustimmung erteilt hat. Hierdurch gelangt das diesbezügliche EG-Recht in den nationalen „Normbereich"[140], der die Grundlage für die Ermittlung der Gesetzesteleologie bildet.
Ungeachtet der damit bestehenden Möglichkeiten, Vorgaben des unmittelbar wirkenden Gemeinschaftsrechts schon aufgrund der nationalen Methodik als Rechtserkenntnisquelle zu betrachten, ist indes zu ergänzen, dass mangels eines Rangverhältnisses zwischen den beschriebenen Auslegungsmethoden keine Verbindlichkeit hinsichtlich der Erreichung eines gemeinschaftsrechtskonformen Rechtsanwendungsergebnisses besteht. Eine derartige Verbindlichkeit besteht hingegen bei der Pflicht zur gemeinschaftsrechtskonformen Rechtsanwendung aus Art. 10 EGV.

3. *Durchführung*

Vereinzelt wird für die EG-rechtskonforme Anwendung deutschen Rechts die methodologische Vorgehensweise erörtert. Für die Übereinstimmung des deutschen Rechts mit unmittelbar wirkendem Gemeinschaftsrecht hat *Ehricke* zwei Wege für grundsätzlich möglich gehalten[141]: Zum einen ließe sich zunächst anhand der herkömmlichen Auslegungsmethoden ein vom Gemeinschaftsrecht isoliertes Normverständnis ermitteln. Soweit für dieses eine Kollision mit unmittelbar wirkendem Gemeinschaftsrecht festellbar ist, sei diese in einem zweiten Schritt durch eine gemeinschaftsrechtskonforme Anwendung des nationalen Rechts aufzulösen. Zum anderen hält *Ehricke* es für möglich, zuvorderst die grundsätzliche Anwendbarkeit der nationalen Norm zu bestimmen. Nur wenn diese bejaht werden könne, sei anschließend auf die herkömmlichen Auslegungsmethoden zurückzugreifen.

---

[138] Vgl. etwa *Jarass*, EuR 1991, 211, 217.
[139] Vgl. hierzu *Ehricke*, RabelsZ 59 (1995), 598, 635 ff., sowie unten 4.b.aa.(2).
[140] Vgl. zu dieser Terminologie *Müller*, Juristische Methodik (1997), S. 176 ff.; ihm folgend *Larenz*, Methodenlehre der Rechtswissenschaft (1991), S. 333 ff.
[141] *Ehricke*, RabelsZ 59 (1995), 598, 631.

Indes bleibt die genaue Abgrenzung zwischen beiden Vorgehensweisen unklar. *Ehricke* selbst will insofern der zweiten Variante den Vorzug geben[142]. Dabei lässt er allerdings gänzlich unbeantwortet, wie er bei dieser die Fähigkeit zur Gemeinschaftsrechtskonformität in einem ersten Schritt feststellen möchte, wenn er erst im Anschluss daran die herkömmlichen nationalen Auslegungsmittel heranziehen will. Insofern wird übersehen, dass ohne diese Mittel die nationale Rechtsnorm jeglicher Aussage entbehrt.
Richtig dürfte vielmehr eine Kombination beider Ansätze sein: Zunächst muss in einem ersten Schritt anhand der herkömmlichen Methodenlehre der isolierte Norminhalt festgestellt werden. Nur so lässt sich ermitteln, ob im Regelungsbereich des betreffenden unmittelbar wirkenden Gemeinschaftsrechts überhaupt eine innerstaatliche Norm eine Rechtsfolge bereithält[143]. Ist dies der Fall, kann in einem zweiten Schritt der ermittelte Inhalt dieser Norm mit der Vorgabe des Gemeinschaftsrechts verglichen werden. Eröffnet sich hierbei für den Rechtsanwender eine Normenkollision, stellt sich die Frage, inwieweit von dem zunächst im rein nationalen Kontext festgestellten Normverständnis zu Gunsten eines gemeinschaftsrechtskonformen abgewichen werden darf[144]. Dabei geht es um nichts anderes, als um die Grenzen der Pflicht zur gemeinschaftsrechtskonformen Rechtsanwendung, welche - und insofern ist wieder dem Ansatz von *Ehricke* zuzustimmen - die notwendige Auskunft über die grundsätzliche Anwendbarkeit des nationalen Rechts geben.
Etwa im Fall des § 239 Abs. 1 BGB ist demnach zunächst festzustellen, dass bei isolierter Betrachtung die Gerichtsstandschaft einer Person im EU-Ausland diese als untauglichen Bürgen erscheinen lässt. Soweit man gleichzeitig die Dienstleistungsfreiheit der Artt. 49 ff. EGV für einschlägig erachtet, gilt es weiterhin, eine drohende Kollision zwischen der deutschen Norm und der des unmittelbar wirkenden Gemeinschaftsrechts zu konstatieren. Damit ist die Frage aufgeworfen, inwieweit die Pflicht des Rechtsanwenders aus Art. 10 EGV zur gemeinschaftsrechtskonformen Rechtsanwendung das als Zwischenergebnis gefundene Verständnis von § 239 Abs. 1 BGB zu Gunsten des Gemeinschaftsrechts verändern kann.

---

[142] a.a.O., 631 f.

[143] Ein derartiges Vorgehen ist dem deutschen Rechtsanwender keineswegs fremd. Auch der isolierte Umgang mit den nationalen Auslegungsmitteln erfordert die Arbeit mit interpretativen Zwischenergebnissen. Nur so kann das für die Rechtsfindung erforderliche „Hin- und Herwandern des Blickes" - so *Engisch*, Einführung in das juristische Denken (1983), S. 210 - zwischen den verschiedenen rangneutralen Rechtserkenntnisquellen in die Praxis umgesetzt werden.

[144] Vgl. auch *Zuleeg*, in: Schulze (Hrsg.), Auslegung europäischen Privatrechts und angeglichenen Rechts (1999), S. 163, 172.

4. Grenzen

Bestehen somit an der grundsätzlichen Existenz und Durchführungsweise der gemeinschaftsrechtskonformen Rechtsanwendung keine Zweifel, so stellt sich abschließend die Frage nach dem Umfang dieser am Gemeinschaftsrecht orientierten innerstaatlichen Rechtsfindung. Der *EuGH* hat hierzu in seiner *Murphy*-Entscheidung klargestellt, dass die Auslegung und Anwendung innerstaatlicher Gesetze in Übereinstimmung mit den Vorgaben des Gemeinschaftsrechts nur stattzufinden hat, soweit eine solche „gemeinschaftsrechtskonforme Auslegung" überhaupt „möglich" ist[145]. Dies erscheint konsequent, wenn man bedenkt, dass es - ungeachtet der Orientierung am EG-Recht - um die Anwendung von Normen geht, deren Anwendungsbefehl vom nationalen, das heißt vom bundesdeutschen, Gesetzgeber herrührt. Was dieser mit einer von ihm erlassenen Vorschrift äußerstenfalls geregelt hat, ist daher allein anhand der deutschen Methodenlehre zu ermitteln. Aus diesem Grund können sich auch die Grenzen einer gemeinschaftsrechtlichen Pflicht zur gemeinschaftsrechtskonformen Anwendung innerstaatlichen Rechts nur aus dieser Methodenlehre ergeben. Dies gilt freilich erst recht, sofern schon die Grundlage der Gemeinschaftsrechtskonformität im nationalen Recht erblickt werden kann. Für die deutsche Rechtslage ist daher zu unterscheiden, ob eine Gemeinschaftsrechtskonformität noch mit der Methode der Gesetzesauslegung erzielt werden kann, oder ob vielmehr nach den Möglichkeiten einer gemeinschaftsrechtskonformen Rechtsfortbildung zu fragen ist.

a) Gemeinschaftsrechtskonforme Auslegung

Es wurde bereits darauf hingewiesen dass für die einzelnen Auslegungsmittel der deutschen Methodenlehre ein Rangverhältnis grundsätzlich nicht besteht[146]. Eine zwingende Beeinflussung des Rechtsanwendungsergebnisses durch die verschiedenen Kanones ist grundsätzlich nur insofern gegeben, wie diese äußerste Grenzen für die Auffindung eines konkreten Normverständnisses setzen. Dies gilt vor allem für die Grenze des noch möglichen Wortsinns. Bejaht wird ein Rangverhältnis allerdings in Anbetracht des Gebots zur verfassungskonformen Auslegung einfacher Gesetze, wobei sich die Vorzugswürdigkeit dieser Methode mit der Höherwertigkeit der Verfassung erklärt[147]. Aufgrund der beschriebenen Parallele zur verfassungskonformen Auslegung bundesdeutschen Rechts liegt es demnach auf der Hand, dass der

---

[145] EuGH, Urt. v. 4.2.1988, Slg. 1988, 673, 690 - Rs. 157/86, *Murphy ./. An Bord Telecom Eireann*. Vgl. dazu bereits oben 1. Kapitel, A.

[146] Vgl. dazu oben A.I.7.

[147] Vgl. dazu oben A.I.6.

Pflicht zur gemeinschaftsrechtskonformen Auslegung bundesdeutschen Rechts ebenfalls der Vorzug vor allen anderen Auslegungsmitteln gebührt. Allerdings ist insoweit zu betonen, dass nach deutscher Methodik auch eine grundsätzlich vorzuziehende Gesetzesauslegung anhand höherwertiger Normen an die äußersten Grenzen der anderen Auslegungskanones gebunden ist[148]. Es sind keine Gründe ersichtlich, weshalb diese Regel nicht auch für die gemeinschaftsrechtskonforme Auslegung Geltung beanspruchen sollte. Insofern entsteht auch kein Widerstreit zwischen der Pflicht zur einerseits verfassungskonformen und andererseits gemeinschaftsrechtskonformen Rechtsanwendung, da dem Gemeinschaftsrecht ein Einfluss auf die Anwendung nationalen Rechts im positiven Sinne nur zukommen kann, sofern Letzteres nicht aufgrund von Verfassungsvorschriften, die ihrerseits einer gemeinschaftsrechtskonformen Anwendung nicht zugänglich sind, für verfassungswidrig und damit für nichtig zu erklären ist[149].

Greift man auf das vorgenannte Beispiel des § 239 Abs. 1 BGB zurück, muss man sich demnach fragen, ob ungeachtet der Tatsache, dass die rein isolierte Auslegung dieser Vorschrift von einem allgemeinen Gerichtsstand im EU-Ausland auf einen untauglichen Bürgen schließen lässt, dieses Normverständnisses gleichzeitig auch den einzig annehmbaren Wortsinn darstellt. Gerade in Anbetracht der voranschreitenden europäischen Integration der Bundesrepublik Deutschland wäre zu überlegen, ob der Begriff „Inland" inzwischen einen derartigen Bedeutungswandel erfahren hat, dass unter ihn auch das EU-Ausland zu fassen ist. Letztlich dürften solche Überlegungen aber eher dem Mittel der teleologischen Auslegung zuzuordnen sein, deren Maßgeblichkeit damit aber an der Grenze des entgegenstehenden Wortsinns von § 239 Abs. 1 BGB scheitern muss[150].

Die gleichen Erwägungen lassen sich für Art. 19 Abs. 3 GG anstellen. Auch hier dürfte demnach eine gemeinschaftsrechtskonforme Auslegung des Begriffs „inländische" abzulehnen sein. Herauszustellen ist aber, dass aufgrund der

---

[148] Vgl. zur verfassungskonformen Auslegung *Schlaich*, Das Bundesverfassungsgericht (1997), Rdnr. 414 ff.; *Burmeister*, Die Verfassungsorientierung der Gesetzesauslegung (1966), S. 123.

[149] Vgl. auch *Metallinos*, Die europarechtskonforme Auslegung (1994), S. 175. Soweit sich die Auffassung von *Nettesheim*, AöR 1994, 261, 277 ff., auch auf den Bereich der Gemeinschaftsrechtskonformität bezieht, gelten auch hier die im Rahmen der Richtlinienkonformität angestellten Überlegungen - vgl. dazu unten C.IV.1.b., vor allem Fußnote 334.

[150] Gleiches gilt für die zivilprozessrechtlichen Vorschriften der § 917 Abs. 2 ZPO a.F. und § 110 ZPO a.F.: Weder dem Begriff „Ausland" im Sinne des § 917 Abs. 2 ZPO noch der Bezeichnung „fremder Staaten" im Sinne des § 110 Abs. 1 ZPO konnte der Sinn beigemessen werden, das Gebiet des EU-Auslands nicht mit zu umfassen. Vgl. hierzu auch *Ehricke*, RabelsZ 59 (1995), 598, 633 f. Siehe jedoch zur Kritik am dogmatischen Ansatz von *Ehricke* sogleich b.

beschriebenen Vorrangwirkung des unmittelbar wirkenden Diskriminierungsverbots im Sinne des Art. 12 EGV[151] die Pflicht zur gemeinschaftsrechtskonformen Rechtsanwendung auch gegenüber der Verfassungsvorschrift des Art. 19 Abs. 3 GG gilt.
Demgegenüber dürfte eine gemeinschaftsrechtskonforme Auslegung von § 80 VwGO nicht gegen die von den sonstigen Auslegungsmittel festgesetzten Auslegungsgrenzen verstoßen. Zwar ergibt sich aus der isolierten Auslegung dieser Norm keineswegs, dass im Falle von Widersprüchen beziehungsweise Anfechtungsklagen gegen Verwaltungsakte, die auf Gemeinschaftsrecht beruhen, stets der sofortige Vollzug anzuordnen ist. Eine solche gemeinschaftsrechtskonforme Auslegung des deutschen Rechts erscheint aber mit dem Wortlaut von Abs. 2 Nr. 4, wonach eine „sofortige Vollziehung im öffentlichen Interesse" angeordnet werden kann, vereinbar. Insofern wird die effektive Durchsetzung des Gemeinschaftsrechts als ein Belang des öffentlichen Interesses verstanden. Auch ist eine Kollision mit den Grenzen der weiteren Auslegungsmittel nicht ersichtlich[152].

b) Gemeinschaftsrechtskonforme Rechtsfortbildung

Zur Methode der Rechtsfortbildung wurde eingangs erläutert, dass sie eine Rechtsfindung auch noch jenseits der anerkannten Auslegungsgrenzen zulässt. Die Frage nach einer gemeinschaftsrechtskonformen Fortbildung deutschen Rechts stellt sich demnach, soweit eine gemeinschaftsrechtskonforme Auslegung vor allem wegen der entgegenstehenden Grenze des noch möglichen Wortsinns einer nationalen Gesetzgebung nicht in Betracht kommt.
Entgegen *Ehricke* bedarf es hierfür keines irgendwie gearteten Vorrangs der Pflicht zur gemeinschaftsrechtskonformen Auslegung aus Art. 10 EGV[153]. Indem *Ehricke* die von ihm geprägte Vorrangregel nicht nur für den Fall der Nichtanwendung deutschen Rechts heranzieht[154], setzt er sich dem Vorwurf aus, den Vorrang des Gemeinschaftsrechts zur Geltung bringen zu wollen, wo es in Wahrheit nur um die diesem vorgeschaltete und keineswegs grenzenlose Pflicht zur Kollisionsvermeidung geht. Wird eine Kollision vermieden, stellt sich die Vorrangproblematik nicht, weshalb die Pflicht zur gemeinschaftsrechtskonformen Rechtsanwendung in ihrer Ausprägung vom Vorrang des Gemeinschaftsrechts qualitativ unterschieden werden muss. Mit dem hier vertretenen Standpunkt wird dabei nicht geleugnet, dass auch eine bloße

---

[151] Vgl. dazu oben I.2.b.
[152] Ebenso *Zuleeg*, VVDStRL 53 (1994), 154, 167.
[153] *Ehricke*, RabelsZ 59 (1995), 598, 634. Vgl. außerdem *Grundmann*, ZEuP 1996, 399, 409; *ders.*, Europäisches Schuldvertragsrecht (1999), S. 112.
[154] Vgl. dazu oben 1. Kapitel, B.

Vorzugswürdigkeit der gemeinschaftsrechtskonformen Rechtsanwendung insofern auf diesem Vorrang beruht, als sie eben dessen Voraussetzung in Form einer Kollision zu vermeiden sucht[155]. Entsprechend der *Murphy*-Entscheidung des *EuGH* ist diese Vorzugswürdigkeit jedoch durch die anerkannten nationalen Auslegungsgrenzen beschränkt[156]. Anderenfalls könnte von einer Anwendung nationalen Rechts keine Rede mehr sein. Dieser gegen die Auffassung von *Ehricke* gerichtete Einwand lässt sich auch anhand der Parallele zur verfassungskonformen Auslegung belegen. Bei dieser Methode besteht ebenso eine Höherwertigkeit und damit ein Vorrang des Verfassungsrechts. Nichtsdestoweniger findet aber auch das Gebot der verfassungskonformen Auslegung ihre Grenze in den anerkannten Rechtsanwendungsgrenzen.
Nach dem Vorgesagten muss es umso mehr verwundern, dass *Ehricke* ungeachtet seines Verständnisses der Pflicht zur „gemeinschaftsrechtskonformen Auslegung" als Vorrangregel, diese methodologische Erscheinung nicht uneingeschränkt zur Anwendung bringen will. Vielmehr sieht er seinen Ansatz durch die Verfassungsprinzipien der Gewaltenteilung und Rechtssicherheit im Sinne des Art. 20 GG begrenzt. Die Ausführungen zur Methode der Rechtsfortbildung, insbesondere zur Auffindung einer Lücke, belegen, dass sich *Ehricke* damit genau auf dem Pfad bewegt, den der Rechtsanwender beschreiten muss, will er das deutsche Recht gemeinschaftsrechtskonform fortbilden[157].

aa) Nationales Recht, das dem Gemeinschaftsrecht in seiner Entstehung vorausgeht

(1) Historische Erwägungen

Voraussetzung einer jeden Rechtsfortbildung ist das Vorliegen einer Lücke, also einer planwidrigen Unvollständigkeit des geschriebenen Rechts[158]. Der Klarheit wegen soll hier unterstellt werden, dass das isolierte, das heißt im rein nationalen Kontext gewonnene, Verständnis des anzuwendenden Rechts eine

---

[155] Vgl. dazu auch oben 2.a.
[156] EuGH, Urt. v. 4.2.1988, Slg. 1988, 673, 690 - Rs. 157/86, *Murphy ./. An Bord Telecom Eireann.*
[157] Dementsprechend greift er auch in Fußnote 153 f. auf die einschlägige Literatur zur Rechtsfortbildung zurück. Unverständlich bleibt aber dennoch, wieso *Ehricke* seine Überlegungen nicht konsequent in die methodologischen Vorarbeiten zur Rechtsfortbildung eingliedert.
[158] Vgl. dazu bereits oben A.II.1.

solche Lücke nicht offenbart[159]. Zu fragen ist daher, ob durch das Hinzutreten des unmittelbar wirkenden Gemeinschaftsrechts eine Lücke entsteht, die gemeinschaftsrechtskonform geschlossen werden kann.
Herausgestellt wurde bereits, dass sich weder grammatikalische noch systematische Erwägungen zu Gunsten einer gemeinschaftsrechtskonformen Rechtsfindung fruchtbar machen lassen[160]. Darüber hinaus lassen sich bei einer deutschen Gesetzgebung, die dem Gemeinschaftsrecht in ihrer Entstehung zeitlich vorausgeht, auch keine historischen Gesichtspunkte für die Feststellung einer Lücke entnehmen. Dies gilt vor allem für solche Vorschriften, denen eine Diskriminierung von EU-Ausländern immanent ist. So kann dem historischen Gesetzgeber des BGB nicht unterstellt werden, dass er bei der Schaffung von § 239 Abs. 1 BGB der später im EG-Vertrag verankerten Dienstleistungsfreiheit Rechnung tragen wollte und in diesem Sinne dem Begriff „Inland" eine über den räumlichen Anwendungsbereich des BGB hinausgehende Bedeutung zu verleihen beabsichtigte. Ebenso wenig kann dem historischen Gesetzgeber aber unterstellt werden, dass er für alle Zeit der Normgeltung eine europaweite Erstreckung der Regelung des § 239 Abs. 1 BGB kategorisch ablehnte. Vielmehr handelt es sich hierbei um eine Frage, die sich zur Zeit des Erlasses des BGB schlichtweg nicht stellte, mithin vom Gesetzgeber nicht weiter bedacht wurde. Die Frage nach einer gemeinschaftsrechtsbedingten Lücke verlagert sich demnach ausschließlich auf teleologische Erwägungen. Das Gleiche gilt selbst dann, wenn ein ausdrücklicher Widerspruch zwischen den Vorstellungen des historischen Gesetzgebers und dem unmittelbar wirkenden Gemeinschaftsrecht erkennbar ist. Allerdings muss man hier zudem die Frage stellen, inwieweit eine der jeweiligen nationalen Rechtsvorschrift zugrunde liegende Intention aus heutiger Sicht vom unabhängig bestehenden Gemeinschaftsrecht überlagert wird. Mithin hängt in Anbetracht des nationalen Rechts, das dem Gemeinschaftsrecht in seiner Entstehung zeitlich vorausgeht, die Feststellung von gemeinschaftsrechtsbedingten Lücken vollständig von teleologischen Erwägungen ab.

(2) Teleologische Erwägungen

Zur Grundlage der gemeinschaftsrechtskonformen Rechtsanwendung wurde dargelegt, dass das unmittelbar wirkende Gemeinschaftsrecht als Bestandteil der

---

[159] Offenbarte hingegen bereits das im rein nationalen Kontext angewandte Recht eine Lücke, so ist beim Hinzutreten des Gemeinschaftsrechts deren Vorliegen von Neuem zu untersuchen, wobei nunmehr allerdings eine etwaige Präjudizienbindung hinsichtlich einer früheren Rechtsfortbildung in Rechnung zu stellen ist - vgl. dazu grundlegend *Langenbucher*, Die Entwicklung und Auslegung von Richterrecht (1996), S. 105 ff.
[160] Vgl. dazu oben 2.b.

objektiv hervortretenden Gesetzesteleologie Einfluss auf die Anwendung nationalen Rechts zu nehmen vermag. Dies meint auch *Ehricke*, wenn er ausführt:

> „Mit dem Dazwischentreten des europäischen Aspekts haben sich für die Bedeutung der ratio legis vieler deutscher Normen nämlich grundlegende Veränderungen ergeben. Diese sind insbesondere daraus erwachsen, daß sich die Bedingungen und das (Tatsachen-)Umfeld der jeweiligen Vorschriften wesentlich verändert haben und sich dies quasi als Reflex auf den jeweiligen Gesetzeszweck auswirkt.“[161]

Soweit *Ehricke* hieraus auf Wertungswidersprüche schließt und dadurch einen beachtlichen „Funktionswandel“ der objektiv hervortretenden *ratio legis* folgert, ist ihm grundsätzlich beizupflichten[162]. Klarzustellen ist allerdings, dass es sich hierbei um einen Wandel handelt, der nicht in außerhalb des Rechts liegenden Tatsächlichkeiten, wie etwa technischen Entwicklungen, angesiedelt ist, sondern gerade vom Recht selbst herbeigeführt wurde. Dies ist entscheidend, soweit es um die Überwindung eines der Lückenfeststellung widersprechenden Willens des historischen Gesetzgebers geht. Soll dieser nämlich von dem „Funktionswandel“ überlagert werden, so ist dies nur denkbar, weil sich der Wandel aus dem positiven Recht selbst ergibt. Bestätigt wird diese Maßgeblichkeit der gewandelten objektiv hervortretenden *ratio legis* gegenüber den nur subjektiven und historisch überholten Vorstellungen des Gesetzgebers durch die Parallelität der gemeinschaftsrechtskonformen Rechtsanwendung zur verfassungskonformen Rechtsanwendung: Zum Zwecke einer politischen Kontrolle hat der historische Gesetzgeber für nichtrechtsfähige Vereine bewusst die Vorschriften über die Gesellschaft (§§ 705 ff. BGB) für anwendbar erklärt (§ 54 Satz 1 BGB). Vor allem in Anbetracht des entgegenstehenden Grundrechts aus Art. 9 GG sind Rechtsprechung und Lehre einvernehmlich hiervon abgewichen und haben auf die Vorschriften der §§ 21 ff. BGB zurückgegriffen[163].

Zudem ist nochmals zu betonen, dass auch die Auflösung der vorgenannten Wertungswidersprüche nicht erst auf den Vorrang des Gemeinschaftsrechts zu stützen ist[164]. Die Wertungswidersprüche entstehen nämlich bereits durch das Aufeinandertreffen von zwei Rechtserkenntnissen, deren Offenlegung Bestandteil des Rechtsfindungs*prozesses* ist und demnach der endgültigen Rechtsfindung vorausgeht. Erst wenn diese im Widerspruch zum unmittelbar

---

[161] *Ehricke*, RabelsZ 59 (1995), 598, 635 f.

[162] *Ehricke*, RabelsZ 59 (1995), 598, 636 ff.

[163] BGH, Urt. v. 11.7.1968, Z 50, 325, 328 ff.; OLG Frankkfurt, Urt. v. 19.12.1984, ZIP 1985, 213, 215; *Reuter*, in: Rebmann/Säcker (Hrsg.), Münchener Kommentar zum BGB, Bd. 1 (1993), § 54, Rdnr. 1 ff.

[164] So aber *Ehricke*, RabelsZ 59 (1995), 598, 637.

wirkenden Gemeinschaftsrecht steht, kommt dessen Vorrang zur Geltung. Eine ganz andere Frage ist hingegen, wie die festgestellten Wertungswidersprüche aufzulösen sind. Zu bedenken ist insofern, dass es sich bei schlichter Betrachtung um nichts anderes handelt, als um verschiedene Rechtsanwendungsalternativen. Für die damit erforderliche Auswahl kann sich nur die Pflicht zur gemeinschaftsrechtskonformen Rechtsanwendung aus Art. 10 EGV eignen. Hierdurch wird die Erreichung der Gemeinschaftskonformität dem „gegenwärtigen Gesetzgeber zusinnbar"[165]. Würde man hingegen auf den Vorrang des Gemeinschaftsrechts abstellen, so hätte dies zur Konsequenz, dass man ungeachtet der positiven Anwendung nationalen Rechts die Autorität des nationalen Gesetzgebers leugnete.

Führt nach alledem die Pflicht des Rechtsanwenders zur gemeinschaftsrechtskonformen Anwendung deutschen Rechts in verbindlicher Weise zu einem Funktionswandel der *ratio legis* und überschreitet dieser neuerliche Gesetzeszweck die Grenzen einer nach deutscher Methodik zulässigen Auslegung, so eröffnet sich dadurch für die Methode der Rechtsfortbildung eine Lücke[166]. Diese mag man - untechnisch gesprochen - als „europäische Lücke" bezeichnen, wodurch zum Ausdruck kommt, dass das Schweigen des Gesetzes erst durch den Einfluss des Gemeinschaftsrechts aus dem Bereich des so genannten beredten Schweigens heraustritt.

Entsprechend den allgemeinen Regeln zur Rechtsfortbildung ist eine festgestellte Lücke vor allem im Wege des Analogieschlusses auszufüllen[167]. Dieser setzt eine Rechtsnorm voraus, deren Regelungsgehalt auf den bislang ungeregelten Sachverhalt übertragen werden kann. Ist eine solche nicht vorhanden, besteht die Möglichkeit auf allgemeine Rechtsgrundsätze zurückzugreifen. In beiden Fällen ist allerdings streng darauf zu achten, dass allein auf Vorschriften und Grundsätze der deutschen Rechtsordnung verwiesen wird. Würde man gegebenenfalls auf das Gemeinschaftsrecht abstellen, könnte nicht mehr von einer Anwendung deutschen Rechts gesprochen werden. Die jeweilige Grundlage der Rechtsfindung wäre unter dem Deckmantel deutscher Rechtsfortbildung vielmehr das unmittelbar wirkende Gemeinschaftsrecht selbst. Damit wird deutlich, dass sich durch das Erfordernis der Lückenausfüllung die Grenze aufgezeigt, jenseits derer aus nationaler Sicht nur noch als *ultima ratio* eine Nichtanwendung deutschen Rechts erfolgen kann, die einschlägige Rechtsfolge hingegen dem unmittelbar wirkenden Gemeinschaftsrecht zu entnehmen ist.

Aufgrund des Vorgesagten bereitet es keine Probleme, in den hier gegebenen Beispielen sowohl für den Fall des § 239 Abs. 1 BGB als auch für den des

---

[165] So das Kriterium von *Ehricke*, RabelsZ 59 (1995), 598, 637 unter Berufung auf *Bydlinski*, Juristische Methodenlehre und Rechtsbegriff (1991), S. 581.

[166] Dieser methodologische Schritt wird von *Ehricke*, a.a.O., nicht vollzogen.

[167] Vgl. ausführlich dazu oben A.II.2.

Art. 19 Abs. 3 GG eine „europäische Lücke“ festzustellen, die darin besteht, dass die betreffenden Regelungsinhalte eine auf das Gebiet der Bundesrepublik Deutschland bezogene Beschränkung aufweisen. Zudem fällt es in derartigen Diskriminierungskonstellationen nicht schwer, eine Lückenfeststellung anhand bundesdeutscher Rechtsvorschriften vorzunehmen, da entsprechende Rechtssätze grundsätzlich vorliegen. Mithin ist etwa gemäß § 239 Abs. 1 BGB analog auch eine in Griechenland ansässige Person als zur Sicherheitsleistung „tauglicher Bürge“ im Sinne des § 232 Abs. 2 BGB anzusehen. Ebenso kann beispielsweise eine juristische Person, deren Hauptverwaltung ihren Sitz in Portugal hat, sich gemäß Art. 19 Abs. 3 GG analog auf deutsche Grundrechte berufen[168].

bb) Nationales Recht, das dem Gemeinschaftsrecht in seiner Entstehung nachfolgt

Für die Anwendung deutschen Rechts, das dem maßgeblichen Gemeinschaftsrecht in seiner Entstehung zeitlich nachfolgt, gelten die vorstehend für die Anwendung älteren nationalen Rechts aufgezeigten Überlegungen grundsätzlich entsprechend. Eine Veränderung erfährt allein der Umgang mit dem Kriterium des gesetzgeberischen Willens.

(1) Gemeinschaftsrechtskonformer Wille des Gesetzgebers

Sowohl von europäischer als auch von deutscher Seite ist allgemein anerkannt, dass hinsichtlich des historischen Moments der Rechtsanwendung von einer Vermutung auszugehen ist, wonach der nationale Gesetzgeber gemäß seiner - ebenfalls durch Art. 10 EGV begründeten - Pflicht nur in Übereinstimmung mit den bereits vorhandenen Vorgaben des Gemeinschaftsrechts tätig werden will[169]. Kann demnach von einem gemeinschaftsrechtskonformen Willen des Gesetzgebers ausgegangen werden, ist die oben aufgeworfene Frage nach einer Überlagerung dieses Willens durch die in ihrer Funktion gewandelte objektiv zu

---

[168] Demgegenüber war weder im Fall des § 917 Abs. 2 ZPO a.F. noch in dem des § 110 ZPO a.F. ein Analogieschluss zur Erreichung einer Gemeinschaftsrechtskonformität geboten. Vielmehr mussten besagte Vorschriften teleologisch reduziert werden, damit zum einen ein ausreichender Arrestgrund nur dann vorlag, wenn ein Urteil in einem Staat vollstreckt werden musste, der nicht zum Gebiet der Europäischen Gemeinschaft gehörte (§ 917 Abs. 2 ZPO a.F.). Ebenso durfte die Bezeichnung „fremde Staaten“ im Sinne des § 110 Abs. 1 ZPO a.F. nur in Anbetracht solcher Staaten verstanden werden, sodass auch für EU-Ausländer eine Pflicht zur Leistung von Prozesskostensicherheit nicht bestehen konnte.

[169] Vgl. dazu bereits oben 1. Kapitel, B., Fußnote 64 sowie 2. Kapitel, B.II.b., Fußnote 138.

ermittelnde *ratio legis* überhaupt nicht zu stellen. Vielmehr stimmen die subjektiven und objektiven Gesetzeszwecke überein, was zur Folge hat, dass die zur Rechtsfortbildung erforderliche Lücke bereits aufgrund einer Diskrepanz zwischen Auslegungsergebnis und gesetzgeberischem Willen begründet werden kann. Vor diesem Hintergrund treten teleologische Erwägungen, die allein als subsidiäre Fortsetzung historischer Erwägungen zu bezeichnen sind[170], zurück[171]. Dementsprechend besteht grundsätzlich auch kein Bedürfnis für eine Berufung auf die verbindliche Pflicht zur gemeinschaftsrechtskonformen Rechtsanwendung aus Art. 10 EGV. Etwas anderes ist nur dann anzunehmen, wenn der Gesetzgeber zwar einerseits einen generellen Willen zur Gemeinschaftsrechtskonformität hatte, irrigerweise aber diese Eigenschaft mit einer bewußt gewählten gemeinschaftsrechtswidrigen Rechtsregel verband. Wie im Falle objektiv hervortretender Wertungswidersprüche besteht auch hier ein Gegensatz, der zu unterschiedlichen Rechtsanwendungsalternativen führt und infolgedessen mit Hilfe der judikativen Pflicht aus Art. 10 EGV aufzulösen ist.

(2) Gemeinschaftsrechtwidriger Wille des Gesetzgebers

Demgegenüber offenbart sich die Spannung zwischen subjektivem und objektivem Gesetzeszweck in besonderer Weise, wenn der deutsche Gesetzgeber bewusst in Widerspruch zu den Vorgaben des unmittelbar wirkenden Gemeinschaftsrechts handeln sollte. In Anbetracht des Rechtsetzungsprimats des deutschen Gesetzgebers kann hier von einer Überlagerung historischer Rechtsanwendungserwägungen durch einen objektiv ermittelten Funktionswandel der *ratio legis* keine Rede sein. Im Bereich der Verfassungskonformität hat das *Bundesverfassungsgericht* wiederholt formuliert, dass durch eine normorientierte Rechtsanwendung unter anderem „das gesetzgeberische Ziel nicht in einem wesentlichen Punkt verfehlt werden [darf]“[172]. Entscheidet sich aber der deutsche Gesetzgeber für die Verabschiedung einer gemeinschaftsrechtswidrigen Rechtsvorschrift, so ist schon in dem Widerspruch zum Gemeinschaftsrecht *per se* ein „wesentlicher

---

[170] Vgl. dazu bereits oben A.I.5.

[171] Im Ergebnis ebenso *Ehricke*, Rabels 59 (1995), 598, 637 f., der jedoch angibt, dass es sich aufgrund des gemeinschaftsrechtskonformen Willens des Gesetzgebers gar nicht um einen Fall des von ihm titulierten „Funktionswandels“ der objektiv ermittelten *ratio legis* handelt. Indes bedeutet die zurücktretende Relevanz des objektiven Gesetzeszwecks keineswegs dessen fehlende Existenz.

[172] Siehe etwa BVerfG, Beschl. v. 11.6.1980, E 54, 277, 299 f.; BVerfG, Beschl. v. 22.10.1985, E 71, 81 105 sowie für den hier interessierenden Kontext BGH, Urt. v. 5.3.1996, NJW 1996, 2529, 2532. Vgl. außerdem *Larenz*, Methodenlehre der Rechtswissenschaft (1991), S. 344; *Schlaich*, Das Bundesverfassungsgericht (1997), Rdnr. 414 ff.

Punkt" im Sinne dieser Rechtsprechung zu erblicken. Will man demnach die Autorität des nationalen Gesetzgebers nicht grundlegend anzweifeln, hat man das im rein nationalen Kontext gewonnene - gemeinschaftsrechtswidrige - Normverständnis als endgültig anzusehen. Mangels Lücke muss eine gemeinschaftsrechtskonforme Anwendung deutschen Rechts mithin scheitern. Freilich schließt dies nicht aus, sondern ermöglicht vielmehr erst, dass der damit festgestellten nationalen Rechtslage aufgrund des Vorrangs des Gemeinschaftsrechts in letzter Konsequenz die Anwendung zu versagen ist. Festzuhalten bleibt aber, dass das hier aufgezeigte Szenario einem zumindest partiellen Begehren der Bundesrepublik Deutschland nach einer Aufkündigung der Europäischen Gemeinschaft gleichkäme.

cc) Verletzung von Verfassungsgrundsätzen?

In Anbetracht der vorgeschlagenen gemeinschaftsrechtskonformen Fortbildung bundesdeutschen Rechts wird vor allem unter dem Topos der Gewaltenteilung im Sinne von Art. 20 Abs. 2 Satz 2 GG eine Verletzung des gesetzgeberischen Rechtssetzungsprimats diskutiert. Soweit hier die Befürchtung besteht, dass es zu Beeinträchtigungen der Funktionstrennung zwischen Legislative und Judikative kommt[173], werden diese Bedenken jedoch durch das Erfordernis der Planwidrigkeit einer Lücke sowie durch die Voraussetzung einer im objektiven Recht vorhandenen Wertung zur Lückenschließung ausgeräumt. Hat also der Gesetzgeber eine konkrete judikative Rechtsfindung bewusst nicht positivrechtlich vorgesehen, scheitert die Rechtsfortbildung schon am Fehlen einer Lücke. Ebenso wenig kommt eine Rechtsfindung jenseits des Gesetzeswortlauts in Betracht, sofern die Lückenausfüllung nicht anhand der nationalen Gesetzgebung verwirklicht werden kann. In jedem Fall ist aber festzustellen, dass die Befürchtung etwaiger judikativer Übergriffe auf die Legislative kein spezifisches Problem der Gemeinschaftsrechtskonformität innerstaatlichen Rechts ist und insofern kein größeres Gewicht erfahren kann als in der grundsätzlichen Diskussion um die Methode der Rechtsfortbildung. Nach dieser aber wird ganz überwiegend von der Zulässigkeit einer Rechtsfindung *praeter legem* ausgegangen[174].

Soweit sich die hier vertretene Auffassung darüber hinaus an dem Verfassungsgrundsatz der Rechtssicherheit im Sinne des Art. 20 Abs. 3 GG messen lassen muss, ergibt sich deren angemessene Berücksichtigung bereits aus der Möglichkeit einer unmittelbaren Wirkung des maßgeblichen Gemeinschaftsrechts. Bestehen hingegen keine Bedenken, so ist ebenso wenig

[173] Vgl. *Jarass*, EuR 1991, 211, 218; *ders.*, Grundfragen der innerstaatlichen Bedeutung des EG-Rechts (1994), S. 94; *Nettesheim*, AöR 1994, 261, 287 f.

[174] Vgl. dazu bereits oben A.II.

einzusehen, weshalb eine an diesem Recht - nach konkreten methodologischen Regeln - ausgerichtete Rechtsanwendung eine Bedrohung für die Rechtssicherheit darstellen sollte.

C. Richtlinienkonformität[175]

Anders als bei der Gemeinschaftsrechtskonformität stellt sich im Rahmen der Richtlinienkonformität mangels gemeinschaftsrechtlichen Vorrangs nicht die Frage einer richtlinienkonformen Nichtanwendung deutschen Rechts. Allein maßgeblicher Untersuchungsgegenstand ist die richtlinienkonforme Rechtsanwendung im positiven Sinne. Auch für diese hat der *EuGH* einen weitestmöglichen Einfluss auf das nationale Recht gefordert[176]. In Anbetracht der fehlenden unmittelbaren Wirkung bleibt damit aber gesondert zu fragen, bis zu welchem Umfang ein solcher Einfluss auf der Grundlage des bundesdeutschen Rechts verwirklicht werden kann.

I. Fallbeispiele

Die Methode der richtlinienkonformen Anwendung deutschen Rechts ist vor allem im Rahmen der nachfolgend aufgeführten Vorschriften Gegenstand höchstrichterlicher Entscheidungen und wissenschaftlicher Erörterungen gewesen. Insofern zeigt bereits der Vergleich mit den bisher rein wissenschaftlich behandelten Fallbeispielen zur Gemeinschaftsrechtskonformität, dass der Frage der Richtlinienkonformität nationalen Rechts in der deutschen Rechtspraxis weitaus größere Bedeutung zukommt.

1. Die Rechtsprechung zu § 1 UWG - „vergleichende Werbung"

Ein erstes Beispiel bietet das Urteil des *Bundesgerichtshofs* vom 5. Februar 1998 zur Zulässigkeit vergleichender Werbung[177]. Auffallend an dieser Entscheidung ist zuvorderst, dass sie zwar nach Erlass der Richtlinie 97/55/EG zur Änderung der Richtlinie 84/450/EWG über irreführende Werbung zwecks Einbeziehung

---

[175] Vgl. zur Terminologie oben „Einleitung und Gang der Untersuchung".

[176] Siehe vor allem EuGH, Urt. v. 10.4.1984, Slg. 1984, 1891, 1909 - Rs. 14/83, *von Colson und Kamann ./. Land Nordrhein-Westfalen*; EuGH, Urt. v. 13.11.1990, Slg. 1990, I-4135, 4159 - Rs. C-106/89, *Marleasing SA ./. La Comercial Internacional de Alimentación SA*. Vgl. hierzu bereits oben 1. Kapitel, B.

[177] BGH, Urt. v. 5.2.1998, NJW 1998, 2208.

der vergleichenden Werbung[178], aber noch vor deren Umsetzung ins deutsche Recht beziehungsweise vor Ablauf der dafür vorgesehenen Frist ergangen ist. Nach dem maßgeblichen Inhalt der Richtlinie ist vergleichende Werbung unter den Voraussetzungen des Art. 3 a Abs. 1 lit. a bis h als grundsätzlich zulässig zu erachten. Im Gegensatz hierzu ging der *Bundesgerichtshof* bis dahin in ständiger Rechtsprechung nahezu ausnahmslos gemäß § 1 UWG von der Unzulässigkeit dieser Werbeform aus[179].
Angesichts dieses Widerspruchs ließ der *Bundesgerichtshof* nunmehr seine Rechtsauffassung fallen. Er verwies darauf, dass die weitgefasste Generalklausel des § 1 UWG eine richtlinienkonforme Auslegung zulasse. Zu dieser sei die Rechtsprechung als Träger der öffentlichen Gewalt im Rahmen der mitgliedstaatlichen Umsetzungsverpflichtung gemäß Art. 10 (ex-Art. 5) EGV aufgerufen. Allerdings, so der *Gerichtshof* weiter, sei diese Pflicht nicht bereits mit der Verabschiedung der Richtlinie existent, sondern erst, wenn der nationale Gesetzgeber bis zum Ablauf der Umsetzungsfrist nicht tätig geworden ist. Dennoch eröffne im Falle des § 1 UWG die Bezugnahme auf die guten Sitten die Möglichkeit zu einer Rechtsanwendung, die der Entwicklung des Wirtschaftslebens und der Verkehrsauffassung sowie langfristigen Änderungen der Auffassung der Allgemeinheit Rechnung tragen kann. In diesem Sinne sei der bisherige Verbotsgrundsatz weitgehend durch einen allgemeinen Ausnahmegrundsatz ersetzt worden. Mithin könne auf der Grundlage von § 1 UWG auch eine frühzeitige Anpassung deutschen Lauterkeitsrechts an die europäische Rechtsentwicklung erreicht werden. Auf diese Weise werde den vom *EuGH* in der Rechtssache *Inter-Environnement Wallonie ASBL ./. Région wallone*[180] für den Lauf der Umsetzungsfrist aufgestellten Anforderungen an die Mitgliedstaaten entsprochen. In diesem Zusammenhang wandte sich der *Bundesgerichtshof* gleichzeitig gegen Bedenken, dass eine derart frühzeitige richtlinienkonforme Auslegung in die Kompetenzen des Gesetzgebers eingreife. Diese wären nur begründet, wenn sich die Konformität nicht mittels Auslegung im nationalen Recht herstellen ließe oder soweit dem Gesetzgeber bei der

[178] ABlEG Nr. L 290 v. 23.10.1997, S. 18.

[179] BGH, Urt. v. 26.10.1951, Z 3, 270, 280; BGH, Urt. v. 6.7.1954, Z 14, 163, 171; BGH, Urt. v. 10.6.1964, Z 42, 134, 147 f.; BGH, Urt. v. 23.2.1968, Z 49, 325, 329; BGH, Urt. v. 10.1.1968, Z 50, 1, 3 ff.; BGH, Urt. v. 13.11.1951, GRUR 1952, 416, 417 f.; BGH, Urt. v. 8.4.1952, GRUR 1952, 582, 584; BGH, Urt. v. 12.5.1954, BB 1954, 361; BGH, Urt. v. 26.2.1960, GRUR 1960, 384, 387; BGH, Urt. v. 14.7.1961, NJW 1961, 1916 ff. mit Anmerkung von *Völp*; BGH, Urt. v. 30.3.1989, NJW 1989, 2326, 2327; BGH, Urt. v. 1.2.1996, NJW-RR 1996, 1190, 1193; BGH, Urt. v. 19.9.1996, NJW-RR 1997, 424, 425. Vgl. hierzu *Emmerich*, in: Lange/Nörr/Westermann (Hrsg.), FS Gernhuber (1983), S. 857, 861 ff.; *Menke*, GRUR 1991, 661 ff.

[180] EuGH, Urt. v. 18.12.1997, Slg. 1997, I-7411 - Rs. C-129/96, *Inter-Environnement Wallonie ASBL ./. Région wallone*. Vgl. zu dieser Entscheidung auch oben 1. Kapitel, B.

Umsetzung ein Spielraum verbliebe. Beides wurde für die grundsätzliche Zulässigkeit der vergleichenden Werbung verneint.
Im Übrigen hat sich der *Bundesgerichtshof* „unmittelbar" auf die Richtlinie berufen, soweit es um das Merkmal der Sittenwidrigkeit geht. Unabhängig vom Lauf der Umsetzungsfrist sei nämlich zu beachten, dass ein Verhalten, das der Gemeinschaftsgesetzgeber als grundsätzlich zulässig betrachtet, nicht als Verstoß gegen die guten Sitten angesehen werden könne. Auch eine solche Wertung, die ihren Ausdruck in anderen Bestimmungen der deutschen oder europäischen Rechtsordnungen erfahren hat, müsse bei der Anwendung der Generalklausel des § 1 UWG Berücksichtigung finden. Mithin war eine Rechtsanwendung „im Lichte eines gewandelten Verständnisses" geboten[181]. Zwischenzeitlich ist die Richtlinienvorgabe in Form von §§ 2, 3 UWG n.F. ins deutsche Recht umgesetzt worden[182].

2. *Die Rechtsprechung zu § 4 Abs. 1 Satz 2 UIG*

In Anbetracht der Rechtssachen *Marshall ./. Southampton and South-West Hampshire Area Health Authority (Teaching)*[183] sowie *Faccini Dori ./. Recreb Srl*[184], in denen eine unmittelbare horizontale Wirkung von Richtlinienbestimmungen grundsätzlich vom *EuGH* verneint wurde, kann es nur wenig verwundern, dass die Frage der Richtlinienkonformität innerstaatlichen Rechts vor allem im Rahmen des Privatrechts gestellt wird. Dass es vereinzelt aber auch um die Anwendung nationalen öffentlichen Rechts geht, lässt sich an der Vorschrift des § 4 Abs. 1 Satz 2 UIG verdeutlichen. Gemäß § 4 Abs. 1 Satz 1 UIG hat jeder Bürger Anspruch auf freien Zugang zu Informationen über die Umwelt, die bei einer Behörde vorhanden sind. Soweit ein diesbezüglicher Antrag im Sinne des § 5 Abs. 1 UIG gestellt wird, kann die Behörde gemäß § 4 Abs. 1 Satz 2 UIG Auskunft erteilen, Akteneinsicht gewähren oder Informationsträger in sonstiger Weise zur Verfügung stellen. Das UIG wurde im Jahre 1994 als Art. 1 des „Gesetzes zur Umsetzung der Richtlinie 90/313/EWG

---

[181] Zustimmend *Brandner*, in: Geiß/Nehm/Brandner/Hagen (Hrsg.), FS BGH (2000), S. 299, 304 ff.; *Leible/Sosnitza*, NJW 1998, 2507 f.; *Bayreuther*, EuZW 1998, 478, 479. Im konkreten Fall hat der *Bundesgerichtshof* aber dennoch die Zulässigkeit der fraglichen Werbung verneint, da die Aussage „Billige Composite Rackets (Graphite-Fiberglas) muten wir Ihnen nicht zu" die Waren der betroffenen Mitbewerber herabsetzt.

[182] Art. 1 des Gesetzes zur vergleichenden Werbung und zur Änderung wettbewerbsrechtlicher Vorschriften v. 1.9.2000, BGBl. I 1374.

[183] EuGH, Urt. v. 26.2.1986, Slg. 1986, 723, 749 - Rs. 152/84, *Marshall ./. Southampton and South-West Hampshire Area Health Authority (Teaching)*. Vgl. dazu bereits oben 1. Kapitel, A.

[184] EuGH, Urt. v. 14.7.1994, Slg. 1994, I-3325, 3356 - Rs. C-91/92, *Faccini Dori ./. Recreb Srl*. Vgl. dazu bereits oben 1. Kapitel, A.

des Rates vom 7. Juni 1990 über den freien Zugang zu Informationen über die Umwelt“[185] verkündet[186]. Art. 1 dieser Richtlinie formuliert als Ziel der Gemeinschaftsgesetzgebung, die Gewährleistung eines freien Zugangs sowie die Festlegung der grundlegenden Voraussetzungen, unter denen Umweltinformationen zugänglich gemacht werden sollen. Art. 3 der Umweltinformations-Richtlinie schreibt dementsprechend den Mitgliedstaaten die Gewährleistung vor, dass - abgesehen von den Ausnahmen des Art. 3 Abs. 2 der Richtlinie - die Behörden verpflichtet werden, auf Antrag und ohne Nachweis eines Interesses Umweltinformationen zur Verfügung zu stellen. Dabei haben die Mitgliedstaaten selbst festzulegen, nach welchen „praktischen Regeln“ derartige Informationen tatsächlich zugänglich gemacht werden.

Vor diesem Hintergrund hat das *Bundesverwaltungsgericht* in seinem Urteil vom 6. Dezember 1996 zur richtlinienkonformen Anwendung des von § 4 Abs. 1 Satz 2 UIG eingeräumten behördlichen Ermessens Folgendes ausgeführt:

> „Die Zielsetzung der Richtlinie begründet nicht nur einen Anspruch des Antragstellers auf fehlerfreie Ermessensausübung, sondern stellt überdies in ermessensbindender Weise die inhaltlichen Maßstäbe bereit, an denen sich die Auswahl des Informationsmittels orientieren muß. Da der Anspruch auf Information materiell uneingeschränkt ist, sofern nicht die in §§ 7, 8 UIG aufgeführten Tatbestände erfüllt sind, dürfen die Ermessenserwägungen nicht zu dem Ergebnis führen, daß die von der Behörde gewährte Information diesen Anspruch nicht oder nur unzulänglich erfüllt. Das Auswahlermessen besteht somit nur zwischen solchen Informationsmitteln, die im wesentlichen die gleiche Informationseignung besitzen. So darf der für einen bestimmten Informationszugang zu erwartende Verwaltungsaufwand nicht ins Feld geführt werden, wenn die weniger aufwendige Informationsgewährung den freien und umfassenden Zugang zu den vom Antragsteller in seinem Antrag bezeichneten Umweltinformationen nicht erreichen kann. Zu beachten ist in diesem Zusammenhang auch, inwieweit ein bestimmtes Informationsmittel einen unverhältnismäßigen, den wirksamen Informationszugang gefährdenden Aufwand für den Antragsteller nach sich zieht. […]
> Über die Eignung eines Informationsmittels entscheidet zwar grundsätzlich die Behörde. Allerdings kommt mit Blick auf den Zweck der Umweltinformationsrichtlinie den Wünschen des Antragstellers besondere Bedeutung bei der Ermessensausübung zu, […]. Beantragt ein Bürger ausdrücklich einen bestimmten Informationszugang, darf die Behörde dies nur dann zugunsten eines anderen (im wesentlichen gleich geeigneten) Informationsmittels ablehnen, wenn hierfür gewichtige, von ihr darzulegende Gründe, etwa ein deutlicher höherer Verwaltungsaufwand, bestehen.“[187]

---

[185] ABlEG Nr. L 158 v. 23.6.1990, S. 56.
[186] BGBl. I 1490.
[187] BVerwG, Urt. v. 6.12.1996, NJW 1997, 753, 754.

Im Schrifttum ist diese Entscheidung teilweise auf Ablehnung gestoßen. Vor allem heißt es, dass angesichts des eindeutig auf ein behördliches Ermessen abstellenden Wortlauts des § 4 Abs. 1 Satz 2 UIG die Grenzen einer richtlinienkonformen Auslegung deutschen Rechts überschritten seien[188].

3. *Die Rechtsprechung zu § 611 a Abs. 2 BGB a.F.*

Der Fall des § 611 a Abs. 2 BGB a.F. stellt zweifellos den „Klassiker" im Reigen der Beispiele zur richtlinienkonformen Anwendung deutschen Rechts dar. Dies belegt auch der Umstand, dass diese Vorschrift Ausgangspunkt für das Vorabentscheidungsverfahren vor dem *EuGH* in der Rechtssache *von Colson und Kamann ./. Land Nordrhein-Westfalen* war. § 611 a BGB wurde im Jahre 1980 zur Umsetzung der Gleichbehandlungs-Richtlinie (76/207/EWG)[189] erlassen[190] und verbietet eine geschlechtsspezifische Benachteiligung bei der Begründung eines Arbeitsverhältnisses. Wurde gegen dieses Verbot verstoßen, sah die - inzwischen zweimalig neugefasste - Vorschrift des § 611 a Abs. 2 BGB a.F. einen verschuldensabhängigen Anspruch des Bewerbers auf Ersatz seines negativen Interesses vor. Abgedeckt waren damit regelmäßig allein die entstandenen Bewerbungskosten, weshalb § 611 a Abs. 2 BGB a.F. zuweilen als „Portoparagraph" tituliert wurde. Dies stand im Gegensatz zur Vorgabe des Art. 6 der Gleichbehandlungs-Richtlinie, wonach das Gemeinschaftsrecht den Mitgliedstaaten zwar nicht die Schaffung eines bestimmten Sanktionssystems vorschreibt, im Rahmen eines vom Mitgliedstaat selbst zu wählenden Systems jedoch eine abschreckende Wirkung hinsichtlich geschlechtsspezifischer Diskriminierungen fordert; ein „rein symbolischer Schadensersatz wie etwa die bloße Erstattung der Bewerbungskosten" genügt nicht[191].
Vor diesem Hintergrund entschied das *Bundesarbeitsgericht* im Jahre 1989 in zwei Urteilen[192]. Zur richtlinienkonformen Anwendung des § 611 a Abs. 2 BGB

---

[188] *Schmidt*, JZ 1997, 1042, 1045 f.; a.A. aber *Scherzberg*, DVBl. 1994, 733, 736 f.; *Turiaux*, Umweltinformationsgesetz (1995), § 4, Rdnr. 29. Der Auffassung des *Bundesverwaltungsgerichts* sind außerdem zugeneigt *Fluck/Theuer*, Umweltinformationsrecht UIG (1999), § 4, Rdnr. 74/83; *Kollmer*, NVwZ 1995, 858, 862; *Müller/Heuer*, NVwZ 1997, 330, 331; *Theuer*, NVwZ 1996, 326, 332.

[189] ABlEG Nr. L 39 v. 14.2.1976, S. 40.

[190] Art. 1 Nr. 1 des Gesetzes über die Gleichbehandlung von Männern und Frauen am Arbeitsplatz und über die Erhaltung von Ansprüchen bei Betriebsübertragung (Arbeitsrechtliches EG-Anpassungsgesetz) v. 13.8.1980, BGBl. I 1308.

[191] EuGH, Urt. v. 10.4.1984, Slg. 1984, 1891, 1909 - Rs. 14/83, *von Colson und Kamann ./. Land Nordrhein-Westfalen*; EuGH, Urt. v. 10.4.1984, Slg. 1984, 1921, 1942 f. - Rs. 79/83, *Harz ./. Deutsche Tradax GmbH.*

[192] BAG, Urt. v. 14.3.1989, AP § 611 a BGB Nr. 5; BAG, Urt. v. 14.3.1989, AP § 611 a BGB Nr. 6.

a.F. stellte das *Gericht* fest, dass der „eindeutige Wortlaut der Bestimmung" einen den bloßen Vertrauensschaden übersteigenden Schadensersatzanspruch nicht zulasse. Auch sei eine derartige Anspruchsbegrenzung auf das negative Interesse vom Gesetzgeber gewollt gewesen. Selbst die verfassungskonforme Auslegung von Gesetzen aber findet dort ihre Grenze, wo sie mit dem Wortlaut und dem klar erkennbaren Willen des Gesetzgebers in Widerspruch treten würde. Für die richtlinienkonforme Anwendung innerstaatlichen Rechts könne nichts anderes gelten.
Allerdings hat das *Bundesarbeitsgericht* der Haftungsbeschränkung des § 611 a Abs. 2 BGB a.F. allein eine Erstreckung auf materielle Schäden entnommen. Maßgeblich hierfür seien die Vorgaben der Gleichbehandlungs-Richtlinie, da diese den deutschen Gesetzgeber zum Erlass dieser Vorschrift bewegt haben. Indem der Gemeinschaftsrechtsakt auf die Gleichberechtigung von Mann und Frau abzielt, müssen nach dessen Normzweck etwaige Ansprüche für den Ersatz immaterieller Schäden als nicht ausgeschlossen angesehen werden. Folglich bezwecke auch die Beschränkung der Schadensersatzpflicht nach § 611 a Abs. 2 BGB a.F. allein den Ausschluss eines Einstellungsanspruchs sowie eines Anspruchs auf entgangenen Lohn[193]. Im Übrigen entspreche diese Sichtweise der bisherigen Rechtslage. Mithin konnte das *Bundesarbeitsgericht* eine Entschädigung der Klägerinnen wegen Verletzung des allgemeinen Persönlichkeitsrechts gemäß § 823 Abs. 1 in Verbindung mit § 847 BGB erwägen. Hierfür wurde als wesentlich erachtet, dass die Gleichbehandlungs-Richtlinie bei einem Verstoß gegen das Benachteiligungsverbot eine Sanktion fordert, die in einem angemessenen Verhältnis zum erlittenen Schaden steht. Die aus Art. 10 (ex-Art. 5) EGV erwachsene Pflicht zur richtlinienkonformen Anwendung innerstaatlichen Rechts sei nämlich nicht auf Rechtsvorschriften beschränkt, die erst zur Durchführung der Richtlinie erlassen worden sind. Aus diesem Grund müsse eine Persönlichkeitsverletzung, die in der geschlechtsspezifischen Diskriminierung beim Zugang zum Arbeitsplatz liegt, regelmäßig als anspruchsbegründend angesehen werden[194]. Indes führte dies keineswegs zu

---

[193] Siehe außerdem ArbG Oberhausen, Urt. v. 8.2.1985, NZA 1985, 252 ff.; *Hanau*, in: Erman, Handkommentar zum Bürgerlichen Gesetzbuch (1993), § 611 a, Rdnr. 16; a.A. LAG Niedersachsen, Urt. v. 23.11.1984, E § 611 a Nr. 1 = DB 1985, 1401 f.; *Scholz*, SAE 1984, 250, 252 f.; *ders.*, Gemeinsame Anmerkung zu AP Nr. 5 und Nr. 6 zu § 611 a BGB; *Birk*, NZA 1984 145, 147 ff. Weitergehend *Abele*, EuR 1990, 371, 379 ff.

[194] Zustimmend *Beyer/Möllers*, JZ 1991, 24, 28 ff.; ebenso *Eisemann*, ArbuR 1988, 225, 230 ff.; *Bleckmann*, DB 1984, 1574, 1577; *Bertelsmann/Pfarr*, DB 1984, 1297, 1298 ff., die darüber hinaus dem diskriminierten Bewerber unter anderem einen Einstellungsanspruch aus *culpa in contrahendo* zubilligen wollen; ähnlich *Eckertz-Höfer*, JuS 1987, 611, 615 f. Kritisch zur Heranziehung des allgemeinen Persönlichkeitsrechts *Wiese*, JuS 1990, 357, 358 ff. Einen Anspruch aus § 823 Abs. 2 in Verbindung mit § 611 a Abs. 1 BGB auf Ersatz des positiven Interesses wurde bejaht von ArbG Marburg, Urt. v. 24.6.1988, BB 1988, 2248; ebenso wiederum *Bertelsmann/Pfarr*, DB 1984, 1297, 1300 f. Siehe außerdem LAG Frankfurt, Urt.

einer kategorischen Gewährung von Schadensersatzansprüchen zu Gunsten diskriminierter Bewerber. Vielmehr sprach das *Bundesarbeitsgericht* in nur einem Fall der Klägerin eine Entschädigung in Höhe eines Monatsgehalts wegen Verletzung des allgemeinen Persönlichkeitsrechts zu[195]. Demgegenüber wurde im zweiten Urteil die insofern erforderliche Schwere der Verletzung verneint[196]. Diese Unzulänglichkeit der Vorschrift des § 611 a Abs. 2 sollte zunächst behoben werden durch das Zweite Gleichberechtigungsgesetz aus dem Jahre 1994, mit dem ein Schadensersatzumfang von maximal drei Monatsgehältern festgeschrieben wurde[197]. Nach einer Vorlage des *Arbeitsgerichts Hamburg* in Sachen *Draehmpaehl ./. Urania Immobilienservice OHG*[198] stellte der *EuGH* unter Berücksichtigung der Gleichbehandlungs-Richtlinie zum einen jedoch wiederholt klar, dass ein Anspruch wie der aus § 611 a Abs. 2 BGB a.F. nicht von einem Verschulden des Arbeitgebers abhängig gemacht werden darf; zum anderen verstieß auch die Begrenzung des Schadensersatzanspruchs gegen die gemeinschaftsrechtsrechtliche Vorgabe, sofern der Bewerber bei diskriminierungsfreier Auswahl den zu besetzenden Arbeitsplatz erhalten hätte[199]. Der deutsche Gesetzgeber wurde daraufhin erneut tätig und erließ im Jahre 1998 die gegenwärtige Fassung des § 611 a BGB[200].

4. *Die Rechtsprechung zu § 1 Abs. 1 HausTWG - „Vertrag über eine entgeltliche Leistung"*

Einen weiteren „Beispielsklassiker" bietet die Frage nach der Anwendbarkeit des HausTWG auf Bürgschaftsverträge. Gemäß § 1 Abs. 1 HausTWG wird eine auf den „Abschluß eines Vertrags über eine entgeltliche Leistung" gerichtete Willenserklärung, zu der ein Kunde aufgrund eines der in Nr. 1 bis 3 genannten Umstands bestimmt worden ist, erst wirksam, wenn der Kunde sie nicht binnen einer Frist von einer Woche schriftlich widerruft. Demgegenüber spricht Art. 1 der einschlägigen Richtlinie betreffend den Verbraucherschutz im Falle von

---

v. 11.3.1988, BB 1988, 1748, 1749. *Bleckmann*, a.a.O., 1576 f. vertrat zuvorderst hingegen einen unmittelbaren Rückgriff auf das Gemeinschaftsrecht im Rahmen des § 823 BGB.

[195] BAG, Urt. v. 14.3.1989, AP § 611 a BGB Nr. 5.

[196] BAG, Urt. v. 14.3.1989, AP § 611 a BGB Nr. 6.

[197] Art. 7 des Zweiten Gleichberechtigungsgesetzes v. 24.6.1994, BGBl. I 1406.

[198] ArbG Hamburg, Beschl. v. 22.5.1995, DB 1995, 1234 f. Siehe außerdem BAG, Urt. v. 5.3.1996, NJW 1996, 2529, 2533; *Rosengarten*, NJW 1996, 1935, 1937.

[199] EuGH, Urt. v. 22.4.1997, Slg. 1997, I-2195, 2219 ff. - Rs. C-180/95, *Draehmpaehl ./. Urania Immobilienservice OHG*. Siehe außerdem bereits EuGH, Urt. v. 8.11.1990, Slg. 1990, I-3941, 3975 f. - Rs. C-177/88, *Dekker ./. Stichting Vormingscentrum voor Jong Volwassenen (VJV-Centrum) Plus*.

[200] Art. 1 des Gesetzes zur Änderung des Bürgerlichen Gesetzbuchs und des Arbeitsgerichtsgesetzes v. 29.6.1998, BGBl. I 1694.

außerhalb von Geschäftsräumen geschlossenen Verträgen (85/577/EWG)[201] ausschließlich von „Verträgen, die zwischen einem Gewerbetreibenden, der Waren liefert oder Dienstleistungen erbringt, und einem Verbraucher geschlossen werden". Im Rahmen eines vom *IX. Zivilsenat* des *Bundesgerichtshofs*[202] eingeleiteten Vorabentscheidungsverfahren hat der *EuGH* hierzu im Jahre 1998 in der Rechtssache *Bayerische Hypotheken- und Wechselbank AG ./. Edgar Dietzinger* festgestellt, dass „sich im Wortlaut der Richtlinie kein Hinweis darauf [findet], daß derjenige, der den Vertrag geschlossen hat, aufgrund dessen Waren zu liefern oder Dienstleistungen zu erbringen sind, der Empfänger dieser Waren oder Dienstleistungen sein" müsse[203]. Der *Gerichtshof* stellte vielmehr heraus, dass ein Bürgschaftsvertrag in der Praxis sehr oft Voraussetzung des Hauptvertrags, hier eines Kreditvertrags, sei. In Anbetracht des Schutzzwecks der Richtlinie 85/577/EWG könne daher „ein Vertrag, der einem Dritten zugute kommt, nicht allein deshalb vom Geltungsbereich der Richtlinie ausgeschlossen werden, weil die erworbenen Waren oder Dienstleistungen für diesen Dritten bestimmt wird, der nicht Partei des betreffenden Vertragsverhältnisses ist". Mithin falle die Bürgschaft grundsätzlich unter die Richtlinie. Jedoch, so der *EuGH* weiter, folge aus dem Wortlaut von Art. 1 der Richtlinie sowie aus dem akzessorischen Charakter der Bürgschaft, dass dies nur hinsichtlich einer Bürgschaft für eine Verbindlichkeit gelten könne, „die ein Verbraucher im Rahmen eines Haustürgeschäfts gegenüber einem Gewerbetreibenden als Gegenleistung für Waren oder Dienstleistungen eingegangen ist"[204]. Zudem müsse aufgrund des Schutzzwecks der Richtlinie auch der Bürge selbst Verbraucher sein. Dies bedeutet mit anderen Worten, dass „ein Bürgschaftsvertrag, der von einer nicht im Rahmen einer Erwerbstätigkeit handelnden natürlichen Person geschlossen wird, nicht in den Geltungsbereich der Richtlinie fällt, wenn er die Rückzahlung einer Schuld absichert, die der Hauptschuldner im Rahmen seiner Erwerbstätigkeit eingegangen ist". Für die Anwendbarkeit der Richtlinie auf Bürgschaften entscheidend ist nach der Auffassung des *EuGH* demnach nicht der Bürgschaftsvertrag selbst, sondern aufgrund dessen akzessorischer Natur der zugrunde liegende Hauptvertrag[205].

Inwieweit diese gemeinschaftsrechtliche Vorgabe aufgrund des HausTWG Eingang in das deutsche Recht finden kann, erscheint unklar. Zwar hat der *Bundesgerichtshof* die Verbindlichkeit des *EuGH*-Urteils für die Richtlinienauslegung ausdrücklich anerkannt und zudem den Gemeinschaftsrechtsakt als

---

[201] ABlEG Nr. L 372 v. 31.12.1985, S. 31.
[202] BGH, Beschl. v. 11.1.1996, NJW 1996, 930, 932.
[203] EuGH, Urt. v. 17.3.1998, NJW 1998, 1295, 1296 - Rs. C-45/96, *Bayerische Hypotheken- und Wechselbank AG ./. Edgar Dietzinger*.
[204] Vgl. hierzu aber auch *Drexl*, JZ 1998, 1046, 1050.
[205] Kritisch hierzu *Drexl*, JZ 1998, 1046, 1050; *Pfeiffer*, ZIP 1998, 1129, 1132 f.

wesentliche Rechtserkenntnisquelle seiner Entscheidung zugrunde gelegt; insbesondere hat er es abgelehnt einen Schutzbereich des HausTWG anzunehmen, der über den der Richtlinie 85/577/EWG hinausgeht[206]. Im Ergebnis führte dies aber nur zur Ablehnung der Anwendbarkeit des HausTWG auf eine Bürgschaft für eine Verbindlichkeit, die im Rahmen der Erwerbstätigkeit des Hauptschuldners eingegangen wurde. Für die Frage der richtlinienkonformen Anwendung des HausTWG ist daher mit dieser Entscheidung nur wenig gewonnen. Inwieweit nämlich Bürgschaften eines Verbrauchers, die für eine durch ein Haustürgeschäft begründete Verbindlichkeit eines anderen Verbrauchers in den Anwendungsbereich der deutschen Gesetzgebung fallen, ist damit noch immer nicht abschließend geklärt. Zurückzugreifen ist daher auf die bisher uneinheitlich ergangene Rechtsprechung des *IX.* und *XI. Zivilsenats* des *Bundesgerichtshofs*.

a) Die Auffassung des IX. Zivilsenats des BGH

Der *IX. Zivilsenat* hat zunächst in seinen Urteilen vom 24. Januar und 28. Mai 1991 eine Einbeziehung der Bürgschaft in den Anwendungsbereich des HausTWG ausdrücklich abgelehnt[207]. Da die Entstehung der Bürgschaftsverpflichtung nicht mit dem Hauptvertrag des Gläubigers verknüpft ist, sei die Bürgschaftserklärung - ungeachtet ihrer späteren Akzessorietät zur Hauptschuld - keine auf den „Abschluß eines Vertrags über eine entgeltliche Leistung gerichtete Willenserklärung". Nach Auffassung des *Senats* verkenne die Gegenauffassung, dass die Verpflichtung des Hauptschuldners von derjenigen des Bürgen getrennt ist und keine Gegenleistung für die Verpflichtung des Bürgen darstellt. Im Übrigen mache auch der Umstand, dass regelmäßig ein besonderes Innenverhältnis zwischen dem Bürgen und dem Hauptschuldner Anlass für die Bürgschaft gibt, das selbständige Bürgschaftsversprechen nicht zu einem Vertrag zu Gunsten eines Dritten oder verknüpfe es mir der Hauptschuld im Sinne eines Entgelts[208]. Zudem scheitere eine extensive Anwendung des HausTWG aber nicht nur am Gesetzeswortlaut. Überdies sei auch kein derart weiter Wille des historischen Gesetzgebers oder gar ein entsprechender objektiver Gesetzeszweck festellbar.

In seinem Vorlagebeschluss vom 11. Januar 1996, auf den das vorgenannte *Dietzinger*-Urteil des *EuGH* folgte, äußerte sich der *IX. Senat* erneut zum

[206] BGH, Urt. v. 14.5.1998, NJW 1998, 2356 f. Vgl. zur hiergegen gerichteten Kritik zuletzt *Tiedtke*, NJW 2001, 1015, 1026 f.; außerdem etwa *Drexl*, JZ 1998, 1046, 1058; *Lorenz*, NJW 1998, 2937, 2939 f.; *Pfeiffer*, ZIP 1998, 1129, 1136 f.; *Treber*, WM 1998, 1908, 1918 f.

[207] BGH, Urt. v. 24.1.1991, Z 113, 287, 288 ff.; BGH, Urt. v. 28.5.1991, NJW 1991, 2905.

[208] So nur BGH, Urt. v. 28.5.1991, NJW 1991, 2905.

Wortlaut des § 1 Abs. 1 HausTWG[209]. Vor dem Hintergrund einer Pflicht zur richtlinienkonformen Anwendung nationalen Rechts, führte er nunmehr aus, dass es trotz des Wortlauts dieser Vorschrift möglich sei, § 1 Abs. 1 HausTWG „so auszulegen, dass auch Bürgschaftserklärungen von der Regelung des Gesetzes erfaßt werden". Da die Bürgschaft als Sicherungsmittel auf die zu sichernde Forderung bezogen und mit dieser immer auf irgendeine Weise verknüpft ist, sei es nicht ausgeschlossen, dass das Gesetz auch solche Willenserklärungen umfasst, die eine Forderung aus einem Vertrag über eine entgeltliche Leistung absichern. Sollte die Bürgschaft nach dem Inhalt der maßgeblichen Richtlinie unter den beabsichtigten Schutz der Verbraucher bei Haustürgeschäften fallen, könne und müsse daher auch die bundesdeutsche Gesetzgebung in diesem Sinne angewandt werden. Wie bereits mitgeteilt, hat der *EuGH* daraufhin, die Richtlinie zwar grundsätzlich auch auf Bürgschaften für anwendbar erklärt, nicht aber für den ihm zur Entscheidung vorgelegten Fall.

b) Die Auffassung des XI. Zivilsenats des BGH

Der *XI. Zivilsenat* war in seinem Urteil vom 9. März 1993 mit der Anwendbarkeit des HausTWG auf Bürgschaften befasst. Hierbei hielt er der Rechtsprechung des *IX. Senats* aus dem Jahre 1991 eine mangelnde Berücksichtigung des Gemeinschaftsrechts vor. Von Bedeutung ist insofern, dass er entgegen der späteren Entscheidung des *EuGH* den Inhalt der Richtlinie für dahingehend eindeutig hielt, dass sie auch Bürgschaftsverträge vollumfänglich erfasse. Vor diesem Hintergrund stellte der Senat fest, dass trotz der Bezeichnung „entgeltlicher Vertrag" das Schutzbedürfnis von Kunden vor Überrumpelungen sogar größer sei, wenn allein diesen eine Leistungsverpflichtung trifft, aber kein Entgelt gebührt. Mithin müsse § 1 Abs. 1 HausTWG aufgrund der einschlägigen Richtlinie sowie des gesetzlichen Schutzzwecks dahin ausgelegt werden, dass es genügt, wenn eine Gegenleistung der anderen Vertragspartei zwar nicht zum Vertragsinhalt gehört, wenn der Kunde aber sein Leistungsversprechen in der Erwartung abgibt, ihm selbst oder einem bestimmten Dritten werde daraus irgendein Vorteil erwachsen[210].

---

[209] BGH, Beschl. v. 11.1.1996, NJW 1996, 930, 932.

[210] Im Schrifttum wird diese Einschränkung in der Rechtsprechung des XI. Zivilsenats zumeist übersehen - vgl. etwa *Drexl*, JZ 1998, 1046, 1048; *Pfeiffer*, NJW 1996, 3297, 3298; *Reinicke/Tiedtke*, ZIP 1998, 893.

II. Grundlagen

Wie bei der gemeinschaftsrechtskonformen Anwendung bundesdeutschen Rechts kommt als Grundlage der richtlinienkonformen Rechtsanwendung sowohl das Gemeinschaftsrecht als auch das nationale Recht selbst in Betracht.

1. Kraft Gemeinschaftsrechts

a) Einfache Gesetze und Rechtsverordnungen

Bereits im Rahmen des ersten Kapitels wurde dargelegt, dass der *EuGH* eine gemeinschaftsrechtliche Pflicht zur richtlinienkonformen Anwendung sämtlichen innerstaatlichen Rechts festgestellt hat[211]. Damit diese dem nationalen Rechtsanwender aber als verbindliche Grundlage einer entsprechend richtlinienorientierten Rechtsanwendung dienen kann, bedarf sie - wie schon die Pflicht zur gemeinschaftsrechtskonformen Rechtsanwendung aus Art. 10 EGV[212] - einer mitgliedstaatlichen Anerkennung. Auch hier liegt der insofern maßgebliche Rechtsakt im deutschen Zustimmungsgesetz zum EG-Vertrag. Dieses findet seine Grundlage und Grenzen im deutschen Verfassungsrecht, nämlich früher in Form von Art. 24 GG a.F. und heute durch Art. 23 GG n.F.[213]. Mithin wird deutlich, weshalb sich das *Bundesverfassungsgericht* zur Klärung der innerstaatlichen Verbindlichkeit der gemeinschaftsrechtlichen Pflicht zur richtlinienkonformen Rechtsanwendung aufgerufen sieht[214]. Im so genannten *Richtlinien*-Beschluss aus dem Jahre 1987 führte es daher aus:

> „Nach der einschlägigen Rechtsprechung des Gerichtshofs [...] ergibt sich mittlerweile folgendes Bild: Da die Mitgliedstaaten verpflichtet sind, ihr

---

[211] EuGH, Urt. v. 10.4.1984, Slg. 1984, 1891, 1909 - Rs. 14/83, *von Colson und Kamann ./. Land Nordrhein-Westfalen*; EuGH, Urt. v. 13.11.1990, Slg. 1990, I-4135, 4159 - Rs. C-106/89, *Marleasing SA ./. La Comercial Internacional de Alimentación SA*.

[212] Vgl. dazu oben B.II.2.a.

[213] Ungenau daher *Grundmann*, Europäisches Schuldvertragsrecht (1999), S. 114 f.; *ders.*, in: Schulze (Hrsg.), Auslegung europäischen Privatrechts und angeglichenen Rechts (1999), S. 63, 70: „Die Anwendungserlaubnis auch für das Institut der richtlinienkonformen Auslegung gab das deutsche Verfassungsrecht mit Art. 24 GG, was sowohl das Bundesverfassungsgericht als auch der Verfassungsgesetzgeber (durch Einführung des Art. 23 I GG) ausdrücklich bestätigten."

[214] Siehe zur Grenze des Art. 24 GG a.F. beziehungsweise Art. 23 GG n.F. BVerfG, Urt. v. 29.5.74, 37, 271, 279 f. - „*Solange I*"; BVerfG, Beschl. v. 23.6.1981, E 58, 1, 30 f. - „*Eurocontrol*"; BVerfG, Urt. v. 22.10.1986, E 73, 339, 375 f. - „*Solange II*"; zu den durch das deutsche Zustimmungsgesetz gesetzten Grenzen BVerfG, Urt. v. 8.4.1987, E 75, 223, 240 & 242 - „*Richtlinien*"; BVerfG, Urt. v. 12.10.1993, E 89, 155, 188 - „*Maastricht*". Vgl. außerdem *Streinz*, DVBl. 1990, 949, 954. Kritisch aber *Klein*, VVDStRL 50 (1991), 56, 66 ff.

> innerstaatliches Recht den Richtlinien anzupassen, treffen im Regelfall die Wirkungen der Richtlinie den „Marktbürger" erst auf dem Wege der von dem jeweiligen Mitgliedstaat ergriffenen Vollzugsmaßnahmen; dabei ist die Richtlinie für die Auslegung der mitgliedstaatlichen Durchführungsregelung insoweit von Bedeutung, als die Gerichte entsprechend der aus Art. 5 EWGV folgenden Verpflichtung zur Gemeinschaftstreue diejenige Auslegung nationalen Rechts zu wählen haben, die dem Inhalt der Richtlinie in der ihr vom Gerichtshof gemäß Art. 177 EWGV gegebenen Auslegung entspricht."[215]

An dieser Stelle ist mit *Brechmann*[216] auf drei Punkte einzugehen: Zunächst fällt auf, dass die Äußerung des *Bundesverfassungsgerichts* allein auf eine „mitgliedstaatliche Durchführungsregelung" gerichtet ist. Unberücksichtigt bleibt damit die vom *EuGH* in der Rechtssache *Marleasing* zumindest klargestellte Pflicht zur richtlinienkonformen Rechtsanwendung auch hinsichtlich solcher nationalen Rechtsakte, die der Entstehung des mittelbar wirkenden Gemeinschaftsrechts zeitlich vorausgehen[217]. Hieraus jedoch zu schließen, dass das *Bundesverfassungsgericht* einer umfassenden gemeinschaftsrechtlichen Pflicht zur richtlinienkonformen Rechtsanwendung für das deutsche Recht die Anerkennung versagen wollte, wäre kurzsichtig[218]. Maßgeblich ist vielmehr der Umstand, dass zum Zeitpunkt der bundesverfassungsgerichtlichen Entscheidung im Jahre 1987 die *Marleasing*-Entscheidung noch nicht ergangen war. Der *EuGH* hatte bis dahin in der Rechtssache *von Colson und Kamann* aber formuliert, dass „das nationale Gericht bei der Anwendung des nationalen Rechts, insbesondere auch der Vorschriften eines speziell zur Durchführung der Richtlinie [...] erlassenen Gesetzes, dieses nationale Recht im Lichte des Wortlauts und des Zwecks der Richtlinie auszulegen hat"[219]. Indem nunmehr das *Bundesverfassungsgericht* sich in nur allgemeiner Art zum Gebot der richtlinienkonformen Rechtsanwendung äußert, muss es als verständlich und nicht weiter überraschend gelten, dass es seine diesbezüglichen Ausführungen auf den - vom *EuGH* ebenfalls besonders herausgestellten - „Regelfall", in dem eine rechtzeitige Richtlinienumsetzung in Form eines neu erlassenen Gesetzgebungsakts erfolgt, beschränkt. Zudem ist in Rechnung zu stellen, dass das *Bundesverfassungsgericht* verständlicherweise eine Stellungnahme zum damaligen Streit hinsichtlich einer weitergehenden Reichweite der *von Colson*

---

215 BVerfG, Beschl. v. 8.4.1987, E 75, 223, 237 - „*Richtlinien*".

216 *Brechmann*, Die richtlinienkonforme Auslegung (1994), S. 79 ff.

217 Vgl. hierzu ausführlich oben 1. Kapitel, B.

218 Vgl. aber *Brechmann*, Die richtlinienkonforme Auslegung (1994), S. 79; wie hier *Götz*, NJW 1992, 1849, 1853; *Grundmann*, Europäisches Schuldvertragsrecht (1999), S. 115; *ders.*, in: Schulze (Hrsg.), Auslegung europäischen Privatrechts und angeglichenen Rechts (1999), S. 63, 70.

219 EuGH, Urt. v. 10.4.1984, Slg. 1984, 1891, 1909 - Rs. 14/83, *von Colson und Kamann ./. Land Nordrhein-Westfalen.*

und Kamann-Entscheidung zu umgehen versuchte, um einer abschließenden Klärung durch den *EuGH* nicht vorzugreifen.
Darüber hinaus ist hinsichtlich des Beschlusses des *Bundesverfassungsgerichts* herauszustellen, dass aus diesem - entsprechend dem überwiegenden Verständnis der *EuGH*-Rechtsprechung[220] - allein eine Anerkennung der Pflicht zur gemeinschaftsrechtskonformen Rechtsanwendung als Vorzugsregel[221] hervorgeht. Die deutschen Gerichte als maßgebliche Rechtsanwender sind daher lediglich dazu aufgerufen, unter verschiedenen Rechtsanwendungsmöglichkeiten derjenigen den Vorzug zu geben, welche der gemeinschaftsrechtlichen Vorgabe genügt[222]. Das *Bundesverfassungsgericht* spricht insofern von der Verpflichtung, „diejenige Auslegung nationalen Rechts zu wählen [...], die dem Inhalt der Richtlinie [...] entspricht". Eine Rechtsanwendung *contra legem* wird damit gerade nicht gefordert[223].
Schließlich wird als Besonderheit darauf hingewiesen, dass das *Bundesverfassungsgericht* das gemeinschaftsrechtliche Gebot zur richtlinienkonformen Rechtsanwendung allein mit der aus Art. 10 (ex-Art. 5) EGV folgenden Pflicht zur Gemeinschaftstreue „begründet"[224]. Diese Feststellung begegnet jedoch Bedenken: Angesichts des anerkannten Auslegungsmonopols des *EuGH*[225] kann ein deutsches Gericht den Inhalt einer Vorschrift des EG-Vertrags in vorgenannter Weise nicht letztverbindlich feststellen. Für das *Bundesverfassungsgericht* geht es folglich neben der Einhaltung der Grenzen aus Art. 24 GG a.F. beziehungsweise Art. 23 GG n.F. vielmehr allein darum, ob die Rechtsfindung des *EuGH* auf der Grundlage des EG-Vertrags vom deutschen Zustimmungsgesetz gedeckt ist[226]. Auf dieses aber geht der *Richtlinien*-Beschluss des *Bundesverfassungsgerichts* im Kontext der gemeinschaftsrechtlichen Pflicht zur richtlinienkonformen Rechtsanwendung

---

[220] Vgl. statt vieler hier nur *Ehricke*, RabelsZ 59 (1995), 598, 612 ff. Ausführlich dazu bereits oben 1. Kapitel, B., vor allem Fußnote 43.
[221] Vgl. zur Terminologie bereits oben 1. Kapitel, B.
[222] *Brechmann*, Die richtlinienkonforme Auslegung (1994), S. 79, sieht insofern eine Parallele zur verfassungskonformen Auslegung bundesdeutschen Rechts. Dies mag zutreffen, sofern es allein um die Vorgaben für den Rechtsanwender geht. Bezieht man aber auch die Herleitung der Pflicht zur richtlinienkonformen Rechtsanwendung mit in die Überlegung ein, so stiftet dieser Vergleich eher Verwirrung. Näher dazu sogleich und unten b. sowie IV.1.a.
[223] Zur Frage, was nach deutschem Recht als *contra legem* zu verstehen ist, vgl. unten IV.
[224] So wiederum *Brechmann*, Die richtlinienkonforme Auslegung (1994), S. 79.
[225] Vgl. hierzu *Pernice*, in: Grabitz/Hilf (Hrsg.), Das Recht der Europäischen Union (2000), Art. 164 EGV a.F., Rdnr. 28; *Borchardt*, in: Lenz (Hrsg.), EG-Vertrag Kommentar (1999), Art. 220, Rdnr. 3; *Brandt*, JuS 1994, 300, 303 f.; *Geiger*, EUV/EGV Kommentar (2000), Art. 220 EGV, Rdnr. 7.
[226] Vgl. dazu bereits oben Fußnote 214.

nicht weiter ein[227]. Demgegenüber wird allein die Rechtsprechung des *EuGH* als aktueller Stand der Rechtsentwicklung wiedergegeben. Es liegt daher nahe, von einer impliziten innerstaatlichen Anerkennung der *EuGH*-Rechtsprechung durch das *Bundesverfassungsgericht* auszugehen[228]. Mithin mag man auch erklären, weshalb die vom *EuGH* des Weiteren herangezogene Vorschrift des Art. 249 Abs. 3 EGV vom *Bundesverfassungsgericht* nicht genannt wurde: Anders als in der späteren *Marleasing*-Entscheidung hat nämlich auch der *EuGH* in seinem Urteil *von Colson und Kamann* allein die Vorschrift des Art. 10 (ex-Art. 5) EGV ausdrücklich aufgeführt, im Übrigen nur von der „Verpflichtung der Mitgliedstaaten, das in der Richtlinie vorgesehene Ziel zu erreichen", gesprochen. Die alleinige Bezugnahme auf Art. 10 (ex-Art. 5) EGV sollte demnach nicht zu der Folgerung führen, dass das *Bundesverfassungsgericht* hier auch nur ansatzweise Kritik an der gemeinhin anerkannten[229] Rechtsprechung des *Gerichtshofs* übt.

Nichtsdestoweniger ist es zu begrüßen, wenn im Schrifttum hinsichtlich des zitierten Prinzips der Gemeinschaftstreue herausgestellt wird, dass eine derartige Herleitung der Pflicht zur richtlinienkonformen Rechtsanwendung dem bundesdeutschen Grundsatz der Bundestreue entspricht. Nach Letzterem besteht ein entsprechendes Gebot zur „Konfliktlösung"[230]. Folglich ist dem deutschen Recht eine Vorgabe zur normorientierten Rechtsanwendung, die sich aus einem Treuegrundsatz ergibt, schon vor der Zustimmung zum EG-Vertrag immanent gewesen. Dies vereinfacht die Anwendbarkeit des deutschen Zustimmungsgesetzes auf die Rechtsprechung des *EuGH* zur richtlinienkonformen Rechtsanwendung[231]. Überdies lässt sich mit dieser Überlegung aber nicht nur eine Parallele zwischen Gemeinschaftsrecht und bundesdeutschem Recht ziehen, sondern auch zwischen der innerstaatlichen Anerkennung einer Pflicht zur einerseits gemeinschaftsrechtskonformen und andererseits richtlinienkonformen

---

[227] Anders hingegen die Ausführungen zur unmittelbaren Wirkung von Richtlinienbestimmungen - siehe BVerfG, a.a.O., S. 240; vgl. außerdem BVerfG, Urt. v. 12.10.1993, E 89, 155, 188 - „Maastricht".

[228] So wohl auch *Di Fabio*, NJW 1990, 947, 953, der die Rechtsprechung des *EuGH* jedoch als *contra legem* ansieht - vgl. dazu bereits oben 1. Kapitel, B. (Fußnote 40) - und infolgedessen eine bundesdeutsche Zustimmung hierzu verneint wissen will.

[229] Vgl. dazu oben 1. Kapitel, B. Fußnote 40.

[230] *Frowein*, in: Starck (Hrsg.), FS BVerfG, Bd. II (1976), S. 187, 193; zustimmend *Brechmann*, Die richtlinienkonforme Auslegung (1994), S. 80. Vgl. zum Verhältnis zwischen der Europäischen Gemeinschaft und den Mitgliedstaaten bereits BVerfG, Urt. v. 29.5.1974, E 37, 271, 278 - *„Solange I"*.

[231] Darüber hinaus ist denjenigen Autoren beizupflichten, die auf die Feststellung des *Bundesverfassungsgerichts* zur unmittelbaren Wirkung von Richtlinienbestimmungen hinweisen - siehe hierzu BVerfG, Urt. v. 8.4.1987, E 75, 223, 240 ff. Die dortige Argumentation muss erst recht für die richtlinienkonforme Auslegung gelten - so *Brechmann*, Die richtlinienkonforme Auslegung (1994), S. 80 f.; *Jarass*, EuR 1991, 211, 217.

Rechtsanwendung. Insofern wurde nämlich für die EG-rechtliche Grundlage der gemeinschaftsrechtskonformen Rechtsanwendung auf das innerstaatliche Prinzip der weitestmöglichen *Kollisionsvermeidung* hingewiesen[232]. Indes gilt es hierzu einschränkend zu ergänzen, dass es sich bei einem Widerspruch zwischen nationalem Recht und den Vorgaben des nur mittelbar wirkenden Gemeinschaftsrechts nicht um drohende *Kollisionen* auf der Ebene der Rechtsanwendung im oben verstandenen Sinne handelt, sondern lediglich um einen *Konflikt* zwischen gemeinschaftlicher Vorgabe und nationaler Durchführung[233]. Dies bedeutet in letzter Konsequenz, dass das nur mittelbar wirkende Gemeinschaftsrecht keinen Vorrang beansprucht[234]. Trotz dieses qualitativen Unterschieds ist eine Parallele aber gegeben, wenn man allein darauf abstellt, dass es sich in beiden Fällen um eine gemeinschaftsrechtswidrige innerstaatliche Rechtslage handelt, die im Wege einer normorientierten Rechtsanwendung zu *vermeiden* ist.

b) Richtlinienkonforme Verfassungsauslegung?

Bislang wurde noch nicht darauf eingegangen, inwieweit die vom *EuGH* als vollumfänglich festgestellte Pflicht zur richtlinienkonformen Rechtsanwendung im innerstaatlichen Bereich auch für das deutsche Verfassungsrecht anzuerkennen ist. Vor allem *Di Fabio* hat sich ausdrücklich gegen eine derartige richtlinienkonforme Verfassungsauslegung gewandt[235]. Er geht grundsätzlich davon aus, dass die gemeinschaftsrechtliche Pflicht aus dem „wie immer begründeten Vorrang des EG-Rechts vor dem einfachen Recht" resultiere[236]. Damit aber auch die Verfassung richtlinienkonform ausgelegt werden könne, sei erforderlich, „daß das EG-Recht auch materiell der Verfassung im Rang vorgeht"[237]. Zur Begründung beruft er sich auf *Bettermann*, der zur verfassungskonformen Auslegung deutschen Rechts ausgeführt hat, dass „unter mehreren Auslegungen einer mehrdeutigen Norm […] diejenigen [ausscheiden], bei welchen die Norm mit höherwertigem Recht kollidiert"[238].

---

[232] Vgl. dazu oben B.II.2.a.

[233] Vgl. *Di Fabio*, NJW 1990, 947, 952; *Ehricke*, RabelsZ 59 (1995), 598, 612 ff.

[234] Vgl. dazu bereits oben 1. Kapitel, B.

[235] *Di Fabio*, NJW 1990, 947, 948 ff. Zu den sich daraus ergebenden Konsequenzen für die richtlinienkonforme Anwendung einfacher Gesetze und Rechtsvorschriften - vgl. unten IV.1.b. So weit ersichtlich, hat die deutsche Rechtsprechung, insbesondere das *Bundesverfassungsgericht*, zur Frage der richtlinienkonformen Verfassungsauslegung noch keine Stellung bezogen.

[236] *Di Fabio*, a.a.O., S. 949.

[237] *Di Fabio*, a.a.O., S. 950; zustimmend *Löw*, DB 1991, 546, 547.

[238] *Bettermann*, Die verfassungskonforme Auslegung (1986), S. 20.

Soeben erst wurde auf die fehlende Kollisionslage zwischen nationalem Recht und lediglich mittelbar wirkendem Gemeinschaftsrecht hingewiesen[239]. Dies bedingt, dass - anders als im Bereich der verfassungskonformen Auslegung deutschen Rechts - im hier interessierenden Zusammenhang überhaupt keine Vorrangfrage zu stellen ist und folglich auch ein Rangverhältnis zwischen EG-Richtlinien einerseits und nationalem Recht einschließlich des Verfassungsrechts andererseits gar nicht besteht. Es ergibt sich mithin, dass der Begründungsansatz von *Di Fabio* für die Pflicht zur richtlinienkonformen Rechtsanwendung abgelehnt werden muss. Geht man im Gegensatz hierzu auf der Grundlage von Artt. 249 Abs. 3 und 10 EGV von einer vorrangunabhängigen Pflicht der nationalen Rechtsanwendungsinstanzen aus, so fehlt es an einer innerstaatlichen Anerkennung der gemeinschaftsrechtlichen Pflicht vielmehr erst dort, wo die betreffende Richtlinie die von Art. 23 Abs. 1 GG beziehungsweise der so genannten *Solange*-Rechtsprechung des *Bundesverfassungsgerichts* unabdingbar gesicherten Gehalte berührt und demnach im innerstaatlichen Raum keine Verbindlichkeit entfaltet[240].

2. *Kraft nationalen Rechts*

Neben einer gemeinschaftsrechtlichen Pflicht zur richtlinienkonformen Rechtsanwendung kann sich eine richtlinienorientierte Anwendung deutschen Rechts zudem bereits aufgrund der nationalen Rechtsanwendungsmethoden ergeben. Zutreffend wird insofern darauf hingewiesen, dass dies grundsätzlich für alle methodologischen Erscheinungsformen gilt[241]. Im Folgenden soll daher zunächst die Relevanz von Richtlinien im Rahmen der einzelnen Auslegungsmittel erörtert werden. Im Anschluss daran ist auf die von *Franzen* vorgeschlagene Analogie zu Art. 36 EGBGB einzugehen[242].

---

[239] Vgl. oben a.

[240] Vgl. auch *Jarass*, Grundfragen der innerstaatlichen Bedeutung des EG-Rechts (1994), S. 93; *Lutter*, JZ 1992, 593, 605 f.; *Zuleeg*, in: Schulze (Hrsg.), Auslegung europäischen Privatrechts und angeglichenen Rechts (1999), S. 163, 170 f. & 174. Vgl. zur so genannten *Solange*-Rechtssprechung des *Bundesverfassungsgerichts* bereits oben B.I.2.

[241] *Scherzberg*, Jura 1993, 225, 231; *Franzen*, Privatrechtsangleichung durch die Europäische Gemeinschaft (1999), S. 303 f.: „Eine Auslegung des innerstaatlichen Normtextes im Lichte einer gemeinschaftsrechtlichen Richtlinie kommt bei diesem Verständnis *insbesondere* bei dem Auslegungsschritt zum Tragen, der nach den Regelungsabsichten und -zwecken des historischen Gesetzgebers fragt.“ (Hervorhebung vom Verfasser).

[242] *Franzen*, Privatrechtsangleichung durch die Europäische Gemeinschaft (1999), S. 314 ff.

a) Grammatikalische Auslegung

Als freilich gering erweist sich die Bedeutung von Richtlinien als Rechtserkenntnisquelle im Rahmen der grammatikalischen Auslegung[243]. Die isolierte Textinterpretation kann nur dann zu deren Berücksichtigung führen, wenn der Gesetzestext auf eine Vorgabe des Gemeinschaftsrechts ausdrücklich Bezug nimmt[244]. Ein Beispiel hierfür bietet etwa die Vorschrift des § 17 ProdHaftG, wonach der Bundesminister der Justiz zum Erlass von Rechtsverordnungen zum Zwecke der Umsetzung bestimmter Richtlinien ermächtigt wird.

b) Systematische Auslegung

Nach der Methode der systematischen Auslegung ist der Bedeutungszusammenhang der anzuwendenden Norm innerhalb des maßgeblichen Gesetzes als Ganzem, unter Umständen sogar innerhalb verschiedener Normensysteme aus dem betroffenen Regelungsbereich, in die methodologischen Überlegungen miteinzubeziehen[245]. *Brechmann* hat im Kontext der richtlinienkonformen Auslegung zu dieser Methode Folgendes ausgeführt:

> „Da die Richtlinie nicht der nationalen Rechtsordnung angehört, sondern die innerstaatlichen Organe nur im Außenverhältnis zur Gemeinschaft bindet, kann die Richtlinie selber nicht in die systematische Auslegung der nationalen Norm einfließen. Denn die systematische Auslegung betrachtet nur den Zusammenhang der nationalen Norm mit denjenigen Normen, die Teil der nationalen Rechtsordnung sind und die die ‚Einheit der Rechtsordnung' ausmachen. Auf der systematischen Auslegungsebene lassen sich Richtlinie und nationale Norm streng voneinander trennen."[246]

Was den Begründungsansatz dieser Äußerung betrifft, ist dem grundsätzlich zuzustimmen. Vorschnell erscheint jedoch die daraus nach verbreiteter Auffassung zu ziehende Schlussfolgerung[247]. Übersehen werden nämlich zwei

---

[243] Vgl. *Zöckler*, Jahrbuch junger Zivilrechtswissenschaftler 1992, 141, 158.

[244] Bedenklich weit insofern *Brechmann*, Die richtlinienkonforme Auslegung (1994), S. 260, der offensichtlich auch historische Erwägungen in die grammatikalische Auslegung einbezieht, wenn er auf die vom Gesetzgeber *gewollte* Wortbedeutung abstellt.

[245] Vgl. dazu bereits oben A.I.3.

[246] *Brechmann*, Die richtlinienkonforme Auslegung (1994), S. 260. Vgl. außerdem *Franzen*, Privatrechtsangleichung durch die Europäische Gemeinschaft (1999), S. 350; *Zöckler*, Jahrbuch junger Zivilrechtswissenschaftler 1992, 141, 158.

[247] Allein *Dänzer-Vanotti*, StVj 1991, 1, 6 f.; *ders.*, RIW 1991, 754, 755; *ders.*, DB 1994, 1052, deutet auf eine Berücksichtigung der Richtlinie nach den allgemeinen Regeln der

wesentliche Erscheinungsbilder bundesdeutscher Gesetzgebung, durch die der jeweils maßgebliche Richtlinieninhalt in den systematischen Zusammenhang des einschlägigen deutschen Rechts gestellt werden kann. Zum einen ist insofern auf die Titel innerstaatlicher Gesetze hinzuweisen, die häufig ausdrücklich die zugrunde liegende Richtlinie miteinschließen. So trägt etwa das Gesetz zum Erlass des Umweltinformationsgesetzes die Überschrift „Gesetz zur Umsetzung der Richtlinie 90/313/EWG des Rates vom 7. Juni 1990 über den freien Zugang zu Informationen über die Umwelt“[248]. Aufgrund dieser Bezugnahme wird die Richtlinie über das Verbindungsstück „Gesetzestitel“ in das nationale Recht integriert. Dies gilt ungeachtet des Umstands, dass von der bloßen Bezeichnung eines Gesetzes allein noch keine Rechtswirkungen ausgehen. Der Gesetzestitel ist nämlich nichtsdestoweniger Bestandteil nationalen Rechts, so wie es im Bundesgesetzblatt verkündet wird. Wird damit aber auch die Richtlinie selbst indirekter Bestandteil der maßgeblichen nationalen Gesetzgebung, so rückt sie zwangsläufig auch in den Zusammenhang der konkret anzuwenden Rechtsvorschrift[249]. Vor diesem Hintergrund ist nicht zu erklären, warum eine Richtlinie auf diesem Wege keinen Einfluss auf die Anwendung der betreffenden Vorschrift haben sollte.

Zum anderen enthalten Richtlinien regelmäßig ein so genanntes Zitiergebot, wonach die Mitgliedstaaten bei deren Umsetzung auf den gemeinschaftsrechtlichen Ursprung einer innerstaatlichen Rechtsvorschrift hinzuweisen haben. Diesem Erfordernis wird in der Bundesrepublik Deutschland in jüngerer Zeit - neben der bisherigen Bezugnahme im Gesetzestitel - vor allem durch „Amtliche Anmerkungen“ zum jeweiligen Gesetzgebungsakt entsprochen. So befolgt der deutsche Gesetzgeber etwa das Zitiergebot des Art. 15 Abs. 2 der Richtlinie 97/7/EG über den Verbraucherschutz bei Vertragsabschlüssen im Fernabsatz vom 20. Mai 1997[250] in Form einer amtlichen Anmerkung zum Fernabsatzgesetz, die besagt, dass die nationale Gesetzgebung der Umsetzung dieser Richtlinie dient. Derartige amtliche Anmerkungen werden ebenso wie der Gesetzestitel zusammen mit den einzelnen Rechtsvorschriften im Bundesgesetzblatt verkündet und stellen somit gleichfalls einen Bestandteil deutscher Gesetzgebung dar. Mithin kann eine Richtlinie auch über eine solche Anmerkung ins nationale Recht integriert werden. Da man zudem wohl kaum einen systematischen Zusammenhang

---

systematischen „Interpretation“ hin, hält die hier (sogleich) gegebene Begründung jedoch für entbehrlich. Vgl. außerdem *Scherzberg*, Jura 1993, 225, 231.

[248] Siehe dazu bereits oben Fußnote 186. Ebenso ist die Vorschrift des § 611 a Abs. 2 BGB a.F. als Art. 1. Nr. 1 des „Gesetzes über die Gleichbehandlung von Männern und Frauen am Arbeitsplatz und über die Erhaltung von Ansprüchen bei Betriebsübertragung (Arbeitsrechtliches EG-Anpassungsgesetz)“ ergangen - siehe dazu bereits oben Fußnote 190.

[249] Vgl. *Dänzer-Vanotti*, StVj 1991, 1, 6 f.

[250] ABlEG Nr. L 144 v. 4.6.1997, S. 19.

zwischen einer Vorschrift eines bestimmten Gesetzes und einer amtlichen Anmerkung zu diesem verneinen kann, ist auch über das Verbindungsstück „Amtliche Anmerkung" die Einbeziehung von Richtlinien in die Anwendung nationalen Rechts aufgrund von systematischen Erwägungen möglich.
Vor allem im Vergleich zur umfassenden gemeinschaftsrechtlichen Pflicht zur richtlinienkonformen Rechtsanwendung ergibt sich aber, dass die Erreichung einer Richtlinienkonformität angesichts einer entsprechenden Gesetzessystematik umfangreiche Defizite aufweist. Der wohl überwiegende Teil deutscher Gesetze im Regelungsbereich von EG-Richtlinien lässt die vorgenannten Voraussetzungen in Form eines entsprechenden Gesetzestitels beziehungsweise einer amtlichen Anmerkung vermissen. Dies gilt freilich insbesondere für solche Rechtsvorschriften, die schon vor Erlass der einschlägigen Richtlinie deren Vorgaben in angemessener Weise im deutschen Recht vorsahen. Ein anschauliches Beispiel bietet insofern das HausTWG, das zwar erst kurz nach Erlass der Richtlinie 85/577/EWG verkündet wurde, dessen Gesetzgebungsverfahren in zeitlicher Hinsicht jedoch weitgehend mit dem der Richtlinie parallel lief. Aus diesem Grund zeigt die amtliche Gesetzesfassung auch in der neubekannt gemachten Fassung vom 29. Juni 2000[251] keinen Bezug auf die gemeinschaftsrechtliche Vorgabe[252]. Mithin scheidet eine richtlinienkonforme Anwendung des HausTWG aufgrund von systematischen Erwägungen aus. Etwas anderes gilt hingegen für das AGB-Gesetz, das, obwohl 17 Jahre vor der einschlägigen EG-Richtlinie in Kraft getreten, in seiner ebenfalls am 29. Juni 2000 neu bekannt gemachten Fassung[253] eine amtliche Anmerkung enthält, die auf die Umsetzung der Richtlinie 93/13/EWG[254] hinweist.
Als geradezu misslungen müssen demnach die Feststellungen des *Bundesgerichtshofs* in seiner Entscheidung zur Zulässigkeit vergleichender Werbung nach § 1 UWG angesehen werden. Dieser führt aus, dass ein Verhalten, dass der europäische Gesetzgeber als grundsätzlich zulässig bezeichnet hat, nicht als Verstoß gegen die guten Sitten angesehen werden könne. Vielmehr müssen im Rahmen der Generalklausel des § 1 UWG sowohl die Wertungen der deutschen als auch der europäischen Rechtsordnung „unmittelbar" einbezogen werden[255]. Soweit man hinter diesen Erwägungen eine entsprechende Gesetzessystematik der deutschen Rechtsvorschrift vermutet[256],

---

[251] BGBl. I 955.
[252] Zur Beachtung des parallelen Gesetzgebungsverfahrens des Europäischen Gemeinschaft durch den deutschen Gesetzgeber siehe aber sogleich c.
[253] BGBl. I 946.
[254] ABlEG Nr. L 95 v. 21.4.1993, S. 29.
[255] BGH, Urt. v. 5.2.1998, NJW 1998, 2208, 2211 f.
[256] Anders die zustimmende Anmerkung von *Bayreuther*, EuZW 1998, 478, 479, der davon ausgeht, dass es sich an dieser Stelle überhaupt nicht um eine richtlinienkonforme Auslegung

muss man indes feststellen, dass sich zum Entscheidungspunkt der hierfür erforderliche Zusammenhang zwischen dem deutschen UWG und der Richtlinie 97/55/EG nicht herstellen ließ. Dies änderte sich erst nach der richtlinienbedingten Neufassung von §§ 2, 3 UWG im Jahre 2000. Seither kann die EG-rechtliche Vorgabe aufgrund einer amtlichen Anmerkung in die systematische Anwendung des UWG einbezogen werden.

c) Historische Auslegung

In der umfangreichen wissenschaftlichen Literatur zur richtlinienkonformen Anwendung deutschen Rechts wird fast ausschließlich auf die Methode der historischen Auslegung zur Einbeziehung von Richtlinienvorgaben verwiesen. Bei dieser kommt es auf die einer Gesetzgebung zugrunde liegenden Regelungsabsichten des Gesetzgebers an[257]. Maßgeblicher Zeitpunkt hierfür ist der Erlass der betreffenden Rechtsvorschrift, nicht hingegen deren Anwendung. Im Kontext der richtlinienkonformen Anwendung bundesdeutschen Rechts hat sich daher folgende Auffassung etabliert: Liegt zum Zeitpunkt eines nationalen Gesetzgebungsverfahrens eine einschlägige EG-Richtlinie vor oder wird der Gesetzgeber gar erst aufgrund einer solchen tätig, spricht schon eine Vermutung dafür, dass der zugrunde liegende gesetzgeberische Wille auf eine korrekte Umsetzung der Richtlinienvorgaben gerichtet ist[258]. Unterstellt wird insofern, dass die Richtlinienkonformität eine „Grundabsicht" im oben beschriebenen

---

„im technischen Sinne" handelt. Vgl. für die Annahme einer entsprechenden Gesetzesteleologie unten d.

[257] Vgl. dazu bereits oben A.I.4.

[258] BGH, Beschl. v. 5.12.1974, Z 63, 261, 264 f.; BGH, Beschl. v. 28.2.1983, Z 87, 59, 61; BGH, Urt. v. 22.5.1989, Z 107, 296, 305; BGH, Urt. v. 15.1.1990, Z 110, 47, 68 ff.; BGH, Urt. v. 9.3.1993, NJW 1993, 1594, 1595; BGH, Urt. v. 29.6.1995, EuZW 1995, 778, 779; BGH, Urt. v. 16.11.1995, ZIP 1996, 120, 121; BGH, Urt. v. 14.12.1995, DB 1996, 826, 827; BGH, Urt. v. 10.4.1997, EuZW 1997, 476, 479; *Di Fabio*, NJW 1990, 947, 953; *Ehricke*, RabelsZ 59 (1995), 598, 614; *Everling*, in: Börner (Hrsg.), FS Carstens, Bd. 1 (1984), S. 95, 101; *Gellermann*, Beeinflussung des bundesdeutschen Rechts durch Richtlinien der EG (1994), S. 104 f.; *Herber*, EuZW 1991, 401, 403; *ders.*, in: Knobbe-Keuk (Hrsg.), FS Döllerer (1988), S. 225, 227; *Herrmann*, RIW 1982, 566, 569 f.; *Hommelhoff*, AcP 192 (1992), 71, 95; *Hopt*, ZGR 1992, 265, 285; *Jarass*, EuR 1991, 211, 216 f.; *Kirchhoff*, DB 1989, 2261, 2264; *Klein*, in: Due (Hrsg.), FS Everling, Bd. 1 (1995), S. 641, 646; *Müller-Graff*, NJW 1993, 13, 21; *Schmidt*, RabelsZ 59 (1995), 569, 587; *Schultz*, in: Lüke (Hrsg.), GS Constantinesco (1983), S. 677, 686; *Steindorff*, in: Due (Hrsg.), FS Everling, Bd. 2 (1995), S. 1455, 1466 f.; *Zuleeg*, ZGR 1980, 466, 478; grundsätzlich a.A. nur *Schön*, Die Auslegung europäischen Steuerrechts (1993), S. 36 ff. Siehe außerdem EuGH, Urt. v. 16.12.1993, Slg. 1993, I-6911, 6932 - Rs. C-334/97, *Wagner Miret ./. Fondo de garantía salarial*; vgl. zu Letzterem bereits oben 1. Kapitel, B.

Sinne ist, die im parlamentarischen Prozess widerspruchslos zum Ausdruck gekommen ist[259].

Nettesheim hat hiergegen eingewandt, dass sich die bezeichnete Vermutung weder empirisch noch normativ begründen lasse[260]. Seiner Ansicht nach sei davon auszugehen, dass, wenn der Gesetzgeber eine solche richtlinienkonforme Absicht gehabt hätte, er auch „eine begrifflich engere, nur gemeinschaftsrechtskonforme Entscheidungen zulassende Formulierung gewählt [hätte]". Jedoch kann dieser Vortrag bei genauer Betrachtung nicht überzeugen. Die Argumentation, dass sich der Gesetzgeber entsprechend klar ausgedrückt hätte, wenn er dies nur gewollt hätte, läuft in letzter Konsequenz auf eine vollständige Leugnung der historischen Auslegungsmethode hinaus. Verallgemeinert man diese Äußerung nämlich, könnte ein Gesetzeswortlaut niemals eine Doppeldeutigkeit aufweisen, die anhand des gesetzgeberischen Willens zu konkretisieren wäre. Entsprechend der Theorie vom objektiven Auslegungsziel käme es für jede Art der Rechtsanwendung stets allein auf die Fassung des Gesetzeswortlauts an. Hiervon geht aber auch *Nettesheim* nicht aus[261].

Ebenso wenig leuchtet es ein, wenn *Franzen* die Vermutung eines richtlinienkonformen Willens des Gesetzgebers als bloße Fiktion bezeichnet, sofern dieser gleichzeitig eine richtlinienwidrige innerstaatliche Rechtsvorschrift bewusst gewählt hat[262]. Hier wird übersehen, dass der Gesetzgeber sehr wohl zwei sich widersprechende Willensrichtungen bilden kann. Eine andere Frage ist indes, inwieweit sich diese Willensrichtungen gegenseitig Grenzen setzen[263]. Dies aber hat zunächst einmal mit deren grundsätzlichen Existenz nichts zu tun[264]. Einzige Voraussetzung hierfür kann vielmehr nur sein, dass dem Gesetzgeber der bestehende Widerspruch nicht bekannt war, etwa mangels bisheriger Rechtsprechung des *EuGH*, die das Richtlinienverständnis der

---

259 Vgl. dazu bereits oben A.I.4.

260 *Nettesheim*, AöR 1994, 261, 267; ähnlich kritisch *Ress*, DÖV 1994, 489, 491; *Zöckler*, Jahrbuch junger Zivilrechtswissenschaftler 1992, 141, 147.

261 Siehe etwa *Nettesheim*, a.a.O., S. 275.

262 *Franzen*, Privatrechtsangleichung durch die Europäische Gemeinschaft (1999), S. 311 ff. Vgl. außerdem *Schmidt*, RabelsZ 59 (1995) 569, 587.

263 Vgl. dazu unten IV.2.b.bb.(1).

264 In diesem Sinne formuliert auch *Brechmann*, Die richtlinienkonforme Auslegung (1994), S. 261, im Kontext der innerstaatlichen Richtlinienkonformität aufgrund von historischen Erwägungen: „Wenn der nationale Normgeber dagegen eigene, konkrete Motive zum Normerlaß geäußert hat, sind diese in erheblichem Maß bei der historischen Auslegung *mitzuberücksichtigen*." (Hervorhebung vom Verfasser). Unzutreffend ist demgegenüber die Besprechung der *Brechmann*'schen Monographie von *Grundmann*, ZEuP 1996, 399, 417: „Und wenn der Gesetzgeber sich konkrete Gedanken zum Zwecke einer konkreten Norm gemacht habe, so will Brechmann den generelleren Willen, mit der Norm der Richtlinie korrekt umzusetzen, gänzlich unbeachtet lassen (subjektiv-teleologische Auslegung)." Das insofern von *Grundmann*, a.a.O., Fußnote 50, angeführte Zitat wurde indes von *Brechmann* im Zusammenhang der objektiv-teleologischen Rechtsanwendungsmethode geäußert.

nationalen Legislative nachträglich als fehlerhaft entlarvt. Nur sofern dies nicht der Fall ist, kann mit *Franzen* ein richtlinienkonformer Gesetzgeberwille, dem bewusst nicht Folge geleistet wird, als Fiktion abgelehnt werden.

Von besonderer Brisanz ist darüber hinaus, ob die Anerkennung der Richtlinienvorgaben als Rechtserkenntnisquelle aufgrund von historischen Erwägungen auch dann in Betracht kommt, wenn der „Gesetzgeber" lediglich von der Richtlinienkonformität bestehenden Rechts ausgeht und vor diesem Hintergrund einen weiteren Umsetzungsakt unterlässt. *Grundmann* hat dies zunächst unter der nicht weiter definierten Voraussetzung der Nachweislichkeit bejaht[265]. Später hat er unter Hinweis auf die *Marleasing*-Entscheidung des *EuGH* auch diese Einschränkung aufgegeben[266]. *Grundmann* geht damit praktisch durchweg von der Möglichkeit der Einbeziehung von EG-Richtlinien in die Anwendung nationalen Rechts aufgrund von historischen Erwägungen aus. Dies begegnet Bedenken.

Zum einen ist nicht nachzuvollziehen, auf welche Weise die *Marleasing*-Entscheidung inhaltlichen Einfluss auf die herkömmliche deutsche Methode der Rechtsanwendung anhand historischer Erwägungen nehmen soll. Es wurde bereits erörtert, dass der *EuGH* zu keinem Zeitpunkt eine inhaltliche Veränderung irgendwelcher nationaler Rechtsanwendungsmethoden verlangt hat[267]. Nur soweit diese verschiedene Anwendungsalternativen eröffnen, ist eine Entscheidung in Übereinstimmung mit der gemeinschaftsrechtlichen Vorgabe geboten. Es besteht daher kein Anlass, aufgrund der *Marleasing*-Entscheidung die Voraussetzungen der nach deutscher Methodenlehre anerkannten

---

[265] *Grundmann*, ZEuP 1996, 399, 420.

[266] *Grundmann*, Europäisches Schuldvertragsrecht (1999), S. 117 f.; *ders.*, in: Schulze (Hrsg.), Auslegung europäischen Privatrechts und angeglichenen Rechts (1999), S. 63, 72 f. Nunmehr fordert *Grundmann* vielmehr den Nachweis eines richtlinienwidrigen Willens des Gesetzgebers. *Grundmann*, ZEuP 1996, 399, 415, geht insofern von der Prämisse aus, dass es für konkrete Rechtsfragen mehrere vertretbare Ergebnisse, unter denen der Rechtsanwender die Wahl hat, nicht gibt. Vor diesem Hintergrund gelingt ihm eine Begründung für die vom *Marleasing*-Urteil vorgegebene richtlinienorientierte Anwendung des nationalen Rechts, das einer EG-Richtlinie in seiner Entstehung zeitlich vorausgeht, offenbar nur aufgrund eines umfassend auf das Gemeinschaftsrecht ausgerichteten gesetzgeberischen Willens. Hierbei verkennt *Grundmann* jedoch, dass die gemeinschaftsrechtliche Pflicht zur richtlinienkonformen Rechtsanwendung nicht erst auf das Ergebnis nationaler Rechtsfindung trifft, sondern bereits auf den Rechtsfindungsprozess, in dem sich mangels Rangverhältnis zwischen den einzelnen Auslegungsmethoden durchaus Alternativen für die Wahl des einzig richtigen Ergebnisses stellen - wie hier *Hommelhoff*, AcP 192 (1992), 71, 97 f.; *Schmidt*, RabelsZ 59 (1995), 569, 590 f. Ein richtlinienkonformer Wille des Gesetzgebers ist daher nicht unbedingt erforderlich, um der vom *EuGH* grundsätzlich für möglich erachteten richtlinienkonformen Anwendung nationalen Rechts nachzukommen. Auch ist nicht einzusehen, was an diesem Ansatz „holzschnitthaft" - so *Grundmann*, ZEuP 1996, 399, 419 - sein soll.

[267] Vgl. dazu oben 1. Kapitel, B.

historischen Auslegung dahingehend zu modifizieren, dass selbst dann von einem an der einschlägigen Richtlinie orientierten gesetzgeberischen Willen auszugehen ist, wenn ein diesbezüglicher Wille niemals gebildet - geschweige denn erklärt - wurde. Im Gegensatz hierzu ist vielmehr auf die Einhaltung der herkömmlichen Voraussetzungen einer historischen Auslegung genau zu achten, damit es sich bei der richtlinienkonformen Anwendung deutschen Rechts auch tatsächlich um die Anwendung innerstaatlichen Rechts handelt. Hierunter fällt auch das ausschließliche Abstellen auf den Entstehungszeitpunkt des Gesetzes[268].

Zum anderen muss auch unklar bleiben, wie der zunächst von *Grundmann* verlangte Nachweis eines richtlinienkonformen Willens des Gesetzgebers trotz unterlassener gesetzgeberischer Tätigkeit erbracht werden sollte. Zwar weist *Franzen* in diesem Zusammenhang darauf hin, dass nach der Rechtsprechung des *EuGH* eine mitgliedstaatliche Erklärung hinsichtlich derjenigen Vorschriften, die der betreffende Mitgliedstaat als Umsetzungsakt erlassen beziehungsweise als richtlinienkonform beibehalten hat, entweder nach Maßgabe der jeweiligen Richtlinie oder als Ausfluss des Gebots loyaler Zusammenarbeit gemäß Art. 10 EGV gefordert wird[269]. Indes wurde bereits einleitend darauf hingewiesen, dass von einer gesetzgeberischen Regelungsabsicht nicht schon auszugehen ist, wenn nur einzelne am parlamentarischen Willensbildungsprozess beteiligte Personen eine bestimmte Position verfolgen. Mithin lässt sich bei bloß als richtlinienkonform beibehaltenen Rechtsvorschriften auch dann nicht von einem entsprechenden gesetzgeberischen Willen sprechen, wenn diese Haltung der *Kommission* durch die *Bundesregierung* als Organ der vollziehenden Gewalt mit bloßer Initiativgewalt[270] mitgeteilt wurde[271]. Erst recht ist daher *Grundmann* entgegenzuhalten, dass der Nachweis über einen richtlinienkonformen Willen des Gesetzgebers nicht zu erbringen ist.

Aus alledem folgt, dass auch die Einbeziehung von Richtlinienvorgaben in die Anwendung nationalen Rechts im Wege historischer Erwägungen Defizite gegenüber der umfassenden gemeinschaftsrechtlichen Pflicht zur richtlinienkonformen Rechtsanwendung aufweist. Regelmäßig unterliegt die Erreichung einer Richtlinienkonformität aufgrund der historischen Auslegung den gleichen Einschränkungen wie die systematische Auslegung. Vereinzelt kann sich

---

[268] Vgl. dazu bereits oben A.I.4.

[269] *Franzen*, Privatrechtsangleichung durch die Europäische Gemeinschaft (1999), S. 305 f. mit Hinweis auf EuGH, Urt. v. 11.6.1991, Slg. 1991, I-2851, 2864 - Rs. C-290/89, *Kommission der Europäischen Gemeinschaften ./. Königreich Belgien.*

[270] Vgl. hierzu etwa *Schröder*, in: Isensee/Kirchhof (Hrsg.), Handbuch des Staatsrechts, Bd. II (1987), § 50, Rdnr. 2.

[271] A.A. offenbar *Franzen*, a.a.O., S. 305; wie hier hingegen *Zöckler*, Jahrbuch junger Zivilrechtswissenschaftler 1992, 141, 147.

allerdings aufgrund der noch jungen Praxis hinsichtlich der Einfügung amtlicher Anmerkungen ein weiterer Anwendungsbereich für historische Erwägungen darbieten. So wurde für das HausTWG die Einbeziehung der Richtlinie 85/577/EWG aufgrund systematischer Überlegungen zwar verneint. Aufgrund der parallel verlaufenden Gesetzgebungsverfahren auf gemeinschaftsrechtlicher und nationaler Ebene war der deutsche Gesetzgeber aber dennoch bestrebt, seinen Gesetzgebungsakt in Übereinstimmung mit dem zu damaligen Zeitpunkt bereits vorliegenden Entwurf der Richtlinie zu bringen[272].

d) *Teleologische Auslegung*

Ebenso wie die Bedeutung der systematischen Auslegung ist auch die Frage, inwieweit Richtlinien als Rechtserkenntnisquellen aufgrund teleologischer Erwägungen herangezogen werden können, noch nicht überzeugend beantwortet worden. Teilweise entsteht der Eindruck, als werde versucht, die bisher beschriebenen Defizite gegenüber der gemeinschaftsrechtlichen Pflicht zur richtlinienkonformen Rechtsanwendung, insbesondere das der historischen Auslegung, im Wege der teleologischen Auslegung zu beseitigen. *Brechmann* trägt insofern vor, dass auch „eine Vermutung für die Gemeinschaftsrechtsmäßigkeit der nationalen Rechtsordnung spricht“[273]. In ähnlicher Weise möchte *Dänzer-Vanotti* unter dem Deckmantel eines „allgemein-historischen“ Ansatzes „die geschichtliche Entwicklung zwischen dem Erlass der auszulegenden Norm und dem Zeitpunkt, zu dem sie anzuwenden ist, bei der Auslegung“ beachtet wissen[274]. Bedenkt man aber, dass für die historische Auslegung auf den Zeitpunkt des Gesetzeserlasses abzustellen ist[275], so handelt es sich letztlich auch hierbei um nichts anderes als um einen teleologischen Aspekt, was spätestens dann deutlich in Erscheinung tritt, wenn man sich vergegenwärtigt, dass die teleologische Auslegung eine Fortsetzung der ergebnislosen historischen Auslegung darstellt[276]. Unbeantwortet bleibt

---

[272] BT-Drs. 10/4210, S. 9. Siehe hierzu auch BGH, Beschl. v. 11.1.1996, NJW 1996, 930, 932.

[273] *Brechmann*, Die richtlinienkonforme Auslegung (1994), S. 261.

[274] *Dänzer-Vanotti*, StVj 1991, 1, 7.

[275] Vgl. dazu bereits oben A.I.4.

[276] Vgl. dazu bereits oben A.I.5. Letztlich wird man daher auch die Auffassung von *Grundmann*, Europäisches Schuldvertragsrecht (1999), S. 117; *ders.*, in: Schulze (Hrsg.), Auslegung europäischen Privatrechts und angeglichenen Rechts (1999), S. 63, 72 f., hier einzureihen haben - vgl. dazu bereits oben c. Vgl. außerdem *Bleckmann*, DÖV 1979, 309, 312 f. Soweit im Übrigen auch *Steindorff*, in: Due (Hrsg.), FS Everling, Bd. 2 (1995), S. 1455, 1462, von einer „teleologischen Auslegung nationalen Rechts“ spricht, ist ihm der Vorwurf zu machen, dass er diese mit der - hiervon unabhängigen - gemeinschaftsrechtlichen Pflicht zur richtlinienkonformen Rechtsanwendung verwechselt.

allerdings jeweils, worin die Grundlage für eine derart teleologisch ausgerichtete Rechtsanwendung, sei es in Form einer vermuteten „Gemeinschaftsrechtskonformität", sei es in Form der Heranziehung eines „allgemein-historischen" Ansatzes, liegen soll.

Maßgeblich ist zunächst, dass Voraussetzung einer teleologischen Einbeziehung von Richtlinienbestimmungen das Vorliegen eines hierauf gerichteten Rechtsprinzips ist[277]. Nur so kommt die jeweilige gemeinschaftsrechtliche Vorgabe überhaupt als objektiv feststellbarer Zweck der nationalen Rechtsvorschrift in Betracht. Indes kann wohl kaum davon gesprochen werden, dass dem deutschen Recht ein Rechtsprinzip immanent ist, das - in fiktiver Fortsetzung eines richtlinienkonformen Willens des Gesetzgebers - generell für die Richtlinienkonformität nationalen Rechts eintritt[278]. Zwar würde ein solches Prinzip dem vielzitierten Integrationsgedanken des Art. 23 GG[279] in geradezu idealer Weise dienen. Auch wäre hierdurch das besagte Defizit gegenüber der gemeinschaftsrechtlichen Pflicht zur richtlinienkonformen Rechtsanwendung gemindert. Jedoch ist gleichfalls zu bedenken, dass ein solch innerstaatliches Prinzip nicht vom Gemeinschaftsrecht gefordert wird. Das belegt die Rechtsprechung des *EuGH*, wonach eine richtlinienkonforme Anwendung innerstaatlichen Rechts nur im Rahmen der herkömmlichen Rechtsanwendungsmethoden stattfinden soll. Die innerstaatliche Schaffung beziehungsweise Anerkennung eines Rechtsprinzips der vorgenannten Art ist hiermit nicht verbunden. Besteht aber keine entsprechende Forderung des Gemeinschaftsrechts, so gilt es weiter zu beachten, dass der deutsche Gesetzgeber ausschließlich zu dem so verstandenen Gemeinschaftsrecht seine Zustimmung erteilt hat. Auch die Vorschrift des Art. 23 GG stellt insofern nur eine besondere Integrationsermächtigung für den Erlass derartiger Zustimmungsgesetze dar[280]. Will man die Souveränität des deutschen Gesetzgebers nicht in Frage stellen, so gilt es mithin zu folgern, dass auch ein deutsches Rechtsprinzip nicht weiter reichen kann, als sich die Bundesrepublik Deutschland durch die Zustimmung zum EG-Vertrag tatsächlich der europäischen Integration verschrieben hat. Für das unmittelbar wirkende Gemeinschaftsrecht wurde insofern festgestellt, dass dessen Berücksichtigung aufgrund teleologischer Erwägungen nach deutscher Methodik durchaus angesagt ist. Hingegen ist nunmehr für das nur mittelbar wirkende Gemeinschaftsrecht vor allem auf dessen Eigenart gegenüber dem unmittelbar wirkenden Gemeinschaftsrecht abzustellen. Wesensgrund der Richtlinie als Prototyp des mittelbar wirkenden Gemeinschaftsrechts ist zuvorderst die Bewahrung mitgliedstaatlicher Souveränität gegenüber der Europäischen

---

[277] Vgl. dazu bereits oben A.I.5.

[278] Vgl. auch *Zöckler*, Jahrbuch junger Zivilrechtswissenschaftler 1992, 141, 158.

[279] In diesem Sinne etwa *Schulze*, ZfRV 1997, 183, 191.

[280] Vgl. etwa *Streinz*, in: Sachs (Hrsg.), Grundgesetz Kommentar (1999), Art. 23, Rdnr. 8 ff.

Gemeinschaft[281]. Vor diesem Hintergrund ist die Annahme eines allgemeinen deutschen Rechtsprinzips, das generell für die Richtlinienkonformität nationaler Rechtsvorschriften eintritt, nicht zu rechtfertigen. Anderenfalls würde man nämlich dem deutschen Gesetzgeber eine Entscheidung aufoktroyieren, hinsichtlich derer er sich bewusst einen innerstaatlichen Entscheidungsvorbehalt geschaffen hat.
Aus den gleichen Gründen muss erst recht der Vortrag von *Franzen* scheitern, wonach der „Gesetzgebungsauftrag aus der Richtlinie" selbst in Betracht kommen soll, eine richtlinienkonforme Gesetzesteleologie herzustellen[282]. Dieser Auftrag ist allein Bestandteil des Gemeinschaftsrechts und kann ebenfalls angesichts der nationalen Souveränitätsreserve keinen direkten Einfluss auf die objektiv hervortretende *ratio* einer deutschen Rechtsvorschrift haben. Mithin bleibt auch insofern deren objektiv-teleologisches „Normumfeld" durch die Richtlinie gänzlich unbeeinflusst[283].
Als äußerst bedenklich erscheint aufgrund dieser Überlegung, ob es wenigstens in Einzelfällen unter Berücksichtigung von Richtlinienvorgaben zur Entwicklung eines allgemeinen Grundsatzes des innerstaatlichen Rechts kommen kann. Der *Bundesgerichtshof* hat dies in seiner Entscheidung zur Zulässigkeit vergleichender Werbung nach § 1 UWG angedeutet[284]. Ausgehend von der innerstaatlichen Anerkennung eines „allgemeinen Ausnahmegrundsatzes" vom bisherigen Verbot vergleichender Werbung, stellt der *Bundesgerichtshof* zudem auf die „europäische Rechtsentwicklung" ab und ermittelt auf diese Weise eine für die Anwendung der Generalklausel des § 1 UWG entscheidende Gesetzesteleologie. Insofern könnte man herausstellen, dass es sich nicht um die Offenlegung einer objektiv-teleologisch bedeutsamen Wertung allein deshalb handelt, weil diese von einer Richtlinie vorgegeben wird; maßgeblich sei vielmehr, dass bereits eine verallgemeinerungsfähige Rechtsentwicklung im innerstaatlichen Rechtsraum besteht[285]. Diese werde durch die umsetzungsbedürftige Vorgabe des Gemeinschaftsrechts lediglich ergänzt. Indes gilt es hiergegen zu betonen, dass erst die Gemeinsamkeit von nationalem Recht und Gemeinschaftsrecht für die Entstehung eines Rechtsgrundsatzes spricht. Schon der Umstand, dass das mittelbar wirksame Gemeinschaftsrecht den finalen Anstoß zur Anerkennung eines allgemeinen Erlaubnisgrundsatzes gibt, verletzt aber bereits die Souveränitätsreserve des deutschen Gesetzgebers. Lässt sich aus dem bundesdeutschen Recht allein noch

---

[281] Vgl. etwa *Grundmann*, Europäisches Schuldvertragsrecht (1999), S. 110.
[282] *Franzen*, Privatrechtsangleichung durch die Europäische Gemeinschaft (1999), S. 424.
[283] Anders aber *Franzen*, a.a.O., S. 309.
[284] BGH, Urt. v. 5.2.1998, NJW 1998, 2208, 2211.
[285] Vgl. hierzu *Brandner*, in: Geiß/Nehm/Brandner/Hagen (Hrsg.), FS BGH (2000), S. 299, 303 ff.

kein objektiver Gesetzeszweck ermitteln, ist der Rechtsanwender folglich hieran gebunden[286].

e) Art. 36 EGBGB analog

Franzen hat im Jahre 1999 in seiner Monographie „Privatrechtsangleichung durch die Europäische Gemeinschaft" erstmals ausführlich für eine analoge Anwendung des Art. 36 EGBGB zum Zwecke einer innerstaatlichen Pflicht zur richtlinienkonformen Rechtsanwendung plädiert[287]. Zutreffend wird in einem ersten Schritt untersucht, ob eine Lücke vorliegt, für die ein Bedürfnis nach einer Fortbildung von Art. 36 EGBGB besteht. *Franzen* formuliert hierzu, „daß eine Regelungslücke nur insoweit besteht, wie eine richtlinienkonforme Auslegung aufgrund innerstaatlichen Rechts nicht schon anderweitig begründbar ist"[288]. Legt man diese Äußerung zugrunde, müsste die vorgeschlagene Analogie schon an dieser Stelle angesichts der vorstehenden Ausführungen zumindest für den Regelfall der Richtlinienumsetzung durch innerstaatliche Durchführungsgesetze scheitern. Wie gezeigt, ist die jeweils einschlägige Richtlinie hier im Rahmen der systematischen beziehungsweise historischen Auslegungsmethode als Rechtserkenntnisquelle heranzuziehen. Indes stellt *Franzen* im Folgenden klar, dass ihm diese Art der Einbeziehung von Richtlinien in die Anwendung nationalen Rechts nicht ausreicht. Seiner Auffassung nach fehle es bei dem Weg über die nationalen Rechtsanwendungsmethoden im innerstaatlichen Rechtsraum an einer normativen Verbindlichkeit für die Erreichung von Richtlinienkonformität, mithin an einer Pflicht des Rechtsanwenders zur richtlinienkonformen Rechtsanwendung[289]. Die hierdurch entstehende Lücke sei anhand der in Art. 36 EGBGB niedergelegten gesetzgeberischen Wertung zu schließen. Den auf diese Weise gewonnenen Rechtssatz formuliert *Franzen* wie folgt:

> „Bei der Auslegung und Anwendung von Rechtsvorschriften, welche sich im Regelungsbereich einer Richtlinie der Europäischen Gemeinschaft befinden, ist zu

---

[286] Vgl. hierzu *Leible/Sosnitza*, NJW 1998, 2507: „Man muß sich jedoch darüber im klaren sein, daß es sich um eine im nationalen Recht wurzelnde Rechtfortbildung handelt, die vom jeweiligen Gericht anhand der in seiner Rechtsordnung geltenden Wertungskriterien festzustellen und zu begründen hat." Soweit sie in diesem Zusammenhang die Ausführungen des *Bundesgerichtshofs* als „beispielhaft" bezeichnen, muß man vermuten, dass sie die richtlinienkonforme Gesetzesteleologie bereits den Feststellungen zum nationalen Recht entnehmen.

[287] *Franzen*, Privatrechtsangleichung durch die Europäische Gemeinschaft (1999), S. 314 ff. Eine frühere Erwähnung dieser Vorschrift findet man bei *Mansel*, JZ 1991, 529, 531.

[288] *Franzen*, a.a.O., S. 315.

[289] *Franzen*, a.a.O., S. 310 f. & 315.

> berücksichtigen, daß die diesen Rechtsvorschriften zugrundeliegenden Regelungen der Richtlinie nach ihrem Inkrafttreten als Bestandteil des sekundären Gemeinschaftsrechts in den Mitgliedstaaten der Gemeinschaft einheitlich ausgelegt und angewandt werden sollen."[290]

Diese Auffassung ist abzulehnen. Zwar ist es richtig, dass nach dem bisher Gesagten die deutsche Rechtslage mangels Rangverhältnis zwischen den einzelnen Auslegungsmitteln keine verbindliche Einbeziehung von Richtlinien gewährleistet, mithin eine dem Gemeinschaftsrecht vergleichbare Pflicht zur richtlinienkonformen Rechtsanwendung nicht besteht[291]. Entgegen *Franzen* fehlt es insofern aber schon an einer Lücke, die mit einer Analogie zu Art. 36 EGBGB ausgefüllt werden könnte. Die beschriebene Argumentationslinie scheitert, indem sie vom Fehlen einer innerstaatlichen Pflicht zur richtlinienkonformen Rechtsanwendung ohne weitere Zwischenschritte auf eine Lücke schließt[292]. Einleitend wurde zur Wahrung des gesetzgeberischen Rechtssetzungsprimats darauf hingewiesen, dass das schlichte Fehlen einer innerstaatlichen Rechtsregel nur dann zu einer Lücke führt, sofern ein so genanntes beredtes Schweigen ausgeschlossen werden kann[293]. Erforderlich wären demnach weitere Anhaltspunkte, die belegen, dass es sich bei der vermeintlichen Lücke tatsächlich um eine planwidrige Unvollständigkeit des geschriebenen Rechts handelt. Maßgeblich hierfür sind die herkömmlichen nationalen Rechtsanwendungsmethoden, insbesondere historische und teleologische Erwägungen. Jedoch ist ein gesetzgeberischer Plan, der auf eine Regelung im Bereich des von *Franzen* formulierten Rechtssatzes abzielt, nicht ersichtlich. Auch dem Ratifikationsgesetz zum EG-Vertrag kann ein solcher Wille nicht mit der Begründung entnommen werden, dass der Gesetzgeber hier seine Zustimmung zur gemeinschaftsrechtlichen Pflicht zur richtlinienkonformen Rechtsanwendung erteilt hat, mithin ein derartiger gesetzgeberischer Wille auch für die nationale Rechtsordnung anzuerkennen sei. Da *Franzen* auch von einer gemeinschaftsrechtskonformen Rechtsfortbildung spricht[294], ist ihm daher entgegenzuhalten, dass eine in Artt. 249 Abs. 3 und 10 EGV begründete

---

290 So *Franzen*, a.a.O., S. 320.

291 *Franzen*, a.a.O., S. 310 f., neigt allerdings insofern zu einer etwas einseitigen Darstellung, wenn er unter Hinweis auf *Neuner*, Die Rechtsfindung contra legem (1992), S. 90 ff. & 112 ff., vorträgt, dass nach deutscher Methodik die gesetzgeberischen Regelungsabsichten nur „im Rahmen des möglichen Wortsinns" zur Geltung gebracht werden können. Er unterschlägt damit die Methode der Rechtsfortbildung, die von *Neuner*, a.a.O., S. 114 f., ausdrücklich bejaht wird: „Dem (eindeutigen) Wortlaut gebührt Vorrang, es sei denn, weder die gesetzgeberische Regelungsabsicht noch objektiv-teleologische Kriterien stehen im Einklang mit einer Wortlautbindung."

292 Siehe *Franzen*, a.a.O., S. 315.

293 Vgl. dazu oben A.II.1.

294 *Franzen*, a.a.O., S. 316.

Pflicht eine Rechtsregel darstellt, die zwar kraft gemeinschaftlicher Rechtsordnung die Bundesrepublik Deutschland einschließlich ihrer Organe im Außenverhältnis zur Europäischen Gemeinschaft bindet, gleichzeitig aber deren innerstaatliche Rechtsordnung unberührt lässt. Dies gilt nicht nur in Anbetracht der judikativen Pflicht zur richtlinienkonformen Rechtsanwendung, sondern ebenso, soweit sich die von *Franzen* explizit herausgestellte Pflicht zur „Umsetzung gemeinschaftsrechtlicher Vorgaben" an die Legislative richtet. Würde man eine gegensätzliche Argumentation zulassen, wäre die bisherige Trennung zwischen gemeinschaftlicher und nationaler Rechtsordnung obsolet. Ungeachtet etwaiger Wertungsparallelen zwischen Art. 36 EGBGB und der Umsetzungsverpflichtung von Richtlinien[295] gilt es demnach zu folgern, dass es schon an der für die Lückenfeststellung maßgeblichen „Planwidrigkeit" fehlt.

3. *Zeitpunkt*

Hinsichtlich des Zeitpunkts, ab dem eine richtlinienkonforme Anwendung deutschen Rechts erfolgen kann beziehungsweise muss, ist die vorgenannte Unterscheidung zwischen einer richtlinienkonformen Rechtsanwendung kraft Gemeinschaftsrechts und kraft nationalen Rechts aufrechtzuerhalten.
Für die gemeinschaftsrechtliche Pflicht zur richtlinienkonformen Rechtsanwendung wurde bereits anhand der Rechtsprechung des *EuGH* in der Rechtssache *Kolpinghuis Nijmegen BV* festgestellt, dass diese nach richtiger Auffassung schon vom Zeitpunkt des Richtlinienerlasses ab besteht[296]. Indes ist der *Bundesgerichtshof* in dem vorerwähnten Urteil vom 5. Februar 1998 zur Frage der Zulässigkeit vergleichender Werbung zwar - wie schon zuvor das *Bundesverfassungsgericht* - von einer gemeinschaftsrechtlichen Pflicht zur richtlinienkonformen Rechtsanwendung ausgegangen, hat aber sogleich ergänzt:

> „Die Verpflichtung der Gerichte zur richtlinienkonformen Auslegung gilt freilich nicht bereits mit der Verabschiedung der Richtlinie. Art. 189 III EGV räumt den Mitgliedstaaten bei der Umsetzung von Richtlinien ein Ermessen ein, das in erster Linie vom Gesetzgeber ausgeübt werden muß. Die (insoweit subsidiäre) Verpflichtung der Gerichte zur richtlinienkonformen Auslegung der innerstaatlichen Gesetze setzt grundsätzlich erst dann ein, wenn der Gesetzgeber bis zum Ablauf der Umsetzungsfrist nicht tätig geworden ist und der Inhalt der Richtlinie insgesamt oder im angewendeten Bereich eindeutig ist […]."[297]

Hierin darf jedoch kein Bruch mit der Rechtsprechung des *EuGH* in der Weise gesehen werden, dass dem gemeinschaftlichen *Gerichtshof* in diesem Punkt

---

[295] *Franzen*, a.a.O., S. 315 ff.
[296] Vgl. oben 1. Kapitel, B.
[297] BGH, Urt. v. 5.2.1998, NJW 1998, 2208, 2211.

mangels innerstaatlicher Zustimmung die Gefolgschaft versagt bleiben soll. Es ist ausschließlich zu erkennen, dass sich der *Bundesgerichtshof* der überwiegend vertretenen Auffassung zur *EuGH*-Rechtsprechung hinsichtlich des zeitlichen Umfangs der richtlinienkonformen Rechtsanwendung angeschlossen hat[298]. Schon dies allein ist bedauerlich. Gravierend aber sind in diesem Kontext die vorausgehenden Ausführungen des *Bundesgerichtshofs*:

> „Der BGH ist an einer richtlinienkonformen Auslegung nicht dadurch gehindert, daß die Frist für die Umsetzung der Richtlinie zur vergleichenden Werbung noch nicht abgelaufen ist. Läßt sich Richtlinienkonformität mittels einfacher Auslegung im nationalen Recht herstellen, so ist der Richter jedenfalls nach deutschem Rechtsverständnis befugt, sein bisheriges Auslegungsergebnis zu korrigieren und den geänderten rechtlichen und tatsächlichen Verhältnissen Rechnung zu tragen [...].“[299]

Trotz fehlender Pflicht zur richtlinienkonformen Rechtsanwendung, hält der *Bundesgerichtshof* die Erreichung von innerstaatlicher Richtlinienkonformität für rechtstheoretisch möglich[300]. Dies ist unproblematisch, wenn - wie hier - auch die nationalen Rechtsanwendungsmethoden allein eine richtlinienkonforme Rechtsanwendungsmöglichkeit zur Verfügung stellen. Wie ausgeführt hielt der *Bundesgerichtshof* die Einbeziehung der Richtlinie 97/55/EG im Wege der teleologischen Auslegung von § 1 UWG für möglich[301]. Erhebliche Bedenken müssen aber geltend gemacht werden, wenn der *Bundesgerichtshof* in seiner Urteilsbegründung auch direkt auf die Richtlinie als Rechtserkenntnisquelle zurückgreift[302]. Wird nämlich bereits gegen den frühzeitigen Beginn einer gemeinschaftsrechtlichen Pflicht zur richtlinienkonformen Rechtsanwendung auf eine Gefährdung der Rechtssicherheit hingewiesen[303], so muss das erst recht gelten, wenn eine Pflicht zur richtlinienkonformen Rechtsanwendung nicht besteht, der Richtlinieninhalt aber dennoch herangezogen werden kann[304]. Hier ist nicht nur die Gewichtung der konkreten Rechtserkenntnisse im jeweiligen Einzelfall unsicher, sondern auch die Zulässigkeit der Richtlinie als Rechtserkenntnisquelle überhaupt. Dieses Defizit schwindet hingegen mit der

---

[298] Vgl. dazu bereits oben 1. Kapitel, B., vor allem Fußnote 49.

[299] BGH, Urt. v. 5.2.1998, NJW 1998, 2208, 2210.

[300] Vgl. auch *Lutter*, JZ 1992, 593, 605; *Zuleeg*, in: Schulze (Hrsg.), Auslegung europäischen Privatrechts und angeglichenen Rechts (1999), S. 163, 170.

[301] Vgl. zur hiergegen gerichteten Kritik bereits oben 2.d.

[302] *Franzen*, Privatrechtsangleichung durch die Europäische Gemeinschaft (1999), S. 319, führt hierzu aus: „Der BGH sieht sich demnach keiner Pflicht zu richtlinienkonformer Auslegung ausgesetzt, sondern nimmt hierfür lediglich eine Befugnis für sich in Anspruch.“

[303] So *Ehricke*, EuZW 1999, 553, 555. Siehe hierzu aber bereits oben 1. Kapitel, B., Fußnote 54.

[304] Vgl. auch *Brandner*, in: Geiß/Nehm/Brandner/Hagen (Hrsg.), FS BGH (2000), S. 299, 306.

Einsicht, dass gemeinschaftsrechtlich eine Pflicht zur richtlinienkonformen Rechtsanwendung schon ab Erlass der Richtlinie besteht.
Geht es demgegenüber um die Erreichung von Richtlinienkonformität nationalen Rechts, ist die jeweilige Rechtsanwendungsmethode entscheidend. Die insofern relevante grammatikalische, systematische und historische Auslegung erfordern regelmäßig einen nationalen Umsetzungsakt, der speziell zur Richtliniendurchführung erlassen worden ist. Denn nur wenn die betreffende Richtlinie dem Gesetzgeber bei Erlass der anzuwenden Norm bereits bekannt war, kann ausdrücklich auf diese verwiesen beziehungsweise ein systematischer Zusammenhang hergestellt werden. Außerdem wurde darauf hingewiesen, dass allein der gesetzgeberische Wille zum Zeitpunkt des Gesetzeserlasses maßgeblich sein kann.
Vergleicht man einerseits die gemeinschaftsrechtliche und andererseits die nationalen Grundlagen richtlinienkonformer Anwendung bundesdeutschen Rechts, fällt auf, dass Erstere nicht nur aufgrund ihrer normativen Verbindlichkeit beziehungsweise des in der *Marlasing*-Entscheidung bestätigten weiten Anwendungsbereichs, sondern auch aufgrund ihrer Wirksamkeit schon ab Richtlinienerlass umfassender ist.

III. Durchführung

Ebenso wie im Rahmen der Gemeinschaftsrechtskonformität findet auch für die Richtlinienkonformität innerstaatlichen Rechts eine Diskussion darüber statt, aufgrund welcher Durchführungsart diese Konformität zu erreichen ist. Allerdings wird die im obigen Zusammenhang beschriebene Auffassung von *Ehricke*[305] hier mangels Vorrangs des mittelbar wirkenden Gemeinschaftsrechts nicht vorgetragen. Vielmehr besteht dem Grunde nach dahingehende Einigkeit, dass die richtlinienkonforme Anwendung deutschen Rechts in einem *zweistufigen* Verfahren durchzuführen ist. Unklar erscheint lediglich, wie diese zwei Stufen im Einzelnen aufzufassen sind. So wird einerseits vorgetragen, zunächst die betreffende nationale Rechtsvorschrift auf ihre Anwendungsalternativen hin zu untersuchen und die einschlägige Richtlinienbestimmung zu interpretieren[306]. In einem hierauf folgenden zweiten Schritt sei eine richtlinienkonforme Rechtsanwendungsalternative auszuwählen. Demgegenüber wurde bereits oben zur Durchführung der gemeinschaftsrechtskonformen Rechtsanwendung vertreten, in einem ersten Schritt anhand der nationalen Methodenlehre den isolierten Inhalt der

---

305 Vgl. oben B.II.3.
306 Vgl. *Leonard*, Die Rechtsfolgen der Nichtumsetzung von EG-Richtlinien (1997), S. 120 f.; *Brechmann*, Die richtlinienkonforme Auslegung (1994), S. 259.

innerstaatlichen Norm festzustellen[307]. Soweit dieser im Anwendungsbereich des Gemeinschaftsrechts liegt, soll in einem zweiten Schritt der zuvor ermittelte Norminhalt mit der gemeinschaftsrechtlichen Vorgabe verglichen werden; treten hierbei Konflikte in Erscheinung sind diese im Rahmen bestehender Rechtsanwendungsalternativen zu vermeiden.
Vergegenwärtigt man sich die beschriebenen Standpunkte wird deutlich, dass die dargestellten Vorgehensweisen in ihrem Kern nicht voneinander abweichen. Entscheidender Gesichtspunkt ist nämlich jeweils, dass vor einer endgültigen und möglicherweise richtlinienwidrigen Rechtsfindung andere Rechtsanwendungsalternativen herausgearbeitet werden müssen. Unter diesen Alternativen ist dann - sofern vorhanden - die oder eine richtlinienkonforme auszuwählen und anzuwenden. Ob man sich hierbei zunächst die Mühe machen muss, alle Rechtsanwendungsalternativen isoliert von der gemeinschaftsrechtlichen Vorgabe zu erarbeiten oder man nach dem hier vertretenen Standpunkt ein autonomes Rechtsanwendungsergebnis zugrunde legt und erst dann die Richtlinie und gegebenenfalls andere Rechtsanwendungsalternativen heranzieht, erscheint eher unbedeutend. Letztlich wird sich der Prozess der richtlinienkonformen Rechtsanwendung sowieso nur äußerst bedingt in ein starres Durchführungsmuster pressen lassen.
Herauszustellen ist daher an der hier formulierten Auffassung nur ein einziger Aspekt, nämlich die Ausklammerung der Richtlinieninterpretation. Der Grund hierfür ist in dem - innerstaatlich anerkannten - Monopol des *EuGH* hinsichtlich der letztverbindlichen Auslegung des EG-Rechts zu sehen[308]. Der *Gerichtshof* hat im Zusammenhang der Vorlagepflicht letztinstanzlicher Gerichte der Mitgliedstaaten gemäß Art. 234 Abs. 3 EGV geurteilt, dass diese nur dann nicht eingreift, wenn die aufgeworfene Frage bereits von ihm selbst entschieden wurde oder wenn die betreffende Vorschrift des Gemeinschaftsrechts vernünftigerweise nur einer Anwendung zugänglich ist[309]. Mithin wird deutlich, dass die Interpretation des Gemeinschaftsrechts *idealiter* nicht Teil des vom Anwender nationalen Rechts geforderten Rechtserkenntnisprozesses ist[310]. Zwar ist dieser zur Durchsetzung des unmittelbar und mittelbar wirkenden Gemeinschaftsrechts aufgerufen, er ist dabei aber an die gemeinschaftsweit

---

[307] Vgl. oben B.II.3.
[308] Vgl. dazu bereits oben II.1.a.
[309] EuGH, Urt. v. 6.10.1982, Slg. 1982, 3415, 3429 ff. - Rs. 283/81, *Srl C.I.L.F.I.T. und Lanificio di Gavardo SpA ./. Ministero della sanità*. Vgl. hierzu allerdings bereits *Riegel*, RIW 1980, 695, 697. Ausführlich zum Ganzen *Steindorff*, ZHR 1992, 1 ff.
[310] Vgl. hierzu aber auch *Brandner*, in: Geiß/Nehm/Brandner/Hagen (Hrsg.), FS BGH (2000), S. 299, 311; *Grundmann*, in: Schulze (Hrsg.), Auslegung europäischen Privatrechts und angeglichenen Rechts (1999), S. 63, 64 f. Etwas anderes kann sich nur für instanzgerichtliche Entscheidungen ergeben, angesichts deren gemeinschaftlichen Rechtsfragen noch keine Vorabentscheidungen ergangen sind, entsprechende Vorlagen an den *Gerichtshof* aber dennoch - entgegen der ausdrücklichen Möglichkeit nach Art. 234 Abs. 2 EGV - unterbleiben.

einheitlichen Feststellungen des *EuGH* gebunden[311]. Vor diesem Hintergrund erklärt sich, weshalb der Vorgang gemeinschaftsrechtlicher Interpretation strikt von der Anwendung deutschen Rechts getrennt werden muss und mithin von vornherein aus dem hier interessierenden Bereich der richtlinienkonformen Rechtsanwendung herausgehalten werden sollte.

Schließt man sich dieser Auffassung an, so muss auch die von *Nettesheim* aufgeworfene Frage, ob die richtlinienkonforme Rechtsanwendung lediglich auf die Erreichung einer „deontischen Widerspruchsfreiheit" oder zudem auch auf eine „Zweckkonformität" gerichtet ist[312], schon im Ansatz abgelehnt werden. Nach Ersterer ist allein eine Rechtsfindung ausgeschlossen, „die vom Gemeinschaftsrecht verboten ist"; nach Letzterer soll die Anwendung innerstaatlichen Rechts „von demjenigen Zweck geleitet werden [...], der dem (vorgegebenen) Gemeinschaftsrecht zugrundeliegt". Bedenkt man indes hierzu, dass die - zumindest letztverbindliche - Interpretation des Gemeinschaftsrechts und die Anwendung innerstaatlichen Rechts zwei unterschiedlichen Instanzen obliegt, so wird deutlich, dass das Gemeinschaftsrecht für den Anwender nationalen Rechts immer nur ein Ergebnis offenbart. Unter dieser Prämisse räumt aber auch *Nettesheim* ein, dass „sich nur noch die Frage nach der deontischen Konformität nationaler Entscheidungen" stellt[313]. Der vermeintlich maßgebliche Zweck der Richtlinie wird zu einem bloßen Bestandteil des vom *EuGH* ausgesprochenen Interpretationsergebnisses[314].

Die Durchführung der richtlinienkonformen Rechtsanwendung lässt sich an den dargestellten Fallbeispielen verdeutlichen: So ist sowohl der *Bundesgerichtshof*

---

[311] *Rodríguez Iglesias*, NJW 2000, 1889, 1890.

[312] *Nettesheim*, AöR 1994, 261, 270 ff.; ihm folgend *Franzen*, Privatrechtsangleichung durch die Europäische Gemeinschaft (1999), S. 321 ff.

[313] *Nettesheim*, a.a.O., S. 271 f. Im Übrigen ist für den Fall, dass die nationalen Instanzgerichte aufgrund der nur fakultativen Vorlage im Sinne von Art. 234 Abs. 2 EGV eine eigene Interpretation des EG-Rechts durchführen - vgl. dazu Fußnote 310 -, auf den Vortrag von *Zöckler*, Jahrbuch junger Zivilrechtswissenschaftler 1992, 141, 152, hinzuweisen: „Erst wenn das Normprogramm der EG-Richtlinie klar herausgearbeitet worden ist, kann dieses Auslegungsergebnis ‚modifizierend' im Rahmen der Anwendung nationaler Normen berücksichtigt werden." Mithin stellt sich auch hier nur die Frage nach einer „deontischen Widerspruchsfreiheit". Diese schließt nach *Roth*, JZ 1999, 529, 536, Fußnote 99, das für die Rechtsfindung erforderliche „Hin- und Herwandern des Blickes" - so *Engisch*, Einführung in das juristische Denken (1983), S. 210 - zwischen den verschiedenen Rechtserkenntnisquellen nicht aus. Vgl. hierzu bereits oben B.II.3., Fußnote 145.

[314] Soweit *Nettesheim*, a.a.O., S. 271 - ebenso *Franzen*, a.a.O., S. 323 - auf die Rechtsprechung des *EuGH* hinweist, wonach das „nationale Recht im Lichte des Wortlauts und Zwecks der Richtlinie" anzuwenden ist, ist dies ausschließlich als Hinweis auf die eigenen Interpretationsmethoden zu verstehen - siehe EuGH, Urt. v. 10.4.1984, Slg. 1984, 1891, 1909 - Rs. 14/83, *von Colson und Kamann ./. Land Nordrhein-Westfalen*; ähnlich EuGH, Urt. v. 13.11.1990, Slg. 1990, I-4135, 4159 - Rs. C-106/89, *Marleasing SA ./. La Comercial Internacional de Alimentación SA*.

in seinen Entscheidungen zur Zulässigkeit vergleichender Werbung nach § 1 UWG und zu § 1 Abs. 1 HausTWG als auch das *Bundesarbeitsgericht* in seinen Entscheidungen zu § 611 a BGB a.F. zunächst von einer autonomen Anwendung der jeweiligen nationalen Rechtsvorschrift ausgegangen und hat erst anschließend dieses Ergebnis auf seine Richtlinienkonformität hin überprüft und eine entsprechend andere Rechtsanwendungsalternative gewählt[315] beziehungsweise eine endgültige Richtlinienwidrigkeit der anzuwendenden nationalen Gesetzgebung festgestellt[316]. Allein das Urteil des *Bundesverwaltungsgericht* zu § 4 Abs. 1 Satz UIG weicht von der hier favorisierten Vorgehensweise ab. Zwar wird auch dort zunächst eine autonome Betrachtung der betreffenden Rechtsvorschrift vorgenommen. Diese beschränkt sich aber ausschließlich auf das grundsätzliche Bestehen eines behördlichen Ermessens. Wie dieses Ermessen im Einzelnen ausgestaltet ist, wird indes erst im Folgenden unter Einschluss der maßgeblichen Umweltinformations-Richtlinie erörtert[317].

IV. Grenzen

Bestehen demnach an der grundsätzlichen Existenz und Anwendungsweise der richtlinienkonformen Rechtsanwendung keine Zweifel, so stellt sich wie im Rahmen der Gemeinschaftsrechtskonformität auch hier die Frage nach dem Umfang der am mittelbar wirkenden Gemeinschaftsrecht ausgerichteten Rechtsfindung. Maßgeblich ist insofern die deutsche Methodenlehre. Dies gilt nicht nur, soweit die richtlinienkonforme Rechtsanwendung auf die Grundlage des nationalen Rechts gestützt wird. Vielmehr hat auch der *EuGH* angesichts der umfassenden und verbindlichen gemeinschaftsrechtlichen Pflicht zur richtlinienkonformen Rechtsanwendung ausdrücklich eine solche nur gefordert, soweit der vom nationalen Recht eröffnete Beurteilungsspielraum des Rechtsanwenders eine entsprechende Möglichkeit bietet[318]. Wurde die kongruente Rechtsprechung zur Gemeinschaftsrechtskonformität als zutreffend dargestellt, muss das hier erst recht gelten. Aufgrund des Erfordernisses einer

---

[315] BAG, Urt. v. 14.3.1989, AP § 611 a BGB Nr. 5; BGH, Urt. v. 9.3.1993, NJW 1993, 1594, 1595; BGH, Urt. v. 5.2.1998, NJW 1998, 2208, 2210 ff. Siehe außerdem BGH, Urt. v. 11.1.1996, NJW 1996, 930, 932.

[316] BAG, Urt. v. 14.3.1989, AP § 611 a BGB Nr. 6.

[317] BVerwG, Urt. v. 6.12.1996, NJW 1997, 753 f. Vgl. zu dieser Vorgehensweise auch *Zöckler*, Jahrbuch junger Zivilrechtswissenschaftler 1992, 141, 151 f. - dazu bereits oben Fußnote 313.

[318] EuGH, Urt. v. 10.4.1984, Slg. 1984, 1891, 1909 - Rs. 14/83, *von Colson und Kamann ./. Land Nordrhein-Westfalen*; EuGH, Urt. v. 13.11.1990, Slg. 1990, I-4135, 4159 - Rs. C-106/89, *Marleasing SA ./. La Comercial Internacional de Alimentación SA*. Vgl. dazu bereits oben 1. Kapitel, B.

nationalen Umsetzung bei bloß mittelbar wirkenden Vorschriften des Gemeinschaftsrechts lässt sich umso deutlicher unterstreichen, dass es - ungeachtet eines gemeinschaftlichen Ursprungs - letztlich ausschließlich um die Anwendung nationalen Rechts geht. Es erklärt sich mithin, dass die Grenzen einer richtlinienkonformen Rechtsanwendung in jedem Fall der nationalen Rechtsanwendungsmethodik entnommen werden müssen. Für das deutsche Recht ist daher zu differenzieren zwischen der richtlinienkonformen Auslegung einerseits und der richtlinienkonformen Rechtsfortbildung andererseits[319].

1. Richtlinienkonforme Auslegung

Soweit es um die Grenzen der richtlinienkonformen Auslegung deutschen Rechts geht, ist in einem ersten Schritt auf die Vorgaben der anerkannten Auslegungsgrenzen einzugehen. Im Anschluss daran ist zu fragen, ob die getroffenen Feststellungen auch für eine richtlinienkonforme Anwendung des höherwertigen Verfassungsrechts gelten.

a) Allgemeine Auslegungsgrenzen

Nach bundesdeutscher Methodenlehre besteht für die einzelnen Auslegungsmittel grundsätzlich kein Rangverhältnis[320]. Eine zwingende gegenseitige Beeinflussung besteht lediglich dahingehend, dass die von den jeweiligen Methoden festgesetzten Rechtsanwendungsgrenzen zu beachten sind. Als Grenze der Gesetzesauslegung ist daher vor allem der noch mögliche Wortsinn einer Rechtsvorschrift von Bedeutung[321]. Hingegen ist innerhalb der verbindlichen Auslegungsgrenzen jedes richtlinienkonforme Rechtsanwendungsergebnis möglich, dass entweder aufgrund einer Richtlinieneinbeziehung im Wege der nationalen Methodik, auf jeden Fall aber in Anbetracht der gemeinschaftsrechtlichen Pflicht zur richtlinienkonformen Rechtsanwendung als geboten erscheint.

Im Rahmen der Gemeinschaftsrechtskonformität wurde an dieser Stelle auf die Parallele zwischen der diesbezüglichen gemeinschaftsrechtlichen Pflicht und dem nationalen Gebot zur verfassungskonformen Anwendung deutschen Rechts hingewiesen. Ebenso findet man im Kontext der richtlinienkonformen

---

[319] Vgl. auch *Dänzer-Vanotti*, RIW 1991, 754, 755; *Franzen*, Privatrechtsangleichung durch die Europäische Gemeinschaft (1999), S. 374; *Grundmann*, ZEuP 1996, 399, 415 ff.; *Hergenröder*, in: Lieb (Hrsg.), FS Zöllner (1999), S. 1139, 1145 ff.; *Möllers*, EuR 1998, 20, 38 ff.; *Spetzler*, 1991, 579, 581 f.

[320] Vgl. dazu bereits oben A.I.7.

[321] Vgl. dazu bereits oben A.I.2.

Rechtsanwendung den Hinweis, dass auch diese an den Regeln der verfassungskonformen Auslegung deutschen Rechts auszurichten sei[322]. Hieran ist richtig, dass auch hinsichtlich des deutschen Verfassungsrechts und des unmittelbar wirkenden Gemeinschaftsrechts von einer Vorzugsregel auszugehen ist, wonach von mehreren Rechtsanwendungsalternativen diejenige vorzuziehen ist, die der vorrangigen Norm entspricht. Indes gilt es für die Richtlinienkonformität zu bedenken, dass im Verhältnis zwischen lediglich mittelbar wirkendem Gemeinschaftsrecht und nationalem Recht kein entsprechendes Rangverhältnis existiert. Insofern wurde bereits mehrfach darauf hingewiesen, dass es an einer Kollisionslage, für die die Vorrangfrage zu stellen wäre, fehlt[323]. Mithin konnte die Pflicht zur richtlinienkonformen Rechtsanwendung auch nicht mit einem Vorrang der EG-Richtlinien begründet werden. Angesichts dieser unterschiedlichen Begründungsansätze ist die Parallele zur verfassungskonformen Auslegung deutschen Rechts daher mit äußerster Vorsicht zu behandeln[324]. Argumentieren lässt sich allein dahingehend, dass der richtlinienkonformen Auslegung keinesfalls ein weitergehender Einfluss auf das Ergebnis der anerkannten vier Rechtsanwendungsmethoden zukommen kann als bei der verfassungskonformen Rechtsanwendung[325]. Für Letztere hat das *Bundesverfassungsgericht* festgestellt, dass diese nur so weit gehen könne, wie sich die Verfassungskonformität innerhalb der durch die anderen Auslegungsmittel gesetzten Grenzen, insbesondere denen des Gesetzeswortlauts und -zwecks, verwirklicht werden kann[326].

Überträgt man die vorstehenden Erkenntnisse auf die dargestellten Fallbeispiele ergibt sich folgendes Bild: Im Rahmen der Auslegung von § 1 UWG führt der *Bundesgerichtshof* ausdrücklich aus, dass dessen Generalklausel aufgrund des Wertmaßstabs der guten Sitten eine Änderung deutschen Rechts eröffne[327]. Die durchgeführte richtlinienkonforme Auslegung hielt sich daher im Rahmen des noch möglichen Wortsinns der deutschen Lauterkeitsvorschrift[328].

---

322 Vgl. hierzu *Dänzer-Vanotti*, DB 1994, 1052, 1054 f.; *Ress*, DÖV 1994, 489 ff.

323 Vgl. dazu vor allem 1. Kapitel, B. sowie 2. Kapitel, C.II.1.a.

324 Vgl. auch *Hergenröder*, in: Lieb (Hrsg.), FS Zöllner (1999), S. 1139, 1148.

325 In diesem Sinne ist letztlich wohl auch die Äußerung von *Dänzer-Vanotti*, DB 1994, 1052, 1055, zu verstehen. Vgl. außerdem *Ehricke*, RabelsZ 59 (1995), 598, 616; *Gellermann*, Beeinflussung des bundesdeutschen Rechts durch Richtlinien der EG (1994), S. 113; *Zöckler*, Jahrbuch junger Zivilrechtswissenschaftler 1992, 141, 151.

326 BVerfG, Urt. v. 11.6.1958, E 8, 28, 34 f.; BVerfG, Urt. v. 14.12.1965, E 19, 242, 247; BVerfG, Urt. v. 14.12.1965, E 19, 248, 253; BVerfG, Urt. v. 14.12.1965, E 19, 268, 281; BVerfG, Beschl. v. 11.6.1980, E 54, 277, 299 f.; BVerfG, Beschl. v. 22.10.1985, E 71, 81, 105.

327 BGH, Urt. v. 5.2.1998, NJW 1998, 2208, 2211.

328 Zur Kritik an der Grundlage der richtlinienkonformen Auslegung von § 1 UWG - vgl. oben II.2.b. und d. sowie 3.

Ebenso stellt das *Bundesverwaltungsgericht* für die richtlinienkonforme Anwendung von § 4 Abs. 1 Satz 2 UIG fest, dass diese noch innerhalb des möglichen Wortsinns der bundesdeutschen Rechtsvorschrift durchführbar ist. Maßgeblich ist insofern die Überlegung, dass auch die Umweltinformations-Richtlinie keinen strikten Rechtsanspruch des informationsbegehrenden Antragstellers vorsieht[329]. Soweit die Richtlinie einen rechtlich möglichst uneingeschränkten und faktisch möglichst ungehinderten Informationszugang vorgibt, hält das Gericht eine entsprechende Lesart des behördlichen Ermessens im Sinne des § 4 Abs. 1 Satz 2 UIG für möglich.
Demgegenüber musste das *Bundesarbeitsgericht* in seinen Urteilen vom 14. März 1989 eine richtlinienkonforme Auslegung von § 611 a Abs. 2 BGB a.F. verneinen[330]. Während die Gleichbehandlungs-Richtlinie ein Sanktionssystem mit abschreckender Wirkung vorschreibt, war der vom deutschen Recht niedergelegte Schadensersatzanspruch seinem ausdrücklichen Wortlaut nach auf den - hierfür unzureichenden - Ersatz des Vertrauensschadens zu Gunsten eines diskriminierten Stellenbewerbers beschränkt. Ebenso wenig wäre eine richtlinienkonforme Auslegung der zunächst durch das Zweite Gleichberechtigungsgesetz geänderten bundesdeutschen Rechtsvorschrift in Betracht gekommen. Auch hier sah der Wortlaut in eindeutiger Weise ein richtlinienwidriges Verschulden des Arbeitgebers sowie einen wiederum nicht abschreckenden Schadensersatzanspruch vor, da dieser auch für den Fall, dass der diskriminierte Bewerber der Geeignetste gewesen ist, auf drei Monatsgehälter beschränkt war[331].
Uneinheitlich gestaltet sich hingegen die Rechtsprechung des *IX.* und *XI. Zivilsenats* des *Bundesgerichtshofs* zur Anwendbarkeit des HausTWG auf Bürgschaften. Während der *IX. Senat* dem nationalen Recht zwar keine Anhaltspunkte für einen derart weiten Anwendungsbereich entnehmen will, hält er dennoch den Wortlaut des § 1 Abs. 1 HausTWG für entsprechend doppeldeutig[332]. Demgegenüber sieht der *XI. Zivilsenat* die Wortlautgrenze als überschritten an, sofern es sich um ein Bürgschaftsversprechen handelt, das nicht in der Erwartung abgegeben wird, dass dem Bürgen oder einem bestimmten Dritten daraus ein Vorteil erwachsen wird[333]. Letzteres ist denkbar,

---

[329] BVerwG, Urt. v. 6.12.1996, NJW 1997, 753 f.

[330] BAG, Urt. v. 14.3.1989, AP § 611 a BGB Nr. 5; BAG, Urt. v. 14.3.1989, AP § 611 a BGB Nr. 6. Ebenso *Eisemann*, ArbuR 1988, 225, 230; *Scholz*, Gemeinsame Anmerkung zu AP § 611 a BGB Nr. 5 und Nr. 6.

[331] Vgl. auch *Abele*, NZA 1997, 641, 642; *Oetker*, ZIP 1997, 802, 803; *Schlachter*, Anmerkung zu AP § 611 a BGB Nr. 13.

[332] BGH, Beschl. v. 11.1.1996, NJW 1996, 930, 931 f. Vgl. außerdem *Steindorff*, EG-Vertrag und Privatrecht (1996), S. 454 f.

[333] BGH, Urt. v. 9.3.1993, NJW 1993, 1594, 1595.

dürfte aber ein seltener Ausnahmefall bleiben[334]. Unter den - nicht unumstrittenen - Voraussetzungen der Richtlinie 85/577/EWG ergibt sich damit die Zulässigkeit einer richtlinienkonformen Auslegung von § 1 Abs. 1 HausTWG auf jeden Fall für Bürgschaften eines Verbrauchers, die dieser für eine durch ein Haustürgeschäft begründete Verbindlichkeit eines anderen Verbrauchers eingeht und die dem Bürgen oder einem bestimmten Dritten einen Vorteil bringen. Nach der Rechtsprechung des *IX. Senats* ist § 1 Abs. 1 HausTWG darüber hinaus auch dann noch einer richtlinienkonformen Auslegung zugänglich, wenn letztere Voraussetzung, nämlich ein Vorteil des Bürgen oder eines Dritten, nicht vorliegt. Nach der Rechtsprechung des *XI. Senats* hingegen ist für diese Konstellation eine Richtlinienkonformität nur noch im Wege der Fortbildung deutschen Rechts zu erreichen[335].

b) *Widerstreit mit verfassungskonformer Anwendung bundesdeutschen Rechts?*

In Ergänzung zu den Auslegungsgrenzen der anerkannten vier Rechtsanwendungsmethoden stellt sich für die Anwendung einfachgesetzlicher Rechtsvorschriften die Frage nach dem Verhältnis der Pflicht zur einerseits richtlinienkonformen und andererseits verfassungskonformen Rechtsanwendung. Im Anschluss an *Di Fabio* hat vor allem *Nettesheim* in diesem Zusammenhang gegen einen „Vorrang" der richtlinienkonformen Rechtsanwendung plädiert[336]. Soweit dies im Ergebnis bedeutet, dass bei keinem gemeinsamen Rechtsanwendungsziel von Richtlinie und bundesdeutscher Verfassung das Gebot der Richtlinienkonformität vernachlässigt werden soll, ist dem uneingeschränkt zuzustimmen. Unhaltbar ist indes die dafür gegebene Begründung.

Unzutreffend ist bereits die Feststellung, dass der vermeintliche „Vorrang" der richtlinienkonformen Rechtsanwendung im Vergleich zur Kollision zwischen unmittelbar wirkendem Gemeinschaftsrecht und nationalem Verfassungsrecht „die innerstaatliche Normenhierarchie in wesentlich stärkerem Maße

---

[334] Vgl. auch *Franzen*, Privatrechtsangleichung durch die Europäische Gemeinschaft (1999), S. 385 f. & 388; *Pfeiffer*, NJW 1996, 3297 f.

[335] Vgl. dazu unten 2.b.aa.(1).

[336] *Nettesheim*, AöR 1994, 261, 277 ff., dessen Darstellung allerdings an einer fehlenden Differenzierung zwischen einerseits der gemeinschaftsrechtskonformen und andererseits der richtlinienkonformen Rechtsanwendung leidet. Vgl. zur Auffassung von *Di Fabio*, NJW 1990, 947, 948 ff., bereits oben II.1.b. Beide Autoren gehen offensichtlich davon aus, dass die Fragen der richtlinienkonformen Verfassungsauslegung (vgl. dazu ebenfalls oben II.1.b.) und der eines Konflikts zwischen Verfassungskonformität und Richtlinienkonformität einer einheitlichen Problematik zuzuführen sind. Da die Richtlinienkonformität nationalen Rechts jedoch nicht auf einem „Vorrang" des mittelbar wirkenden Gemeinschaftsrechts fußt, wird dem hier widersprochen.

beeinträchtigen" würde. Nur der Vollständigkeit halber sei an dieser Stelle erneut auf die fehlende Vergleichbarkeit von unmittelbar wirkendem und nur mittelbar wirkendem Gemeinschaftsrecht und die sich daraus ergebenden Folgerungen für das Verhältnis zu den mitgliedstaatlichen Rechtsordnungen verwiesen[337]. Demgegenüber ist hier besonders hervorzuheben, dass bereits die gemeinschaftsrechtliche Pflicht zur richtlinienkonformen Rechtsanwendung den von *Nettesheim* befürchteten Eingriff in die „innerstaatliche Normenhierarchie" überhaupt nicht fordert. Indem der *EuGH* die Grenze des „soweit wie möglich" formuliert hat[338], wurde von vornherein auch „eine von Verfassungs wegen verbotene Entscheidung" aus dem Pflichtenkatalog des nationalen Rechtsanwenders ausgeklammert[339]. Maßgeblich ist insofern die Überlegung, dass aus gemeinschaftlicher Sicht die konkret anzuwendende einfachgesetzliche Rechtsvorschrift nicht isoliert betrachtet werden darf, sondern vielmehr auf die eigenständige Rechtsordnung des Mitgliedstaats als Ganzes abzustellen ist. Zur bundesdeutschen Rechtsordnung aber gehört auch die Verfassung. In Anbetracht des zu Gunsten dieser Verfassung bestehenden innerstaatlichen Geltungsvorrangs ist in Rechnung zu stellen, dass eine zwar richtlinienkonforme aber verfassungswidrige Auslegung nationalen Rechts letztlich zur Nichtigkeit der innerstaatlichen Rechtsvorschrift führt. Dies aber bedeutet wiederum in der Terminologie des *EuGH*, dass die Erreichung der Richtlinienkonformität in Anbetracht der einfachgesetzlichen Rechtsvorschrift als unmöglich angesehen werden muss. Betont man demnach, dass es sich auch bei der richtlinienkonformen Rechtsanwendung um die Anwendung nationalen Rechts handelt, so steht dies im Einklang mit dem von *Nettesheim* gewählten Ausgangspunkt, wonach es „um die Anwendung einer nationalen Norm [geht], die sich im normhierarchischen Unterordnungsverhältnis zur Verfassung befindet"[340]. Unschädlich ist insofern auch, dass die Feststellung der Richtlinienwidrigkeit nationaler Gesetzgebung mangels Verfassungsmäßigkeit den vorherigen Versuch einer richtlinienkonformen Anwendung der Verfassung selbst voraussetzt[341]. Auch diese hat im Rahmen der anerkannten Auslegungsgrenzen zu erfolgen[342]. Mithin ist zu folgern, dass ein Widerstreit zwischen der Pflicht zur einerseits richtlinienkonformen und andererseits verfassungskonformen Rechtsanwendung nicht besteht. Vielmehr erkennt das

---

[337] Vgl. dazu bereits oben 1. Kapitel, B. sowie 2. Kapitel, C.II.1.a.

[338] So insbesondere EuGH, Urt. v. 13.11.1990, Slg. 1990, I-4135, 4159, - Rs. C-106/89, *Marleasing SA./. La Comercial Internacional de Alimentación SA*. Vgl. dazu bereits oben 1. Kapitel, B.

[339] Anders offensichtlich *Nettesheim*, a.a.O., S. 278.

[340] *Nettesheim*, a.a.O., S. 278.

[341] Vgl. zu den Möglichkeiten einer richtlinienkonformen Verfassungsauslegung bereits oben II.1.b.

[342] Vgl. hierzu auch *Metallinos*, Die europarechtskonforme Auslegung (1994), S. 175.

gemeinschaftsrechtliche Gebot zur innerstaatlichen Richtlinienkonformität entgegenstehende nationale Verfassungsvorgaben ausdrücklich an.
Mangels einer entsprechenden Notwendigkeit kann demnach ebenso wenig der Versuch von *Nettesheim* überzeugen, eine verfassungswidrige richtlinienkonforme Anwendung erst durch eine auf Art. 10 EGV begründete Loyalitätspflicht der Gemeinschaft auszuschließen[343]. Vielmehr besteht von vornherein gar keine derart umfassende Pflicht zur richtlinienkonformen Rechtsanwendung[344].

2. *Richtlinienkonforme Rechtsfortbildung*

Es wurde bereits grundsätzlich darauf hingewiesen, dass mit der Methode der Rechtsfortbildung eine richtlinienkonforme Rechtsfindung auch noch jenseits der anerkannten Auslegungsgrenzen denkbar ist[345]. Voraussetzung hierfür ist das Vorliegen einer Lücke im Sinne einer planwidrigen Unvollständigkeit des geschriebenen Rechts sowie ein vorhandener Rechtssatz, der aufgrund seiner wertungsmäßigen Vergleichbarkeit zur Ausfüllung dieser Lücke herangezogen werden kann. Indes besteht für den Bereich der richtlinienkonformen Rechtsfortbildung die weit verbreitete Auffassung, dass die äußerste Grenze der richtlinienkonformen Anwendung bundesdeutschen Rechts grundsätzlich mit der äußersten Grenze des noch möglichen Wortsinns einherzugehen habe[346].

---

[343] *Nettesheim*, a.a.O., S. 278.

[344] Soweit *Nettesheim*, a.a.O., seine Einwände auch für den Bereich der gemeinschaftsrechtskonformen Rechtsanwendung erhebt, gelten die vorstehenden Erwägungen entsprechend. Insoweit gilt es zu beachten, dass auch die gemeinschaftsrechtskonforme Rechtsanwendung im positiven Sinne allein auf einer Vorzugsregel beruht - vgl. dazu oben B.II.4.b.

[345] Vgl. oben A.II.

[346] So *Abele*, NZA 1997, 641, 642; *Basedow*, in: Pfeiffer (Hrsg.), FS Brandner, S. 651, 658; *Brechmann*, Die richtlinienkonforme Auslegung (1994), S. 270; *Di Fabio*, NJW 1990, 947, 953; *Ehricke*, RabelsZ 59 (1995), 598, 610 & 616; *ders.*, EuZW 1999, 553, 554; *Gellermann*, Beeinflussung des bundesdeutschen Rechts durch Richtlinien der EG (1994), S. 107 ff.; *Heß*, JZ 1995, 150, 151; *Klein*, in: Due (Hrsg.), FS Everling, Bd. 1 (1995), S. 641, 646; *Leonard*, Die Rechtsfolgen der Nichtumsetzung von EG-Richtlinien (1997), S. 118; *Lohse*, DStR 1990, 145; *Nettesheim*, AöR 1994, 261, 282 ff.; *Oetker*, ZIP 1997, 802, 803; *Rohe*, RabelsZ 61 (1997), 1, 8 f.; *Roth*, JZ 1999, 529, 537; *Scherzberg*, Jura 1993, 225, 232; *Schlachter*, Anmerkung zu AP § 611 a BGB Nr. 13; *Schmidt*, RabelsZ 59 (1995), 569, 586; *Schön*, Die Auslegung europäischen Steuerrechts (1993), S. 44; a.A. BAG, Urt. v. 5.3.1996, NJW 1996, 2529, 2532; *Behrens*, EuZW 1994, 289; *Dänzer-Vanotti*, StVj 1991, 1, 10; *ders.*, RIW 1991, 754, 755; *ders.*, DB 1994, 1052 ff.; *Everling*, ZGR 1992, 376, 388 f.; *Franzen*, Privatrechtsangleichung durch die Europäische Gemeinschaft (1999), S. 405 ff.; *Grundmann*, ZEuP 1996, 399, 419 ff.; *ders.*, Europäisches Schuldvertragsrecht (1999), S. 118; *ders.*, in: Schulze (Hrsg.), Auslegung europäischen Privatrechts und angeglichenen Rechts (1999),

Eine den Gesetzeswortlaut überschreitende Rechtsfortbildung kommt demnach zur Erreichung von Richtlinienkonformität überhaupt nicht in Betracht. Dies gilt es vorab genauer zu erörtern.

a) Grundsätzliche Zulässigkeit der richtlinienkonformen Rechtsfortbildung

Maßgebliche Ansatzpunkte zur kategorischen Ablehnung einer richtlinienkonformen Rechtsfortbildung sind die Verfassungsprinzipien der Gewaltenteilung, Gesetzesbindung und Rechtssicherheit, darüber hinaus auch die vom *EuGH* in der Rechtssache *Kolpinghuis Nijmegen BV* herausgestellten allgemeinen Rechtsgrundsätze des Gemeinschaftsrechts[347].

aa) Gewaltenteilung

Unter dem Topos der Gewaltenteilung im Sinne des Art. 20 Abs. 2 Satz 2 GG wird auch für die richtlinienkonforme Rechtsfortbildung vorgetragen, dass es zu Beeinträchtigungen der Funktionstrennung zwischen Legislative und Judikative kommen könne[348]. Dem ist an dieser Stelle zunächst mit dem Hinweis auf die Ausführungen im Rahmen der gemeinschaftsrechtskonformen Rechtsfortbildung entgegenzutreten[349]. Dort wurden derartige Bedenken schon angesichts der ursprünglichen Funktion des Kriteriums der planwidrigen Unvollständigkeit des geschriebenen Rechts ausgeräumt. Eine besondere Problematik aufgrund der Einbeziehung gemeinschaftsrechtlicher Aspekte wurde hingegen nicht festgestellt. Dies hat grundsätzlich auch für den Bereich der Richtlinienkonformität zu gelten.
Überdies hat *Hergenröder* speziell in Anbetracht des gesetzgeberischen Handlungsspielraums bei der Richtlinienumsetzung zutreffend eine Verletzung

---

S. 63, 73; *Hergenröder*, in: Lieb (Hrsg.), FS Zöllner (1999), S. 1139, 1147 ff.; *Hommelhoff*, AcP 192 (1992), 71, 97 f.; *Jarass*, EuR 1991, 211, 217 f.; *ders.*, Grundfragen der innerstaatlichen Bedeutung des EG-Rechts (1994), S. 93 ff.; *Lutter*, JZ 1992, 593, 607; *Möllers*, EuR 1998, 20, 42 ff.; *ders.*, Die Rolle des Rechts im Rahmen der europäischen Integration (1999), S. 72; *Spetzler*, RIW 1991, 579, 581 f. Zumindest unerwähnt bleibt die Wortlautgrenze bei *Zöckler*, Jahrbuch junger Zivilrechtswissenschaftler 1992, 141, 156 ff.

[347] EuGH, Urt. v. 8.10.1987, Slg. 1987, 3969, 3986 - Rs. 80/86, *Strafverfahren gegen Kolpinghuis Nijmegen BV*.

[348] Vgl. *Franzen*, Privatrechtsangleichung durch die Europäische Gemeinschaft (1999), S. 421 ff.; *Jarass*, EuR 1991, 211, 218; *Jarass*, Grundfragen der innerstaatlichen Bedeutung des EG-Rechts (1994), S. 94; *Nettesheim*, AöR 1994, 261, 287 f.

[349] Vgl. oben B.II.4.b.cc.

des gesetzgeberischen Rechtssetzungsprimats verneint[350]. Die der Legislative zustehende Wahl von Form und Mittel der Richtlinienumsetzung ins eigene Recht wird durch die Methode der richtlinienkonformen Rechtsfortbildung nicht beeinträchtigt. *Hergenröder* weist insofern auf die Gewährleistung des legislativen Handlungsspielraums durch das deutsche Verfassungsrecht hin, wonach der Gesetzgeber jederzeit eine Änderung von Richterrecht bewirken kann, indem entweder eine bestehende Lücke positivrechtlich ausgefüllt wird oder es zu einer Aufhebung der im Gesetz enthaltenen und auf die betreffende Lücke übertragenen Wertung kommt[351].

bb) Gesetzesbindung

Soweit *Franzen* im Kontext der richtlinienkonformen Rechtsanwendung auf eine Beschränkung der Judikative aufgrund der vom *Bundesverfassungsgericht* entwickelten „Wesentlichkeitstheorie" hingewiesen hat[352], kann auf die allgemeine Erörterung und Ablehnung dieses Standpunkts verwiesen werden[353]. Auch insoweit zeigt sich keine richtlinienspezifische Problematik.

cc) Rechtssicherheit

Ein weiterer Einwand gegen eine richtlinienkonforme Rechtsfortbildung stützt sich auf die sowohl vom Gemeinschaftsrecht als auch vom bundesdeutschen Recht gewährleistete Rechtssicherheit und dem damit bewirkten Schutz des Vertrauens Einzelner. *Brechmann* führt aus, dass der Rechtsanwender grundsätzlich alles zu tun hat, um einen richtlinienkonformen Willen des

---

[350] *Hergenröder*, in: Lieb (Hrsg.), FS Zöllner (1999), S. 1139, 1154 f. Eine andere Frage ist, ob aus gemeinschaftsrechtlicher Perspektive eine „judikative Richtlinienumsetzung" als ausreichend angesehen werden kann. Dies wurde insbesondere im Anschluss an das dargestellte Urteil des *Bundesgerichtshofs* zur Zulässigkeit vergleichender Werbung nach § 1 UWG überwiegend verneint - vgl. *Ehricke*, EuZW 1998, 553, 558; *Bayreuther*, EuZW 1998, 478, 479; *Dreher*, EuZW 1997, 522, 523 f.; *Grundmann*, JZ 1996, 274, 282; zurückhaltender aber *Hergenröder*, a.a.O., S. 1155. Inzwischen hat sich dieser Auffassung auch der *EuGH* angeschlossen - siehe EuGH, Urt. v. 9.9.1999, Slg. 1999, I-5087, 5115 - Rs. C-217/97, *Kommission der Europäischen Gemeinschaften ./. Bundesrepublik Deutschland*.

[351] *Hergenröder*, a.a.O., S. 1154. Der hier problematisierte Einwand konnte bereits bei der Frage des Zeitpunkts, ab dem die gemeinschaftsrechtliche Pflicht zur richtlinienkonformen Rechtsanwendung besteht, nicht überzeugen - vgl. dazu oben 1. Kapitel, B. Die dortigen Erwägungen schlossen aufgrund des vom *EuGH* als umfassend verstandenen Begriffs der *interprétation* die deutsche Methode der Rechtsfortbildung mit ein.

[352] *Franzen*, Privatrechtsangleichung durch die Europäische Gemeinschaft (1999), S. 425 f.

[353] Vgl. oben A.II.1.

Gesetzgebers zur Geltung zu bringen. Eine Ausnahme bestünde allerdings dort, wo der Wortlaut der nationalen Rechtsvorschrift eindeutig sei und eine vernünftige und sachgerechte Regelung impliziere. Hier verböten „[d]ie Prinzipien des Vertrauensschutzes und der Rechtssicherheit, und zwar nach nationalem Verfassungsrecht," eine dem eindeutigen Gesetzeswortlaut zuwiderlaufende Rechtsanwendung, „auch wenn dies der Regelungsabsicht des Gesetzgebers widerspricht"[354]. Aufgrund der bisher dargelegten methodologischen Voraussetzungen der Rechtsfortbildung wird damit aber bereits deutlich, dass *Brechmann* für den Bereich der Richtlinienkonformität innerstaatlichen Rechts die Annahme einer planwidrigen Unvollständigkeit des geschriebenen Rechts praktisch von vornherein ausschließt. Vielmehr müsste seiner Auffassung nach durchweg von einer die Rechtsfortbildung ausschließenden „Vollständigkeit des geschriebenen Rechts" ausgegangen werden, mithin von einem so genannten beredten Schweigen des Gesetzgebers. Dies erscheint wenig überzeugend.

Maßgebliche Überlegung der hiergegen gerichteten Kritik ist, dass auch die richtlinienkonforme Rechtsfortbildung allein aufgrund nationaler Rechtsanwendungsmittel durchzuführen ist[355]. Damit handelt es sich auch hier ausschließlich um die Anwendung beziehungsweise Fortbildung nationalen Rechts. Selbst der Einfluss der gemeinschaftsrechtlichen Pflicht zur richtlinienkonformen Rechtsanwendung führt insofern allenfalls dazu, dass dem Rechtsanwender die Wahl zwischen zwei Rechtsanwendungsalternativen, die durchaus in den Bereich der Rechtsfortbildung fallen können, verbindlich abgenommen wird. Ein direkter Zugriff auf die Richtlinie findet hingegen unter keinen Umständen statt. Mithin ist nicht ersichtlich, weshalb an dieser Stelle den Belangen der Rechtssicherheit ein solches Gewicht zukommen sollte, dass die herkömmlicherweise zu ihrer Gewährleistung bestimmten Kriterien der Lücke einerseits und fortbildungsfähiger Wertungen des positiven Rechts andererseits nicht mehr als ausreichend angesehen werden können und stattdessen eine Rechtsfortbildung kategorisch auszuschließen ist.

Brechmann stützt seinen Vortrag auf Erkenntnisse, die zuvor von *Neuner* herausgearbeitet wurden[356]. Letzterer formulierte die Regel, dass „[d]em (eindeutigen) Wortlaut [...] Vorrang [gebührt], es sei denn, weder die gesetzgeberische Regelungsabsicht noch objektiv-teleologische Kriterien stehen

---

[354] *Brechmann*, Die richtlinienkonforme Auslegung (1994), S. 269 ff.

[355] Anders als eine richtlinienkonforme Auslegung kommt eine richtlinienkonforme Rechtsfortbildung nicht schon „im Rahmen" nationaler Rechtsanwendungsmittel in Betracht - vgl. dazu sogleich b.aa.(1).

[356] *Brechmann*, Die richtlinienkonforme Auslegung (1994), S. 267 f. Vgl. hierzu auch die Besprechung der Monographie von *Brechmann* durch *Grundmann*, ZEuP 1996, 399, 422 f.; außerdem *Grundmann*, Europäisches Schuldvertragsrecht (1999), S. 118; *ders.*, in: Schulze (Hrsg.), Auslegung europäischen Privatrechts und angeglichenen Rechts (1999), S. 63, 73.

im Einklang mit einer Wortlautbindung“[357]. Der damit geschaffene Vorbehalt zu Gunsten der historischen beziehungsweise teleologischen Rechtsanwendungsmethode entspricht den bereits oben für die Lückenfeststellung als maßgeblich bezeichneten Kriterien[358]. Mit ihnen ist der „Plan“ zu ermitteln, demgegenüber sich das geschriebene Recht als unvollständig erweist. Allerdings ist zu ergänzen, dass *Neuner* von der vorgenannten Regel eine Ausnahme für solche Fälle angenommen hat, in denen der eindeutige Gesetzestext zudem „eine vernünftige, sachgerechte Regelung impliziert“. Hier müsse mit einer entgegengesetzten gesetzgeberischen Regelungsabsicht nicht gerechnet werden. Angesichts dieser Einschränkung setzt sich *Neuner* dem Vorwurf aus, die von ihm insofern für die Rechtssicherheit befürchteten Defizite lediglich auf die Frage zu verlagern, wann eine derartig „vernünftige, sachgerechte Regelung“ vorliegt. Würde er von dieser Fragestellung nämlich diejenigen Kriterien ausklammern, die es zur Ermittlung einer „planwidrigen Unvollständigkeit“ bedarf, so käme eine vernünftige und sachgerechte Regelung schon immer dann in Betracht, wenn nicht aus der betreffenden Vorschrift selbst ein perplexer Norminhalt hervorginge. Denn bei den von *Neuner* genannten Voraussetzungen der Vernunft und Sachgerechtigkeit handelt es sich um derart wertungsbezogene Kriterien, die ohne den eigentlichen Telos der Norm inhaltlich kaum mit einem eigenständigen Inhalt auszufüllen sein dürften[359]. Die rechtspraktische Folge der vorgetragenen Ausnahme wäre daher eine umfangreichste Ablehnung der richterlichen Rechtsfortbildung. Dies aber wird offensichtlich auch von *Neuner* selbst nicht ernsthaft vertreten. Die Existenz einer Ausnahme zur oben formulierten und gemeinhin anerkannten Regel kann mithin nicht überzeugen.

Ungeachtet seiner Berufung auf *Neuner* scheint *Brechmann* diese kritische Überlegung anzuerkennen, indem er allein von dem Fall eines eindeutigen Wortlauts spricht, der zugleich eine vernünftige und sachgerechte Regelung impliziert. Dieser Fallgruppe, die aufgrund von Belangen der Rechtssicherheit eine richterliche Rechtsfortbildung ausschließe, setzt *Brechmann* - im Gegensatz zu *Neuner* - aber nicht den Fall eines lediglich eindeutigen Wortlauts entgegen. Vielmehr stellt er im Anschluss an *Depenheuer*[360] diejenigen Fälle dar, in denen

---

[357] *Neuner*, Die Rechtsfindung contra legem (1992), S. 90 & 114 f. *Neuner*, a.a.O., S. 115, ließ sich insofern unter anderem von folgender Erwägung leiten: „Auch der vermeintliche Wert der Rechtssicherheit, der mit der Bindung an den Wortlaut intendiert ist, kann keine hinreichende Legitimationsgrundlage bilden, weil das unreflektierte Vertrauen auf den blanken Buchstaben des Gesetzes einer Verweigerung vor der Aufgegebenheit menschlicher Selbstbestimmung gleichkäme.“

[358] Vgl. oben A.II.1. Siehe außerdem *Larenz*, Methodenlehre der Rechtswissenschaft (1991), S. 373.

[359] Dies gilt umso mehr, wenn man bedenkt, dass *Neuner*, Die Rechtsfindung contra legem (1992), S. 105 ff. & 122 f. (vgl. dazu bereits oben A.I.3.), auch systematische Erwägungen zur Ermittlung der subjektiven Gesetzesteleologie heranziehen will.

[360] *Depenheuer*, Der Wortlaut als Grenze (1988), S. 38 ff.

ein mehrdeutiger Gesetzeswortlaut erst durch den „Kontext der Norm", den *Brechmann* der gesetzgeberischen Regelungsabsicht entnehmen will, konkretisiert wird. Dies überzeugt, soweit es um das Außerachtlassen der *Neuner*'schen Differenzierung zwischen eindeutigen Gesetzeswortlauten geht. Nicht einleuchtend ist hingegen, dass Brechmann den von *Neuner* als Ausnahme betrachteten Fall nunmehr mit dessen Autorität zur Regel erheben will. Folgt man nämlich der von *Brechmann* vorgeschlagenen Differenzierung, bei der der Wortsinn stets auch die äußerste Grenze der Rechtanwendung darstellt, so ist die von *Neuner* formulierte Regel gegenstandlos. Für eine im Anschluss an *Brechmann* zu formulierende Regel fehlt hingegen eine besondere Begründung, die eine Abkehr vom herkömmlichen methodologischen Verständnis der Rechtsfortbildung rechtfertigen könnte.

Im Übrigen muss sich ein auf die Rechtssicherheit gestützter Einwand gegen die richtlinienkonforme Rechtsfortbildung entgegenhalten lassen, dass zu den Gewährleistungen dieses Prinzips schon aufgrund der herkömmlichen methodologischen Voraussetzungen die Veröffentlichung der jeweiligen EG-Richtlinie hinzutritt. Gemäß Art. 254 EGV werden Richtlinien im Amtsblatt der Europäischen Gemeinschaften veröffentlicht. Obwohl die Richtlinie keinen direkten Eingang in die Anwendung deutschen Rechts finden kann, tritt damit die Möglichkeit einer Einbeziehung der Richtlinie aufgrund innerstaatlicher Rechtsanwendungsmittel deutlich in Erscheinung. Anders als bei einer national autonomen Rechtsfortbildung offenbaren sich infolgedessen konkrete Hinweise, aufgrund welcher beim Rechtsanwender als Verpflichteter nach Art. 10 EGV die „Alarmglocken" für eine möglicherweise gebotene Rechtsfortbildung läuten müssen[361].

Schlussendlich lässt sich folgern, dass die vorstehend erörterten verfassungsrechtlichen Einwände ungeachtet ihrer Verstärkung durch allgemeine Rechtsgrundsätze des Gemeinschaftsrechts ungeeignet sind, grundsätzliche Bedenken gegen eine richtlinienkonforme Rechtsfortbildung hervorzurufen. Es liegt vielmehr nahe, dass sie aus der Befürchtung heraus erwachsen, aufgrund der Vielzahl von unzulänglich umgesetzten Richtlinienvorgaben werde die Anzahl der Fälle von richterlicher Rechtsfortbildung immer mehr zunehmen. Indes kann aber eine derart gesamtbetrachtende Überlegung von vornherein nicht gegen die Zulässigkeit einer richtlinienkonformen Rechtsfortbildung als Einzelfallentscheidung vorgebracht werden. Aus alledem folgt, dass berechtigte Gründe allgemeiner Natur gegen eine den Gesetzeswortlaut überschreitende richtlinienkonforme Fortbildung deutschen Rechts nicht vorliegen[362].

---

[361] Ähnlich *Grundmann*, Europäisches Schuldvertragsrecht (1999), S. 118; *ders.*, in: Schulze (Hrsg.), Auslegung europäischen Privatrechts und angeglichenen Rechts (1999), S.63, 73.

[362] Vgl. in diesem Zusammenhang auch *Canaris*, JZ 1987, 543, 544 ff. Etwas anderes gilt freilich für den Bereich des Strafrechts. Hier ist eine (richtlinienkonforme) Rechtsfortbildung

b) Erscheinungsformen richtlinienkonformer Rechtsfortbildung

Eng verbunden mit der grundsätzlichen Frage nach der Zulässigkeit einer richtlinienkonformen Rechtsanwendung jenseits des Gesetzeswortlauts ist die Diskussion um einen Vorrang der Pflicht zur richtlinienkonformen Rechtsanwendung[363]. Indes wurde bereits im Rahmen der Gemeinschaftsrechtskonformität klargestellt, dass es bei der normorientierten Anwendung nationalen Rechts nicht um einen Vorrang geht; die Vorrangfrage vielmehr erst im Falle einer Kollision zwischen widersprechenden Normen relevant wird[364]. Eine solche ist jedoch im bloßen Konfliktfall zwischen mittelbar wirkendem Gemeinschaftsrecht und nationalem Recht aufgrund der insofern unterschiedlichen Rechtsebenen von vornherein ausgeschlossen[365]. Nach der hier vertretenen Terminologie stellt die Pflicht zur richtlinienkonformen Rechtsanwendung daher ausschließlich eine Vorzugsregel dar, die nur zur Richtlinienkonformität innerstaatlichen Rechts drängt, soweit die national autonome Rechtsanwendung ein entsprechendes Ergebnis zulässt[366]. Ist ein solches Rechtsanwendungsergebnis hingegen nicht im Einklang mit der deutschen Methodenlehre zu erreichen, ist der Rechtsanwender nach nationalem Recht gezwungen und nach Gemeinschaftsrecht auch befugt, innerstaatliches Recht in richtlinienwidriger Weise zur Anwendung zu bringen[367].

Die Darstellung der nationalen Rechtsanwendungsmethoden hat gezeigt, dass die Einbeziehung von Richtlinienbestimmungen entscheidend davon abhängt, ob der nationale Gesetzgeber in Kenntnis und in Erfüllung einer konkreten Umsetzungsverpflichtung tätig geworden ist. Aus diesem Grund ist im

---

bereits innerstaatlich wegen des Grundsatzes *nulla poena sine lege* (Art. 103 Abs. 2 GG, § 1 StGB) untersagt. Dies bestätigt die Rechtsprechung des EuGH, Urt. v. 8.10.1987, Slg. 1987, 3969, 3986 - Rs. 80/86, *Strafverfahren gegen Kolpinghuis Nijmegen BV*. Vgl. hierzu auch *Everling*, ZGR 1992, 376, 384 f.; *Zöckler*, Jahrbuch junger Zivilrechtswissenschaftler 1992, 141, 159.

363 Vgl. *Brechmann*, Die richtlinienkonforme Auslegung (1994), S. 127 ff.; *Grundmann*, Europäisches Schuldvertragsrecht (1999), S. 113 ff.; *ders.*, in: Schulze (Hrsg.), Auslegung europäischen Privatrechts und angeglichenen Rechts (1999), S. 63, 68 ff.; *Spetzler*, RIW 1990, 286, 289; *ders.*, RIW 1991, 579 ff.

364 Vgl. oben B.II.4.b. Vgl. an dieser Stelle auch *Dänzer-Vanotti*, StVj 1991, 1, 9; *Heß*, JZ 1995, 150, 151; a.A. *Dendrinos*, Rechtsprobleme der Direktwirkung der EWG-Richtlinien (1989), S. 290; *Lutter*, JZ 1992, 593, 604, Fußnote 135; *Roth*, JZ 1999, 529, 537; *Spetzler*, RIW 1990, 286, 289; *Voß*, StuW 1993, 155, 157.

365 Vgl. dazu bereits oben 1. Kapitel, B. sowie 2. Kapitel, C.II.1.a.

366 *Ehricke*, RabelsZ 59 (1995), 598, 612 ff.; vgl. außerdem *Dänzer-Vanotti*, RIW 1991, 754 f.; *ders.*, DB 1994, 1052 ff.; *Zöckler*, Jahrbuch junger Zivilrechtswissenschaftler 1992, 141, 158.

367 Vgl. etwa *Beyer/Möllers*, JZ 1991, 24, 27; *Dänzer-Vanotti*, DB 1994, 1052, 1053; *Heß*, JZ 1995, 150, 151; unrichtig hingegen *Bertelsmann/Pfarr*, DB 1984, 1297, 1298; *Brüggemeier*, ZEuP 1998, 752, 758.

Folgenden zwischen nationalem Recht zu unterscheiden, das der Richtlinie in seiner Entstehung vorausgeht beziehungsweise nachfolgt.

aa) Nationales Recht, das der Richtlinie in seiner Entstehung vorausgeht

(1) Normimmanente Erwägungen

Erster Schritt einer jeden richterlichen Rechtsfortbildung ist das Auffinden einer Lücke. Entsprechend der Darstellung zur Gemeinschaftsrechtskonformität ist auch hier der Übersichtlichkeit halber zu unterstellen, dass sich das betreffende nationale Recht bei Ausschluss jeglicher gemeinschaftlicher Überlegungen als abschließend, das heißt als lückenlos, erweist[368]. Betrachtet man unter dieser Prämisse als „normbezogene Erwägungen" die drei erstgenannten nationalen Rechtsanwendungsmethoden, nämlich die grammatikalische, systematische und historische, so belegen bereits die Ausführungen zur Grundlage der richtlinienkonformen Rechtsanwendung, dass bei Rechtsvorschriften, die vor einer einschlägigen Richtlinienbestimmung entstanden sind, eine Einbeziehung des maßgeblichen Richtlinieninhalts sich regelmäßig als problematisch gestaltet. Eine solche Einbeziehung aufgrund der nationalen Methodik ist aber selbst bei Heranziehung der gemeinschaftsrechtlichen Pflicht zur richtlinienkonformen Rechtsanwendung erforderlich, um das an sich lückenlose innerstaatliche Recht für eine richtlinienkonforme Rechtsfortbildung „aufzubrechen"[369]. Gelingt dies nicht, bestehen für die gemeinschaftsrechtliche Pflicht mangels jedweder Rechtsanwendungsmöglichkeiten überhaupt keine Ansatzpunkte. Abgesehen von dem Umstand, dass sich bei älteren deutschen Rechtsvorschriften weder eine grammatikalische noch eine systematische Einbeziehung von jüngeren EG-Richtlinien herstellen lässt, ist daher vor allem entscheidend, ob der Wille des nationalen Gesetzgebers bereits auf deren Umsetzung gerichtet war. Mit diesem ließe sich ein richtlinienkonformer „Plan" ermitteln, demgegenüber sich das geschriebene Recht als unvollständig erweist. In den allermeisten Fällen wird ein solch subjektives Moment jedoch schon mangels einer entsprechenden Kenntnis zu verneinen sein[370]. Ganz im Gegensatz hierzu handelt es sich bei

---

[368] Vgl. hierzu die Überlegung oben in Fußnote 161.

[369] Dies meint wohl auch *Jarass*, Grundfragen der innerstaatlichen Bedeutung des EG-Rechts (1994), S. 96, wenn er ausführt, dass die richtlinienkonforme Rechtsfortbildung „nur dort zum Tragen kommen [kann], wo nach nationalem Recht dem Rechtsanwender eine Rechtsfortbildung gestattet ist." Vgl. außerdem *Hergenröder*, in: Lieb (Hrsg.), FS Zöllner (1999), S. 1139, 1147 f.

[370] Vgl. aber zur Gegenauffassung *Grundmann*, ZEuP 1996, 399, 420; *ders.*, Europäisches Schuldvertragsrecht (1999), S. 117 f.; *ders.*, in: Schulze (Hrsg.), Auslegung europäischen Privatrechts und angeglichenen Rechts (1999), S. 63, 72 ff. - dazu bereits oben I.2.c.

einem feststellbaren Gesetzgeberwillen, der einem lückenlosen Gesetz mit richtlinienwidrigem Wortlaut zugrunde liegt, regelmäßig auch um einen richtlinienwidrigen Willen. Eine Ausnahme hiervon ist nur dann denkbar, wenn das nationale und gemeinschaftliche Gesetzgebungsverfahren weitgehend parallel verlaufen sind und die betreffende Richtlinie - mehr oder weniger zufällig - erst im Anschluss an die nationale Gesetzgebung verabschiedet wird. So hätte es beispielsweise beim Erlass des HausTWG durchaus geschehen können, dass nach Durchführung des zeitlich weitgehend parallel zum Erlass der Richtlinie 85/577/EG verlaufenden Gesetzgebungsverfahrens, die deutsche Gesetzgebung letztendlich vor der gemeinschaftsrechtlichen Vorgabe in Kraft getreten wäre. Da ein solcher Fall jedoch für ältere nationale Rechtsvorschriften die Ausnahme, für jüngere Rechtsvorschriften hingegen die Regel darstellt, soll hierauf erst unten eingegangen werden[371].

(2) Teleologische Erwägungen

An entsprechender Stelle im Rahmen der Gemeinschaftsrechtskonformität wurde dargelegt, dass die unmittelbare Wirkung des EG-Rechts geeignet ist, bei der Anwendung nationalen Rechts Wertungswidersprüche entstehen zu lassen. Weiter wurde ausgeführt, dass in Erfüllung der aus Art. 10 EGV erwachsenen Pflicht zur gemeinschaftsrechtskonformen Rechtsanwendung diese Widersprüche in der Art aufzulösen sind, dass sie zu einem Wandel der objektiv hervortretenden *ratio* der nationalen Gesetzgebung führen. Diese für den Charakter der gemeinschaftsrechtskonformen Fortbildung deutschen Rechts besonders entscheidenden Feststellungen lassen sich jedoch auf die richtlinienkonforme Rechtsanwendung nicht übertragen. Der Grund hierfür ist, dass - wie bereits eingehend dargelegt[372] - eine Einbeziehung von nur mittelbar wirkenden Vorgaben des Gemeinschaftsrechts in die Teleologie deutscher Gesetze ausscheidet. Mithin können auf dieser Stufe auch keine Wertungswidersprüche entstehen, die in Übereinstimmung mit der gemeinschaftsrechtlichen Pflicht zur richtlinienkonformen Rechtsanwendung aufzulösen wären. Folglich lässt sich eine richtlinienkonforme Rechtsfortbildung ebenso wenig auf teleologische Erwägungen stützen[373]. Die Möglichkeit zur

---

[371] Vgl. unten bb.(1).

[372] Vgl. oben II.2.d.

[373] Zum Teil abweichende Stellungnahmen sind im Anschluss an das Urteil des *Bundesgerichtshofs* vom 5. Februar 1998 zur Zulässigkeit vergleichender Werbung nach § 1 UWG ergangen. Darin wurde die hier kritisierte - vgl. oben II.2.d. sowie 3 - Durchführung einer richtlinienkonformen Rechtsanwendung zuweilen als zulässige Rechtsfortbildung bezeichnet - so etwa *Leible/Sosnitza*, NJW 1998, 2507 ff. Der Grund hierfür liegt jedoch allein darin, dass auch die erstmalige Auslegung einer Norm beziehungsweise deren

Richtlinienkonformität innerstaatlichen Rechts reicht demnach bei nationalen Rechtsvorschriften, die der maßgeblichen Richtlinie in ihrer Entstehung vorausgehen, regelmäßig lediglich bis an die Grenze des noch möglichen Wortsinns.

bb) Nationales Recht, das der Richtlinie in seiner Entstehung nachfolgt

Für die Anwendung deutschen Rechts, das einer maßgeblichen Richtlinienbestimmung in seiner Entstehung zeitlich nachfolgt, gelten die vorstehenden Überlegungen zur Lückenfeststellung aufgrund teleologischer Erwägungen entsprechend. Eine entscheidende Veränderung erfahren demgegenüber die „normimmanenten Erwägungen". Indem der deutsche Gesetzgeber bei der Verabschiedung eines Rechtsakts in Kenntnis einer relevanten Gemeinschaftsvorgabe handelt, wird es möglich, diese in die nationale Rechtsanwendung einzubeziehen. Angesichts der Voraussetzungen zur Rechtsfortbildung kommt insofern der Frage nach einem richtlinienkonformen Willen des Gesetzgebers Priorität zu. Ergänzend ist die Einbeziehung von Richtlinien aufgrund systematischer Erwägungen zu beachten.

(1) Richtlinienkonformer Wille des Gesetzgebers

Fragt man nach der Lücke im Sinne einer planwidrigen Unvollständigkeit des geschriebenen Rechts als erste Voraussetzung der Rechtsfortbildung, so gilt das oberste Interesse den Zielen und Absichten des historischen Gesetzgebers. Weichen diese vom gewonnenen Auslegungsergebnis einer Rechtsnorm ab, ist das geschriebene Recht als „planwidrig unvollständig" zu bezeichnen und - soweit vorhanden - mit einer im Gesetz niedergelegten Wertung fortzubilden. Aufgrund des bisher Gesagten kann kein Zweifel bestehen, dass diese Grundsätze uneingeschränkt auch für die richtlinienkonforme Rechtsfortbildung gelten müssen.
Entscheidend ist demnach, dass für die hier interessierenden jüngeren nationalen Rechtvorschriften zumindest eine Vermutung für einen richtlinienkonformen Willen des Gesetzgebers besteht[374]. Kann im Rahmen der Auslegung einer

---

Änderung durch die Rechtsprechung als „Rechtsfortbildung" charakterisiert wird - siehe etwa BGH, Urt. v. 5.2.1998, NJW 1998, 2208, 2211. Ein solches Verständnis ist streng von der hier problematisierten, den Gesetzeswortlaut überschreitenden, methodologischen Erscheinung der Rechtsfortbildung zu trennen - vgl. hierzu auch *Franzen*, Privatrechtsangleichung durch die Europäische Gemeinschaft (1999), S. 319, Fußnote 175; *Ossenbühl*, Richterrecht im demokratischen Rechtsstaat (1988), S. 11 f.

[374] Vgl. dazu bereits oben II.2.c.

solchen Rechtsvorschrift keine Auslegungsalternative ermittelt werden, die die Herstellung von innerstaatlicher Richtlinienkonformität zulässt, so bewirkt der richtlinienkonforme Wille des Gesetzgebers aufgrund herkömmlicher Methodik eine planwidrige Unvollständigkeit des Umsetzungsakts, mithin eine Lücke. Übersehen wurde, dass mehr hätte geregelt werden müssen[375]. Wie bereits bei der Gemeinschaftsrechtskonformität mag man hier untechnisch von einer „europäischen Lücke" sprechen. Damit kommt zum Ausdruck, dass allein die gemeinschaftliche Komponente, nämlich der Umsetzungswille des Gesetzgebers, zu deren Begründung führt.
Zweites Element einer richtlinienkonformen Rechtsfortbildung muss die Ausfüllung der aufgedeckten Lücke in Übereinstimmung mit den Vorgaben der Richtlinie sein. Auch insofern kann aber nicht direkt auf die Richtlinie zurückgegriffen werden. Erforderlich ist vielmehr eine Regelung des nationalen Rechts, die aufgrund wertungsmäßiger Vergleichbarkeit auf den bislang ungeregelten Sachverhalt übertragen werden kann[376]. Entscheidend hierfür ist die *ratio* derjenigen Rechtsvorschrift, deren Erweiterung erwogen wird. Vor diesem Hintergrund hat *Möllers* für die richtlinienkonforme Rechtsfortbildung formuliert, dass sich im Falle einer unzureichenden Richtlinienumsetzung „die Wertentscheidung der Richtlinie doch in der umgesetzten Norm [findet], wenn auch in unvollkommener Form"[377]. Dies wird bei versehentlichen Umsetzungsdefiziten regelmäßig zu bejahen sein[378]. Eine rechtstheoretische Grenze dieser Feststellung besteht aber freilich dort, wo dem misslungenen Umsetzungsakt unter keinen Umständen eine richtlinienkonforme Wertung entnommen werden kann[379]. Dies wäre etwa der Fall, wenn dem von der Gleichbehandlungs-Richtlinie vorgesehenen Sanktionssystem im nationalen Recht allein eine ausdrückliche Gestattung geschlechtsspezifischer Benachteiligung von Arbeitnehmern durch den Arbeitgeber gegenüberstünde. Hier müsste eine richtlinienkonforme Rechtsfortbildung und damit eine richtlinienkonforme Rechtsanwendung überhaupt scheitern.
Überträgt man die bis hierher gewonnenen Erkenntnisse auf die richtlinienkonforme Anwendung von § 1 Abs. 1 HausTWG, so eröffnet sich nach der Rechtsprechung des *XI. Zivilsenats* des *Bundesgerichtshofs* eine „europäische Lücke" für den Fall einer Bürgschaft eines Verbrauchers, die

---

[375] *Hommelhoff*, AcP 192 (1992), 71, 97.
[376] Vgl. *Dänzer-Vanotti*, StVj 1991, 1, 10; *ders.*, RIW 1991, 754, 755.
[377] *Möllers*, EuR 1998, 20, 45; *ders.*, Die Rolle des Rechts im Rahmen der europäischen Integration (1999), S. 72 f. mit Hinweis auf BGH, Urt. v. 19.9.1989, Z 108, 305, 309, sowie BGH, Urt. v. 21.12.1993, NJW 1994, 852, 855.
[378] Gerade entgegen *Franzen*, Privatrechtsangleichung durch die Europäische Gemeinschaft (1999), S. 444, ist daher der „Spielraum des Rechtsanwenders für richtlinienkonforme Rechtsfortbildung" insgesamt als erheblich einzuschätzen.
[379] *Dänzer-Vanotti*, StVj 1991, 1, 12, spricht in diesem Zusammenhang von einem „aliud".

dieser für eine durch ein Haustürgeschäft begründeten Verbindlichkeit eines anderen Verbrauchers eingeht, ohne dass dem Bürgen oder einem bestimmten Dritten hieraus ein Vorteil erwächst. Die insofern erforderliche planwidrige Unvollständigkeit der deutschen Gesetzgebung ergibt sich aus dem richtlinienkonformen Willen des Gesetzgebers[380]. Anders als die deutsche Gesetzgebung[381] setzt die Richtlinie 85/577/EWG nämlich gerade keinen Vorteil des Bürgen oder eines bestimmten Dritten voraus. Die damit aufgedeckte Lücke ist anhand der in § 1 Abs. 1 HausTWG nichtsdestoweniger zum Ausdruck kommenden Wertung der Richtlinie im Wege der Analogie zu schließen. Maßgeblicher Rechtsgrund für das Widerrufsrecht des Bürgen im vorbezeichneten Fall wäre daher § 1 Abs. 1 HausTWG analog[382].

Noch nicht weiter angesprochen ist damit allerdings der Fall, dass der Gesetzgeber nicht nur den generellen Willen zur Richtlinienkonformität hatte, sondern gleichfalls auch ganz konkret die - unbewusst richtlinienwidrige - Rechtslage beabsichtigte[383]. Die hiermit verbundene Frage, welchem Willensinhalt der Vorzug zu geben ist, spielt vor allem bei der Würdigung der Urteile des *Bundesarbeitsgerichts* vom 14. März 1989 zur Vorschrift des § 611 a Abs. 2 BGB a.F. eine gewichtige Rolle[384]. Das *Gericht* wies hier ausdrücklich darauf hin, dass eine Begrenzung des Schadensersatzanspruchs auf das negative Interesse vom Gesetzgeber gewollt gewesen sei. Daraus wurde gefolgert, dass eine richtlinienkonforme Anwendung von § 611 a Abs. 2 BGB a.F. mit dem Ziel, einen über den dort geregelten Anspruch hinausgehenden Schadensersatzanspruch zu entnehmen, nicht zulässig sei. Dennoch hinderte diese Rechtsauffassung in AP § 611 a BGB Nr. 5 nicht die Erreichung einer richtlinienkonformen deutschen Rechtslage. Nicht ausgeschlossen wurde nämlich ein immaterieller Schadensersatzanspruch wegen Verletzung des allgemeinen Persönlichkeitsrechts[385]. Soweit diese Verletzung nach der bisherigen Rechtsprechung erheblich sein musste, wurde in Erfüllung der Pflicht zur richtlinienkonformen Rechtsanwendung eine diesbezügliche Regelwirkung angenommen. An dieser Stelle mag man darüber streiten, ob es sich hierbei um

---

[380] BT-Drs. 10/4210, S. 9. Siehe hierzu auch BGH, Beschl. v. 11.1.1996, NJW 1996, 930, 932.

[381] Vgl. zu den Grenzen des geschriebenen Rechts bereits oben 1.a.

[382] Vgl. auch *Franzen*, Privatrechtsangleichung durch die Europäische Gemeinschaft (1999), S. 418 f.; *Treber*, WM 1998, 1908, 1917 f.

[383] Vgl. zu dieser Konstellation bereits oben II.2.c.

[384] BAG, Urt. v. 14.3.1989, AP § 611 a BGB Nr. 5; BAG, Urt. v. 14.3.1989, AP § 611 a BGB Nr. 6.

[385] Vgl. auch *Beyer/Möllers*, JZ 1991, 24, 26 ff.; *Eisemann*, ArbuR 1988, 225, 232 ff.; *Franzen*, Privatrechtsangleichung durch die Europäische Gemeinschaft (1999), S. 405 ff.; a.A. *Heß*, JZ 1995, 150, 151, Fußnote 15; *Larenz/Canaris*, Schuldrecht II 2 (1994), S. 502; *Scholz*, Gemeinsame Anmerkung zu AP § 611 a BGB Nr. 5 und Nr. 6. Vgl. außerdem *Herrmann*, ZfA 1996, 19 ff.

eine richtlinienkonforme Rechtsfortbildung oder lediglich um eine richtlinienkonforme Auslegung bestehenden Richterrechts handelte. Von größerer Bedeutung ist aber, dass das *Bundesarbeitsgericht* nicht alle Rechtsanwendungsalternativen auf seine Richtlinienkonformität hin überprüft hat.

Zu betonen ist zunächst, dass der Gesetzgeber seit der Einführung von § 611 a BGB mit dieser Vorschrift das Ziel verfolgt, die Gleichbehandlungs-Richtlinie ins nationale Recht umzusetzen. Diese grundsätzliche Intention wird nicht dadurch aufgehoben, dass gleichzeitig mit der bewussten Beschränkung des Schadensersatzanspruchs auf das negative Interesse auch ein der maßgeblichen Richtlinie widersprechender Wille des Gesetzgebers vorliegt. Insofern gilt es nämlich zu bedenken, dass der hier vorliegende subjektive Widerspruch dem Gesetzgeber gerade nicht bekannt war. Folglich verkommt der richtlinienkonforme Wille des Gesetzgebers auch nicht zu einer Fiktion[386]. Mithin liegen dem Rechtsanwender zwei Willensrichtungen vor, die für seine Rechtsfindung von Bedeutung sind. Auf den Fall des § 611 a Abs. 2 BGB a.F. übertragen, heißt das, dass entweder aufgrund des konkret auf diese Vorschrift gerichteten Willens eine Lückenlosigkeit des geschriebenen Rechts besteht oder dass der richtlinienkonforme Wille gerade im Gegensatz hierzu auf dessen planwidrige Unvollständigkeit hinweist. Damit kündigen sich dem Rechtsanwender zwei Rechtsanwendungsalternativen an. Infolgedessen besteht ein Ansatzpunkt für seine gemeinschaftsrechtliche Pflicht zur richtlinienkonformen Rechtsanwendung. Diese zwingt ihn zur Wahl derjenigen Anwendungsmöglichkeit, welche eine Übereinstimmung mit der Richtlinienvorgabe ermöglicht, mithin zur Annahme einer „europäischen Lücke". Diese Rechtserkenntnis wird im Falle des § 611 a Abs. 2 BGB a.F. zudem durch systematische Erwägungen verstärkt. Aufgrund des Titels „Arbeitsrechtliches EG-Anpassungsgesetz" ist die Gleichbehandlungs-Richtlinie in den Zusammenhang der zivilrechtlichen Vorschrift gestellt worden[387]. Folglich drängt sich auch aus systematischen und mithin sogar positivrechtlich erkennbaren Erwägungen die Annahme einer Lücke auf.

Inhaltlich bedeutet die vorstehende Erkenntnis für den Fall des § 611 a Abs. 2 BGB a.F., dass eine Lücke nicht nur hinsichtlich immaterieller, sondern auch hinsichtlich weitergehender materieller Schadensersatzansprüche bestand[388]. Das heißt, dass auch ein Anspruch auf Ersatz des positiven Schadens planwidrig ungeregelt geblieben ist. Diese „europäische Lücke" ließ sich mit dem in § 611 a

---

[386] Vgl. dazu bereits oben II.2.c.

[387] Vgl. zu diesem Aspekt auch *Zuleeg*, in: Schulze (Hrsg.), Auslegung europäischen Privatrechts und angeglichenen Rechts (1999), S. 163, 165 f.

[388] So auch *Bleckmann*, DB 1984, 1574, 1576; *Hommelhoff*, AcP 192 (1992), 71, 97; *Zuleeg*, RdA 1984, 325, 329 ff.; a.A. *Beyer/Möllers*, JZ 1991, 24, 26 ff.; *Grundmann*, ZEuP 1996, 399, 422; *Nicolaysen*, EuR 1984, 380, 383 ff.

Abs. 2 BGB a.F. - wenn auch nur unvollkommen[389] - festgeschriebenen Sanktionsgedanken für geschlechtsspezifische Diskriminierungen im Sinne der Gleichbehandlungs-Richtlinie, den auch das *Bundesarbeitsgericht* herausgestellt hat, ausfüllen. Die rechtspraktische Folge dieses Vortrags ist damit, dass nicht nur in AP § 611 a BGB Nr. 5, sondern auch in AP § 611 a BGB Nr. 6 der diskriminierten Stellenbewerberin gemäß § 611 a Abs. 2 BGB a.F. analog ein Schadensersatzanspruch in Übereinstimmung mit den Vorgaben der Gleichbehandlungs-Richtlinie hätte zugesprochen werden müssen[390]. Im Übrigen hätten mit der gleichen Begründung auch die Defizite des wiederholt fehlgeschlagenen Umsetzungsversuchs durch das Zweite Gleichberechtigungsgesetz behoben werden können. Sowohl hinsichtlich der richtlinienwidrigen Beschränkung des Schadensersatzanspruchs auf drei Monatsgehälter als auch hinsichtlich des richtlinienwidrigen Verschuldenserfordernisses bestand neben der Vorschrift des § 611 a Abs. 2 BGB a.F. eine „europäische Lücke", die im Wege eines Analogieschlusses auszufüllen war[391].

(2) Richtlinienwidriger Wille des Gesetzgebers

Ist neben dem Wortlaut der nationalen Gesetzgebung auch der Wille des historischen Gesetzgebers auf einen Konflikt mit einer Richtlinienvorgabe gerichtet, so bestehen für eine richtlinienkonforme Rechtsfortbildung von vornherein keine Ansatzpunkte. Das richtlinienwidrige Schweigen des Gesetzes ist vielmehr als ein so genanntes beredtes Schweigen aufzufassen. Es fehlt mithin schon an einer ausfüllungsbedürftigen Lücke[392]. Wie schon im Rahmen der Gemeinschaftsrechtskonformität[393] ist gleichfalls an dieser Stelle auf die Rechtsprechung des *Bundesverfassungsgerichts* zu verweisen, wonach eine normorientierte Rechtsanwendung „das gesetzgeberische Ziel nicht in einem

---

[389] Vgl. dazu die oben wiedergegebene Formulierung von *Möllers*, EuR 1998, 20, 45; *ders.*, Die Rolle des Rechts im Rahmen der europäischen Integration (1999), S. 72 f.; außerdem *Zuleeg*, in: Schulze (Hrsg.), Auslegung europäischen Privatrechts und angeglichenen Rechts (1999), S. 163, 166.

[390] So für den konkreten Fall auch *Hommelhoff*, AcP 192 (1992), 71, 98.

[391] Vgl. hierzu auch *Hergenröder*, JZ 1997, 1174, 1176; *Hilbrandt*, EzA § 611 a BGB Nr. 12, S. 23; a.A. *Abele*, NZA 1997, 641, 642 f.; *Schlachter*, Anmerkung zu AP § 611 a BGB Nr. 13; *Steindorff*, EG-Vertrag und Privatrecht (1996), S. 452; *Worzalla*, NJW 1997, 1809, 1811 f. Vgl. außerdem *Hergenröder*, in: Lieb (Hrsg.), FS Zöllner (1999), S. 1139, 1149 f.

[392] Vgl. hierzu auch *Müller-Graff*, NJW 1993, 13, 21 f.; *Steindorff*, EG-Vertrag und Privatrecht (1996), S. 452. Zumindest im Ergebnis ebenso *Franzen*, Privatrechtsangleichung durch die Europäische Gemeinschaft (1999), S. 416 ff.

[393] Vgl. oben B.II.4.b.bb.(2).

wesentlichen Punkt verfehlen [darf]“[394]. Schließlich stellt auch der gewollte Bruch mit einer Richtlinienvorgabe schon einen „wesentlichen Punkt“ im Sinne dieser Rechtsprechung dar. Zur Wahrung der Autorität des bundesdeutschen Gesetzgebers ist es demnach bei einem richtlinienwidrigen Willen des Gesetzgebers geboten, das im rein nationalen Kontext gewonnene - richtlinienwidrige - Normverständnis als endgültig anzusehen und entsprechend anzuwenden. Hinzuzufügen ist aber auch hier, dass ein derartiges Verhalten der deutschen Legislative eine zumindest teilweise Aufkündigung der Europäischen Gemeinschaft darstellen würde und schon deshalb zum gegenwärtigen Zeitpunkt äußerst unwahrscheinlich ist.

D. Zusammenfassung

Der Einfluss des unmittelbar wirkenden Gemeinschaftsrechts auf das innerstaatliche Recht der Bundesrepublik Deutschland findet zunächst auf der Grundlage der historischen sowie teleologischen Rechtsanwendungsmethode statt. Diese nationale Grundlage einer gemeinschaftsrechtskonformen Rechtsanwendung wird ergänzt durch eine entsprechende gemeinschaftsrechtliche Pflicht aus Art. 10 EGV. Letztere gewährleistet aufgrund ihres verbindlichen Charakters eine nationale Rechtsfindung in Übereinstimmung mit dem unmittelbar wirkenden Gemeinschaftsrecht, vorausgesetzt, dass die nach deutscher Methodik bestehenden äußersten Rechtsanwendungsgrenzen nicht überschritten werden. Dies bedeutet indes nicht, dass eine gemeinschaftsrechtskonforme Rechtsanwendung stets am vielzitierten Wortlaut einer deutschen Rechtsvorschrift auf ihre Grenzen stößt. Die Methode der Rechtsfortbildung erlaubt eine richtlinienkonforme Rechtsfindung vielmehr auch dann, sofern eine Lücke existiert, die anhand einer im bestehenden bundesdeutschen Recht angelegten Wertung ausgefüllt werden kann. Die insofern erforderliche planwidrige Unvollständigkeit des geschriebenen Rechts ergibt sich dabei nicht nur aus einem gemeinschaftsrechtskonformen Willen des historischen Gesetzgebers, sondern vor allem auch aufgrund von objektiv hervortretenden Wertungswidersprüchen zwischen unmittelbar wirkendem Gemeinschaftsrecht und nationalem Recht. Diese hat der Rechtsanwender in Erfüllung seiner Pflicht aus Art. 10 EGV durch die Anerkennung einer gemeinschaftsrechtskonform gewandelten *ratio* der nationalen Rechtsvorschrift aufzulösen. Eine derart teleologisch begründete Richtlinienkonformität ist vor allem für solche Normen von Bedeutung, die dem maßgeblichen

[394] Siehe etwa BVerfG, Beschl. v. 11.6.1980, E 54, 277, 299 f.; BVerfG, Beschl. v. 22.10.1985, E 71, 81 105 sowie für den hier interessierenden Kontext BGH, Urt. v. 5.3.1996, NJW 1996, 2529, 2532. Vgl. außerdem *Larenz*, Methodenlehre der Rechtswissenschaft (1991), S. 344; *Schlaich*, Das Bundesverfassungsgericht (1997), Rdnr. 414 ff.

Gemeinschaftsrecht in ihrer Entstehung zeitlich vorausgehen. Für die Ausfüllung der damit aufgedeckten „europäischen Lücke“ ist entscheidend, ob eine dem unmittelbar wirkenden Gemeinschaftsrecht vergleichbare Wertung bereits im nationalen Recht angelegt ist. Vor allem in den so genannten Diskriminierungsfällen kann insofern regelmäßig aufgrund eines Analogieschlusses auf die diskriminierende Vorschrift selbst zurückgegriffen werden. Soweit indes selbst eine gemeinschaftsrechtskonforme Fortbildung deutschen Rechts nicht in Betracht kommt, muss der Rechtsanwender die nationale Rechtslage als gemeinschaftsrechtswidrig befinden und aufgrund des Vorrangs des unmittelbar wirkenden Gemeinschaftsrechts unangewandt lassen.
Der Einfluss des nur mittelbar wirkenden Gemeinschaftsrechts auf die Anwendung innerstaatlichen Rechts in der Bundesrepublik Deutschland folgt im Ansatz den gleichen Regeln wie die gemeinschaftsrechtskonforme Rechtsanwendung. Auch den Rechtsanwender, der mit einer nationalen Norm im Regelungsbereich einer EG-Richtlinie befasst ist, trifft wie schon bei der Gemeinschaftsrechtskonformität eine Pflicht zur normorientierten Rechtsanwendung aus Art. 10 EGV. Diese wird lediglich verstärkt durch die Vorschrift des Art. 249 Abs. 3 EGV. Zwar ist es zutreffend, dass ausschließlich hinter der Pflicht zur gemeinschaftsrechtskonformen Rechtsanwendung als *ultima ratio* der gemeinschaftsrechtliche Vorrang steht, weshalb auch nur in diesem Zusammenhang die Parallele zur innerstaatlich bekannten Methode der verfassungskonformen Rechtsanwendung bedenkenlos gezogen werden kann. Ebenso ist aber zu beachten, dass im Interesse einer gewahrten nationalen Gesetzgebungsautorität die Reichweite der Pflicht zur positiven Rechtsanwendung in beiden Fällen vom *EuGH* identisch gefasst wurde[395]. Folglich ist es geboten, die grundsätzlichen Erkenntnisse aus dem Bereich der Gemeinschaftsrechtskonformität auf die richtlinienkonforme Anwendung deutschen Rechts zu übertragen. Dies bedeutet, dass nicht allein unter verschiedenen Auslegungsalternativen der deutschen Gesetzgebung diejenige vorzuziehen ist, die die geforderte Richtlinienkonformität garantiert. Vielmehr kann auch eine richtlinienkonforme Rechtsfortbildung erforderlich sein, um der gemeinschaftsrechtlichen Pflicht zu genügen. Insofern ist im Vergleich zur Gemeinschaftsrechtskonformität allerdings beachtlich, dass angesichts der fehlenden unmittelbaren Wirkung eine teleologische Einbeziehung von Richtlinien in die nationale Rechtsanwendung nicht in Betracht kommt. Demzufolge kann es auch nicht um die Auflösung von objektiv hervortretenden Wertungswidersprüchen gehen. Eine teleologisch begründete Planwidrigkeit des geschriebenen Rechts muss mithin scheitern, weshalb die durch Auslegung ermittelte richtlinienwidrige Rechtslage insoweit als lückenlos und damit

---

[395] Siehe EuGH, Urt. v. 4.2.1988, Slg. 1988, 673, 690 - Rs. 157/86, *Murphy ./. An Bord Telecom Eireann*; EuGH, Urt. v. 10.4.1984, Slg. 1984, 1891, 1909 - Rs. 14/83, *von Colson und Kamann ./. Land Nordrhein-Westfalen.*

verbindlich gilt. Demgegenüber kann eine „europäische Lücke" aber auch hier durch einen richtlinienkonformen Willen des historischen Gesetzgebers begründet werden, was in aller Regel voraussetzt, dass die nationale Gesetzgebung der gemeinschaftsrechtlichen Vorgabe zeitlich nachfolgt. Abgesehen von Fällen eines völligen Umsetzungsfehlschlags wird mit einer derartigen Lückenfeststellung die Erkenntnis einhergehen, dass auch eine nur unzureichende Richtlinienumsetzung die Wertentscheidung der Richtlinie ins nationale Recht übernimmt. Die „europäische Lücke" ist daher im Wege einer Analogie zu schließen.

3. Kapitel: Die Rechtslage im Vereinigten Königreich von Großbritannien und Nordirland

Die Beschreibung der Rechtslage im Vereinigten Königreich eröffnet mit den herkömmlichen, das heißt vom Gemeinschaftsrecht unbeeinflussten, Interpretationsmethoden. Erst im Anschluss daran wird deren Anwendung im Bereich des unmittelbar und mittelbar wirkenden Gemeinschaftsrechts vornehmlich anhand der einschlägigen *House of Lords*-Entscheidungen aufgezeigt.

A. Herkömmliche nationale Interpretationsmethoden

Die Grundsätze, nach denen im Vereinigten Königreich Vorschriften des nationalen Rechts anzuwenden sind, fasste *Lord Diplock* im Jahre 1980 in der Entscheidung *Duport Steels Ltd. v. Sirs* zusammen:

> „My Lords, at a time when more and more cases involving the application of legislation which gives effect to policies that are the subject of bitter public and parliamentary controversy, it cannot be too strongly emphasised that the British Constitution, though largely unwritten, is firmly based upon the separation of powers: Parliament makes the law, the judiciary interprets them. When Parliament legislates to remedy what the majority of its members at the time perceive to be a defect or a lacuna in the existing law [...] the role of the judiciary is confined to ascertaining from the words that Parliament has approved as expressing its intention what that intention was, and to giving effect to it. Where the meaning of the statutory words is plain and unambiguous it is not for the judges to invent fancied ambiguities as an excuse for failing to give effect to its plain meaning because they themselves consider that the consequences of doing so would be inexpedient, or even unjust or immoral. In controversial matters such as are involved in industrial relations there is room for differences of opinion as to what is expedient, what is just and what is morally justifiable. Under our Constitution it is Parliament's opinion on these matters that is paramount."[1]

Obwohl nicht ausdrücklich erwähnt, stellte *Lord Diplock* zunächst ausgehend vom verfassungsrechtlichen Grundsatz der *Parliamentary sovereignty* fest, dass die nationalen Gerichte als Rechtsanwender an Entscheidungen des *Parliament* gebunden sind. Der genaue Inhalt dieser gesetzgeberischen Entscheidungen ist dabei der jeweiligen Rechtsvorschrift zu entnehmen, mit der das *Parliament* seinen Willen (*Parliamentary intention*) zum Ausdruck gebracht hat. Der Gesetzeswortlaut (*statutory wording*) dient somit als notwendige „Brücke" zur Feststellung der für die Rechtsanwendung letztlich entscheidenden

---

[1] House of Lords, Urt. v. 7.2.1980, [1980] 1 All ER 529, 541 per Lord Diplock - *Duport Steels Ltd. v. Sirs*.

Parliamentary intention. Im Einzelnen ist das Verhältnis dieser von *Lord Diplock* herausgestellten Kriterien jedoch nicht immer einfach zu bestimmen. Zunächst ist daher näher auf die grundsätzliche Bedeutung der *Parliamentary intention* einerseits und des *statutory wording* andererseits einzugehen. Erst im Anschluss daran geht es um die tatsächliche Ermittlung dieser Kriterien im Wege der so genannten *rules of construction*.

I. Parliamentary Intention und Statutory Wording

1. Die Funktion des Statutory Wording

Die primäre Bedeutung des gesetzgeberischen Willens für die Anwendung nationalen Rechts ergibt sich noch deutlicher als im vorgenannten Zitat aus einer Bemerkung von *Lord Griffiths* in der Entscheidung *Pepper v. Hart* aus dem Jahre 1992:

> „The object of the court in interpreting legislation is to give effect so far as the language permits to the intention of the legislature. If the language proves to be ambiguous I can see no sound reason not to consult Hansard to see if there is a clear statement of the meaning that the words were intended to carry. The days have long passed when the courts adopted a strict constructionist view of interpretation which required them to adopt the literal meaning of the language. The courts now adopt a purposive approach which seeks to give effect to the true purpose of legislation and are prepared to look at much extraneous material that bears upon the background against which the legislation was enacted.“[2]

Hiernach soll nicht mehr nur die Ermittlung des gesetzgeberischen Willens, so wie er in der jeweiligen Gesetzesfassung Ausdruck gefunden hat, im Vordergrund stehen. Ziel einer *statutory interpretation* ist vielmehr die Aufdeckung des wahrhaftigen Willens („true purpose of legislation“), dessen Feststellung nicht durch die gewöhnliche Lesart einer Gesetzesvorschrift („literal meaning of the language“) begrenzt sein soll. Zu diesem Zweck änderte *Lord Griffiths* in *Pepper v. Hart* das bisherige *case-law* und ließ für die Rechtsanwendung - neben der Heranziehung des betreffenden Gesetzestextes selbst - einen Rückgriff auf die diesbezüglichen Gesetzesmaterialien des offiziellen Parlamentsprotokolls *Hansard* zu[3]. Das bis dahin bestehende Verbot der Berücksichtigung dieser Rechtserkenntnisquelle diente dazu, etwaige Konflikte zwischen Gesetzestext und wahrhaftigem gesetzgeberischen Willen

---

[2] House of Lords, Urt. v. 26.11.1992, [1992] 3 W.L.R. 1032, 1040 per Lord Griffiths - *Pepper v. Hart*.

[3] Vgl. hierzu *Styles*, (1994) 14 O.J.L.S. 151 ff.

von vornherein zu vermeiden[4]. Jedoch soll auch der nunmehr von *Lord Griffiths* verfolgte *purposive approach* an seine Grenze stoßen, wo das Resultat ein Normverständnis wäre, das mit dem Gesetzeswortlaut in keiner Weise zu vereinbaren ist. Grundvoraussetzung für die Ermittlung eines von der gewöhnlichen Lesart abweichenden *true purpose of legislation* ist daher, dass die betreffende Rechtsvorschrift eine Mehrdeutigkeit (*ambiguity*) aufweist[5]. Erst aufgrund dieser *ambiguity* bestehen im Rahmen einer isolierten Wortlautinterpretation verschiedene Rechtsanwendungsmöglichkeiten, von denen eine geeignet sein kann, die betreffende Rechtsvorschrift in Einklang mit dem wahrhaftigen Willen des Gesetzgebers zu bringen. Unschädlich ist insofern, wenn sich zunächst eine andere Rechtsanwendungsmöglichkeit mehr aufdrängt[6].
Steht das Urteil *Pepper v. Hart* damit sehr im Zeichen eines *purposive approach*, so ist dem eine frühere Entscheidung aus dem Jahre 1975 entgegenzusetzen. In *Black-Clawson International Ltd. v. Papierwerke Waldhof-Aschaffenburg* machte *Lord Reid* eine Bemerkung, die im Widerspruch mit *Pepper v. Hart* zu stehen scheint:

> „We often say that we are looking for the intention of Parliament, but that is not quite accurate. We are seeking the meaning of the words which Parliament used. We are seeking not what Parliament meant but the true meaning of what they said. In the comparatively few cases where the words of a statutory provision are only capable of having one meaning, that is an end of the matter and no further inquiry is permissible."[7]

Im Gegensatz zu *Pepper v. Hart* erweckt diese Äußerung den Anschein, als ginge es im Rahmen der *statutory interpretation* gerade nicht um den tatsächlichen gesetzgeberischen Willen, sondern ausschließlich um den Gesetzeswortlaut. Dieser Widerspruch hätte zur Folge, dass von dem älteren Urteil *Black-Clawson International Ltd. v. Papierwerke Waldhof-Aschaffenburg* kein verbindliches Präjudiz mehr ausginge. Unberücksichtigt bliebe insofern jedoch eine entscheidende Differenzierung. Richtig ist zweifellos, dass die letztgenannte Entscheidung „*overruled*" ist, soweit es darum geht, das Ergebnis der *interpretation* allein aus dem Gesetzestext zu

---

[4] Siehe House of Lords, Urt v. 27.11.1974, [1975] A.C. 373, 391 per Lord Simon of Glaisdale - *Maunsell v. Olins*. Vgl. außerdem *Bankowski/MacCormick*, in: MacCormick/Summers (eds.), Interpreting Statutes (1991), p. 359, 380 ff.

[5] House of Lords, Urt. v. 26.11.1992, [1992] 3 W.L.R. 1032, 1040 per Lord Griffiths - *Pepper v. Hart*.

[6] Vgl. hierzu *Stark*, (1999) 20 Statute Law Review 144, 146; *Bennion*, Statutory Interpretation (1997), p. 345 ff.

[7] House of Lords, Urt. v. 5.3.1975, [1975] A.C. 591, 613 per Lord Reid - *Black-Clawson International Ltd. v. Papierwerke Waldhof-Aschaffenburg*.

gewinnen. Bedenkt man aber gerade diese unterschiedliche Ausgangslage beider Entscheidungen, so kann die zentrale Bedeutung des *statutes* selbst gegenüber der *Parliamentary intention* kaum verwundern. Von Bedeutung ist daneben aber, dass *Lord Reid* dennoch nicht bei der Formulierung „meaning of the words which Parliament used“ stehen blieb, sondern darüber hinaus auf „the *true* meaning of what they said“[8] abstellte. Daraus folgt, dass hier gleichfalls der tatsächliche Wille des Gesetzgebers ermittelt werden sollte, wenn auch nur anhand des positiven Rechts sowie gemeinhin bekannter Beweggründe[9]. Dies aber steht ebenso wenig in Widerspruch zum Urteil *Pepper v. Hart* wie der weitere Entscheidungsgrund (*ratio decidendi*), nach dem Ausgangspunkt jeglicher Rechtsanwendung grundsätzlich der Wortlaut der anzuwendenden Vorschrift ist. Dies hatte *Lord Reid* selbst bereits in der Entscheidung *Pinner v. Everett* im Jahre 1969 zum Ausdruck gebracht:

> „In determining the meaning of any word or phrase in a statute the first question to ask always is what is the natural or ordinary meaning of that word or phrase in its context in the statute. It is only when that meaning leads to some result which cannot reasonably be supposed to have been the intention of the legislature that it is proper to look for some other permissible meaning of the word or phrase.“[10]

Der Gesetzeswortlaut als Ausgangspunkt der *interpretation* ist insbesondere dann von Bedeutung, wenn ein weiteres Mittel zur Ermittlung des Gesetzgeberwillens nicht zur Verfügung steht[11].

Ebenso wie die Entscheidung *Pepper v. Hart* unterstreicht das Urteil *Black-Clawson International Ltd. v. Papierwerke Waldhof-Aschaffenburg* darüber hinaus vor allem, dass selbst eine Rechtsanwendung, die dem *true purpose of legislation* Rechnung trägt, an der Grenze der noch möglichen Bedeutung des Gesetzeswortlauts Halt zu machen hat. Dieser Gedanke wurde wiederum von *Lord Reid* schon im Jahre 1962 in der Entscheidung *Jones v. Director of Public Prosecutions* formuliert:

> „It is a cardinal principle applicable to all kinds of statutes that you may not for any reason attach to a statutory provision a meaning which the words of that provision cannot reasonably bear. If they are capable of more than one meaning, then you can choose between those meanings, but beyond that you must not go.“[12]

[8] Hervorhebung vom Verfasser.
[9] Vgl. dazu die so genannte *mischief rule* - unten II.5.
[10] House of Lords, Urt. v. 29.7.1969, [1969] 3 All ER 257, 258 f. per Lord Reid - *Pinner v. Everett*.
[11] Vgl. *Bennion*, Statutory Interpretation (1997), p. 739 f. & 746.
[12] House of Lords, Urt. v. 7.2.1962, [1962] A.C. 635, 662 per Lord Reid - *Jones v. Director of Public Prosecutions*. Siehe auch House of Lords, Urt. v. 18.2.1960, [1960] A.C. 748, 767 per Lord Reid - *Inland Revenue Commissioners v. Hinchy*. Vgl. zu Letzterem im deutschen Schrifttum bereits *Zweigert/Kötz*, Einführung in die Rechtsvergleichung (1996), S. 260.

Mit Blick auf die Frage, wann diese Grenze des noch möglichen Wortsinns (*meaning which the words of a provision can reasonably bear*) erreicht ist, ergänzte *Lord Reid* nur ein Jahr später in *Luke v. Inland Revenue Commissioners*:

> „It is only where the words are absolutely incapable of a construction which will accord with the apparent intention of the provision and will avoid a wholly unreasonable result, that the words of the enactment must prevail."[13]

Der Rechtsprechung des *House of Lords* durch die Urteile *Pepper v. Hart* und *Black-Clawson International v. Papierwerke Waldhof-Aschaffenburg* lässt sich demnach ein grundsätzlich klar abgrenztes Verhältnis zwischen *statutory wording* und *Parliamentary intention* entnehmen. Umso mehr erscheint es daher geboten, auf vereinzelte weitere Entscheidungen einzugehen, die von dieser Rechtssprechungslinie abweichen.

2. Anerkennung einer Golden Rule?

In Ergänzung zur bisher dargestellten Rechtslage wird zumeist unter dem Topos „golden rule" diskutiert, ob unter besonderen Umständen von der Grenze des noch möglichen Wortsinns abgewichen werden darf. Einleitend sei insofern auf eine Bemerkung von *Lord Mersey* aus dem Jahre 1910 in der Entscheidung *Thompson v. Goold & Co.* zurückgegriffen:

> „It is a strong thing to read into an Act of Parliament words which are not there, and in the absence of clear necessity it is a wrong thing to do."[14]

Während die erste Hälfte dieses Zitats durchaus mit dem Vorgesagten in Einklang zu bringen ist, scheint die zweite Satzhälfte die Möglichkeit einer Rechtsanwendung jenseits des noch möglichen Wortlauts zu eröffnen. Aus dem *argumentum e contrario* folgt nämlich, dass es bei Vorliegen eindeutiger Notwendigkeiten („clear necessity") möglich sein soll, nicht vorhandene Wörter in den Gesetzestext hineinzulesen. Hier stellen sich zwei Fragen. Erstens: Was ist unter „clear necessity" zu verstehen? Und zweitens: In welchem Umfang dürfen Wörter in den Gesetzestext hineingelesen werden?
Dem bisher Gesagten am nächsten steht eine Bemerkung von *Lord Simon of Glaisdale* in der Entscheidung *Maunsell v. Olins* aus dem Jahre 1974:

---

[13] House of Lords, Urt. v. 20.2.1963, [1963] A.C. 557, 577 per Lord Reid - *Luke v. Inland Revenue Commissioners.*

[14] House of Lords, Urt .v. 9.6.1910, [1910] A.C. 409, 420 per Lord Mersey - *Thompson v. Goold & Co.*.

> „It is sometimes put that, in statutes dealing with ordinary people in their everyday lives, the language is presumed to be used in its primary ordinary sense, unless this stultifies the purpose of the statute, or otherwise produces some injustice, absurdity, anomaly or contradiction, in which case some secondary ordinary sense may be preferred, so as to obviate the injustice, absurdity, anomaly or contradiction, or fulfil the purpose of the statute [...].“[15]

Hiernach darf in Fällen, in denen eine Rechtsanwendung nach der gewöhnlichen Lesart einer Vorschrift den mit ihr verfolgten Zweck gefährden beziehungsweise als ungerecht, absurd, anomal oder widersprüchlich erscheinen würde, zur Vermeidung derartiger Unstimmigkeiten ein „secondary ordinary sense“ bevorzugt werden. Damit ein solcher „secondary sense“ aber auch noch als „ordinary“ bezeichnet werden kann, muss auch er innerhalb der oben skizzierten Grenzen, also innerhalb des noch möglichen Wortsinns, liegen[16]. Grundvoraussetzung für die Abweichung von der gewöhnlichen Lesart einer Rechtsnorm ist daher auch hier das Vorliegen einer *ambiguity.*
Bedeutend weitgehender sind hingegen zwei instanzgerichtliche Entscheidungen. So machte *MacKinnon LJ* im Jahre 1937 in der Entscheidung *Sutherland Publishing Co. Ltd. v. Caxton Publishing Co. Ltd.* folgende Äußerung:

> „When the purpose of an enactment is clear, it is often legitimate, because it is necessary, to put a strained construction upon some words which have been inadvertently used, and of which the plain meaning would defeat the obvious intention of the Legislature. It may even be necessary, and therefore legitimate, to substitute for an inept word or words that which such intention requires.“[17]

Demnach soll, wenn der mit einer Norm verfolgte Zweck feststeht, eine Notwendigkeit bestehen, die es notfalls rechtfertige, einen Gesetzeswortlaut im Sinne des verfolgten Zwecks abzuändern. Auch wenn *MacKinnon LJ* hier vorgibt, eine Begründung für seine Rechtsauffassung zu liefern, so bleibt dennoch offen, warum eine Notwendigkeit („it is often legitimate, because it is necessary“) für eine solche Rechtsanwendung besteht. Der Ansatzpunkt der hiergegen gerichteten Kritik kam schon einleitend mit dem Zitat von *Lord Diplock* aus der Entscheidung *Duport Steels Ltd. v. Sirs* deutlich zum Ausdruck. Aus dem anerkannten Prinzip der *separation of powers* folgt nämlich, dass das *Parliament* die Gesetze erlässt, während die Aufgabe der Gerichte darauf

---

[15] House of Lords, Urt. v. 27.11.1974, [1975] A.C. 373, 391 per Lord Simon of Glaisdale - *Maunsell v. Olins.*

[16] Ähnlich *Bell/Engle*, Cross: Statutory Interpretation (1995), p. 49, die darauf hinweisen, dass diese Bemerkung, obwohl sie Bestandteil einer abweichenden Meinung ist, sehr wohl als *authority* gilt.

[17] Court of Appeal, Urt. v. 15.11.1937, [1938] 1 Ch. 174, 201 per MacKinnon LJ - *Sutherland Publishing Co. Ltd. v. Caxton Publishing Co. Ltd.*.

beschränkt ist, diese anzuwenden. Dies hatte auch *Scarman LJ* erkannt, als er im Jahre 1976 in der Entscheidung *Western Bank Ltd. v. Schindler* bemerkte:

> „Judicial legislation is not an option open to an English judge. Our courts are not required [...] to declare and insert into legislation rules which the judge would have put there, had he been the legislator."[18]

Er fügte jedoch hinzu:

> „But our courts do have the duty of giving effect to the intention of Parliament, if it be possible, even though the process requires a strained construction of the language used or the insertion of some words in order to do so [...].[19]

Scarman LJ hielt damit ebenso wie schon *MacKinnon LJ* eine „strained construction" und damit eine Abänderung des Gesetzeswortlauts zu Gunsten der *Parliamentary intention* für zulässig. In *Western Bank Ltd. v. Schindler* wurde allerdings nicht einmal versucht, eine eigenständige Begründung für eine derartige Rechtsanwendungsmethode zu liefern. Vielmehr berief sich *Scarman LJ* auf die bereits zitierte Entscheidung *Luke v. Inland Revenue Commisioners*, in der *Lord Reid* jedoch den noch möglichen Wortsinn als Grenze der *interpretation* angeführt hatte. Dies verwundert ebenso wie eine spätere Bemerkung von nunmehr *Lord Scarman* im *House of Lords* in der bereits genannten Entscheidung *Duport Steels Ltd. v. Sirs*:

> „But in the field of statute law the judge must be obedient to the will of Parliament as expressed in its enactment. In this field Parliament makes, and unmakes, the law; the judge's duty is to interpret and to apply the law, not to change it to meet the judge's idea of what justice requires. Interpretation does, of course, imply in the interpreter a power of choice where differing constructions are possible. But our law requires the judge to choose the construction which in his judgment best meets the legislative purpose of the enactment. If the result be unjust but inevitable, the judge must say so and invite Parliament to reconsider its position. But he must not deny the statute. Unpalatable statute law may not be disregarded or rejected, merely because it is unpalatable. Only if a just result can be achieved without violating the legislative purpose of the statute may the judge select the construction which best suits his idea of what justice requires."[20]

Man mag einen Widerspruch zwischen dieser Bemerkung und dem Zitat aus der Entscheidung *Western Bank Ltd. v. Schindler* dadurch umgehen, indem man darauf verweist, dass *Lord Scarman* hier nicht mit einem Konflikt zwischen

---

[18] Court of Appeal, Urt v. 5.3.1976, [1977] 1 Ch. 1, 18 per Scarman LJ - *Western Bank Ltd. v. Schindler*.

[19] ibid.

[20] House of Lords, Urt .v. 7.2.1980, [1980] 1 All ER 529, 551 per Lord Scarman - *Duport Steels Ltd. v. Sirs*.

Parliamentary intention und *statutory wording* befasst war. Demnach könnte gefolgert werden, dass sich die hier anerkannte Rechtsanwendungsgrenze („where differing constructions are possible") nicht gegen eine *interpretation* anhand des wahrhaftigen gesetzgeberischen Willens durchsetzt. Ein solches Verständnis würde jedoch den Kontext übersehen, in dem *Lord Scarman* auf den „legislative purpose *of the enactment*"[21] abstellte. Insofern ist entscheidend, dass vor *Pepper v. Hart* ein gesetzgeberischer Wille, der einer bestimmten Rechtsnorm widersprach, vor allem aus dem geschriebenen Recht selbst hergeleitet werden musste. Hieraus folgt, dass die verwendete Formulierung den gesetzgeberischen Willen nicht nur berücksichtigt, soweit er aus der betreffenden Rechtsvorschrift herzuleiten ist, sondern soweit er mit allen zur Verfügung stehenden Mitteln, also dem gesamten Gesetzeswerk, überhaupt festgestellt werden kann. Spricht somit selbst *Lord Scarman* von einer Rechtsanwendung „without violating the *legislative* purpose of the statute"[22], so lässt sich nach wie vor anhand der Rechtsprechung des *House of Lords* bestätigen, dass das Recht des Vereinigten Königreichs zur Verwirklichung des wahrhaftigen gesetzgeberischen Willens grundsätzlich keine Rechtsanwendung jenseits des Gesetzeswortlauts gestattet.

Allerdings besteht diese Regel nicht ohne Ausnahme. Zwar wurde im Zusammenhang der Entscheidung *Maunsell v. Olins* gesagt, dass selbst in Fällen, in denen der mit einer Rechtsnorm verfolgte Zweck gefährdet beziehungsweise eine Ungerechtigkeit, Absurdität, Anomalität oder Widersprüchlichkeit droht, der Rechtsanwender lediglich auf einen *secondary ordinary sense* zurückgreifen kann. Nach der Rechtsprechung des *House of Lords* ist diese Ausgangslage indes noch steigerungsfähig. Dies sei an einer Rede von *Lord Reid* in der Entscheidung *Federal Steam Navigation Co. Ltd. v. Department of Trade and Industry* aus dem Jahre 1974 verdeutlicht:

> „Cases where it has properly been held that a word can be struck out of a deed or statute and another substituted can as far as I am aware be grouped under three heads: where without such substitution the provision is unintelligible or absurd or totally unreasonable; where it is unworkable; and where it is totally irreconcilable with the plain intention shown by the rest of the deed or statute."[23]

Zusammengefasst folgt demnach aus der Formulierung von *Lord Reid*, dass es sich um eine offensichtlich außergewöhnliche Konstellation handeln muss,

---

[21] Hervorhebung vom Verfasser.

[22] Hervorhebung vom Verfasser.

[23] House of Lords, Urt. v. 27.3.1974, [1974] 2 All ER 97, 100 per Lord Reid - *Federal Steam Navigation Co. Ltd. v. Department of Trade and Industry*. Vgl. auch Court of Appeal, Urt. v. 23.3.1959, [1959] Q.B. 350, 354 f. per Lord Parker - *Regina v. Oakes*.

damit eine Überschreitung der äußersten Wortlautgrenze gerechtfertigt ist[24]. Dies wird noch deutlicher, wenn man sich vergegenwärtigt, dass *Bell/Engle* in ihrer Monographie über *Statutory Interpretation* von einem legislativen „mistake" sprechen[25], wohingegen das Verfassungsrecht des Vereinigten Königreichs bestimmt, dass „the legislature is an ideal person that does not make mistakes"[26]. Bezeichnenderweise wird, obwohl im Einzelnen umstritten[27], in diesem Zusammenhang von der Rechtsanwendung im Sinne der *golden rule* gesprochen[28]. Die einzelnen Schritte dieser Rechtsanwendungsmethode wurden von *Lord Diplock* in der Entscheidung *Wentworth Securities Ltd. v. Jones* dargelegt:

> „My Lords, I am not reluctant to adopt a purposive construction where to apply the literal meaning of the legislative language used would lead to results which would clearly defeat the purposes of the Act. But in doing so the task on which a court of justice is engaged remains one of construction; even where this involves reading into the Act words which are not expressly included in it. *Kammins Ballrooms Co. Ltd.* v. *Zenith Investments (Torquay) Ltd.* [1971] A.C. 850 provides an instance of this; but in that case the three conditions that must be fulfilled in order to justify this course were satisfied. First, it was possible to determine from a consideration of the provisions of the Act read as a whole what the mischief was that it was the purpose of the Act to remedy; secondly, it was apparent that the draftsman and Parliament had by inadvertance overlooked, and so omitted to deal with, an eventuality that required to be dealt with if the purpose of the Act was to be achieved; and thirdly, it was possible to state with certainty what were the additional words that would have been inserted by the draftsman and approved by Parliament had their attention been drawn to the omission before the Bill passed into law. Unless this third condition is fulfilled any attempt by a court of justice to repair the omission in the Act cannot be justified as an exercise of its jurisdiction to determine what is the meaning of a written law which Parliament has passed. Such an attempt crosses the boundary between construction and legislation. It becomes usurpation of a function which under the constitution of this country is vested in the legislature to the exclusion of the courts."[29]

---

[24] Ausführlich hierzu *Bennion*, Statutory Interpretation (1997), p. 355 ff., 387 ff., 751 ff. Vgl. außerdem *Bankowski/MacCormick*, in: MacCormick/Summers (eds.), Interpreting Statutes (1991), p. 359, 385.

[25] *Bell/Engle*, Statutory Interpretation (1995), p. 99 ff.

[26] Vgl. House of Lords, Urt. v. 20.7.1891, [1891] A.C. 531, 549 per Lord Halsbury - *Commissioners for Special Purposes of the Income Tax v. Pemsel.*

[27] Vgl. zur umstrittenen Terminologie *Bennion*, Statutory Interpretation (1997), p. 671.

[28] Vgl. *Bell/Engle*, Statutory Interpretation (1995), p. 15 f.

[29] House of Lords, Urt v. 13.12.1978, [1980] A.C. 74, 105 per Lord Diplock - *Wentworth Securities Ltd. v. Jones.*

Zur Modifizierung des geschriebenen Rechts erforderlich ist demnach, (a) dass der tatsächliche Gesetzeszweck positivrechtlich feststeht, (b) dass der Mangel der Rechtsvorschrift mit Sicherheit auf einem Versehen beruht, sowie (c) dass der unterbliebene Gesetzeswortlaut bekannt ist, damit der Inhalt der Rechtsergänzung keine Unsicherheit in sich birgt[30]. *Bell/Engle* schlagen darüber hinaus vor, in Übereinstimmung mit *Scarman LJ* in *Western Bank Ltd. v. Schindler* als vierte Voraussetzung die Rechtsergänzung nach Art und Umfang zu begrenzen[31]. *Scarman LJ* führte insofern aus:

> „Suffice it to say that before our courts can imply words into a statute the statutory intention must be plain and the insertion not too big, or to much at variance with the language in fact used by the legislature."[32]

Allerdings dürfte sich eine solche Beschränkung bereits aus den ersten drei Voraussetzungen ergeben. Anderenfalls kann wohl nur schwerlich von einem versehentlichen Unterlassen sowie einem konkret feststehenden Inhalt zur Rechtsergänzung ausgegangen werden. Auf jeden Fall demonstriert dieser Vorschlag aber, wie unfassbar sich die von *Lord Diplock* aufgestellten Voraussetzungen in der Rechtstatsächlichkeit darstellen. Dementsprechend kann es kaum verwundern, dass nicht nur das Erfordernis einer solchen vierten Voraussetzung, sondern die Voraussetzungen der *golden rule* im Ganzen äußerst umstritten sind.

3. *Weitere Formen der Rechtsanwendung*

Neben einer wortlautüberschreitenden Rechtsanwendung auf der Grundlage der *golden rule* kennt das Recht des Vereinigten Königreichs die Heranziehung von *common law principles* und die Methode der *analogy*.

---

[30] Kritisch zur letzten Voraussetzung *Bennion*, Statutory Interpretation (1997), p. 733 unter Hinweis auf House of Lords, Urt. v. 27.11.1969, [1971] A.C. 1 ff. - *Director of Public Prosecutions v. Schildkamp. Bennion* trägt vor, dass es praktisch unmöglich sei, die genaue Formulierung der beabsichtigten, aber unerreichten Gesetzesnorm zu kennen. Indes dürfte es *Lord Diplock* weniger um die exakte Formulierung, als vielmehr um den exakten Inhalt der geplanten Rechtsergänzung gegangen sein. Die Kritik von *Bennion* ist daher verfehlt - ähnlich *Bell/Engle*, Statutory Interpretation (1995), p. 102, Fußnote 4.

[31] *Bell/Engle*, Stautory Interpretation (1995), p. 103.

[32] House of Lords, Urt. v. 5.3.1976, [1977] 1 Ch. 1, 18 per Scarman LJ - *Western Bank Ltd. v. Schindler*.

a) *Common Law Principles*

In Anbetracht der Regeln des *common law* stellt sich die umstrittene Frage nach deren Verhältnis zu dem vermehrt bestehenden *statute law*[33]. Hierzu hat *Lord Wilberforce* in *Shiloh Spinners Ltd. v. Harding* Folgendes bemerkt:

> „In my opinion where the courts have established a general principle of law or equity, and the legislature steps in with particular legislation in a particular area, it must, unless showing a contrary intention, be taken to have left the cases outside that area where they were under the influence of the general law. To suppose otherwise involves the conclusion that an existing jurisdiction has been cut down by implication, by an enactment moreover which is positive in character rather than negative."[34]

Im Anwendungsbereich von „general principles of law or equity" geht *Lord Wilberforce* demzufolge von einer Vermutung aus, dass ein derartiges *principle* von einer gesetzlichen Neuregelung unberührt geblieben ist und demnach auch weiterhin Rechtswirkungen entfaltet.
Die Voraussetzung einer legislativen Nichtberücksichtigung des betreffenden Regelungsbereichs wurde in dogmatisch entsprechender Weise später auch von *Lord Scarman* in *Pioneer Aggregates (U.K.) Ltd. v. Secretary of State for the Environment* aufgegriffen, gleichzeitig jedoch die Annahme einer diesbezüglichen Vermutung zumindest für den Bereich des kodifizierten Bauplanungsrechts (*planning law*) erheblich eingeschränkt, wenn nicht sogar aufgegeben:

> „Where the code is silent or ambiguous, resort to the principles of private law (especially property and contract law) may be necessary so that the courts may resolve difficulties by application of common law or equitable principles. But such cases will be exceptional. And, if the statute law covers the situation, it will be an impermissible exercise of the judicial function to go beyond the statutory provision by applying such principles merely because they may appear to achieve a fairer solution to the problem being considered. As ever in the field of statute law it is the duty of the courts to give effect to the intention of Parliament as evinced by the statute, or statutory code, considered as a whole."[35]

---

[33] Vgl. dazu ausführlich *Atiyah*, [1985] 48 MLR 1 ff.; *Bankowski/MacCormick*, in: MacCormick/Summers (eds.), Interpreting Statutes (1991), p. 359, 387 ff.; *Cross/Harris*, Precedent in English Law (1991), p. 165 ff.; *Pound*, (1907-08) 21 Harv. L. Rev. 383 ff.

[34] House of Lords, Urt. v. 13.12.1972, [1973] A.C. 691, 725 per Lord Wilberforce - *Shiloh Spinners Ltd. v. Harding.*

[35] House of Lords, Urt. v. 24.5.1984, [1984] 3 W.L.R. 32, 38 per Lord Scarman - *Pioneer Aggregates (U.K.) Ltd. v. Secretary of State for the Environment.*

Demnach lässt sich folgern, dass für die Regeln des *common law* grundsätzlich nur noch dann ein Bedürfnis besteht, wenn positiv festgestellt werden kann, dass es sich nicht um einen vom *statute law* erfassten Regelungsbereich handelt.

b) Analogy

Soweit nach dem Vorgesagten eine Heranziehung der *common law principles* aufgrund der positivrechtlich bestehenden Regelungsdichte nicht in Betracht kommt, wird vereinzelt eine *analogy within the statutory code* erwogen. Anders als bei der *golden rule*, wo es um die Überwindung einer ihrem Wortlaut nach entgegenstehenden Rechtsvorschrift geht, entnimmt man mit der Methode der *analogy* dem vorhandenen Regelungswerk eine allgemeine Rechtsregel (*general rule*) als Interpretationshilfe, auf deren Grundlage ein vorhandener Gesetzestext zu Gunsten eines gänzlich ungeregelten Bereichs erweitert werden darf[36]. Die einzelnen Voraussetzungen dieser Rechtsanwendungsmethode sind indes alles andere als geklärt. Abgesehen davon, dass eine *analogy* zum Teil von der Rechtsprechung überhaupt nicht angewandt wird[37], liegen keine Erkenntnisse darüber vor, welche konkreten Anforderungen eine bestimmte positive Rechtsregel, von der eine allgemeine Rechtsregel abgeleitet werden soll, aufweisen muss[38]. Fest steht lediglich, dass insofern von qualifizierten Voraussetzungen auszugehen ist. Darüber hinaus ist aber vor allem das Verhältnis der *analogy* zu den *common law principles* umstritten, insbesondere ob die Annahme einer *analogy* zu einer inhaltlichen Veränderung des bisherigen *case-law* führen darf[39]. Bezeichnend ist daher, wie *Bell/Engle* in ihrer Monographie über *Statutory Interpretation* die Voraussetzungen dieser Methode abschließend zusammenfassen:

---

[36] Vgl. *Bell/Engle*, Statutory Interpretation (1995), p. 43 ff., vor allem p. 45: „Reasoning by analogy goes further than expansive interpretation by treating the statutory provision as an illustration of a principle which can be applied generally to other areas outside the scope of the statutory rule."

[37] So *Bell/Engle*, Statutory Interpretation (1995), p. 45.

[38] *Cross/Harris*, Precedent in English Law (1991), p. 176: „[...] the force of analogy is something which varies very greatly."

[39] So House of Lords, Urt. v. 15.2.1949, [1949] 2 K.B. 291, 310 ff. per Bucknill LJ - *Davies v. Swan Motor Co. (Swansea)*; House of Lords, Urt. v. 21.6.1979, [1979] 2 All ER 927, 933 per Lord Diplock - *Erven Warnink BV v. James Townend & Sons (Hull) Ltd.*; House of Lords, Urt. v. 1.4.1982, [1983] 1 A.C. 366, 385 per Lord Diplock, 391 per Lord Cross of Chelsea, 401 per Lord Scarman - *Universe Tankships Inc. of Monrovia v. International Transport Workers Federation.* Vgl. außerdem *Gunasekara*, (1993) 14 Statute Law Review 84 ff.; kritisch hingegen *Atiyah*, [1985] 48 MLR 1, 22 f.; *Cross/Harris*, Precedent in English Law (1991), p. 176.

„The proper approach for both is simply that analogies are drawn where, in all the circumstances, they are appropriate."[40]

II. Rules of Construction

Wurde soeben beschrieben aufgrund welcher Kriterien der Inhalt eines Rechtssatzes im Recht des Vereinigten Königreichs zu ermitteln ist, so geht es nunmehr um die Feststellung dieser Kriterien selbst. Jedoch ist darauf hinzuweisen, dass sich gewisse Überschneidungen beider Darstellungen nicht vermeiden lassen. So wurde vor allem bereits die Ermittlung des gesetzgeberischen Willens vornehmlich anhand des *statutory wording*, daneben aber auch anhand der Parlamentsprotokolle in die Erörterung miteinbezogen. Noch weitgehend unerwähnt geblieben ist hingegen der Umgang mit dem Gesetzeswortlaut. Eine gewisse Zwischenstellung nimmt darüber hinaus auch die *golden rule* ein: Zwar ist sie vor allem für das Verhältnis zwischen *Parliamentary intention* und *statutory wording* von ausschlaggebender Bedeutung. Gleichzeitig liefert die *golden rule* aber auch Anhaltspunkte für die Feststellung des gesetzgeberischen Willens, in dem sie ausnahmsweise den Gesetzeswortlaut als unbeachtlich erscheinen lässt. Es wird also deutlich, dass eine Abgrenzung zwischen Bedeutung und Feststellung von *Parliamentary intention* und *statutory wording* nur bedingt vorgenommen werden kann.

1. Literal Rule

Auch wurde im Rahmen der Funktion des *statutory wording* bereits von der *literal meaning of the language* gesprochen, welche als gewöhnliche Lesart einer Gesetzesvorschrift zu verstehen ist. Der Vollständigkeit halber sei daher nur klargestellt, dass nach der *literal rule* die gewöhnliche, wörtliche oder grammatikalische Bedeutung eines Rechtssatzes (*ordinary, literal or grammatical sense*) Ausgangspunkt einer jeden *statutory interpretation* sein muss[41].

---

[40] *Bell/Engle*, Statutory Interpretation (1995), p. 46. Aussagekräftig ist insofern auch, dass die gleichnamige und weitaus umfassendere Monographie von *Bennion*, Statutory Interpretation (1997), die Methode der *analogy* überhaupt nicht berücksichtigt.

[41] Vgl. hierzu *Shears/Stephenson*, James' Inroduction to English Law (1996), p. 9; *Bankowski/MacCormick*, in: MacCormick/Summers (eds.), Interpreting Statutes (1991), p. 359, 365 f.; *Bennion*, Statutory Interpretation (1997), p. 344 ff.

2. *Einbeziehung des gesamten Gesetzeswerks*

Darüber hinaus wurde bereits angedeutet, dass der Inhalt einer bestimmten Rechtsvorschrift nicht nur anhand deren eigenen Wortlauts, sondern aufgrund des gesamten Gesetzeswerks (*act as a whole*) zu ermitteln ist[42]. Mit in die Betrachtung einzubeziehen sind daher andere Vorschriften desselben Gesetzes, wozu vor allem die so genannten *interpretation sections* zählen, in denen Begriffsbestimmungen geliefert werden[43]. Daneben sind in Einzelfällen selbst die Präambel (*preamble*) und Überschriften (*title* und *headings*) für die Rechtsanwendung fruchtbar zu machen[44].

3. *Statutes in pari materia*

In Ergänzung zur Heranziehung des gesamten Gesetzeswerks kann der Inhalt einer einzelnen Rechtsvorschrift auch aus deren Zusammenhang mit anderen *statutes* aus demselben Regelungsbereich (*in pari materia*) gewonnen werden[45]. Eine unbedingte Verbindlichkeit kommt einem nur im Zusammenhang stehenden Gesetz beziehungsweise einer diesbezüglichen *interpretation* durch die Rechtsprechung regelmäßig aber nicht zu. Vielmehr kann auch die Erkenntnis aus einem *statute in pari materia* allein im Rahmen einer festgestellten *ambiguity* der anzuwendenden Rechtsvorschrift Einfluss auf das Interpretationsergebnis nehmen[46].

4. *Rules of Language*

Außerdem kennt das Recht des Vereinigten Königreichs verschiedene Rechtsgrundsätze, die zur inhaltlichen Erfassung einer Rechtsnorm herangezogen werden können. So besagt zunächst die *ejusdem generis rule*, dass nach der Aufzählung bestimmter Begriffe einem weiteren nur allgemeinen Begriff lediglich eine Bedeutung innerhalb derselben Gattung zukommen

---

[42] *Bankowski/MacCormick*, in: MacCormick/Summers (eds.), Interpreting Statutes (1991), p. 376.

[43] Siehe etwa House of Lords, Urt. v. 26.11.1898, [1899] A.C. 99, 105 f. per Lord Watson - *Dilworth v. Commissioners of Stamps*.

[44] Vgl. zum Ganzen *Bell/Engle*, Statutory Interpretation (1995), p. 123 ff.; *Shears/Stephenson*, James' Introduction to English Law (1996), p. 10.

[45] Court of Appeal, Urt. v. 13.11.1992, [1993] 3 W.L.R. 249, 250 ff. per Butler-Sloss LJ - *In re C. (Minors) (Adoption: Residence Order)*. Vgl. außerdem *Bankowski/MacCormick*, in: MacCormick/Summers (eds.), Interpreting Statutes (1991), p. 359, 377; *Bell/Engle*, Statutory Interpretation (1995), p. 150 ff.

[46] *Bell/Engle*, Statutory Interpretation (1995), p. 152.

kann[47]. Ähnlich schreibt die *noscitur a sociis rule* vor, dass tatbestandsmäßige Umschreibungen durch ihren Zusammenhang mit anderen Umschreibungen beeinflusst werden können[48]. Die *expressio unius est exclusio alterus rule* beziehungsweise die *expressum facit cessare tacitum rule* bestimmen schließlich, dass die ausdrückliche Nennung eines Begriffs gleichzeitig den Ausschluss weiterer nichtgenannter Begriffe beinhaltet[49]. Sämtlichen *rules of language* ist jedoch gemein, dass sie allein indiziellen, nicht aber verbindlichen Charakters sind[50].

5. *Mischief Rule*

Eine der wohl wichtigsten *rules of construction* ist die so genannte *mischief rule*, wonach anhand des Maßstabs der *well-informed people*[51] der als bekannt vorauszusetzende geschichtliche Hintergrund des Normerlasses (*historical setting*) in die Rechtsanwendung miteinbezogen wird. Hierfür ist seit dem so genannten *Heydon's Case*[52] aus dem Jahre 1584 ein Vorgehen in vier Schritten anerkannt: (a) Welches *common law* ging der anzuwendenden Norm zeitlich voraus, (b) welchem Missstand (*mischief*) konnte das *common law* nicht abhelfen, (c) für welche Abhilfe hatte sich das *Parliament* entschieden und (d) was war der wirkliche Grund dieser Abhilfe. Stehen diese Aspekte fest, so stellt sich die Anwendung der *mischief rule* nach den Worten von *Tindal CJ* in der Entscheidung *Sussex Peerage* wie folgt dar:

> „The only rule for the construction of Acts of Parliament is that they should be construed according to the intent of the Parliament which passed the Act. If the words of the statute are in themselves precise and unambiguous, then no more can be necessary than to expound those words in that natural and ordinary sense. The words themselves alone do, in such case, best declare the intention of the

[47] Siehe etwa High Court, Urt. v. 18.1.1955, [1955] 1 All ER 324, 325 per Parker LJ - *Lane v. London Electricity Board.*

[48] Siehe etwa High Court, Urt. v. 7.3.1967, [1967] 2 All ER 576, 578 per Stamp J - *Bourne v. Norwich Crematorium Ltd.*; House of Lords, Urt. v. 10.11.1981, [1982] 1 All ER 129, 174 per Lord Scarman - *Bromley London Borough Council v. Greater London Council.*

[49] Siehe etwa High Court, Urt. v. 4.5.1955, [1955] 2 Q.B. 120, 130 per Jenkins LJ - *Dean v. Wiesengrund*; Court of Protection, Urt. v. 29.1.1965, [1965] Ch. 1133, 1137 per Cross J - *In re D.M.L.*.

[50] Siehe High Court, Urt. v. 4.5.1955, [1955] 2 Q.B. 120, 130 f. per Jenkins LJ - *Dean v. Wiesengrund*; House of Lords , Urt. v. 22.11.1979, [1980] A.C. 744, 824 per Lord Scarman - *Quazi v. Quazi.*

[51] Siehe hierzu House of Lords, Urt. v. 23.1.1958, [1958] A.C. 549, 566 per Lord Denning - *Escoigne Properties Ltd. v. Inland Revenue Commissioners*. Vgl. ausführlich *Bell/Engle*, Statutory Interpretation (1995), p. 142 ff.

[52] (1584) 3 Co. Rep. 7a, 7b.

lawgiver. But if any doubt arises from the terms employed by the legislature, it has always been held a safe means of collecting the intention, to call in aid the ground and cause of making the statute, and to have recourse to the preamble, which, according to Chief Justice Dyer, is ‚a key to open the minds of the makers of the Act, and the mischiefs which they intend to redress'."

Im Rahmen des dargestellten Verhältnisses zwischen *statutory wording* und *Parliamentary intention* dient die *mischief rule* somit zur Ermittlung des für die Rechtsanwendung maßgeblichen gesetzgeberischen Willens[53].

6. *Legislative History*

Ebenso wie die *mischief rule* zielt auch die Berücksichtigung der Gesetzgebungsgeschichte (*legislative history*) auf die Ermittlung des gesetzgeberischen Willens ab. Von entscheidender Bedeutung ist insofern die dargestellte Rechtsänderung durch das Urteil *Pepper v. Hart*[54] , seit dem für die Rechtsanwendung auf offizielle Parlamentsprotokolle zurückgegriffen werden darf. Wie bei der *mischief rule* gilt aber auch hier, dass Quellen der Gesetzgebungsgeschichte regelmäßig überhaupt nur Beachtung finden können, soweit der *statutory wording* dem Rechtsanwender überhaupt einen Interpretationsspielraum belässt[55]. Ist dies der Fall, so finden neben den Gesetzesmaterialien[56] seit jeher auch völkerrechtliche Verpflichtungen, denen die nationale Gesetzgebung Folge leisten will, Eingang in die *interpretation* nationalen Rechts[57].

---

[53] Vgl. auch *Bankowski/MacCormick*, in: MacCormick/Summers (eds.), Interpreting Statutes (1991), p. 359, 378.

[54] Vgl. dazu bereits oben I.1.

[55] Vgl. hierzu *Bell/Engle*, Statutory Interpretation (1995), p. 154 f., die in diesem Zusammenhang von einer *plain meaning rule* sprechen.

[56] Zwar wurde im Urteil *Pepper v. Hart* - vgl. dazu bereits oben I.1. - allein das offizielle Parlamentsprotokoll *Hansard* zur Ermittlung der *Parliamentary intention* herangezogen, dies schließt indes nicht die Berücksichtigung weiterer Dokumente des Gesetzgebungsverfahrens aus - vgl. *Bell/Engle*, Statutory Interpretation (1995), p. 160 f.

[57] Siehe hierzu House of Lords, Urt. v. 22.11.1979, [1980] A.C. 744, 808 per Lord Diplock - *Quazi v. Quazi*; House of Lords, Urt. v. 22.4.1982, [1982] 2 All ER 402, 415 per Lord Diplock - *Garland v. British Rail Engineering Ltd.* - dazu sogleich. Vgl. außerdem *Bankowski/MacCormick*, in: MacCormick/Summers (eds.), Interpreting Statutes (1991), p. 359, 377 f.; *Bredimas*, Methods of Interpretation and Community Law (1978), p. 161 f.

B. Gemeinschaftsrechtskonformität[58]

Die Anwendung der herkömmlichen Interpretationsmethoden im Bereich des unmittelbar wirkenden Gemeinschaftsrechts war Gegenstand verschiedener Entscheidungen des *House of Lords*. Besonders hervorzuheben sind insofern die nachfolgend im Einzelnen erörterten Urteile *Garland v. British Rail Engineering Ltd.* aus dem Jahre 1982[59], *Pickstone v. Freemans plc.* aus dem Jahre 1988[60] sowie *Regina v. Secretary of State for Transport, ex parte Factortame Ltd. (No. 2)* aus dem Jahre 1990[61]. Bei diesen fällt auf, dass sie nur zum Teil im Anschluß an die eingangs bezeichnete *Murphy*-Entscheidung des *EuGH* ergangen sind, in der die Pflichten mitgliedstaatlicher Gerichte bei der Anwendung nationalen Rechts im Bereich unmittelbar wirkenden Gemeinschaftsrechts ausdrücklich beschrieben wurden. Gerade mit Blick auf das Urteil *Garland* lässt sich aber dennoch feststellen, dass die grundlegenden Entscheidungen des *Gerichtshofs*, die letztlich zu den Feststellungen in *Murphy* gefürt haben, auch zu diesem Zeitpunkt bereits gefällt waren. Zu denken ist hier vor allem an die beschriebene Rechtssache *Simmenthal*[62].

I. Garland v. British Rail Engineering Ltd.

1. Sachverhalt

Mrs. Garland klagte gegen ihren Arbeitgeber *British Rail Engineering Ltd.* auf der Grundlage von s. 6(2) des Sex Discrimination Act 1975 wegen geschlechtsspezifischer Diskriminierung. Sie trug vor, dass ihre männlichen Kollegen und deren Familien auch nachdem sie in den Ruhestand versetzt wurden, weiterhin vom Vorteil außervertraglicher Reisevergünstigungen profitierten, wohingegen bei Arbeitnehmerinnen derartige Leistungen zu Gunsten der Familienangehörigen eingestellt wurden. Erstinstanzlich wurde die Klage vom *Industrial Tribunal* abgewiesen. Dieser begründete seine Entscheidung damit, dass s. 6(2) nicht anwendbar sei, da deren Anwendungsbereich sich gemäß des Vorbehalts von s. 6(4) nicht auf Bestimmungen hinsichtlich des Tods oder Ruhestands erstrecke[63].

---

[58] Vgl. zur Terminologie oben „Einleitung und Gang der Untersuchung".

[59] House of Lords, Urt. v. 22.4.1982, [1982] 2 All ER 402 - *Garland v. British Rail Engineering Ltd.*.

[60] House of Lords, Urt. v. 30.6.1988, [1989] 1 A.C. 66 - *Pickstone v. Freemans plc.*.

[61] House of Lords, Urt. v. 11.10.1990, [1991] 1 A.C. 603 - *Regina v. Secretary of State for Transport, ex parte Factortame Ltd. (No. 2)*.

[62] Vgl. dazu bereits oben 1. Kapitel, A.

[63] S. 6(4) des Sex Discrimination Act 1975 bestimmt: „Subsection (1)(b) and (2) do not apply to provisions in relation to death or retirement […]."

Anschließend wurde diese Entscheidung vom *Employment Appeal Tribunal* aufgehoben. Im Gegensatz zum *Industrial Tribunal* hielt dieser für maßgeblich, dass es sich bei den Reisevergünstigungen um Leistungen handelte, die schon zu Arbeitszeiten gewährt wurden, sodass von einer „provision in relation to [...] retirement“ im Sinne von s. 6(4) keine Rede sein könne. Das Verfahren ging jedoch weiter vor dem *Court of Appeal*, welcher wiederum dem *Industrial Tribunal* zustimmte und unterstrich, dass der Vorbehalt von s. 6(4) weit zu verstehen sei und demnach jegliche ruhestandsbedingte Bestimmung des Arbeitgebers betreffe. *Mrs. Garland* rief daraufhin das *House of Lords* an, das ein Vorabentscheidungsverfahren vor dem *EuGH* einleitete und fragte, ob der Fall der Klägerin gegen Art. 141 EGV (ex-Art. 119 EWGV) verstoße und, falls dies zutrifft, ob diese Vertragsbestimmung unmittelbare Wirkung habe. Beide Fragen wurden bejaht[64].

2. Das Urteil des House of Lords

Das *House of Lords* entschied daraufhin letztinstanzlich mit Urteil vom 22. April 1982 und gab dem Klageantrag statt. Die insoweit gegebene Begründung ergibt sich allein aus der Rede von *Lord Diplock*. Dieser bemängelte einleitend, dass die Instanzgerichte in keiner Weise die Vorschrift des Art. 141 EGV (ex-Art. 119 EWGV) beziehungsweise den Inhalt der Richtlinien 75/117/EWG[65] und 76/207/EWG[66] berücksichtigten („as it should have been“). Ohne auf die Wirkungen des Gemeinschaftsrechts im konkreten Fall einzugehen, fuhr *Lord Diplock* daher zunächst mit allgemeinen Ausführungen zur Anwendung nationalen Rechts im Bereich des Gemeinschaftsrechts fort, wobei er zwischen der Grundlage einer gemeinschaftsrechtskonformen Rechtsanwendung einerseits und deren Grenzen andererseits differenzierte.

a) Grundlage der gemeinschaftsrechtskonformen Interpretation

Mit Blick auf die Grundlage der gemeinschaftsrechtskonformen Rechtsanwendung äußerte sich *Lord Diplock* wie folgt:

> „My Lords, even if the obligation to observe the provisions of art 119 were an obligation assumed by the United Kingdom under an ordinary international treaty

[64] EuGH, Urt. v. 9.2.1982, [1982] 2 All ER 402, 411 f. - Rs. 12/81, *Garland v. British Rail Engineering Ltd.*.
[65] ABlEG Nr. L 45 v. 19.2.1975, S. 19.
[66] ABlEG Nr. L 39 v. 14.2.1976, S. 40.

> or convention and there were no question of the treaty obligation being directly applicable as part of the law to be applied by the courts in this country without need for any further enactment, it is a principle of construction of United Kingdom statutes, now too well established to call for citation of authority, that the words of a statute passed after the treaty has been signed and dealing with the subject matter of the international obligation of the United Kingdom, are to be construed, if they are reasonably capable of bearing such a meaning, as intended to carry out the obligation and not to be inconsistent with it. A fortiori is this the case where the treaty obligation arises under one of the Community treaties to which s 2 of the European Communities Act 1972 applies."[67]

Lord Diplock begründete damit eine Pflicht zur gemeinschaftsrechtskonformen Rechtsanwendung sowohl mit einem entsprechenden gesetzgeberischen Willen als auch mit der Vorschrift von s. 2 des European Communities Act 1972 (ECA 1972).

aa) Gesetzgeberischer Wille

Unabhängig von einer unmittelbaren Wirkung des Gemeinschaftsrechts bestätigt das Urteil *Garland* zuvorderst ein allgemeines Rechtsprinzip für die Anwendung nationalen Rechts im Bereich zwischenstaatlicher Verträge. Hiernach sind Gesetze, deren Erlass internationalen Verpflichtungen des Vereinigten Königreichs zeitlich nachfolgt, unter Beachtung der Wortlautgrenze grundsätzlich derart zu interpretieren, dass aus ihnen der Wille zur Umsetzung dieser Verpflichtung hervorgeht[68]. Mit anderen Worten: Das *House of Lords* geht aufgrund einer vermuteten Umsetzungsabsicht des Gesetzgebers[69] bei derartigen Gesetzen von einer Pflicht zur völkerrechtskonformen und damit auch gemeinschaftsrechtskonformen Rechtsanwendung aus, soweit eine solche nicht zu einem Ergebnis führt, das jenseits des noch möglichen Wortsinns der betreffenden nationalen Rechtsvorschrift liegt („if they are reasonably capable of bearing such a meaning"). Das „principle of construction of United Kingdom statutes" überwindet damit die Hürde des im britischen Recht verankerten Dualismus, wonach das vom Vereinigten Königreich als Völkerrechtssubjekt begründete Recht konsequent vom innerstaatlichen Recht zu trennen ist und

---

[67] House of Lords, Urt. v. 22.4.1982, [1982] 2 All ER 402, 415 per Lord Diplock - *Garland v. British Rail Engineering Ltd.*.

[68] Siehe auch EuGH, Urt. v. 16.12.1993, Slg. 1993, I-6911, 6932 - Rs. C-334/92, *Wagner Miret ./. Fondo de garantía salarial.* Vgl. dazu bereits oben 1. Kapitel, B.

[69] Diese Vermutung trifft auf einhellige Zustimmung - vgl. etwa *Bradley/Ewing*, Consitutional and administrative law (1993), p. 333 f.; *Greenwood*, [1988] All ER 122, 125; *Hartley*, The Foundations of European Community Law (1998), p. 212; *Weatherill/Beaumont*, EU Law (1999), p. 423.

demnach Rechtswirkungen im innerstaatlichen Rechtsraum nur aufgrund eines nationalen Umsetzungsakts entfalten kann[70].

bb) European Communities Act 1972, Section 2(4)

Darüber hinaus geht *Lord Diplock* in seiner Urteilsbegründung „a fortiori" von einer Pflicht zur gemeinschaftsrechtskonformen Rechtsanwendung aus, sofern es um die Übereinstimmung einer nationalen Rechtsvorschrift mit einer Vorschrift des EWG-Vertrags geht, auf die s. 2 des European Communities Act 1972 (ECA 1972) Anwendung findet. Jene Vorschrift umfasst sechs *subsections*, von denen im hier interessierenden Zusammenhang ss. (1) und (4) von Bedeutung sind. S. 2(1) des ECA 1972 bestimmt:

> „All such rights, powers, liabilities, obligations and restrictions from time to time created or arising by or under the Treaties, and all such remedies and procedures from time to time provided for by or under the Treaties, as in accordance with the Treaties are without further enactment to be given legal effect or used in the United Kingdom shall be recognised and available in law, and be enforced, allowed and followed accordingly; [...]."

Demnach entfalten alle Rechte, Befugnisse, Verantwortlichkeiten, Verpflichtungen und Beschränkungen sowie alle Rechtsbehelfe und Verfahren, die auf der Grundlage der Gemeinschaftsverträge entstehen, ohne weitere Umsetzung volle Wirksamkeit im Recht des Vereinigten Königreichs[71]. S. 2(1) des ECA 1972 stellt damit eine umfassende Ratifikationsbestimmung dar, die insbesondere auch die unmittelbare Wirkung des Gemeinschaftsrechts ausdrücklich anerkennt. Auf dieser Grundlage trifft s. 2(4) des ECA 1972 für das nationale Recht des Vereinigten Königreichs folgende Regelung:

> „The provision that may be made under subsection (2) above includes, subject to Schedule 2 to this Act, any such provision (of any such extent) as might be made by Act of Parliament, and any enactment passed or to be passed, other than one contained in this Part of this Act, shall be construed and have effect subject to the foregoing provisions of this section; [...]."

Infolgedessen ist mit Ausnahme des ECA 1972 selbst das gesamte innerstaatliche Recht in Anwendung und Wirksamkeit an dem in ss. (1) beschriebenen Recht auszurichten.

---

[70] *Bradley/Ewing*, Consitutional and administrative law (1993), p. 326.

[71] Vgl. zur Stellung des EG-Rechts im Vereinigten Königreich auch *Ellis*, (1996) 31 Irish Jurist 35 ff. Grundlegend zur Bedeutung von s. 2(1) des ECA 1972 im deutschen Schrifttum bereits *Schmidt-Steinhauser*, Geltung und Anwendung von Europäischem Gemeinschaftsrecht im Vereinigten Königreich (1994), S. 92 ff.

Indes ist *Lord Diplock* im Rahmen seiner Ausführungen zur Grundlage einer gemeinschaftsrechtskonformen Rechtsanwendung nicht weiter auf diese Vorschriften eingegangen. S. 2(4) des ECA 1972 fand jedoch weitere Erwähnung, soweit es um die Grenzen dieser Rechtsanwendungsmethode ging.

b) Beachtlichkeit der Wortlautgrenze?

Hatte *Lord Diplock* eingangs festgestellt, dass eine Pflicht zur gemeinschaftsrechtskonformen *interpretation* auf der Grundlage eines entsprechenden gesetzgeberischen Willens an seine Grenzen stößt, wo der Wortlaut der nationalen Rechtsvorschrift eine derartige Rechtsanwendung nicht mehr umfassen kann[72], so ergänzte er mit Blick auf s. 2 des ECA 1972:

> „The instant appeal does not present an appropriate occasion to consider whether, having regard to the express direction as to the construction of enactments 'to be passed' which is contained in s 2(4), anything short of an express positive statement in an Act of Parliament passed after 1 January 1973 that a particular provisions is intended to be made in breach of an obligation assumed by the United Kingdom under a Community treaty would justify an English court in construing that provision in a manner inconsistent with a Community treaty obligation of the United Kingdom however wide a departure from the prima facie meaning of the language of the provision might be needed in order to achieve consistency."[73]

Mangels Entscheidungserheblichkeit lehnte *Lord Diplock* damit eine Antwort auf die Frage ab, ob wegen der Einbeziehung auch künftiger Gesetze durch s. 2(4) des ECA 1972 („to be passed") nicht einmal eine solche Rechtsvorschrift, die nach In-Kraft-Treten des ECA 1972 am 1. Januar 1973 bewusst in Widerspruch zum Gemeinschaftsrecht erlassen wurde, gemeinschaftsrechtswidrig angewandt werden darf. Indes kann man schon aufgrund der Formulierung dieser Frage darüber spekulieren, ob ihr ein anders gelagertes *obiter dictum* innewohnt. Maßgeblich hierfür ist folgende Überlegung: Die aufgeworfene Frage lässt sich auch in der Weise stellen, ob s. 2(4) des ECA 1972 sogar dahingehend anzuwenden sei, dass auch nationales Recht, welches nach In-Kraft-Treten des ECA 1972 in Widerspruch zum Gemeinschaftsrecht erlassen wurde, nichtsdestoweniger gemeinschaftsrechtskonform zu interpretieren ist. Von dieser Fragestellung ließe sich sodann die Implikation ableiten,

---

[72] Vgl. hierzu bereits High Court, Urt. v. 26.10.1966, [1967] 2 Q.B. 116, 143 per Diplock LJ - *Salomon v. Commissioners of Customs and Excise*: „If the terms of the legislation are clear and unambiguous, they must be given effect to, whether or not they carry out Her Majesty's Treaty obligations."

[73] House of Lords, Urt. v. 22.4.1982, [1982] 2 All ER 402, 415 per Lord Diplock - *Garland v. British Rail Engineering Ltd.*.

dass jedenfalls das vor 1973 erlassene Recht auf der Grundlage des ECA 1972 gemeinschaftsrechtskonform anzuwenden sei, da insofern ein gesetzgeberischer Wille hervortrete, wonach das seinerzeit bereits existente Recht - soweit nicht schon der Fall - einer Konkordanz mit dem Gemeinschaftsrecht im Sinne von s. 2(1) des ECA 1972 zugeführt werden sollte. Analysiert man die Äußerung von *Lord Diplock* vor diesem Hintergrund weiter, so erscheint nunmehr auch eine Einordnung der abschließenden Bemerkung möglich: „[...] however wide a departure from the prima facie meaning of the language of the provision might be needed in order to achieve consistency". Auf der Grundlage der *Garland*-Entscheidung könnte hieraus gefolgert werden, dass im Anwendungsbereich von s. 2 des ECA 1972 eine gemeinschaftsrechtskonforme Rechtsanwendung nicht einmal durch die Grenze des noch möglichen Wortsinns beschränkt sei[74]. Letztlich gilt es aber zu bedenken, dass *Lord Diplock* zu dieser Frage ebenso wenig abschließend Stellung bezogen hat wie überhaupt zur grundsätzlichen Anwendbarkeit von s. 2(1) des ECA 1972 auf Art. 141 EGV (ex-Art. 119 EWGV). Vielmehr konnte *Lord Diplock* bereits in Anwendung des allgemeinen Rechtsprinzips darauf verweisen, dass - im Gegensatz zu den Feststellungen des *Court of Appeal* - s. 6(4) des Sex Discrimination Act 1975 auch der vom Gemeinschaftsrecht geforderten weiten *interpretation* zugänglich sei. Verbindliche Äußerungen zur Anwendbarkeit von s. 2 des ECA 1972 blieben damit späteren Entscheidungen vorbehalten.

II. Pickstone v. Freemans plc.

1. Sachverhalt

Das beklagte Bekleidungshaus *Freemans plc.* beschäftigte als Detektive und Kontrolleure sowohl männliche als auch weibliche Arbeitnehmer. Eine der Arbeitnehmerinnen, *Mrs. Pickstone*, erhob Klage gegen *Freemans plc.* auf der Grundlage von s. 1(2)(c) des Equal Pay Act 1970 (as amended) mit dem Ziel eine Entlohnung zugesprochen zu bekommen, die der ihrer männlichen Kollegen entspricht[75]. Als Begründung trug die Klägerin vor, dass sie

[74] Vgl. hierzu auch *Hood Phillips*, [1982] 98 L.Q.R. 524 ff., vor allem 526; *Saunders*, (1992) European Business Law Review 339, 340.

[75] S. 1(1) des Equal Pay Act 1970 sieht für sämtliche Arbeitsverträge mit weiblichen Arbeitnehmerinnen eine Gleichbehandlungsklausel („equality clause") zwingend vor. S. 1(2) des Equal Pay Act 1970 ergänzt hierzu: „An equality clause is a provision which relates to terms (whether concerned with pay or not) of a contract under which a woman is employed [...], and has the effect that - (a) where the woman is employed on like work with a man in the same employment - (i) if [...], that term of the woman's contract shall be treated as so modified as not to be less favourable, and (ii) if [...], the woman's contract shall be treated as including such a term; (b) where the woman is employed on work rated as equivalent with that

entsprechend gleichwertige Arbeit vollbringe. Jedoch wurde dieser Vortrag zunächst weder vom *Industrial Tribunal* noch vom *Employment Appeal Tribunal* akzeptiert. Beide Instanzen argumentierten dahingehend, dass die Tätigkeit der Klägerin keine gleichwertige Arbeit im Sinne von s. 1(2)(c) des Equal Pay Act 1970 darstellen könne, diese vielmehr nach dem hier ausschließlich anwendbaren Kriterium der vergleichbaren Arbeit im Sinne von s. 1(2)(a) des Equal Pay Act 1970 zu bewerten sei, deren Voraussetzungen jedoch nicht erfüllt seien. Auch könne die Vorschrift des Art. 141 (ex-Art. 119 EWGV) nicht zu Gunsten der Klägerin herangezogen werden. Dieser Rechtsauffassung widersprach indes der anschließend mit der Sache befaßte *Court of Appeal*, indem er *Mrs. Pickstone* auf gemeinschaftsrechtlicher Grundlage als berechtigt ansah, eine gleiche Entlohnung von *Freemans plc.* einzufordern. Letztere rief gegen dieses Urteil das *House of Lords* an.

2. *Das Urteil des House of Lords*

Das *House of Lords* entschied mit Urteil vom 30. Juni 1988 und gab der Klage letztinstanzlich statt. Die Urteilsbegründungen wurden hier von *Lord Templeman*, *Lord Keith of Kinkel* sowie *Lord Oliver of Aylmerton* gegeben. Maßstab ihrer Rechtsausführungen war neben der Vorschrift von s. 1(2) des Sex Discrimination Act 1975 sowohl Art. 141 (ex-Art. 119 EWGV) als auch die Richtlinie 75/117/EWG[76]. Obwohl - soviel sei vorweggenommen - die unmittelbare Wirkung von Art. 141 EGV auch hier nicht ausdrücklich bejaht wurde, so wird dennoch zu zeigen sein, dass es sich bei der *Pickstone*-Entscheidung zumindest auch um einen *precedent* für die Anwendung innerstaatlichen Rechts im Lichte des unmittelbar wirkenden Gemeinschaftsrechts handelt.

---

of a man in the same employment - (i) if [...], that term of the woman's contract shall be treated as so modified as not to be less favourable, and (ii) if [...] the woman's contract contract shall be treated as including such a term; (c) where a woman is employed on work which, not being work in relation to which paragraph (a) or (b) above applies, is, in terms of the demands made on her [...], of equal value to that of a man in the same employment - (i) if [...], that term of the woman's contract shall be treated as so modified as not to be less favourable, and (ii) if [...], the woman's contract shall be treated as including such a term."

[76] ABlEG Nr. L 45 v. 19.2.1975, S. 19.

a) Grundlage der gemeinschaftsrechtskonformen Interpretation

Die ausführlichste Begründung für das Urteil *Pickstone v. Freemans plc.* lieferte *Lord Templeman.* Dieser ging in seiner Rede von folgender Prämisse aus:

> „On 1 January 1973 the United Kingdom became a member of the European Community. By article 5 of the E.E.C. Treaty, the United Kingsom became bound to take all appropriate measures to give effect to obligations arising under the Treaty or as a result of actions taken by Community institutions. At the date when the United Kingdom became a member of the European Economic Community, the Act of 1970 was not in operation because the commencement of the Act had been postponed until 1975."[77]

Hierzu ergänzte *Lord Templeman*, dass die Regierung des Vereinigten Königreichs hinsichtlich dieser Gesetzgebung davon ausging, dass sie mit bestehenden gemeinschaftsrechtlichen Vorgaben, insbesondere mit der Richtlinie 75/117/EWG, übereinstimme. Jedoch wurde diesbezüglich im Jahre 1982 das Vereinigte Königreich im Rahmen eines von der Kommission eingeleiteten Vertragsverletzungsverfahrens wegen mangelnder Implementierung gemeinschaftsrechtlicher Vorgaben vom *EuGH* verurteilt[78]. Daraufhin kam es zum Erlass der Equal Pay (Amendment) Regulations 1983, wofür s. 2(2) des ECA 1972 in Verbindung mit paragraph 2(2) of Schedule 2 eine geeignete Rechtsgrundlage bereit hielt. Durch diese Rechtsänderung wurde die bis dahin geltende Rechtslage von s. 1(2)(a) und (b) des Equal Pay Act 1970 (as amended) um s. 1(2)(c) ergänzt, damit eine gleiche Entlohnung von Frauen und Männern auch für den Fall sichergestellt ist, in dem sich der Arbeitgeber einer *job evaluation study* verschließt. *Lord Templeman* fuhr in Anbetracht dieser jüngsten Gesetzgebung fort:

> „The Regulations of 1983 were intended to give full effect to Community law and to the ruling of the European Court of Justice which directed the United Kingdom Government to introduce legislation entitling any woman to equal pay with any man for work of equal value if the difference in pay is due to the difference in sex and is therefore discriminatory. I am of the opinion that the Regulations of 1983, upon their true construction, achieve the required result of affording a remedy to any woman who is not in receipt of equal pay for work equal in value to the work of a man in the same employment."[79]

---

[77] House of Lords, Urt. v. 30.6.1988, [1989] 1 A.C. 66, 114 per Lord Templeman - *Pickstone v. Freemans plc.*.

[78] EuGH, Urt. v. 6.7.1982, Slg. 1982, 2601, 2613 ff. - Rs. 61/81, *Kommission der Europäischen Gemeinschaften ./. Vereinigtes Königreich von Großbritannien und Nordirland.*

[79] House of Lords, Urt. v. 30.6.1988, [1989] 1 A.C. 66, 121 per Lord Templeman - *Pickstone v. Freemans plc.*.

Damit hat *Lord Templeman* die alleinige Anwendbarkeit von s. 1(2)(c) des Equal Pay Act 1970 (as amended) in Fällen, in denen kein anderer Mann eine vergleichbare (s. 1[2][a]) beziehungsweise eine als gleichwertig eingestufte Arbeit (s. 1[2][b]) ausübt, hintangestellt[80]. Als ausreichend wurde vielmehr angesehen, dass überhaupt ein männlicher Arbeitnehmer die Voraussetzungen von s. 1(2)(c) erfüllte. Dies hat *Lord Templeman* am Ende seiner Rede noch einmal ausdrücklich bekräftigt:

> „Thus it is clear that the construction which I have placed upon the Regulations corresponds to the intentions of the Government in introducing the Regulations. In the course of the debate in the House of Commons, and in the corresponding debate in the House of Lords, no one suggested that a claim for equal pay for equal work might be defeated under the Regulations by an employer who proved that a man who was not the subject of the complaint was employed on the same or on similar work with the complainant. The Minister took the view, and Parliament accepted the view, that paragraph (*c*) will only apply if paragraphs (*a*) and (*b*) are first held by the tribunal not to apply in respect of the work of the woman and the work of the man with whom she seeks parity of pay. This is also the only view consistent with Community law.“[81]

Lord Templeman erreichte damit ein gemeinschaftsrechtskonformes Ergebnis seiner *interpretation*. Auch wenn nicht ausdrücklich festgestellt, bediente er sich hierfür der gleichen Überlegung, auf der auch die im Urteil *Garland* als *principle of construction of United Kingdom statutes* bezeichnete Grundlage der gemeinschaftsrechtskonformen Rechtsanwendung beruht. Entscheidend ist auch hier, dass den Equal Pay (Amendment) Regulations 1983 ein gesetzgeberischer Wille zugrunde liegt, der auf die Durchführung gemeinschaftsrechtlicher Vorgaben gerichtet ist.

Auffällig an der Rede von *Lord Templeman* ist jedoch, dass dieser gerade nicht wie im Urteil *Garland* auch auf s. 2 des ECA 1972 abstellte. Jene Grundlage einer gemeinschaftsrechtskonformen *interpretation* wurde nicht einmal erwähnt. Der Grund hierfür dürfte darin zu sehen sein, dass *Lord Templeman* auch die Frage unterschiedlicher Wirkungen des Gemeinschaftsrechts von seinen Überlegungen gänzlich ausschloss. Wollte er demnach aber nicht zwischen unmittelbar und mittelbar wirkendem Gemeinschaftsrecht beziehungsweise zwischen Art. 141 EGV (ex-Art. 119 EWGV) und der Richtlinie 75/117/EWG differenzieren, so war es nur nahe liegend, auch die Vorschrift von s. 2 des ECA 1972 nicht weiter zu berücksichtigen, da deren

---

80 Siehe hierzu s. 1(2)(c) des Equal Pay Act 1970: „[…]; (c) where a woman is employed on work which, not being work in relation to which paragraph (a) or (b) above applies, […].“

81 House of Lords, Urt. v. 30.6.1988, [1989] 1 A.C. 66, 122 f. per Lord Templeman - *Pickstone v. Freemans plc.*.

Anwendung auf nur mittelbar wirkendes Gemeinschaftsrecht mehr als nur umstritten ist[82].

Auf der Rede von *Lord Templeman* aufbauend, wurde die ausschließliche Anwendbarkeit von s. 1(2)(a) des Equal Pay Act 1970 auch von *Lord Keith of Kinkel* und *Lord Oliver of Aylmerton* abgelehnt. Ersterer führte hierzu aus:

> „This would mean that the United Kingdom had failed yet again to fully implement its obligations under article 119 of the Treaty and the Equal Pay Directive, and had not given full effect to the decision of the European Court in *Commission of the European Communities v. United Kingdom of Great Britain and Northern Ireland* [...]. It is plain that Parliament cannot possibly have intended such a failure. The draft Regulations of 1983 were presented to Parliament as giving full effect to the decision in question. The draft Regulations were not subject to the Parliamentary process of consideration and amendment in Committee, as a Bill would have been. In these circumstances and in the context of section 2 of the European Communities Act 1972 I consider it to be entirely legitimate for the purpose of ascertaining the intention of Parliament to take into account the terms in which the draft was presented by the responsible Minister and which formed the basis of its acceptance. The terms in which it was presented to the House of Commons are set out in the speech of my noble and learned friend Lord Templeman, Much the same was said before the House of Lords. There was no suggestion that the exclusionary words in paragraph (*c*) were intended to apply in any other situation than where the man selected by a woman complaint for comparison was one in relation to whose work paragraph (*a*) or paragraph (*b*) applied."[83]

Entsprechend äußerte sich *Lord Oliver of Aylmerton*:

> „The critical question, therefore, is whether the Court of Appeal, in common with the industrial tribunal and the Employment Appeal Tribunal, were right in concluding that the respondents' claim was not one which could be made under the provisions of the Act of 1970. I have to confess to sympathising with that conclusion which coincided with the very definite opinion which I myself had formed at the conclusion of the hearing. Indeed, it is only the persuasive speech delivered by my noble and learned friend, Lord Templeman, which has enabled me to change the opinion which I had formed. It is beyond dispute that the Act in its amended form in 1975 was intended to give effect to the United Kingdom's obligations under article 119 and the Equal Pay Directive and that the amendment introduced in 1983, following the ruling of the European Court of Justice in *Commission of the European Communities v. United Kingdom of Great Britain and Northern Ireland* [...], was intended to fill the gap to which that case had drawn attention and to complete what was quite obviously intended to be a comprehensive code for dealing with sex discrimination in the area of pay and

[82] Vgl. dazu vor allem unten C.I.2.a.bb.

[83] House of Lords, Urt. v. 30.6.1988, [1989] 1 A.C. 66, 112 per Lord Keith of Kinkel - *Pickstone v. Freemans plc.*.

conditions at work. What has to be said, if the appellants are right, is that Parliament simply failed in its purpose and that is a conclusion the court must strive to avoid - particularly having regard to the provisions of section 2(4) of the European Communities Act 1972 - unless it is compulsively driven to it.“[84]

In Ergänzung zu den Feststellungen von *Lord Templeman* begründeten damit sowohl *Lord Keith of Kinkel* als auch *Lord Oliver of Aylmerton* die gemeinschaftsrechtskonforme *interpretation* nicht nur - wie *Lord Templeman* - mit dem *principle of construction of United Kingdom statutes* im Sinne der *Garland*-Entscheidung, sondern beriefen sich darüber hinaus auch auf s. 2 des ECA 1972. Auch dies entspricht grundsätzlich den Feststellungen der *Garland*-Entscheidung.

b) Beachtlichkeit der Wortlautgrenze?

Neben der Bestätigung der *Garland*-Entscheidung liegt die entscheidende Bedeutung der *Pickstone*-Entscheidung vor allem in den Überlegungen zur Grenze einer gemeinschaftsrechtskonformen *interpretation.*

aa) Lord Templeman

Verwirrend ist insofern zunächst die abschließende Äußerung von *Lord Templeman*:

„In *Duke v. Reliance Systems Ltd.* [1988] A.C. 618 this House declined to distort the construction of an Act of Parliament which was not drafted to give effect to a Directive and which was not capable of complying with the Directive as subsequently construed by the European Court of Justice. In the present case I can see no difficulty in construing the Regulations of 1983 in a way which gives effect to the declared intention of the Government of the United Kingdom responsible for drafting the Regulations and is consistent with the objects of the E.E.C. Treaty, the provisions of the Equal Pay Directive and the ruling of the European Court of Justice. I would dismiss the appeal.“[85]

Lord Templeman hält demnach eine gemeinschaftsrechtskonforme Anwendung von s. 1(2) des Equal Pay Act 1970 (as amended) für möglich. Unklar bleibt indes, worin der entscheidende Unterschied der *Pickstone*-Entscheidung zum Urteil *Duke v. G.E.C. Reliance Ltd.* liegt, in der eine *interpretation* in

---

[84] House of Lords, Urt. v. 30.6.1988, [1989] 1 A.C. 66, 124 f. per Lord Oliver of Aylmerton - *Pickstone v. Freemans plc.*.

[85] House of Lords, Urt. v. 30.6.1988, [1989] 1 A.C. 66, 123 per Lord Templeman - *Pickstone v. Freemans plc.*.

Übereinstimmung mit einer Richtlinienvorgabe abgelehnt wurde[86]. *Lord Templeman* nennt insofern drei Kriterien, die zu einem anderen Ergebnis geführt haben könnten: Erstens ging es in der *Duke*-Entscheidung ausschließlich um eine gemeinschaftsrechtliche Vorgabe in Form einer Richtlinie; zweitens lag in *Pickstone* ein Umsetzungswille des nationalen Gesetzgebers vor; und drittens könnte schließlich auch der Wortlaut den entscheidenden Unterschied bilden. Anders als in *Duke* wäre es insofern denkbar, dass in *Pickstone* eine gemeinschaftsrechtskonforme Rechtsanwendung noch im Einklang mit diesem stand.
Bedenkt man, dass *Lord Templeman* zur unterschiedlichen Wirkung des Gemeinschaftsrechts und dementsprechend zur weitergehenden Wirkung von Art. 141 EGV (ex-Art. 119 EWGV) keine Stellung bezog, so kann man das erstgenannte Kriterium mit der Überlegung ausblenden, dass im Rahmen der Rede von *Lord Templeman* auch im Urteil *Pickstone* in jedem Fall nur die Wirkungen einer Richtlinie gegeben sind. Demgegenüber erblickt man einen Unterschied hinsichtlich des zweiten Kriteriums, nämlich den von *Lord Templeman* nachgewiesenen gesetzgeberischen Willen. Jedoch wäre es verfehlt, mit diesem Kriterium allein das andersartige Ergebnis der *Pickstone*-Entscheidung rechtfertigen zu wollen. Denn das Vorliegen des gesetzgeberischen Willens sagt noch nichts darüber aus, ob zusätzlich eine methodologische Notwendigkeit besteht, dass dieser gemeinschaftsrechtskonforme Wille des Gesetzgebers auch innerhalb der Grenzen des noch möglichen Wortsinns verwirklicht werden muss. Auch wenn *Lord Templeman* sich insofern auf die *Duke*-Entscheidung beruft, so folgt aus dieser keineswegs, ob beide Kriterien kumulativ oder nur alternativ vorliegen müssen, damit eine gemeinschaftsrechtskonforme Anwendung nationalen Rechts erfolgen kann. Mangels Vorliegens auch nur eines Kriteriums kann diesem Urteil nichts über die Notwendigkeit eines zweiten Kriteriums entnommen werden. Mit Blick auf die abschließende Äußerung von *Lord Templeman* im *Pickstone*-Urteil muss daher offen bleiben, ob schon allein der von ihm nachgewiesene gesetzgeberische Wille eine gemeinschaftsrechtskonforme Rechtsanwendung unabhängig vom Gesetzeswortlaut begründen kann, oder ob seine Rede vielmehr implizit unterstellt, dass ein solches Interpretationsergebnis noch innerhalb der Grenzen des möglichen Wortsinns von s. 1(2) des Equal Pay Act 1970 (as amended) liegt.

[86] House of Lords, Urt. v. 11.2.1988, [1988] 1 A.C. 618 - *Duke v. G.E.C. Reliance Ltd.*. Vgl. dazu ausführlich unten C.I.

bb) Lord Keith of Kinkel

Konkreter äußerte sich *Lord Keith of Kinkel* zur Beachtlichkeit der Wortlautgrenze im Rahmen der gemeinschaftsrechtskonformen *interpretation*. Gestützt auf einen entsprechenden gesetzgeberischen Willen sowie auf s. 2 des ECA 1972 formulierte dieser am Ende seiner Rede:

> „It may be that, in order to confine the words in question to that situation, some necessary implication falls to be made into their literal meaning. The precise terms of that implication do not seem to me to matter. It is sufficient to say that the words must be construed purposively in order to give effect to the manifest broad intention of the maker of the Regulations and of Parliament. I would therefore reject the employer's argument."[87]

Indem *Lord Keith of Kinkel* von *implications* spricht, um die der Wortlaut zu ergänzen sei, macht er deutlich, dass er auf der Grundlage des *Garland-principle* sowie vor allem der Vorschrift von s. 2 des ECA 1972 ein Überschreiten der Grenze des noch möglichen Wortsinns zu Gunsten einer gemeinschaftsrechtskonformen Rechtsanwendung für erforderlich und möglich hält[88]. Entscheidend ist für ihn insofern, dass der vom Gesetzgeber mit der Vorschrift von s. 1(2) des Equal Pay Act 1970 (as amended) verfolgte Zweck uneingeschränkt zur Geltung kommt. Dieser Zweck wurde in der Rede von *Lord Templeman* dahingehend definiert, dass es zu einer Umsetzung der gemeinschaftsrechtlichen Verpflichtungen des Vereninigten Königreichs kommen sollte.

cc) Lord Oliver of Aylmerton

Trotz dieses klaren Vortrags von *Lord Keith of Kinkel* muss man betonen, dass die aussagekräftigste Rede zur Beachtlichkeit der Wortlautgrenze von *Lord Oliver of Aylmerton* gehalten wurde. Dieser schloss seine Ausführungen mit folgender Bemerkung:

> „In the instant case, the strict and literal construction of the section does indeed involve the conclusion that the Regulations, although purporting to give full effect to the United Kingdom's obligations under article 119, were in fact in breach of

---

[87] House of Lords, Urt. v. 30.6.1988, [1989] 1 A.C. 66, 112 per Lord Keith of Kinkel - *Pickstone v. Freemans plc.*.

[88] In Anbetracht der Begrenzung des *Garland-principle* auf Fälle, in denen der Gesetzeswortlaut als „reasonably capable of bearing such a meaning" bezeichnet werden kann, erscheinen an dieser Stelle insoweit Bedenken angebracht, als *Lord Keith of Kinkel* sein Interpretationsergebnis auch mit diesem Ansatz begründet und nicht allein mit s. 2 des ECA 1972. Vgl. zu dieser Überlegung allerdings auch unten IV.

> those obligations. The question, following Lord Diplock's formulations of principle, is whether they are reasonably capable of bearing a meaning which does in fact comply with the obligations imposed by the Treaty. I was initially, in some doubt whether, if the section is to be construed in the way for which the respondents' contend, any sensible purpose could be given to the exclusionary words 'not being work in relation to which paragraph (*a*) or (*b*) above applies.' However, the Regulations which introduced paragraph (*c*) into the Act introduced at the same time the procedural provisions in section 2A and the significance of the exclusionary word in the context of the industrial tribunals procedure and of the definition of 'like work' which is contained in section 1(4) is demonstrated in the analysis of my noble and learned friend, Lord Templeman. That doubt removed, I am satisfied that the words of section 1(2)(*c*), whilst on the face of them unequivocal, are reasonably capable of bearing a meaning which will not put the United Kingdom in breach of its Treaty obligations."[89]

Hiernach ging *Lord Oliver of Aylmerton* ausdrücklich davon aus, dass ein gemeinschaftsrechtskonformes Ergebnis bei der Anwendung von s. 1(2) des Equal Pay Act 1970 (as amended) keine Überschreitung der herkömmlichen Wortlautgrenze erforderlich machte, sondern vielmehr eine Wortbedeutung angenommen werden konnte, die den Vorgaben des Gemeinschaftsrechts entspricht („reasonably capable of bearing a meaning which does in fact comply with the obligations imposed by the Treaty")[90]. Demnach hätte *Lord Oliver of Aylmerton* zur Frage der Beachtlichkeit der Wortlautgrenze letztendlich nur insoweit Stellung bezogen, wie es bereits der *ratio decidendi* des *Garland*-Urteils entspricht.
Ein solches Verständnis steht jedoch im Widerspruch zu vorherigen Äußerungen von *Lord Oliver of Aylmerton*. So hat dieser im Anschluss an die zur Grundlage der gemeinschaftsrechtskonformen *interpretation* wiedergegebenen Textstelle ausgeführt:

> „It has, I think, to be said that if the section falls to be construed in isolation apart from the evident purpose of the Act, there is very little scope for a construction other than that to which the Court of Appeal felt itself driven."[91]

Diese Äußerung sollte derart verstanden werden, dass allein der von *Lord Templeman* nachgewiesene gesetzgeberische Wille zu einem gemeinschaftsrechtskonformen Rechtsanwendungsergebnis führen kann. Was den Gesetzeswortlaut von s. 1(2) des Equal Pay Act 1970 (as amended) betrifft, so besteht hingegen kaum eine Möglichkeit (*very little scope*),

[89] House of Lords, Urt. v. 30.6.1988, [1989] 1 A.C. 66, 127 f. per Lord Oliver of Aylmerton - *Pickstone v. Freemans plc.*.

[90] So *Howells*, [1991] 54 MLR 456, 462; *Greenwood*, [1988] All ER Annual Review 122, 128.

[91] House of Lords, Urt. v. 30.6.1988, [1989] 1 A.C. 66, 125 per Lord Oliver of Aylmerton - *Pickstone v. Freemans plc.*.

Gemeinschaftsrechtskonformität zu erreichen. Dies aber bedeutet nichts anderes, als dass sich die festgestellte *Parliamentary intention* nicht innerhalb der Grenzen des noch möglichen Wortsinns verwirklichen lässt. Soweit man hiergegen vorbringt, dass ein derartiges Verständnis die Aussage von *Lord Oliver of Aylmerton* überspanne, da dieser lediglich zu entnehmen sei, dass der Wortlaut keinen Anhaltspunkt für eine gemeinschaftsrechtskonforme *interpretation* bietet, hingegen nichts darüber aussagt, ob der Wortlaut einer solchen Rechtsanwendung auch entgegen stehe, so wird dieser Einwand durch eine weitere Äußerung von *Lord Oliver of Aylmerton* widerlegt:

> „[...] a construction which permits the section to operate as a proper fulfilment of the United Kingdom's obligation under the Treaty involves not so much doing violence to the language of the section as filling a gap by an implication which arises, not from the words used, but from the manifest purpose of the Act and the mischief it was intended to remedy."[92]

Spricht *Lord Oliver of Aylmerton* somit von einer Lückenfüllung („filling a gap") aufgrund von Textergänzungen (*implications*), die sich allein aus dem nachgewiesenen gesetzgeberischen Willen ergeben, nicht jedoch aus dem Gesetzeswortlaut, so kann man wohl kaum umhin, hierin eine Überschreitung des noch möglichen Wortsinns zu erblicken. Vor diesem Hintergrund sollte daher vor allem auch das erstgenannte Zitat verstanden werden: Aus den Worten von *Lord Oliver of Aylmerton* folgt, dass dieser die ausgefüllte Lücke schlussendlich als Bestandteil des Wortlauts erfasst. Dies darf jedoch nicht darüber hinwegtäuschen, dass auch nach seinem Verständnis mit der Annahme eines gemeinschaftsrechtskonformen Interpretationsergebnisses die bisherige Wortlautgrenze von s. 1(2) des Equal Pay Act 1970 (as amended) überschritten wird[93]. Auch hat *Lord Oliver of Aylmerton* erkannt, dass eine derartige Rechtsanwendung im Widerspruch zu den herkömmlichen Interpretationsmethoden des Rechts des Vereinigten Königreichs steht[94]. Dies belegt die anschließend gestellte Frage:

> „The question is whether that can be justified by the necessity - indeed the obligation - to apply a purposive construction which will implement the United Kingdom's obligations under the Treaty."[95]

---

[92] House of Lords, Urt. v. 30.6.1988, [1989] 1 A.C. 66, 125 per Lord Oliver of Aylmerton - *Pickstone v. Freemans plc.*.

[93] Ebenso *Curtin*, (1990) 15 E.L.Rev. 195, 222 f.; *Hepple/Byre*, (1989) 18 I.L.J. 129, 133; *Steiner*, [1990] 106 L.Q.R. 144, 155; *Szyszczak*, (1989) 14 E.L.Rev. 246, 247. Vgl. außerdem *Collins*, European Law in the United Kingdom (1990), p. 138 f.

[94] Siehe hierzu etwa House of Lords, Urt. v. 7.2.1962, [1962] A.C. 635, 662 per Lord Reid - *Jones v. Director of Public Prosecutions*.

[95] House of Lords, Urt. v. 30.6.1988, [1989] 1 A.C. 66, 125 per Lord Oliver of Aylmerton - *Pickstone v. Freemans plc.*.

Hiermit war in der Rechtsprechung des *House of Lords* erstmals nach einem gemeinschaftsrechtlichen Einfluss auf die herkömmliche Rechtsanwendungsmethodik gefragt In Anbetracht der bisherigen Rechtslage wäre es nämlich nur konsequent gewesen, wie im Urteil *Luke* festzustellen, dass „the words of the enactment must prevail" und demnach ein gemeinschaftsrechtskonformes Interpretationsergebnis auszufallen habe[96]. *Lord Oliver of Aylmerton* ergänzte indes:

> „For the reasons given my by noble and learned friend, Lord Templeman, I am now persuaded that it can and that paragraph (*c*) is to be construed as if modified in the manner suggested by my noble and learned friend or as if it included a parenthetic phrase and read '(c) where a woman is employed on work which, not being work in relation to which (in respect of the man hereinafter mentioned) paragraph (a) or (b) above applies, is . . . etc.' It must, I think, be recognised that so to construe a provision which, on its face, is unambiguous involves a departure from a number of well-established rules of construction. The intention of Parliament has, it is said, to be ascertained from the words which it has used and those words are to be construed according to their plain and ordinary meaning. The fact that a statute is passed to give effect to an international treaty does not, of itself, enable the treaty to be referred to in order to construe the words used other than in their plain and unambiguous sense. Moreover, even in the case of ambiguity, what is said in Parliament in the course of the passage of the Bill, cannot ordinarily be referred to to assist in construction. I think, however, that it has also to be recognised that a statute which is passed in order to give effect to the United Kingdom's obligations under the E.E.C. Treaty falls into a secial category and it does so because, unlike other treaty obligations, those obligations have, in effect, been incorporated into English law by the European Communities Act 1972."[97]

Damit erkannte *Lord Oliver of Aylmerton* einen dem Recht des Vereinigten Königreichs bis dahin unbekannten Einfluss des Gemeinschaftsrechts auf die Anwendung innerstaatlichen Rechts an. Bei einem erkennbaren Willen des Gesetzgebers zur Erfüllung der gemeinschaftsrechtlichen Vorgaben ist es demnach aufgrund des ECA 1972 zulässig, vom Inhalt des *statutory wording* abzuweichen. Indem *Lord Oliver of Aylmerton* zudem sein methodologisches Vorgehen als „departure from a number of well-established rules of construction" bezeichnete, schloss er auch ausdrücklich aus, diese Rechtsanwendungsmethode mit der so genannten *golden rule* zu begründen[98].

---

[96] House of Lords, Urt. v. 20.2.1963, [1963] A.C. 557, 577 per Lord Reid - *Luke v. Inland Revenue Commissioners*. Vgl. dazu bereits oben A.I.1.

[97] House of Lords, Urt. v. 30.6.1988, [1989] 1 A.C. 66, 126 per Lord Oliver of Aylmerton - *Pickstone v. Freemans plc.*.

[98] Siehe hierzu House of Lords, Urt. v. 27.3.1974, [1974] 2 All ER 97, 100 per Lord Reid - *Federal Steam Navigation Co. Ltd. v. Department of Trade and Industry*; House of Lords, Urt. v. 13.12.1978, [1980] A.C. 74, 105 per Lord Diplock - *Wentworth Securities Ltd. v.*

Die weiteren Ausführungen von *Lord Oliver of Aylmerton* sind neben der in ihr enthaltenen Präzisierung zur Rechtfertigung der Wortlautüberschreitung aufgrund des ECA 1972 vor allem auch insofern von besonderer Bedeutung, als einleitend gesagt wurde, dass die *Pickstone*-Entscheidung - zumindest auch - für den Bereich der Gemeinschaftsrechtskonformität gilt, also für die Übereinstimmung von mitgliedstaatlichem Recht mit unmittelbar wirkendem Gemeinschaftsrecht. Bisher wurde zur Frage der unmittelbaren Wirkung von Art. 141 EGV (ex-Art. 119 EWGV) lediglich dargelegt, dass sich *Lord Templeman* einer diesbezüglichen Äußerung entzog. Darüber hinaus betonte *Lord Keith of Kinkel* sogar ausdrücklich, dass eine Antwort hierauf „unnecessary" sei[99]. Es ist daher umso interessanter festzustellen, dass *Lord Oliver of Aylmerton* die Heranziehung des ECA 1972 zur Begründung seiner Vorgehensweise präzisierte und zunächst ausdrücklich auf die Vorschrift von s. 2(1) des ECA 1972 verwies. Zu dieser führte er aus, dass sie in Verbindung mit s. 2(4) eine gemeinschaftsrechtskonforme *interpretation* zur Folge habe, jedoch nur Anwendung finde auf Vorschriften des Gemeinschaftsrechts, die unmittelbare Wirkung haben („which are clearly directly applicable")[100]. Daneben - so *Lord Oliver of Aylmerton* - stelle aber s. 2(2) eine Rechtsgrundlage zur Umsetzung jeglicher Gemeinschaftsverpflichtungen des Vereinigten Königreichs dar. Es liegt nahe, diese Äußerung dahingehend zu verstehen, dass sie allein anhand des Rechtsgedankens von s. 2(2) des ECA 1972 den *purposive approach* unterstreicht, darüber hinaus aber weder auf das Vorliegen einer unmittelbar wirkenden Gemeinschaftsvorschrift hindeute, noch

---

Jones. Im Ergebnis ebenso, wenn auch ohne weitere Begründung *Brealey/Hoskins*, Remedies in EC law (1998), p. 93; *Campbell*, [1992] 43 NILQ 330, 350; *Fitzpatrick*, (1989) 9 O.J.L.S. 336, 339, 355; *Gravells*, (1993) P.L. 44, 50; *Hepple/Byre*, (1989) 18 I.L.J. 129, 132 f.; *Howells*, [1990] 41 NILQ 22, 38 f.; *Maher*, A Question of Conflict: the Higher English Courts and the Implementation of European Community Law (1995), p. 303, 316; *McCaffrey*, [1991] 42 NILQ 109, 116; *Prechal*, (1990) 27 CML Rev. 451, 471; *Ross*, (1996) 18 Journal of Social Welfare and Family Law 147, 155; *Steiner*, [1990] 106 L.Q.R. 144, 155; *Vaughan/Randolph*, The Interface between Community Law and National Law: the United Kingdom Experience (1992), p. 219, 222; *Weatherill/Beaumont*, EU Law (1999), p. 420; zurückhaltender hingegen *Maltby*, [1993] 109 L.Q.R. 301, 308.

99 House of Lords, Urt. v. 30.6.1988, [1989] 1 A.C. 66, 112 per Lord Keith of Kinkel - *Pickstone v. Freemans plc.*. Dementsprechend wird die *Pickstone*-Entscheidung auch vielfach ausschließlich im Zusammenhang der Richtlinienkonformität diskutiert - vgl. etwa *de Búrca*, [1992] 55 MLR 215, 220; *Maher*, A Question of Conflict: the Higher English Courts and the Implementation of European Community Law (1995), p. 303, 316; *Vaughan/Randolph*, The Interface between Community Law and National Law: the United Kingdom Experience (1992), p. 219, 222; *Weatherill/Beaumont*, EU Law (1999), p. 420.

100 House of Lords, Urt. v. 30.6.1988, [1989] 1 A.C. 66, 126 per Lord Oliver of Aylmerton - *Pickstone v. Freemans plc.*. Es fällt auf, dass das *House of Lords* ebenso wie der *EuGH* nicht zwischen unmittelbarer Wirkung (*direct effect*) und unmittelbarer Anwendbarkeit (*direct applicability*) unterscheidet.

die Interpretationsregel von s. 2(4) in Verbindung mit s. 2(1) des ECA 1972 zwingend angewandt wissen will[101]. Ein solches Verständnis stünde jedoch nicht nur im Widerspruch zur oben zitierten Grundlage der gemeinschaftsrechtskonformen Rechtsanwendung, die *Lord Oliver of Aylmerton* vor allem in s. 2(4) des ECA 1972 erblickte, sondern daneben auch zur abschließenden Rechtfertigung seines Interpretationsergebnisses:

> „This conclusion is justified, in my judgment, by the manifest purpose of the legislation, by its history, and by the compulsive provision of section 2(4) of the Act of 1972."[102]

Wurde die Vorschrift von s. 2(4) des ECA 1972, die sich unstreitig auf s. 2(1) bezieht, aber zuvor als lediglich anwendbar bezeichnet, soweit unmittelbar wirkendes Gemeinschaftsrecht betroffen ist, so lässt dies eigentlich nur den Schluss zu, dass *Lord Oliver of Aylmerton* im Zuge deren Anwendung implizit auch das Vorliegen unmittelbar wirkenden Gemeinschaftsrechts, nämlich in Form von Art. 141 EGV (ex-Art. 119 EWGV), bejaht hat[103].
Im Hinblick auf die Frage, welchen Einfluss das unmittelbar wirkende Gemeinschaftsrecht auf die Anwendung innerstaatlichen Rechts aufgrund der *Pickstone*-Entscheidung nimmt, kann dieser Punkt aber letztlich offen bleiben. Ebenso wie die Reden von *Lord Templeman* und *Lord Keith of Kinkel* ist auch der Vortrag von *Lord Oliver of Aylmerton* für den Bereich der Gemeinschaftsrechtskonformität schon aus einem anderen Grund verbindlich: Ungeachtet der Frage, ob s. 2(4) des ECA 1972 im Rahmen der *Pickstone*-Entscheidung anwendbar ist oder nicht, ist diese Vorschrift nach den ausdrücklichen und unbestrittenen Worten von *Lord Oliver of Aylmerton* auf jeden Fall anwendbar, sofern es um unmittelbar wirkendes Gemeinschaftsrecht geht. Zudem folgt aus dem Urteil *Garland*, dass das *principle of construction of United Kingdom statutes*, welches anderenfalls zusammen mit dem Rechtsgedanken von s. 2(2) des ECA 1972 anwendbar wäre, keine

---

[101] Siehe außerdem House of Lords, Urt. v. 30.6.1988, [1989] 1 A.C. 66, 124 per Lord Oliver of Aylmerton - *Pickstone v. Freemans plc.*: „[...] Broadly, my doubts arise from this, that the cases in the European Court to which your Lordships have been referred clearly establish that there is an area within which the article is not directly applicable. The bounds of that area are far from clear to me, however, but the cases appear to indicate that the article may not be directly applicable in an 'equal value' claim, at any rate where there is no machinery in the domestic law by which the criterion of what is work of equal value can be readily ascertained. [...]" Vgl. hierzu auch *Fitzpatrick*, (1989) 9 O.J.L.S. 336, 350; *Hepple/Byre*, (1989) 18 I.L.J. 129, 134 f.

[102] House of Lords, Urt. v. 30.6.1988, [1989] 1 A.C. 66, 128 per Lord Oliver of Aylmerton - *Pickstone v. Freemans plc.*.

[103] Vgl. hierzu auch *Steiner*, [1990] 106 L.Q.R. 144, 151, die Artikel 141 EGV (ex-Art. 119 EWGV) im Zusammenhang der *Pickstone*-Entscheidung als „clearly directly effective" bezeichnet.

weitergehenden Wirkungen entfaltet, als s. 2(4) in Verbindung mit s. 2(1) des ECA 1972[104]. Infolgedessen kann im Bereich der Gemeinschaftsrechtskonformität aus dem Urteil *Pickstone* gefolgert werden, dass unmittelbar wirkendes Gemeinschaftsrecht in jedem Fall auf der Grundlage von s. 2(4) des ECA 1972 den dargestellten Einfluss auf die Anwendung innerstaatlichen Rechts hat.

Kann somit festgehalten werden, dass seit dem Urteil *Pickstone* der Rechtsanwender die Grenze des noch möglichen Wortsinns zur Erreichung innerstaatlicher Gemeinschaftsrechtskonformität überschreiten darf, so gilt es abschließend noch auf zwei Dinge hinzuweisen: Zum einen hat das *House of Lords* mit dieser Entscheidung den späteren Feststellungen im Urteil *Pepper v. Hart* insoweit vorgegriffen, als es bereits hier für den Bereich der Gemeinschaftsrechtskonformität eine Ermittlung des gesetzgeberischen Willens auch außerhalb des Gesetzestextes selbst zuließ[105]. Zum anderen ist noch einmal die eingangs zitierte Äußerung von *Lord Oliver of Aylmerton* in Erinnerung zu rufen. Vor allem auf die Vorschrift von s. 2(4) des ECA 1972 hinweisend, führte er aus, dass ein gemeinschaftswidriges Ergebnis vom Gericht vermieden werden muss, fügte aber noch hinzu:

> „[...] - unless it is compulsively driven to it."[106]

Nach dem Vorgesagten kann dies nicht die Befugnis zum Überschreiten der bisherigen Wortlautgrenze in Frage stellen. Deutlich wird aber, dass selbst *Lord Oliver of Aylmerton* nicht von einer unbegrenzten Befugnis ausgeht[107]. Jedoch findet diese Restriktion keine weitere Präzisierung in der *Pickstone*-Entscheidung[108].

---

[104] House of Lords, Urt. v. 22.4.1982, [1982] 2 All ER 402, 415 per Lord Diplock - *Garland v. British Rail Engineering Ltd.*. Vgl. dazu bereits oben I.2.b.

[105] Soweit einige Autoren - vgl. etwa *Greenwood*, [1988] All ER Annual Review 122, 128; *Howells*, [1991] 54 MLR 456, 462 - betonen, dass im Urteil *Pickstone* lediglich eine Rechtsfolge gewählt wurde, die nicht mit der gewöhnlichen Lesart (*ordinary meaning*) von s. 1(2) of the Equal Pay Act 1970 (as amended) übereinstimmt, so wird an dieser Stelle deutlich, dass dieses Verständnis zu kurz greift. Die Folge wäre nämlich, dass die *Pickstone*-Entscheidung mit dem Urteil *Pepper v. Hart* unbeachtlich geworden wäre. Wie beschrieben, gestattet Letzteres in allgemeiner Form, das heißt nicht auf den Bereich des Gemeinschaftsrechts beschränkt, im Rahmen der Grenzen des noch möglich Wortsinns die Berücksichtigung eines außerhalb des Gesetzestextes ermittelten gesetzgeberischen Willens. Eine solche Folge aber wird von keinem Autor ernstlich angenommen.

[106] House of Lords, Urt. v. 30.6.1988, [1989] 1 A.C. 66, 125 per Lord Oliver of Aylmerton - *Pickstone v. Freemans plc.*.

[107] Hierauf ebenfalls abstellend *Gravells*, (1989) P.L. 568, 581.

[108] Vgl. dazu aber sogleich III.2.

c) *Rechtsvergleichende Betrachtung*

Schlussendlich soll im Rahmen dieser Untersuchung eine rechtsvergleichende Betrachtung von *Lord Oliver of Aylmerton* herausgestellt werden, die dieser im Anschluss an die Feststellung der Unvereinbarkeit der gemeinschaftsrechtlichen Vorgabe mit dem *statutory wording* anstellte:

> „In contrast to the way in which, for instance, the Belgian legislature complied with the Treaty obligation by simply reproducing the terms of the article as part of the domestic legislation, the way in which the United Kingdom Act seeks to accomplish its object is by reading into every woman's contract of employment a deemed contractual term, described as 'an equality clause.'"[109]

Sicherlich wäre es überzogen, in diesem Aspekt bereits eine eigenständige Begründung für die nachfolgenden Feststellungen zur weitgehenden Unbeachtlichkeit der Wortlautgrenze zu erblicken. Nichtsdestoweniger verbirgt sich aber auch hinter dieser Überlegung der entscheidende europäische Gedanke, wie er auch dem ECA 1972 zugrunde liegt und der es überhaupt erst rechtfertigt, über eine Neufassung der Rechtsanwendungsmethoden im Bereich des Gemeinschaftsrechts nachzudenken[110].

III. *Regina v. Secretary of State for Transport, ex parte Factortame Ltd.*

1. *Sachverhalt*

Die Kläger waren größtenteils spanische Staatsbürger, die ihre Fischerboote im Vereinigten Königreich unter dem Merchant Shipping Act 1894 als „british fishing vessels" registriert hatten. Die Rechtslage des Act 1894 wurde grundlegend geändert durch Part II des Merchant Shipping Act 1988 und die Merchant Shipping (Registration of Fishing Vessels) Regulations 1988. Danach mussten sämtliche „british fishing vessels" bis zum 31. März 1989 neu registriert werden. Ein entsprechender Antrag der Kläger wurde aufgrund ihrer spanischen Herkunft auf der Grundlage von s. 14(1) des Act 1988 abgelehnt. Daraufhin erhoben sie Klage mit der Begründung, dass sowohl der Act 1988 als

---

[109] House of Lords, Urt. v. 30.6.1988, [1989] 1 A.C. 66, 125 per Lord Oliver of Aylmerton - *Pickstone v. Freemans plc.*.

[110] Eine ähnliche Argumentation offenbart High Court, Urt. v. 25.2.1998, [1999] 1 All ER 174, 177 ff. per Deputy Judge Mitting QC - *Moore v. Piretta PTA Ltd.*. Hier wurden die Commercial Agents (Council Directive) Regulations 1993 unter rechtsvergleichender Beachtung des § 89 b HGB in Übereinstimmung mit der Handelsvertreter-Richtlinie (86/653/EWG), ABlEG Nr. L 382 v. 31.12.1986, S. 17, interpretiert. Vgl. dazu ausführlich unten 5. Kapitel, C.II.2.

auch die Regulations 1988 gegen EG-Recht verstoßen. Der zuständige *Divisional Court of the Queen's Bench Division* leitete ein diesbezügliches Vorabentscheidungsverfahren vor dem *EuGH* ein. Zudem erließ er auf Antrag eine einstweilige Anordnung (*interim relief*), wonach die betreffenden Vorschriften aus dem Act 1988 bis zu einer endgültigen Entscheidung weder angewandt noch durch den *Secretary of State* vollstreckt werden dürfen. Der anschließend angerufene *Court of Appeal* hob die einstweilige Anordnung jedoch auf, was später vom *House of Lords* bestätigt wurde (*Regina v. Secretary of State for Transport, ex parte Factortame Ltd. [No. 1]*[111]). Letzteres begründete dies damit, dass die Gerichte des Vereinigten Königreichs weder dazu befugt sind, eine nationale Gesetzgebung ohne eine entsprechende Entscheidung des *EuGH* für gemeinschaftsrechtswidrig zu halten, noch eine derartige einstweilige Anordnung gegenüber der *Crown* erlassen können[112]. Auf das gleichzeitig vom *House of Lords* eingeleitete Vorabentscheidungsverfahren antwortete der *EuGH* jedoch, dass eine nationale Rechtsvorschrift, nach der ein *interim relief* zu Gunsten der Durchsetzung des Gemeinschaftsrechts zu unterbleiben habe, unangewandt bleiben müsse[113].

2. *Das Urteil des House of Lords - Factortame (No. 2)*

Im Urteil *Pickstone* stellte *Lord Oliver of Aylmerton* eine Pflicht der Gerichte zur Vermeidung einer gemeinschaftswidrigen *interpretation* innerstaatlichen Rechts fest, begrenzte diese aber gleichsam mit den Worten „unless it is compulsively driven to it“[114]. Eine weitergehende Konkretisierung dieser Begrenzung und insbesondere die Beschreibung ihrer Konsequenzen blieb jedoch aus. Denkbar sind insofern zwei Ansätze: Entweder wollte *Lord Oliver of Aylmerton* jenseits dieser nicht weiter definierten Grenze allein das gemeinschaftsrechtswidrige innerstaatliche Recht angewandt wissen oder aber das unmittelbar wirkende Gemeinschaftsrecht direkt zur Lösung der betreffenden Rechtsstreitigkeit heranziehen. Freilich näherliegend ist die zweite Alternative. Diese steht nicht nur im Einklang mit der vier Monate zuvor ergangenen *Murphy*-Entscheidung des *EuGH*, sondern auch mit einer früheren

---

[111] House of Lords, Urt. v. 18.5.1989, [1990] 2 A.C. 85 - *Regina v. Secretary of State for Transport, ex parte Factortame Ltd. (No. 1).*

[112] Vgl. zu dieser Rechtsregel *Craig*, (1991) 11 Y.B.E.L. 221, 245.

[113] EuGH, Urt. v. 19.6.1990, Slg. 1990, I-2433. 2473 f. = [1991] 1 A.C. 603, 644 - Rs. 213/89, *The Queen ./. Secretary of State for Transport ex parte Factortame Ltd.*. Vgl. hierzu *Magliveras*, [1990] 39 I.C.L.Q. 899, 906 ff.

[114] House of Lords, Urt. v. 30.6.1988, [1989] 1 A.C. 66, 125 per Lord Oliver of Aylmerton - *Pickstone v. Freemans plc.*. Vgl. dazu bereits oben II.2.b.cc.

Äußerung von *Lord Denning MR* aus dem Jahre 1979 in der Entscheidung des *Court of Appeal* in *Macarthys Ltd. v. Smith*, wo dieser ausführte:

> „In construing our statute, we are entitled to look to the Treaty as an aid to its construction: but not only as an aid but as an overriding force. If on close investigation it should appear that our legislation is deficient or is inconsistent with Community law by some oversight of our draftsmen then it is our bound duty to give priority to Community law. Such is the result of section 2(1) and (4) of the European Communities Act 1972."[115]

Im Urteil *Factortame Ltd. (No. 2)* vom 11. Oktober ließ sich das innerstaatliche Verbot zum Erlass einer einstweiligen Anordnung selbst im Wege von Textergänzungen nur schwerlich in eine - wenn überhaupt nur deklaratorische - Erlaubnis uminterpretieren. Ohne näher hierauf einzugehen, unterstellte das *House of Lords* deshalb die von *Lord Oliver of Aylmerton* in der *Pickstone*-Entscheidung angedeutete Konstellation, in der eine gemeinschaftsrechtskonforme *interpretation* innerstaatlichen Rechts nicht in Betracht kam.

a) *Duty to Disapply*

Es war allein *Lord Bridge of Harwich*, der sich mit der bezeichneten Kollision zwischen unmittelbar wirkendem Gemeinschaftsrecht und widersprechendem mitgliedstaatlichen Recht auseinander setzte. Hierbei zog er folgende Schlussfolgerung:

> „Under the terms of the Act of 1972 it has always been clear that it was the duty of a United Kingdom court, when delivering final judgment, to override any rule of national law found to be in conflict with any directly enforceable rule of Community law. [...] Thus there is nothing in any way novel in according supremacy to rules of Community law in those areas to which they apply and to insist that, in the protection of rights under Community law, national courts must not be inhibited by rules of national law from granting interim relief in appropriate cases is no more than a logical recognition of that supremacy."[116]

---

[115] Court of Appeal, Urt. v. 25.7.1979, [1979] 3 All ER 325, 329 per Lord Denning MR - *Macarthys Ltd. v. Smith.* Siehe hierzu aber auch Court of Appeal, a.a.O., p. 335 f. per Cumming-Bruce LJ: „I do not think that it is permissible, as an aid to construction, to look at the terms of the Treaty. If the terms of the Treaty are judged in Luxembourg to be inconsistent with the provisions of the Equal Pay Act 1970, European law will prevail over that municipal legislation. But such a judgment in Luxembourg cannot affect the meaning of the English statute." Vgl. hierzu bereits *Schmidt-Steinhauser*, Geltung und Anwendung von Europäischem Gemeinschaftsrecht im Vereinigten Königreich (1994), S. 135, Fußnote 264.

[116] House of Lords, Urt. v. 11.10.1990, [1991] 1 A.C. 603, 659 per Lord Bridge of Harwich - *Regina v. Secretary of State for Transport, ex parte Factortame Ltd. (No. 2).*

Lord Bridge of Harwich erkannte damit auf eine Pflicht des nationalen Richters zur alleinigen Anwendung des unmittelbar wirkenden Gemeinschaftsrechts, die denknotwendig mit einer Pflicht zur Nichtanwendung innerstaatlichen Rechts (*duty to disapply*) korrespondiert. Diese Feststellung entspricht dem vom *EuGH* entwickelten Grundsatz vom Vorrang des Gemeinschaftsrechts (*supremacy of Community law*) und den daraus resultierenden Konsequenzen[117].
Obwohl in *Factortame (No. 2)* nicht ausdrücklich benannt, entspricht die Feststellung von *Lord Bridge of Harwich* im innerstaatlichen Rechtsraum zudem der Vorschrift von s. 2(4) des ECA 1972, wo es heißt, dass „any enactment [...] shall be construed and *have effect* subject to the foregoing provisions of this section", nämlich s. 2(1)[118]. Darüber hinaus trägt die *Factortame*-Entscheidung auch der Vorschrift von s. 3 des ECA 1972 Rechnung. S. 3(1) bestimmt:

> „For the purposes of all legal proceedings any question as to the meaning or effect of any of the Treaties, or as to the validity, meaning or effect of any Community instrument, shall be treated as a question of law (and, if not referred to the European Court, be for determination as such in accordance with the principle laid down by and any relevant decision of the European Court)."

S. 3(2) des ECA 1972 ergänzt hierzu:

> „Judicial notice shall be taken of the Treaties, of the Official Journal of the Communities and of any decision of, or expression of opinion by, the European Court on any such question as aforesaid; [...]."

Auf der Grundlage von s. 3 des ECA 1972 sind demnach die Gerichte des Vereinigten Königreichs zur Beachtung der Entscheidungen des *EuGH* als *binding precedents* verpflichtet. Dies galt freilich auch hinsichtlich der Vorabentscheidung in der Rechtssache *Regina v. Secretary of State for Transport, ex parte Factortame Ltd.*[119].

---

[117] Vgl. hierzu vor allem EuGH, Urt. v. 9.3.1978, Slg. 1978, 629, 643 f. - Rs. 106/77, *Staatliche Finanzverwaltung ./. S.p.A. Simmenthal*. Vgl. dazu bereits oben 1. Kapitel, A.
[118] Hervorhebung vom Verfasser. Vgl. aber die Vorlageentscheidung des House of Lords, Urt. v. 18.5.1989, [1990] 2 A.C. 85, 140 per Lord Bridge of Harwich - *Regina v. Secretary of State for Transport, ex parte Factortame Ltd. (No. 1)*. Dazu sogleich ausführlicher.
[119] EuGH, Urt. v. 19.6.1990, Slg. 1990, I-2433. 2473 f. = [1991] 1 A.C. 603, 644 - Rs. 213/89, *The Queen ./. Secretary of State for Transport ex parte Factortame Ltd.*. Teilweise wird sogar vorgetragen, dass allein s. 3 des ECA 1972 als Grundlage für die *Factortame*-Entscheidung des *House of Lords* herangezogen werden könne, da die einschlägigen Gemeinschaftsrechte noch nicht im Einzelnen vom *EuGH* bestimmt worden waren - vgl. *Weatherill/Beaumont*, EU Law (1999), p. 441; *Toth*, (1990) 27 CML Rev. 573, 585. Dem ist jedoch entgegenzuhalten, dass das EG-Recht nicht erst durch die Rechtsprechung des *EuGH* existent wird. Mehr als dessen Existenz setzt s. 2 des ECA 1972 aber nicht voraus, insbesondere nicht, dass es bereits zu einer Interpretation des EG-Rechts durch den *Gerichtshof* gekommen ist.

Die *ratio decidendi* der *Factortame*-Entscheidung in Form einer *duty to disapply* wurde gute drei Jahre später vom *House of Lords* im Urteil *Equal Opportunities Commission v. Secretary of State for Employment* bestätigt[120]. Bezugnehmend auf das Urteil *Factortame* führte *Lord Keith of Kinkel* in seiner Rede aus:

> „The effect was that certain provisions of United Kingdom primary legislation were held to be invalid in their purported application to nationals of member states of the European Community, [...]“.[121]

Hieraus folgerte er:

> „The Factortame case is thus a precedent in favour of the EOC's recourse to judicial review for the purpose of challenging as incompatible with Community law the relevant provisions of the 1978 Act.“[122]

Zudem fügte *Lord Keith of Kinkel* hinzu:

> „The EOC is concerned simply to obtain a ruling which reflects the primacy of Community law enshrined in s 2 of the Act of 1972 [...].“[123]

b) *Parliamentary Sovereignty*

In Anbetracht des Umstands, dass sowohl die Rede von *Lord Bridge of Harwich* als auch der Erlass des ECA 1972 auf dem Grundsatz vom gemeinschaftsrechtlichen Vorrang fußen, gab gerade die *Factortame*-Entscheidung Anlass für eine lebhafte Diskussion über das Verfassungsprinzip der *Parliamentary Sovereignty*[124]. Kann hiernach das *Parliament* ohne

---

[120] House of Lords, Urt. v. 3.3.1994, [1994] 1 All ER 910 - *Equal Opportunities Commission v. Secretary of State for Employment*. Gegenstand der Klage der *Equal Opportunities Commission (EOC)* war die Feststellung der Gemeinschaftsrechtswidrigkeit von Vorschriften des Employment Protection (Consolidation) Act 1978 bezüglich der unterschiedlichen Voraussetzungen für die Erlangung von Kündigungsschutz für Vollzeitarbeitskräft einerseits und Teilzeitarbeitskräfte andererseits. Der Klage wurde stattgegeben. Vgl. hierzu auch *Chalmers*, (2000) 37 CML Rev. 83, 87 ff.; *Nicol*, (1996) P.L. 579, 581 ff.

[121] House of Lords, Urt. 3.3.1994, [1994] 1 All ER 910, 919 f. per Lord Keith of Kinkel - *Equal Opportunities Commission v. Secretary of State for Employment.*

[122] House of Lords, Urt. 3.3.1994, [1994] 1 All ER 910, 920 per Lord Keith of Kinkel - *Equal Opportunities Commission v. Secretary of State for Employment.*

[123] ibid.

[124] Grundlegend hierzu *Dicey*, Introduction to the Study of the Law of the Constitution (1948), p. 39 ff.; *Wade*, [1955] C.L.J. 172 ff.; *Craig*, (1991) 11 Y.B.E.L. 221 ff.; zuletzt *Barber*, (2000) 20 O.J.L.S. 131 ff. Vgl. aus dem deutschen Schrifttum *Schmidt-Steinhauser*, Geltung

inhaltliche Beschränkung tätig werden, so folgt aus diesem Prinzip gleichzeitig, dass ein gegenwärtiges *Parliament* ein späteres in seiner Souveränität nicht einzuschränken vermag[125]. Demgegenüber erweckt die Vorschrift von s. 2(4) des ECA 1972 geradezu den Eindruck, als breche sie mit diesem *constitutional principle*, wenn sie die beschriebenen Wirkungen des Gemeinschaftsrechts für „any enactment passed or *to be passed*"[126] vorschreibt und damit auch nach dem ECA 1972 erlassene *Acts of Parliament* einzubeziehen scheint.
Zur grundsätzlichen Wahrung der *Parliamentary sovereignty* im Kontext der Gemeinschaftsrechtskonformität machte *Lord Denning* in der vorgenannten Entscheidung *Macarthys Ltd. v. Smith* folgendes *obiter dictum*:

> „I pause here, however, to make one observation on a constitutional point. Thus far I have assumed that our Parliament, whenever it passes legislation, intends to fulfil its obligations under the Treaty. If the time should come when our Parliament deliberately passes an Act with the intention of repudiating the Treaty or any provision in it or intentionally of acting inconsistently with it and says so in express terms then I should have thought that it would be the duty of our courts to follow the statute of our Parliament. I do not however, envisage any such situation. As I said in *Blackburn v. Attorney General*: 'But if Parliament should do so, then I say we will consider that event when it happens'. Unless there is such an intentional and express repudiation of the Treaty, it is our duty to give priority to the Treaty."[127]

Ähnlich äußerte sich *Lawton LJ* in derselben Entscheidung:

> „[...] I can see nothing in this case which infringes the sovereignty of Parliament. If I thought there were, I should not presume to take any judicial step which it would be more appropriate for the House of Lords, as part of Parliament, to take. Parliament by its own Act in the exercise of its sovereign powers has enacted that

---

und Anwendung von Europäischem Gemeinschaftsrecht im Vereinigten Königreich (1994), S. 74 ff.

[125] Siehe etwa High Court, Urt. v. 18.11.1931, [1932] 1 K.B. 733, 743 per Avory J - *Vauxhall Estates Ltd. v. Liverpool Corp.*; Court of Appeal, Urt. v. 25.1.1934, [1934] All ER 385, 390 per Maugham LJ - *Ellen Street Estates Ltd. v. Minister of Health*; [1974] A.C. 765, 782 per Lord Reid, 788 f. per Lord Morris of Borth-y-Gest, 792 f. per Lord Wilberforce, 798 f. per Lord Simon of Glaisdale - *British Railways Board v. Pickin*; Court of Appeal, Urt. v. 30.7.1982 [1983] Ch. 77, 86 per Sir Robert Megarry V.-C. - *Manuel v. Attorney-General*; *Barber*, (2000) 20 O.J.L.S. 131, 145; *Craig*, (1991) 11 Y.B.E.L. 221, 247 ff; *Wade* [1955] C.L.J. 172, 190; *Schmidt-Steinhauser*, Geltung und Anwendung von Europäischem Gemeinschaftsrecht im Vereinigten Königreich (1994), S. 74 ff., vor allem 76 f. Es ist allerdings unverständlich, dass die letztgenannte Monographie - obwohl erst im Jahre 1994 erschienen - das Urteil *Factortame Ltd. (No. 2)* sowie die damit einhergehende Problematik völlig unberücksichtigt lässt.

[126] Hervorhebung vom Verfasser.

[127] Court of Appeal, Urt. v. 25.7.1979, [1979] 3 All ER 325, 329 per Lord Denning MR - *Macarthys Ltd. v. Smith.*

> European Community law shall 'be enforced, allowed and followed' in the United Kingdom of Great Britain und Northern Ireland (see s 2(1) of the European Communities Act 1972) and that 'any enactment passed or to be passed . . . shall be construed and have effect subject to [s 2]' (see s 2(4) of that Act). Parliament's recognition of European Community law and of the jurisdiction of the European Court of Justice by one enactment can be withdrawn by another."[128]

Einerseits hielten demnach beide Richter hinsichtlich der Wirkungen von s. 2(4) des ECA 1972 die bisher anerkannte Lehre vom *implied repeal*, wonach entsprechend dem Grundsatz *lex posterior derogat legi generali* ein zeitlich nachfolgendes Gesetz ein vorhergehendes schon implizit aufhebt[129], für unanwendbar. Wie auch später von *Lord Diplock* im Urteil *Garland* angedeutet, gehen vielmehr beide grundsätzlich davon aus, dass ein gemeinschaftsrechtskonformer Wille des Gesetzgebers und damit auch eine implizite Bestätigung des ECA 1972 zu vermuten sei. Diese Vermutung kann nicht nur eine gemeinschaftsrechtskonforme *interpretation*, sondern aufgrund der dargestellten *ratio decidendi* der *Factortame*-Entscheidung auch eine Verdrängung des nationalen Rechts zur Folge haben[130].

Andererseits sprechen sich aber sowohl *Lord Denning MR* als auch *Lawton LJ* dafür aus, dass ein ausdrücklicher *repeal* des ECA 1972 durch den Gesetzgeber eine gemeinschaftsrechtskonforme Rechtsanwendung, notfalls in Form der Nichtanwendung innerstaatlichen Rechts, ausschließen soll[131]. Wenn auch ohne abschließende Stellungnahme, so wurde diese Differenzierung der Entscheidung *Macarthys Ltd. v. Smith* später im Urteil *Garland* von *Lord Diplock* aufgegriffen[132]. Auch erscheint es möglich, ein derartiges Verständnis mit den Feststellungen von *Lord Bridge of Harwich* in der Entscheidung *Regina v. Secretary of State for Transport, ex parte Factortame Ltd. (No. 1)* in Einklang zu bringen. Dort heißt es:

> „By virtue of section 2(4) of the Act of 1972 Part II of the Act of 1988 is to be construed and take effect subject to directly enforceable Community rights and those rights are, by section 2(1) of the Act of 1972, to be 'recognised and available in law, and . . . enforced, allowed and followed accordingly; . . .' This has

---

[128] Court of Appeal, Urt. v. 25.7.1979, [1979] 3 All ER 325, 334 per Lawton LJ - *Macarthys Ltd. v. Smith.*

[129] Vgl. hierzu auch *Schmidt-Steinhauser*, Geltung und Anwendung von Europäischem Gemeinschaftsrecht im Vereinigten Königreich (1994), S. 76 f.

[130] Vgl. hierzu *Ellis*, [1980] 96 L.Q.R. 511, 513 f.; *Levitsky*, (1994) 42 Am. J. Comp. L. 347, 354 f.

[131] Vgl. hierzu *Allan*, (1983) 3 O.J.L.S. 22, 28 ff.; *Ellis*, [1980] 96 L.Q.R. 511, 514.

[132] House of Lords, Urt. v. 22.4.1982, [1982] 2 All ER 402, 415 per Lord Diplock - *Garland v. British Rail Engineering Ltd.*. Vgl. dazu auch *Hood Phillips*, [1982] 98 L.Q.R. 524, 526, der sogar von einer diesbezüglichen Implikation ausgeht; ähnlich wohl *Steiner*, [1990] 106 L.Q.R. 144, 158. Vgl. im Übrigen bereits oben I.2.b.

> precisely the same effect as if a section were incorporated in Part II of the Act of 1988 which in terms enacted that the provisions with respect to registration of British fishing vessels were to be without prejudice to the directly enforceable Community rights of nationals of any member state of the E.E.C. Thus it is common ground that, in so far as the applicants succeed before the E.C.J. in obtaining a ruling in support of the Community rights which they claim, those rights will prevail over the restrictions imposed on registration of British fishing vessels by Part II of the Act of 1988 and the Divisonal Court will, in the final determination of the application for judicial review, be obliged to make appropriate declarations to give effect to those rights."[133]

Lord Bridge of Harwich setzt demnach die Wirkungen von s. 2(4) des ECA 1972 mit denen einer Vorschrift gleich, die in dem jeweiligen Gesetz enthalten ist und dieses als gegenüber dem unmittelbar wirkenden Gemeinschaftsrecht als unschädlich bezeichnet. Hierdurch kommt zum einen der Vorrang des Gemeinschaftsrechts gegenüber dem innerstaatlichen Recht zur Geltung[134]. Zum anderen könnte diesem Vergleich aber gleichzeitig entnommen werden, dass die Vorrangwirkung des Gemeinschaftsrechts noch immer vom Willen des jeweiligen Gesetzgebers abhängen soll. Von einer derart fiktiven Vorschrift kann nämlich kaum gesprochen werden, wenn ein gegenteiliger Wille des Gesetzgebers ausdrücklich bekundet worden ist[135]. Dieses Verständnis des Urteils *Factortame Ltd. (No. 1)* würde damit - wie schon das Urteil *Macarthys Ltd. v. Smith* - zumindest letztendlich von einer Wahrung der *Parliamentary sovereignty* ausgehen. Mithin wäre der Auffassung entsprochen, nach der die Frage der *Parliamentary sovereignty* allein auf nationaler Ebene zu beantworten sein soll. Insoweit wird vorgetragen, dass jeder Mitgliedstaat - wenigstens rechtstheoretisch - die Möglichkeit habe, seine jüngste Ratifikation des EG-Vertrags zurückzuziehen[136].

Hierzu ist anzumerken, dass diese strikte Trennung zwischen nationaler und gemeinschaftlicher Rechtsordnung zwar der Rechtsprechung des *EuGH*

---

[133] House of Lords, Urt. v. 18.5.1989, [1990] 2 A.C. 85, 140 per Lord Bridge of Harwich - *Regina v. Secretary of State for Transport, ex parte Factortame Ltd. (No. 1)*.

[134] Der Formulierung „provisions […] were to be without prejudice to the directly enforceable Community rights" lässt sich entnehmen, dass entsprechend der gemeinschaftsrechtlichen Vorgabe - vgl. dazu oben 1. Kapitel, A., vor allem Fußnote 10 - auch im Vereinigten Königreich allein ein Anwendungsvorrang des EG-Rechts angenommen wird.

[135] Ebenso wohl *Cross/Harris*, Precedent in English Law (1991), p. 182 f.; *Hartley*, The Foundations of European CommunityLaw (1998), p. 255.

[136] So vor allem *Craig*, (1991) 11 Y.B.E.L. 221, 252 f. (zurückhaltender allerdings *ders.*, in: Slaughter/Stone Sweet/Weiler (eds.), The European Court and National Courts [1998], p. 195, 200 ff.); *Hartley*, The Foundations of European Community Law (1998), p. 255; *Laws*, (1995) P.L. 72, 89; *Winterton*, [1976] 92 L.Q.R. 591, 615 f.; ebenso wohl *MacCormick*, [1993] 56 MLR 1, 3; *Steiner*, [1990] 106 L.Q.R. 144, 155; *Toth*, (1990) 27 CML Rev. 573, 585; *Wade*, [1996] 112 L.Q.R. 568, 570.

entspricht[137]. Indes folgt aus einer rein innerstaatlichen Betrachtung noch nicht, dass der Inhalt der *Parliamentary sovereignty* unverändert geblieben ist. Umgekehrt lässt sich nämlich ebenso argumentieren, dass der Rückzug aus der Europäischen Union nur vollzogen werden kann, sofern dieses *constitutional principle* nach wie vor darauf gerichtet ist, dass *„Parliament cannot bind its successor*".

Unbeschadet der Trennung zwischen den Rechtsordnungen erscheint vor dem Hintergrund des Urteils *Factortame Ltd. (No. 2)* vielmehr die Rechtsprechung des *EuGH* zur Begründung des gemeinschaftsrechtlichen Vorrangs von ausschlaggebender Bedeutung zu sein. Hinzuweisen ist insofern darauf, dass der Gerichtshof in seinem Urteil *Costa ./. E.N.E.L.* von einer „endgültigen Beschränkung" der mitgliedstaatlichen Hoheitsrechte sprach[138]. In diesem Kontext gilt es die - zumeist unbeachteten - einleitenden Worte von *Lord Bridge of Harwich* zu analysieren:

> „Some public comments on the decision of the European Court of Justice, affirming the jurisdiction of the courts of member states to override national legislation if necessary to enable interim relief to be granted in protection of rights under Community law, have suggested that this was a novel and dangerous invasion by a Community institution of the sovereignty of the United Kingdom Parliament. But such comments are based on a misconception. If the supremacy within the European Community of Community law over the national law of member states was not always inherent in the E.E.C. Treaty [...] it was certainly well established in the jurisprudence of the European Court of Justice long before the United Kingdom joined the Community. Thus, whatever limitation of its sovereignty Parliament accepted when it enacted the European Communities Act 1972 was entirely voluntary."[139]

Lord Bridge of Harwich zog folglich die Rechtsprechung des *EuGH* als Rechtserkenntnisquelle für die *interpretation* des ECA 1972 heran und gab damit auch Letzterem einen gemeinschaftsrechtskonformen Inhalt[140]. Entsprechend der *legal theory of Community law* („endgültige Beschränkung" der mitgliedstaatlichen Hoheitsrechte) umfasst der Inhalt des nationalen Rechts demnach eine Beschränkung der *Parliamentary sovereignty* in der Weise, dass

[137] Vgl. hierzu auch *Winterton*, [1976] 92 L.Q.R. 591, 615 f.

[138] EuGH, Urt. v. 15.7.1964, Slg. 1964, 1259, 1270 f. - Rs. 6/64, *Costa ./. E.N.E.L.*.

[139] House of Lords, Urt. v. 11.10.1990, [1991] 1 A.C. 603, 658 f. per Lord Bridge of Harwich - *Regina v. Secretary of State for Transport, ex parte Factortame Ltd. (No. 2)*.

[140] Freilich konnte sich *Lord of Bridge of Harwich* insofern nicht auf s. 2(4) des ECA 1972 berufen. Diese bezieht sich auf „any enactment passed or to be passed, other than one contained in this Part of this Act". Das methodologische Vorgehen von *Lord Bridge of Harwich* entspricht aber der herkömmlichen nationalen Rechtsanwendungsmethodik, wonach die *Parliamentary intention* im Rahmen des *statutory wording* zur Geltung zu bringen ist - vgl. dazu bereits oben A.I.1.

der Erlass gemeinschaftsrechtswidriger Rechtsnormen für die Zukunft ausgeschlossen wird[141]. Hinsichtlich der *legal theory of UK law* ist daher *Wade* zuzustimmen, wenn er im Zusammenhang der *Factortame*-Entscheidung des *House of Lords* von einer *revolution* spricht[142]. Mit Blick auf die Rechtstatsächlichkeit ist indes auf *Usher* zu verweisen, der wohl zu Recht herausstellt, dass eine Revision des ECA 1972 nicht nur auf rechtlicher, sondern auch auf politischer Ebene stattzufinden hätte[143].

IV. Ergebnis

Das beschriebene *case-law* für den Bereich des unmittelbar wirkenden Gemeinschaftsrechts lässt sich in der Weise zusammenfassen, dass die Pflicht nationaler Gerichte zur gemeinschaftsrechtskonformen Rechtsanwendung auf zwei Grundlagen gestützt werden kann: Zum einen ergänzt das von *Lord Diplock* im Urteil *Garland* herangezogene *principle of construction of United Kingdom statutes* die herkömmlichen Interpretationsmethoden in der Weise, dass innerstaatlichem Recht, das internationalen Verpflichtungen zeitlich nachfolgt, ein gesetzgeberischer Wille zur Implementierung dieser Verpflichtungen zu unterstellen ist. Zum anderen ist auf die Vorgaben des European Communities Act 1972 abzustellen. Neben der Vorschrift von s. 3 des ECA 1972 gilt dies vor allem für s. 2(4) in Verbindung mit s. 2(1) des ECA 1972. Nach den Folgerungen aus der *Pickstone*-Entscheidung ist gemäß s. 2 des ECA 1972 eine gemeinschaftsrechtskonforme *interpretation* selbst dann zulässig, wenn sie die herkömmliche Grenze des noch möglichen Wortsinns des Gesetzestextes überschreitet. Zudem kann aufgrund der umfassenden Anwendbarkeit von s. 2(4) des ECA 1972 insoweit auch keine Beschränkung auf innerstaatliches Recht bestehen, das in seiner Entstehung der gemeinschaftsrechtlichen Vorgabe zeitlich nachfolgt[144]. Innerstaatlich erkennt

---

[141] Vgl. hierzu *Allott*, [1990] C.L.J. 377, 379.

[142] Vgl. *Wade*, [1991] 107 L.Q.R. 1 ff.; *ders.*, [1996] 112 L.Q.R. 568 ff. Vgl. hierzu auch *Allot*, [1990] C.L.J. 377, 379 f. - bereits zur *Factortame Ltd. (No. 1)*; *Barber*, (2000) 20 O.J.L.S. 131, 145 & 153; *Eekelaar*, [1997] 113 L.Q.R. 185 ff.; *Gravells*, (1991) P.L. 180, 190 f.; kritisch *Allan*, [1997] 113 L.Q.R. 443 ff.

[143] *Usher*, European Community law and national law (1981), p. 37 f.: „[…] it is likely that a government wishing to withdraw the UK from the Communities would wish to negotiate its way out, which process could be construed as a transfer back from the Communities to the Member State.“ Die dargestellte Auffassung, die sich gegen das hier vertretene Verständnis der *Factortame*-Entscheidung richtet, leidet gerade an dieser Differenzierung zwischen den politischen Tatsächlichkeiten der Europäischen Union einerseits und deren rechtsdogmatischer Grundlage andererseits - vgl. hierzu etwa *Allan*, [1997] 113 L.Q.R. 443 ff.

[144] Hiergegen mag man einwenden, dass in der *Pickstone*-Entscheidung neben der Berufung auf s. 2 des ECA 1972 vor allem der *purposive approach* bei der *interpretation* von s. 1(2)(c)

das Recht des Vereinigten Königreichs damit die Pflicht zur gemeinschaftsrechtskonformen Rechtsanwendung im positiven Sinne in einem weiteren Umfang an, als dies angesichts der *Murphy*-Entscheidung des *EuGH* gemeinschaftsrechtlich geboten gewesen wäre[145]. Im Übrigen ist seit dem Urteil *Factortame* geklärt, dass der Widerspruch von nationalem Recht und Gemeinschaftsrecht zu einer Nichtanwendung der innerstaatlichen Gesetzgebung führen muss, und zwar selbst dann, wenn dieser Widerspruch vom Gesetzgeber gewollt war.

Obwohl nicht unumstritten, hat das Vereinigte Königreich damit eine Beschränkung des Verfassungsprinzips der *Parliamentary sovereignty* hingenommen. Bemerkenswert ist insofern allerdings, dass dieses *constitutional principle* erst im Zuge der vom *House of Lords* angenommenen *duty to disapply* ins Zentrum der Diskussion geriet, nicht aber schon im Kontext der *Pickstone*-Entscheidung[146]. Auch Letztere sieht auf der Grundlage von s. 2(4) des ECA 1972 eine Abweichung vom bis dahin souveränen gesetzgeberischen Willen, so wie er in der betreffenden Norm zum Ausdruck gekommen ist, zu Gunsten des Gemeinschaftsrechts vor. Die Erklärung hierfür liegt auf der Hand: Anders als in *Factortame* stand in *Pickstone* eine Veränderung der Rechtsanwendungsmethoden auch mit einer gemeinschaftsrechtskonformen *Parliamentary intention* im Einklang[147], wodurch etwaige Auswirkungen auf die

---

des Equal Pay Act 1970 (as amended) betont wurde. Dieser aber ist bei nationalen Rechtsnormen, die dem Erlass des Gemeinschaftsrechts zeitlich vorausgehen, nicht denkbar. Dazu sogleich. An dieser Stelle sei nur auf VAT Tribunal, Urt. v. 2.10.1996, [1997] 3 C.M.L.R. 1082, 1105 - *Hodgson v. The Commissioners of Costums and Excise*, verwiesen, wo der Wortlaut von art. 5(3) of the Excise Duties (Personal Reliefs) Order 1992 zu Gunsten einer Übereinstimmung mit der unmittelbar wirkenden Richtlinie 92/12/EWG, ABlEG Nr. L 76 v. 23.3.1992, S. 1, ohne Hinweis auf eine gemeinschaftsrechtskonforme *Parliamentary intention* ergänzt wurde: „In view of those rights there must, we think, be a necessary implication in the wording of Article 5(3) that a right or appeal lies to the VAT and Duties Tribunal in the event that the person in question fails to satisfy the Commissioners that the tobacco is for his personal use. This course is both possible and preferable to the alternative - which is to 'disapply' Article 5(3) in circumstances where the Commissioners seek to rely on it against the subject."

145 Mithin erklärt sich auch, weshalb die Folgerungen der *Pickstone*-Entscheidung nicht mit der Vorschrift von s. 3 des ECA 1972 begründet werden konnten.

146 So auch *Allan*, [1997] 113 L.Q.R. 443, 447. Vgl. allerdings zur allgemeinen Diskussion des Verhältnisses der *Parliamentary sovereignty* und des Gemeinschaftsrechts *Howe*, (1973) 49 International Affairs 1, 7 ff.; *Mitchell/Kuipers/Gall*, (1972) 9 CML Rev. 134, 141 ff.; *Trindade*, [1972] 35 MLR 375 ff.; *Wade*, [1972] 88 L.Q.R. 1 ff.; *Warner*, [1977] 93 L.Q.R. 349, 364 ff.; *Winterton*, [1976] 92 L.Q.R. 591, 613 ff.

147 Siehe hierzu vor allem die Rede von *Lord Templeman* - House of Lords, Urt. v. 30.6.1988, [1989] 1 A.C. 66, 112 ff. per Lord Templeman - *Pickstone v. Freemans plc.*. Vgl. außerdem *Maher*, A Question of Conflict: the Higher English Courts and the Implementation of European Community Law (1995), p. 303, 316; *Steiner*, [1990] 106 L.Q.R. 144, 156.

Parliamentary sovereignty von vornherein kompensiert wurden. In diesem Zusammenhang lässt sich deshalb auch erklären, weshalb neben der Berufung auf s. 2 des ECA 1972 in allen Reden das erzielte Interpretationsergebnis zudem mit einem so genannten *purposive approach* begründet wurde. Hieraus darf aber keineswegs gefolgert werden, dass die Urteile *Pickstone* und *Factortame* keiner einheitlichen Problematik zuzurechnen sind[148]. Das Gegenteil folgt bereits aus s. 2(4) des ECA 1972 selbst, wo dem Rechtsanwender sowohl Interpretations- als auch grundsätzliche Anwendungsvorgaben („shall be construed and have effect") gemacht werden. In beiden Fällen geht es damit um eine Modifikation der herkömmlichen Rechtsanwendungsmethodik, die zuvor dem souveränen Willen des jeweiligen *Parliament* zum Ausdruck verholfen hatte.

Abschließend verbleibt demnach die Frage nach der Abgrenzung zwischen den Urteilen *Pickstone* und *Factortame.* Obwohl die Rechtsprechung hierzu noch keine ausdrückliche Stellung bezogen hat, dürfte deren Bestimmung vor dem Hintergrund der verbliebenen *Parliamentary sovereignty* - zumindest in theoretischer Hinsicht - nicht schwer fallen. Das *constitutional principle* gebietet es nämlich, die *ratio decidendi* der *Factortame*-Entscheidung gegenüber der *Pickstone*-Entscheidung als *ultima ratio* einzustufen[149]. Eine wohl schwerwiegendere Nichtanwendung gemeinschaftsrechtswidrigen innerstaatlichen Rechts anstatt einer gemeinschaftsrechtskonformen *interpretation* desselben sollte daher nur in Betracht kommen, wo eine Rechtsanwendung im positiven Sinne praktisch unmöglich erscheint[150]. Dies wäre beispielsweise der Fall, wenn - wie etwa in *Factortame* - ein bestehendes Verbot in eine deklaratorische Erlaubnis uminterpretiert werden müsste. *Bennion* hat hierzu treffend formuliert:

> „It is not legitimate for the national court to strain the meaning of an enactment of the national law to such an extent as to change the essential nature of the enactment, including the system which it operates."[151]

---

[148] Vgl. auch *McCaffrey*, [1991] 42 NILQ 109 ff.; anders aber *Allan*, (1985) P.L. 614, 616 ff.; *ders.*, [1997] 113 L.Q.R. 443, 449, der ausschließlich darauf abstellt, dass nur in *Factortame* das *Parliament* als *legal authority* abgelehnt wird. Betrachtet man indes die *Pickstone*-Entscheidung allein auf der Grundlage von s. 2(4) des ECA 1972, so wird auch hier deutlich, dass eine gemeinschaftsrechtskonforme *interpretation* keineswegs zwingend mit einer gemeinschaftsrechtskonformen *Parliamentary intention* einhergehen muss. Auch dies aber ist eine zumindest partielle Leugnung der ursprünglich vollkommenen „*legal authority*" des *Parliament.*

[149] Gleiches gilt aufgrund des Verhältnismäßigkeitsgrundsatzes im Sinne von Art. 5 Abs. 3 EGV auch hinsichtlich der gemeinschaftsrechtlichen Vorgaben für die Anwendung nationalen Rechts. Vgl. dazu bereits oben 1. Kapitel, A.

[150] Vgl. auch *McCaffrey*, [1991] 42 NILQ 109, 119. Vgl. im Übrigen die Argumentation von *Allan*, [1997] 113 L.Q.R. 443, 449 - dazu bereits oben Fußnote 148.

[151] *Bennion*, Statutory Interpretation (1997), p. 1009.

Ähnlich hatte auch bereits *Scarman LJ* in der umstrittenen Entscheidung *Western Bank Ltd. v. Schindler* einschränkend angemerkt, dass eine Veränderung des gesetzlichen Wortlauts nicht „too big, or too much at variance with the language in fact used by the legislature“ sein darf[152]. Anderenfalls wäre die Anwendung innerstaatlichen Rechts *ad absurdum* geführt. Die Berufung auf eine positivrechtliche Vorgabe des souveränen nationalen Gesetzgebers würde sich folglich als Deckmantel der in Wahrheit durchgreifenden unmittelbaren Wirkung des Gemeinschaftsrechts erweisen.

C. *Richtlinienkonformität*[153]

Abgesehen von einzelnen Überschneidungen, ist die Rechtsprechung des *House of Lords* zur Anwendung nationalen Rechts im Bereich des mittelbar wirkenden Gemeinschaftsrechts grundsätzlich von den vorgenannten Entscheidungen zur gemeinschaftsrechtskonformen Rechtsanwendung im Vereinigten Königreich zu trennen. Für die Richtlinienkonformität von besonderer Bedeutung sind daher neben der bereits dargestellten *Garland*- und *Pickstone*-Entscheidung die nachfolgend im Einzelnen erörterten Urteile *Duke v. G.E.C. Reliance Ltd.* aus dem Jahre 1988[154], *Litster v. Forth Dry Dock and Engineering Co. Ltd.* aus dem Jahre 1989[155], *Finnegan v. Clowney Youth Training Programme Ltd.* aus dem Jahre 1990[156] sowie *Webb v. EMO Air Cargo (U.K.) Ltd.* aus dem Jahre 1995[157]. Während die ersten drei Entscheidungen der *Marleasing*-Entscheidung des *EuGH* zeitlich vorausgingen und deshalb in gemeinschaftsrechtlicher Hinsicht allein das Urteil *von Colson und Kamann* zugrunde legen, ging es in der *Webb*-Entscheidung des *House of Lords* gerade um die vom Urteil *Marleasing* bewirkten Klarstellungen beziehungsweise Neuerungen[158].

---

[152] Court of Appeal, Urt. v. 5.3.1976, [1977] 1 Ch. 1, 18 per Scarman LJ - *Western Bank Ltd. v. Schindler*. Vgl. hierzu bereits oben A.I.2. Bedenklich weitgehend dagegen *Allan*, (1985) P.L. 614, 617: „Directly applicable Community law would take effect subject to an inconsistent Act of Parliament only where Parliament stated such an intention 'in express terms'.“

[153] Vgl. zur Terminologie oben „Einleitung und Gang der Untersuchung“.

[154] House of Lords, Urt. v. 11.2.1988, [1988] 1 A.C. 618 - *Duke v. G.E.C. Reliance Ltd.*.

[155] House of Lords, Urt. v. 16.3.1989, [1989] 1 All ER 1134 - *Litster v. Forth Dry Dock and Engineering Co. Ltd.*.

[156] House of Lords, Urt. v. 17.5.1990, [1990] 2 All ER 546 - *Finnegan v. Clowney Youth Training Programme Ltd.*.

[157] House of Lords, Urt. v. 26.11.1992, [1993] 1 W.L.R. 49 - *Webb v. EMO Air Cargo (U.K.) Ltd. (No. 1)*; House of Lords, Urt. v. 19.10.1995, [1995] 4 All ER 577 - *Webb v. EMO Air Cargo (U.K.) Ltd. (No. 2)*.

[158] Vgl. dazu bereits oben 1. Kapitel, B.

I. Duke v. G.E.C. Reliance Ltd.

1. Sachverhalt

Zwischen der Beklagten *G.E.C. Reliance Ltd.* und ihrer Arbeitnehmerschaft bestand die Regelung, dass das gewöhnliche Ruhestandsalter für Frauen 60 Jahre und für Männer 65 Jahre betrug. Dementsprechend wurde die Arbeitnehmerin *Mrs. Duke* kurz nach ihrem 60. Geburtstag in den Ruhestand versetzt. Hiergegen wandte sich ihre Klage. *Mrs. Duke* trug vor, diskriminierend im Sinne von s. 6(2) des Sex Discrimination Act 1975 behandelt worden zu sein und aus diesem Grund einen Schadensersatzanspruch gegen die Beklagte zu haben. Die Klage wurde vom *Industrial Tribunal* ebenso wie vom *Employment Appeal Tribunal* mit der Begründung abgelehnt, dass die Ausnahmevorschrift von s. 6(4) des Sex Discrimination Act 1975 eine derartige ruhestandsbezogene Diskriminierung gestatte[159]. Hierauf rief die Klägerin das *House of Lords* an und ergänzte ihren Vortrag dahingehend, dass zum einen s. 6(4) allein auf Sachverhalte nach Ruhestandseintritt anzuwenden sei. Zum anderen müsse diese Vorschrift zu ihren Gunsten interpretiert werden, um einen Widerspruch zum EG-Recht zu vermeiden.

2. Das Urteil des House of Lords

Das *House of Lords* entschied letztinstanzlich mit Urteil vom 11. Februar 1988 und wies die Klage ab. Eine Begründung für diese Entscheidung liefert allein die Rede von *Lord Templeman.* Dieser erörterte die *interpretation* der Ausnahmevorschrift von s. 6(4) des Sex Discrimination Act 1975 im Lichte der einschlägigen Bestimmungen der Gleichbehandlungs-Richtlinie. Bevor *Lord Templeman* jedoch auf deren Wirkungen einging, stellte er zunächst unabhängig von dieser fest, dass die *interpretation* von s. 6(4) des Sex Discrimination Act 1975 durch die Vorinstanzen den herkömmlichen Interpretationsmethoden entspreche. Ausgehend von diesem Rechtsanwendungsergebnis ging *Lord Templeman* auf die Bedeutung der Gleichbehandlungs-Richtlinie ein.

a) Grundlage der richtlinienkonformen Interpretation

Unter Hinweis auf die *Marshall*-Entscheidung des *EuGH*[160] stellte *Lord Templeman* zunächst klar, dass der betreffende Gemeinschaftsrechtsakt keine

[159] Siehe zur Vorschrift von s. 6(4) des Sex Disxrimination Act 1975 bereits oben Fußnote 63.
[160] Vgl. dazu bereits oben 1. Kapitel, A.

unmittelbare Wirkung gegenüber den Parteien entfalte[161]. Er widmete sich daher der Frage, auf welcher Grundlage die Gleichbehandlungs-Richtlinie wenigstens mittelbar im innerstaatlichen Rechtsraum wirken könne. Hierfür differenziert das Urteil zwischen einem richtlinienkonformen Umsetzungswillen des Gesetzgebers, den Vorgaben des ECA 1972 sowie den Anforderungen der *von Colson und Kamann*-Entscheidung des *EuGH*.

aa) Gesetzgeberischer Wille

Aufgrund seiner isolierten Anwendung nationaler Rechtsanwendungsmethoden war *Lord Templeman* bereits der Rechtsauffassung der Vorinstanzen zur *interpretation* von s. 6(4) des Sex Discrimination Act 1975 zugeneigt. Vor diesem Hintergrund ist die nachfolgende Bemerkung zum gesetzgeberischen Willen zu verstehen:

> „Nevertheless, it is now submitted that the appellant is entitled to damages from the respondent because Community law requires the Equal Pay Act enacted on 29 May 1970 and the Sex Discrimination Act enacted on 12 November 1975 to be construed in a manner which gives effect to the Equal Treatment Directive dated 9 February 1976 as construed by the European Court of Justice in *Marshall's* case published on 20 February 1986. Of course a British court will always be willing and anxious to conclude that United Kingdom law is consistent with Community law. Where an Act is passed for the purpose of giving effect to an obligation imposed by a directive or other instrument a British court will seldom encounter difficulty in concluding that the language of the Act is effective for the intended purpose. But the construction of a British Act of Parliament is a matter of judgment to be determined by British courts and to be derived from the language of the legislation considered in the light of the circumstances prevailing at the date of enactment. The circumstances in which the Equal Pay Act 1970 and the Sex Discrimination Act 1975 were enacted are set forth in the 1974 White Paper, in the judgment of Phillips J. in *Roberts v. Cleveland Area Health Authority* […], in the judgment of Browne-Wilkinson J. in *Roberts v. Tate & Lyle Food and Distribution Ltd.* […] and in the submission of the United Kingdom Government in *Marshall's* case […]. The Acts were not passed to give effect to the Equal Treatment Directive and were intended to preserve discriminatory retirement ages. Proposals for the Equal Treatment dated 9 February 1976 were in circulation when the Bill for the Sex Discrimination Act 1975 was under discussion but it does not appear that these proposals were understood by the British Government or the Parliament of the United Kingdom to involve the prohibition of differential retirement ages linked to differential pensionable ages."[162]

[161] House of Lords, Urt. v. 11.2.1988, [1988] 1 A.C. 618, 638 - per Lord Templeman - *Duke v. G.E.C. Reliance Ltd.*.

[162] House of Lords, Urt. v. 11.2.1988, [1988] 1 A.C. 618, 638 f. per Lord Templeman - *Duke v. G.E.C. Reliance Ltd.*.

Lord Templeman betonte somit ausdrücklich, dass dem Sex Discrimination Act 1975 kein auf die Umsetzung der Gleichbehandlungs-Richtlinie gerichteter gesetzgeberischer Wille zugrunde liegt. Unter Heranziehung des von *Lord Diplock* im Urteil *Garland* geprägten *principle of construction of United Kingdom statutes*, wonach grundsätzlich eine Pflicht zur völkerrechtskonformen und damit auch richtlinienkonformen Rechtsanwendung besteht, sofern das betreffende innerstaatliche Gesetz der internationalen Verpflichtung des Vereinigten Königreichs in seiner Entstehung zeitlich nachfolgt[163], konnte *Lord Templeman* deshalb folgende Schlussfolgerung ziehen:

> „On the hearing of this appeal, your Lordships have had the advantage, not available to Lord Diplock, of full argument which has satisfied me that the Sex Discrimination Act 1975 was not intended to give effect to the Equal Treatment Directive as subsequently construed in the Marshall case [...] and that the words of section 6(4) are not reasonably capable of being limited to the meaning ascribed to them by the appellant.“[164]

Demnach lässt sich weder ein richtlinienkonformer Wille des Gesetzgebers vermuten, noch verpflichtet der Wortlaut von s. 6(4) des Sex Discrimination Act 1975 unter Anwendung der herkömmlichen Interpretationsmethoden zu einem solchen Schluss. Ungeachtet der damit einhergehenden Ablehnung einer Pflicht zur richtlinienkonformen Rechtsanwendung aufgrund des *Garland-principle*, lässt sich der Äußerung von *Lord Templeman* aber dennoch eine Folgerung entnehmen. Allein aus der Prüfung dieses *principle* ergibt sich nämlich dessen grundsätzliche Anwendbarkeit auch im Bereich der richtlinienkonformen *interpretation* innerstaatlichen Rechts[165].

bb) European Communities Act 1972

Hielt *Lord Templeman* demnach das *Garland-principle* im konkreten Fall schon unabhängig von dessen Grenzen für unanwendbar, so war es in jedem Fall geboten, daneben auf die Bedeutung von s. 2(4) des ECA 1972 für die richtlinienkonforme *interpretation* einzugehen. Insoweit sei wiederholt, dass

---

[163] House of Lords, Urt. v. 22.4.1982, [1982] 2 All ER 402, 415 per Lord Diplock - *Garland v. British Rail Engineering Ltd.*. Vgl. dazu bereits oben B.I.2.a.aa.

[164] House of Lords, Urt. v. 11.2.1988, [1988] 1 A:C. 618, 639 per Lord Templeman - *Duke v. G.E.C. Reliance Ltd.*.

[165] Unverständlich insofern die Schlussfolgerung von *Foster*, (1988) 25 CML Rev. 629, 638 f.: „The *Duke* case marks an unfortunate departure by the House of Lords from the co-operation expressed in the *Garland* case.“ Es gilt zu beachten, dass die *Duke*-Entscheidung keinerlei Zweifel an der Gültigkeit dieses *principle* aufkommen lassen hat, sondern lediglich für den konkreten Sachverhalt dessen Voraussetzungen verneint. Vgl. außerdem zur Wirkung von s. 2 des ECA 1972 sogleich bb.

Lord Diplock im Urteil *Garland* die Wirkungen des *principle of construction of United Kingdom statutes* „a fortiori" für beachtlich hielt, sofern der Anwendungsbereich von s. 2 des ECA 1972 betroffen ist[166]. *Lord Templeman* äußerte sich zu dieser Frage unmittelbar im Anschluss an das letztgenannte Zitat:

> „Section 2(4) of the European Communities Act 1972 does not in my opinion enable or constrain a British court to distort the meaning of a British statute in order to enforce against an individual a Community directive which has no direct effect between individuals. Section 2(4) applies and only applies where Community provisions are directly applicable." [167]

Lord Templeman ist damit für den Bereich des mittelbar wirkenden Gemeinschaftsrechts einer Anwendung von s. 2 des ECA 1972 ausdrücklich entgegengetreten. Hierdurch hat er die Feststellungen der *Garland*-Entscheidung präzisiert, nicht jedoch ihnen widersprochen[168].
Im Schrifttum ist diese eindeutige Stellungnahme allerdings nicht unumstritten geblieben. Vor allem *Steiner* hat vorgetragen, dass hierdurch die *von Colson und Kamann*-Regel des *EuGH* im innerstaatlichen Recht des Vereinigten Königreichs „unenforceable" gemacht werde[169]. Um dies zu verhindern, müsse - entgegen der Rechtsprechung - die gemeinschaftsrechtliche Pflicht nationaler Gerichte zur richtlinienkonformen Anwendung mitgliedstaatlichen Rechts verstanden werden als eine der „obligations and restrictions from time to time created or arising by or under the Treaties" im Sinne von s. 2(1) des ECA 1972[170]. Dem ist indes nur unter Vorbehalt zuzustimmen. Die Durchsetzbarkeit der *von Colson und Kamann*-Regel lässt sich auf der Ebene des nationalen Rechts im Vereinigten Königreich nämlich auch mit der Vorschrift von s. 3 des ECA 1972 begründen[171]. Hiernach muss die nationale Rechtsanwendung unter Beachtung der *EuGH*-Rechtsprechung zur Bedeutung und Wirkung des gesamten EG-Rechts („meaning or effect of any of the Treaties, or […] meaning

---

[166] House of Lords, Urt. v. 22.4.1982, [1982] 2 All ER 402, 415 per Lord Diplock - *Garland v. British Rail Engineering Ltd.*. Vgl. dazu bereits oben B.2.a.bb.
[167] House of Lords, Urt. v. 11.2.1988, [1988] 1 A.C. 618, 639 f. per Lord Templeman - *Duke v. G.E.C. Reliance Ltd.*.
[168] Unverständlich daher wiederum *Foster*, (1988) 25 CML Rev. 629, 638 f. - siehe bereits Fußnote 165.
[169] *Steiner*, [1990] 106 L.Q.R. 144, 153; ähnlich *Bennion*, Statutory Interpretation (1997), p. 1008; *Ellis*, [1988] 104 L.Q.R. 379, 382 f.; *Fitzpatrick*, (1989) 9 O.J.L.S. 336, 347 f.; *Foster*, (1988) 25 CML Rev. 629, 637 f.; *Shaw*, (1990) 19 I.L.J. 228, 230 f.; *Weatherill/Beaumont*, EU Law (1999), p. 423.
[170] So insbesondere *Weatherill/Beaumont*, EU Law (1999), p. 423.
[171] Vgl. hierzu *McCaffrey*, [1991] 42 NILQ 109, 121 f.; *Fitzpatrick*, (1989) 9 O.J.L.S. 336, 352.

or effect of any Community instrument") erfolgen[172]. Folglich würde eine Nichtanwendung des *Garland-principle* nicht nur im Widerspruch zur *von Colson und Kamann*-Regel stehen, sondern gleichzeitig im Bereich der nationalen Rechtsordnung einen Verstoß gegen s. 3 des ECA 1972 darstellen. Die Auffassung von *Steiner* lässt sich daher nur unter der Prämisse aufrechterhalten, dass man mit *Weatherill/Beaumont* annimmt, s. 3 des ECA 1972 erfasse allein den Inhalt einer EG-Richtlinie, nicht jedoch auch die „interpretation of national law dealing with the same subject matter as a non-directly effective directive"[173]. Ein Grund für eine derartige Verkürzung des Anwendungsbereichs von s. 3 des ECA 1972 ist jedoch nicht ersichtlich. Gemäß s. 3 ist sowohl das vom *EuGH* interpretierte Primärrecht wie auch das Sekundärrecht bei der Anwendung innerstaatlichen Rechts zu berücksichtigen. Wieso soll vor diesem Hintergrund der Inhalt einer Richtlinie verbindlich sein, nicht jedoch die vom *EuGH* auf die Vorschriften der Artt. 249 Abs. 3 und 10 EGV gestützte *von Colson und Kamann*-Regel?
Festzuhalten bleibt somit zunächst, dass die *Duke*-Entscheidung zwar einerseits eine richtlinienkonforme *interpretation* auf der Grundlage von s. 2(4) des ECA 1972 ausdrücklich ablehnt, gleichzeitig aber durch die Bestätigung des *Garland-principle* der Rechtsprechung des *EuGH*[174] und damit auch der Vorschrift von s. 3 des ECA 1972 Rechnung trägt. Sorgt nämlich im Bereich des unmittelbar wirkenden Gemeinschaftsrechts vor allem die Regelung von s. 2 des ECA 1972 für dessen innerstaatliche Beachtung, so tritt im Rahmen des nur mittelbar wirkenden Gemeinschaftsrechts die Vorschrift von s. 3 des ECA 1972 aus dem Schatten der unanwendbaren s. 2 des ECA 1972 heraus und sorgt hier für die innerstaatliche Durchsetzung der gemeinschaftsrechtlichen Vorgaben.

cc) Verständnis der von Colson und Kamann-Regel

In Anbetracht des Vorgesagten verwundert es wenig, dass *Lord Templeman* neben der Erörterung des *Garland-principle* schließlich ausdrücklich auf die *von Colson und Kamann*-Entscheidung des *EuGH* einging. Hierzu führte er aus:

> „The *von Colson* case is no authority for the proposition that the German court was bound to invent a German law of adequate compensation if no such law existed and no authority for the proposition that a court of a member state must distort the meaning of a domestic statute so as to conform with Community law which is not directly applicable. If, following the *von Colson* case, the German court adhered to the view that under German law it possessed no discretion to

[172] Siehe zu s. 3 des ECA 1972 bereits oben B.III.2.a.
[173] *Weatherill/Beaumont*, EU Law (1999), p. 418.
[174] Vgl. dazu auch sogleich cc.

> award adequate compensation, it would have been the duty of the German Government in fulfilment of its obligations under the Treaty of Rome to introduce legislation or evolve some other method which would enable adequate compensation to be obtained, just as the United Kingdom Government became bound to introduce legislation to amend the Equal Pay Act 1970 and the Sex Discrimination Act 1975 in the light of *Marshall's* case. [...] The E.E.C. Treaty does not interfere and the European Court of Justice in the *von Colson* case did not assert power to interfere with the method or result of the interpretation of national legislation by national courts."[175]

Nachdem die Anwendbarkeit des *Garland-principle* für den konkreten Fall bereits verneint worden war, ist davon auszugehen, dass dieser Äußerung vor allem die Fragestellung zugrunde liegt, ob die Wirkung der *von Colson und Kamann*-Regel über die des *Garland-principle* hinausgeht. Im Zusammenhang der *EuGH*-Entscheidung anerkannt ist, dass der *Gerichtshof* eine richtlinienkonforme *interpretation* fordert, soweit es um nationales Recht geht, das erst nach der gemeinschaftsrechtlichen Vorgabe entstanden ist[176]. Wie gezeigt, entspricht das *House of Lords* dieser gemeinschaftsrechtlichen Vorgabe durch die Anerkennung des *Garland-principle.* Gemeinschaftsrechtlich umstritten ist demgegenüber jedoch, ob der *EuGH* bereits im Jahre 1984 eine richtlinienkonforme *interpretation* auch für den Fall gefordert hat, dass die nationale Gesetzgebung dem mittelbar wirkenden Gemeinschaftsrecht in ihrer Entstehung zeitlich vorausgeht, sodass für eine Vermutung eines richtlinienkonformen Willens des Gesetzgebers kein Anlass besteht. Wäre dies der Fall, so hätte das *House of Lords* auch im Urteil *Duke* gemäß s. 3 des ECA 1972 grundsätzlich eine richtlinienkonforme *interpretation* von s. 6(4) des Sex Discrimination Act 1975 erwägen müssen. *Lord Templeman* lehnte eine solche Pflicht indes ab[177].

Es wurde bereits darauf hingewiesen, dass der Wortlaut der nationalen Gesetzgebung schon vor der Erörterung der *von Colson und Kamann*-Entscheidung dahingehend interpretiert wurde, dass er nicht auf den Inhalt der Gleichbehandlungs-Richtlinie beschränkt werden könne („the words of section 6[4] are not reasonably capable of being limited")[178]. Diese Feststellung darf nicht verwechselt werden mit der Frage, ob der Richtlinieninhalt noch innerhalb der Grenzen des möglichen Wortsinns von s. 6(4) des Sex Discrimination Act 1975 liegt. Hierzu bezog *Lord Templeman* gerade keine Stellung.

---

[175] House of Lords, Urt. v. 11.2.1988, [1988] 1 A.C. 618, 641 per Lord Templeman - *Duke v. G.E.C. Reliance Ltd.*.

[176] Vgl. hierzu 1. Kapitel, B.

[177] Kritisch hierzu etwa *Fitzpatrick*, (1989) 18 I.L.J. 116, 118; *ders.*, (1989) 9 O.J.L.S. 336, 344 ff.

[178] House of Lords, Urt. v. 11.2.1988, [1988] 1 A.C. 618, 639 per Lord Templeman - *Duke v. G.E.C. Reliance Ltd.*.

Vergegenwärtigt man sich zudem, dass zum Zeitpunkt der *Duke*-Entscheidung, also noch vor dem Urteil *Pepper v. Hart*[179], abgesehen vom *Garland-principle* vor allem der Gesetzestext Ausgangspunkt jeder *statutory interpretation* war, so kann den Worten von *Lord Templeman* unterstellt werden, dass von einer Entstellung des Gesetzeswortlauts (*distortion of the meaning of a statute*) bereits dann ausgegangen werden sollte, wenn nur die Bedeutung, die diesem primär zu entnehmen ist, im Interpretationsergebnis nicht zur Geltung kommt[180]. Die - durchaus erstaunliche - Folge ist demnach, dass die Ansicht von *Lord Templeman* dem Urteil *von Colson und Kamann* praktisch keinen Einfluss auf die herkömmlichen Interpretationsmethoden im Vereinigten Königreich zubilligt. Nur in diesem Sinne ist auch der letzte Satz des vorgenannten Zitats zu verstehen, wonach die *EuGH*-Entscheidung sowohl die innerstaatlichen Interpretationsmethoden selbst sowie deren jeweiliges Ergebnis unberührt lässt. Soweit *Lord Templeman* das vom *EuGH* angeführte Erfordernis eines Beurteilungsspielraums (*discretion*) des nationalen Gerichts aufgreift, verengt er dieses Merkmal daher erheblich[181]. Ein solcher Beurteilungsspielraum kann nach seiner Auffassung nämlich nur dann vorliegen, sofern eine Vorschrift wenigstens zwei völlig gleichberechtigte Interpretationsergebnisse offenbart. Abgesehen von grundsätzlichen Bedenken, die sich gegen eine derartige „Unentschlossenheit“ des positiven Rechts ergeben, erscheint das von *Lord Templeman* dargelegte Verständnis vor allem dann als fragwürdig, wenn man davon ausginge, dass das *Garland-principle* zum Zeitpunkt der *von Colson und Kamann*-Entscheidung noch nicht vorgelegen hätte. In diesem Fall hätte diese Rechtsanwendungsmethode nämlich gemäß s. 3 des ECA 1972 entwickelt werden müssen. Eine Notwendigkeit, die die Rechtsauffassung von *Lord Templeman* nicht hätte begründen können[182].

b) Vertrauensschutz zu Gunsten des Normadressaten

Gesondert herauszustellen ist schließlich die von *Lord Templeman* auf der Grundlage des nationalen Rechts gelieferte Begründung für die Nichtaner-

---

[179] House of Lords, Urt. v. 26.11.1992, [1992] 3 W.L.R. 1032 - *Pepper v. Hart*. Vgl. dazu bereits oben A.I.1.

[180] Zustimmend *Ellis*, [1988] 104 L.Q.R. 379, 381 f.; *Greenwood*, [1988] All ER Annual Review 122, 125 f. Vgl. außerdem *de Búrca*, [1992] 55 MLR 215, 228.

[181] Vgl. auch *Arnull*, (1992) 17 E.L.Rev. 265, 272; *ders.*, (1988) P.L. 313, 316 ff.; *Lewis*, [1989] 48 C.L.J. 6, 7. Ungenau hingegen *Craig*, in: Slaughter/Stone Sweet/Weiler (eds.), The European Court and National Courts (1998), p. 195, 200.

[182] *Arnull*, (1988) P.L. 313, 320, gelangt dementsprechend zu folgendem Ergebnis: „In short, the House of Lords' ruling in *Duke* constitutes a thoroughly unreliable precedent. It provides powerful evidence of the need for the *von Colson* principle to be reiterated by the Court of Justice with greater clarity as soon as possible.“

kennung einer über das *Garland-principle* hinausgehenden Grundlage für eine richtlinienkonforme *interpretation.* In Anbetracht eines berechtigten Vertrauenstatbestands des Normadressaten führte dieser aus:

> „It would be most unfair to the respondent to distort the construction of the 1975 Sex Discrimination Act in order to accommodate the 1976 Equal Treatment Directive as construed by the European Court of Justice in the 1986 *Marshall* case. As between the appellant and the respondent the Equal Treatment Directive did not have direct effect and the respondent could not reasonably be expected to reduce to precision the opaque language which constitutes both the strength and the difficulty of some Community legislation. The respondent could not reasonably be expected to appreciate the logic of Community legislators in permitting differential retirement pension ages but prohibiting differential retirement ages. The respondent is not liable to the appellant under Community law. I decline to hold that liability under British law attaches to the respondent or any other private employer to pay damages based on wages which women over 60 and under 65 did not earn before the amending Sex Discrimination Act 1986 for the first time and without retrospective effect introduced the statutory tort of operating differential retirement ages. I would dismiss this appeal.“[183]

II. Litster v. Forth Dry Dock and Engineering Co. Ltd.

1. Sachverhalt

Der Kläger war Arbeitnehmer der zahlungsunfähigen Schiffswerft *Forth Dry Dock and Engineering Co. Ltd.*, die unter Zwangsverwaltung gestellt wurde. Im Rahmen dieser Verwaltung kam es zur Verständigung über den Verkauf der Werft mit der *Forth Estuary Engineering Ltd.*. Da Letztere die Arbeitnehmerschaft nicht übernehmen wollte, kündigte noch die *Forth Dry Dock and Engineering Co. Ltd.* ihren Arbeitnehmern am 6. Februar 1984 um 15.30 Uhr mit sofortiger Wirkung, bevor es am selben Tag um 16.30 Uhr zum Verkauf der Werft kam. Die Klage wendet sich gegen die Rechtmäßigkeit der ausgesprochenen Kündigung und enthält die Geltendmachung eines Schadensersatzanspruchs gegen die neue Werfteigentümerin. Gemäß reg. 5(1) und (3) des Transfer of Undertakings (Protection of Employment) Regulations 1981 sei diese in die Arbeitsverhältnisse eingetreten, die „unmittelbar vor Betriebsübergang“ („immediately before the transfer“) bestanden. Sowohl der *Industrial Tribunal* als auch der *Employment Appeal Tribunal* gaben der Klage statt. Daraufhin verneinte der in der Folgeinstanz mit der Sache befasste *Court of Session* jedoch, dass der Kläger noch „immediately before the transfer“ bei

[183] House of Lords, Urt. v. 11.2.1988, [1988] 1 A.C. 618, 641 f. per Lord Templeman - *Duke v. G.E.C. Reliance Ltd.*

der zahlungsunfähigen Schiffswert *Forth Dry Dock and Engineering Co. Ltd.* beschäftigt war. Die neue Eigentümerin *Forth Estuary Engineering Ltd.* wurde daher aus dem Verfahren entlassen. Hiergegen rief der Kläger das *House of Lords* an.

2. Das Urteil des House of Lords

Das *House of Lords* entschied letztinstanzlich zu Gunsten des Klägers mit Urteil vom 16. März 1989, also nur ein Jahr nach dem Urteil *Duke* und nicht einmal fünf Monate nach der *Pickstone*-Entscheidung. Zur Letzteren wurde bereits dargelegt, dass nach ihr eine Rechtsanwendung auch jenseits der noch möglichen Bedeutung des gesetzlichen Wortlauts zulässig ist[184]. Bislang offen gelassen wurde jedoch, ob die im Urteil *Pickstone* gewählte Methode auch für die Anwendung nationalen Rechts im Lichte von nur mittelbar wirkendem Gemeinschaftsrecht gilt[185]. Wollte man dies bejahen, so stünde man gleichsam vor der Frage, ob das Urteil *Pickstone* schon auf den Rechtsgedanken von s. 2(2) des ECA 1972 gestützt werden kann, oder ob vielmehr die Rechtsanwendungsvorschrift von s. 2(4) des ECA 1972 auch für den Bereich der Richtlinienkonformität heranzuziehen ist. Indes kann angesichts der jüngeren *Litster*-Entscheidung eine weitergehende Analyse der *Pickstone*-Entscheidung entfallen. Im Urteil *Litster* ging es unzweifelhaft um die *interpretation* der Transfer of Undertakings (Protection of Employment) Regulations 1981 allein im Lichte der lediglich mittelbar wirkenden Richtlinie 77/187/EWG[186], eine Gemeinschaftsvorgabe, deren In-Kraft-Treten - wie in *Pickstone* - dem Erlass der betreffenden nationalen Gesetzgebung vorausging. Die Urteilsbegründung wurde insofern von *Lord Keith of Kinkel*, *Lord Templeman* und *Lord Oliver of Aylmerton* gegeben.

a) Gesetzgeberischer Wille als Grundlage der richtlinienkonformen Interpretation

Hinsichtlich der Grundlage einer richtlinienkonformen *interpretation* von reg. 5 und 3 der Transfer of Undertakings (Protection of Employment) Regulations 1981 ist zunächst festzustellen, dass in allen Reden auf die *Pickstone*-

[184] Vgl. dazu oben B.II.2.b.
[185] Vgl. dazu insbesondere oben B.II.2.b.cc.
[186] ABlEG Nr. L 61 v. 5.3.1977, S. 26.

Entscheidung als *precedent* verwiesen wurde[187]. Auffällig ist hierbei jedoch, dass mit keinem Wort die in *Pickstone* von *Lord Keith of Kinkel* und *Lord Oliver of Aylmerton* zugrunde gelegte Vorschrift von s. 2 des ECA 1972 Erwähnung fand. Vielmehr geht es im Zusammenhang der *Pickstone*-Entscheidung allein um die Berücksichtigung des Richtlinieninhalts aufgrund des „manifest purpose" der Regulations, nämlich die Umsetzung der Richtlinienvorgabe[188]. Dies erscheint zwar wenig konsequent, kann aber aufgrund der beschriebenen Widersprüche der *Pickstone*-Entscheidung vor allem innerhalb der Rede von *Lord Oliver of Aylmerton* nicht weiter überraschen[189]: Die Anwendbarkeit von s. 2(4) des ECA 1972 in Verbindung mit s. 2(1) im Bereich des mittelbar wirkenden Gemeinschaftsrechts begegnet Bedenken, nicht zuletzt auch aufgrund der ausdrücklichen Ablehnung von *Lord Templeman* im Urteil *Duke*. Auch muss man fragen, ob der Kompetenzvorschrift von s. 2(2) des ECA 1972 ein solcher Rechtsgedanke entnommen werden kann und sollte, der für eine „departure from a number of well-established rules of construction"[190] ausreichend ist. Obwohl nicht explizit festgestellt, schafft die *Litster*-Entscheidung daher in jedem Fall Klarheit, indem s. 2 des ECA 1972, vor allem also s. 2(4) in Verbindung mit s. 2(1), zur Begründung einer richtlinienkonformen *interpretation* innerstaatlichen Rechts überhaupt nicht herangezogen wird[191].

Die *ratio decidendi* des Urteils *Litster* zur Grundlage einer richtlinienkonformen Rechtsanwendung entspricht mithin dem Urteil *Duke*: Für den Bereich des mittelbar wirkenden Gemeinschaftsrechts kommt gemäß s. 3 des ECA 1972 das am gesetzgeberischen Willen ausgerichtete und von *Lord Diplock* im Urteil *Garland* geprägte *principle of construction of United Kingdom statutes* in Betracht.

b) Beachtlichkeit der Wortlautgrenze?

aa) Überschreitung der herkömmlichen Wortlautgrenze

Ob das *House of Lords* ebenso wie in *Pickstone* auch in seiner *Litster*-Entscheidung ein wortlautüberschreitendes Interpretationsergebnis für zulässig

---

[187] House of Lords, Urt. v. 16.3.1989, [1989] 1 All ER 1134, 1136 per Lord Keith of Kinkel, 1139 per Lord Templeman, 1140 & 1153 per Lord Oliver of Aylmerton - *Litster v. Forth Dry Dock and Engineering Co. Ltd.*.

[188] ibid.

[189] Vgl. dazu bereits oben B.II.2.b.cc.

[190] So House of Lords, Urt. v. 30.6.1988, [1989] 1 A.C. 66, 126 per Lord Oliver of Aylmerton - *Pickstone v. Freemans plc.*.

[191] Unrichtig daher *Hepple/Byre*, (1989) 18 I.L.J. 129, 132 f.

erachtete, hängt von dem höchstrichterlichen Verständnis dieser Norm allein aufgrund der herkömmlichen Rechtsanwendungsmethoden ab. Maßgeblich ist insofern die Rede von *Lord Oliver of Aylmerton*, der zur Richtlinienkonformität der nationalen Gesetzgebung bemerkte:

> „Purely as a matter of language, it clearly is not."[192]

Ergänzend fügte er hinzu:

> „If this provision fell to be construed by reference to the ordinary rules of construction applicable to purely domestic statute and without reference to treaty obligations, it would, I think, be quite impermissible to regard it as having the same prohibitory effect as that attributed by the European Court to art 4 of the directive."[193]

Soweit *Vogenauer* dennoch rechtsvergleichend vorträgt, dass nach den Entscheidungsgründen für eine Richtlinienkonformität der nationalen Gesetzgebung „keine Verzerrung des Wortlauts erforderlich war"[194], so bedarf dies hier genauerer Untersuchung. Von Bedeutung ist daher, dass sich *Vogenauer* offensichtlich auf die nachfolgende Äußerung von *Lord Oliver of Aylmerton* beruft:

> „[…], and it would be no misuse of ordinary language in each case to speak of the termination of the contracts of the workforce as having been effected by the transfer."[195]

Zwar spricht *Lord Oliver of Aylmerton* hier von „no misuse of ordinary language". Hintergrund dieser Äußerung ist jedoch nicht das Vorliegen unterschiedlicher Interpretationsmöglichkeiten für die Formulierung „immediately before the transfer" im Sinne von reg. 5(3) der Transfer of Undertakings (Protection of Employment) Regulations 1981, sondern für die erst durch reg. 5(3) konkretisierte Formulierung „by the transfer" im Sinne von reg. 5(1). Mit Blick auf reg. 5(3) machte *Lord Oliver of Aylmerton* in Anbetracht der einschlägigen Richtlinienvorgabe folgende Äußerung:

> „My, Lords, I should be reluctant so to construe the regulations, quite apart from any authority."[196]

---

[192] House of Lords, Urt. v. 16.3.1989, [1989] 1 All ER 1134, 1153 per Lord Oliver of Aylmerton - *Litster v. Forth Dry Dock and Engineering Co. Ltd.*.

[193] ibid.

[194] *Vogenauer*, ZEuP 1997, 158, 167.

[195] House of Lords, Urt. v. 16.3.1989, [1989] 1 All ER 1134, 1147 per Lord Oliver of Aylmerton - *Litster v. Forth Dry Dock and Engineering Co. Ltd.*.

[196] ibid.

Aufgrund der europäischen Dimension dieser nationalen Gesetzgebung ergänzte er allerdings sogleich:

> „When, however, they are considered in the light of the interpretation placed by the European Court on the provisions of the directive, it becomes, I think, clear that your Lordships are not compelled to do so.“[197]

Wie schon gegen die Erläuterungen zur *Pickstone*-Entscheidung[198] mag man aufgrund dieser vorsichtigen Äußerungen von *Lord Oliver of Aylmerton* auch hier einwenden, dass sich aus ihnen zumindest nicht zwingend auf eine Überschreitung der Grenze des noch möglichen Wortsinns schließen lässt. Zum Ausdruck gebracht werde mit den vorgenannten Zitaten lediglich, dass der Gesetzestext keinen Anhaltspunkt für eine richtlinienkonforme *interpretation* biete. Indes lassen sich derartig begründete Zweifel an einer Unbeachtlichkeit der bisherigen Wortlautgrenze - wie in *Pickstone* - auch hier ausräumen, wenn man die Rede von *Lord Oliver of Aylmerton* weiter analysiert. Zu deren Beginn wird der maßgebliche *precedent*, nämlich das Urteil *Pickstone*, wie folgt beschrieben:

> „The approach to the construction of primary and subordinate legislation enacted to give effect to the United Kingdom's obligations under the EEC Treaty have been the subject matter of recent authority in this House (see *Pickstone v Freemans plc* [...]) and is not in doubt. If the legislation can reasonably be construed so as to conform with those obligations, obligations which are to be ascertained not only from the wording of the relevant directive but from the interpretation placed on it by the Court of Justice of the European Communities, such a purposive construction will be applied even though, perhaps, it may involve some departure from the strict and literal application of the words which the legislature has elected to use.“[199]

Entsprechend dem vorgenannten Einwand könnte man auch hier anmerken, dass sich eine Überschreitung der Wortlautgrenze ebenso wenig aus diesem Zitat zwingend ableiten lasse. Zwar deuten die Bezeichnungen „strict“ und „literal“ auf eine solche Grenze hin, dennoch wird aber die Möglichkeit einer richtlinienkonformen *secondary meaning* der nationalen Vorschrift nicht

---

[197] House of Lords, Urt. v. 16.3.1989, [1989] 1 All ER 1134, 1147 per Lord Oliver of Aylmerton - *Litster v. Forth Dry Dock and Engineering Co. Ltd.*.

[198] Vgl. dazu oben B.II.2.b.cc.

[199] House of Lords, Urt. v. 16.3.1989, [1989] 1 All ER 1134, 1140 per Lord Oliver of Aylmerton - *Litster v. Forth Dry Dock and Engineering Co. Ltd.*. Siehe hierzu auch High Court, Urt. v. 25.2.1998, [1999] 1 All ER 174, 176 per Deputy Judge Mitting QC - *Moore v. Piretta PTA Ltd.*; High Court, Urt. v. 12.5.1995, [1995] 3 C.M.L.R. 140, 147 per Slaughton LJ - *Ken Lane Transport Limited v. County Trading Standards Officer of North Yorkshire County Council.*

ausdrücklich verneint. Herauszustellen ist daher eine weitere Berufung auf die *Pickstone*-Entscheidung am Ende der Rede von *Lord Oliver of Aylmerton*:

> „*Pickstone v. Freemans plc* […] has established that the greater flexibility available to the court in applying a purposive construction to legislation designed to give effect to the United Kingdom's treaty obligations to the Community enables the court, where necessary, to supply by implication words appropriate to comply with those obligations […]. Having regard to the manifest purpose of the regulations, I do not, for my part, feel inhibited from making such an implication in the instant case. The provision in reg 8(1) that a dismissal by reason of transfer is to be treated as an unfair dismissal, is merely a different way of saying that the transfer is not to 'constitute a ground for dismissal' as contemplated by art 4 of the directive and there is no good reason for denying to it the same effect as that attributed to that article. In effect this involves reading reg 5(3) as if there were inserted after the words 'immediately before the transfer' the words 'or would have been so employed if he had not been unfairly dismissed in the circumstances described in reg 8(1)'. For my part, I would make such an implication which is entirely consistent with the general scheme of the regulations and which is necessary if they are effectively to fulfil the purpose for which they were made of giving effect to the provisions of the directive."[200]

Demnach hält *Lord Oliver of Aylmerton* Textergänzungen für erforderlich, um die Bestimmungen der Transfer of Undertakings (Protection of Employment) Regulations 1981 in Einklang mit den Vorgaben der Richtlinie 77/187/EWG zu bringen. In Anbetracht der herkömmlichen Interpretationsmethoden, wonach bei einem entsprechenden gesetzgeberischen Willen auch auf fern liegende Bedeutungsmöglichkeiten des Gesetzeswortlauts zurückgegriffen werden darf[201], kann eine solche Erforderlichkeit aber nur gegeben sein, wenn keine dieser Bedeutungsmöglichkeiten eine richtlinienkonforme Rechtsanwendung der nationalen Gesetzgebung zulässt. Mithin ergibt sich, dass *Lord Oliver of Aylmerton* bei der richtlinienkonformen Anwendung der vorgenannten Regulations 1981 die Grenze des noch möglichen Wortsinns von reg. 5(3) für überschritten gehalten haben muss[202]. Zuzugeben ist in diesem Zusammenhang daher allein, dass es vermieden wurde, die Wortlautüberschreitung ausdrücklich ins Zentrum der Überlegungen zu stellen.
Ähnliche Erwägungen sind hinsichtlich der Rede von *Lord Keith of Kinkel* anzustellen. Ausgehend von der Interpretation der Richtlinie 77/187/EWG

---

[200] House of Lords, Urt. v. 16.3.1989, [1989] 1 All ER 1134, 1153 per Lord Oliver of Aylmerton - *Litster v. Forth Dry Dock and Engineering Co. Ltd.*.

[201] Siehe hierzu etwa House of Lords, 20.2.1963, [1963] A.C. 557, 577 per Lord Reid - *Luke v. Inland Revenue Commissioners*: „only where the words are absolutely incapable"; House of Lords, Urt. v. 29.7.1969, [1989] 3 All ER 257, 258 f. per Lord Reid - *Pinner v. Everett*. Vgl. dazu bereits oben A.I.1.

[202] Zurückhaltender hingegen *Howells*, [1991] 54 MLR 456, 462.

durch den *EuGH*[203] und einem entsprechenden Umsetzungswillen des Gesetzgebers im Vereinigten Königreich führte dieser aus:

> „In these circumstances it is the duty of the court to give to reg 5 a construction which accords with the decisions of the European Court on the corresponding provisions of the dirctive to which the regulation was intended by Parliament to give effect. The precedent established by *Pickstone v Freemans plc* indicates that this is to be done by implying the words necessary to achieve that result. So there must be implied in reg 5(3) words indicating that where a person has been unfairly dismissed in the circumstances described in reg 8(1) he is to be deemed to have been employed in the undertaking immediately before the transfer or any of a series of transactions whereby it was effected. My Lords, I would allow the appeal."[204]

Wie *Lord Oliver of Aylmerton* hält somit auch *Lord Keith of Kinkel* Textergänzungen für erforderlich, um eine Richtlinienkonformität der Transfer of Undertakings (Protection of Employment) Regulations 1981 zu erreichen. Folglich lässt sich hinsichtlich seiner Rede gleichfalls die Schlussfolgerung ziehen, dass die Grenze des noch möglichen Wortsinns von reg. 5(3) entgegen den herkömmlichen Interpretationsmethoden für überschritten gehalten wurde[205].

bb) Begründung

(1) Golden Rule?

De Búrca hat der Überschreitung der Wortlautgrenze zugestimmt und ergänzend angedeutet, dass das methodologische Vorgehen der *Litster*-Entscheidung mit der herkömmlichen Methode der *golden rule* zu begründen sei[206]. Hierzu gilt es Folgendes zu bedenken: Richtig ist zweifellos, dass vor

---

[203] EuGH, Urt. v. 15.6.1988, Slg. 1988, 3057, 3073 = [1989] IRLR 41, 43 f. - Rs. 101/87, *Bork International A/S ./. Foreningen af Arbejdsledere i Danmark.*

[204] House of Lords, Urt. v. 16.3.1989, [1989] 1 All ER 1134, 1136 per Lord Keith of Kinkel - *Litster v. Forth Dry Dock and Engineering Co. Ltd.*.

[205] Dieses Verständnis der *Litster*-Entscheidung wird geteilt von *Craig*, (1997) 22 E.L.Rev. 519, 530; *Curtin*, (1990) 15 E.L.Rev. 195, 222 f.; *ders.*, in: Curtin/O'Keeffe (eds.), Constitutional Adjudication in European Community and National Law (1992), p. 33, 40; *Gravells*, (1993) P.L. 44, 50; *Hepple/Byre*, (1989)18 I.L.J. 129, 132 f.; *Prechal*, (1990) 27 CML Rev. 451, 471; *Ross*, (1996) 18 Journal of Social Welfare and Family Law 147, 155; *Szyszczak*, (1989) 14 E.L.Rev. 246, 247; *dies.*, (1990) 15 E.L.Rev. 480, 487.

[206] *de Búrca*, [1992] 55 MLR 215, 221 f.: „This purposive approach adopted in *Litster*, although departing from the literal words of the statute, can be reconciled with the traditional theory by the claim that Parliament would have used these words had it appreciated the exact requirements of the Directive at the time it enacted the implementing measure."

allem die von *Lord Oliver of Aylmerton* gehaltene Rede eine gewisse Nähe zu den Voraussetzungen der *golden rule* aufweist[207]. Ebenso ist aber herauszustellen, dass sich trotz der gleichfalls anzuerkennenden methodologischen Problematik der *Litster*-Entscheiung keiner der Richter auf bereits bestehende *precedents* zur *golden rule* berief. Vielmehr wurde allein das Urteil *Pickstone* als *authority* für den wortlautüberschreitenden *purposive approach* benannt. In diesem aber wurde eine derartige Rechtsfindung als eine „departure from a number of well-established rules of construction" bezeichnet[208]. Zu diesen „rules of construction" dürfte aber selbst nach Auffassung von *de Búrca* auch die *golden rule* zählen[209]. Dogmatisch einwandfrei einordnen lässt sich die Rechtsanwendung der *Litster*-Entscheidung daher nur, sofern man sie neben der *golden rule* als eigenständige und methodologisch neuartige Form des *purposive approach* begreift[210]. Nach wie vor ungeklärt bleibt mit dieser Erkenntnis jedoch die dogmatische Herleitung der beschriebenen Rechtsfindung jenseits des *statutory wording.*

(2) European Communities Act 1972, Section 3

Im Kontext der als *precedent* herangezogenen *Pickstone*-Entscheidung wurde die Überschreitung der Wortlautgrenze im Bereich des unmittelbar wirkenden Gemeinschaftsrechts letztlich mit der Vorschrift von s. 2(4) in Verbindung mit s. 2(1) des ECA 1972 begründet. Im Rahmen der Richtlinienkonformität des britischen Rechts wird diese Vorschrift jedoch vom *House of Lords* offensichtlich nicht angewandt, in der *Duke*-Entscheidung wurde ihr sogar ausdrücklich widersprochen. Vor diesem Hintergrund fragt sich umso mehr, wie der Umfang der interpretativen Berücksichtigung von mittelbar wirkendem Gemeinschaftsrecht zu rechtfertigen ist.
Aufschlussreich ist insofern wiederum die Rede von *Lord Templeman.* Dieser hatte in der *Duke*-Entscheidung nicht nur die Anwendung von s. 2 des ECA 1972 ausgeschlossen, sondern darüber hinaus auch der von *Colson und Kamann*-Entscheidung einen Einfluss auf die herkömmlichen Interpretations-

[207] Siehe hierzu vor allem House of Lords, Urt. v. 27.3.1974, [1974] 2 All ER 97, 100 per Lord Reid - *Federal Steam Navigation Co. Ltd. v. Department of Trade and Industry*; House of Lords, Urt. v. 13.12.1978, [1980] A.C. 74, 105 per Lord Diplock - *Wentworth Securities Ltd. v. Jones*. Vgl. dazu bereits oben A.I.2.
[208] House of Lords, Urt. v. 30.6.1988, [1989] 1 A.C. 66, 125 per Lord Oliver of Aylmerton - *Pickstone v. Freemans plc.*.
[209] *de Búrca*, [1992] 55 MLR 215, 221 f., spricht insofern von einer „traditional theory". Vgl. im Übrigen bereits oben B.II.2.b.cc., vor allem Fußnote 98.
[210] Ebenso *Curtin*, (1990) 15 E.L.Rev. 195, 220 f.; *Hepple/Byre*, (1989) 18 I.L.J. 129, 133; *Szyszczak*, (1989) 14 E.L.Rev. 246, 247; *dies.*, (1990) 15 E.L.Rev. 480, 486 f.

ergebnisse versagt[211]. Genau genommen, hätte - entgegen s. 3 des ECA 1972 - mit dem dort geäußerten Verständnis nicht einmal das *Garland-principle* entwickelt werden können. Indes hat *Lord Templeman* im Urteil *Litster* die *von Colson und Kamann*-Entscheidung erneut aufgegriffen und nunmehr gefolgert:

> „Thus the courts of the United Kingdom are under a duty to follow the practice of the European Court by giving a purposive approach construction to directives and to regulations issued for the purpose of complying with directives. In *Pickstone v Freemans plc* [...] this House implied words in a regulation designed to give effect to EC Council Directive 75/117 dealing with equal pay for women doing work of equal value. If this House had not been able to make the necessary implication the Equal Pay (Amendment) Regulations 1983 [...] would have failed in their object and the United Kingdom would have been in breach of its treaty obligations to give effect to directives. In the present case, in the light of EC Council Directive 77/187 and in the light of the ruling of the European Court in *Bork's* case [...], it seems to me, following the suggestion of my noble and learned friend Lord Keith, that reg 5(3) of the 1981 Regulations was not intended and ought not to be construed so as to limit the operation of reg 5 to persons employed immediately before the transfer in point of time. Regulation 5(3) must be construed on the footing that it applies to a person employed immediately before the transfer or who would have been so employed if he had not been unfairly dismissed before the transfer for a reason connected with the transfer. [...] I would therefore allow the appeal and make the order proposed by my noble and learned friend Lord Oliver.“[212]

In Anbetracht dieser Äußerung liegt der Schluss nahe, dass *Lord Templeman* aufgrund der zwischenzeitlich etablierten Rechtsanwendungsmethode der *Pickstone*-Entscheidung nunmehr deren Anwendung auch für die Erfüllung der *von Colson und Kamann*-Regel für erforderlich hielt. Soweit demnach aufgrund des Urteils *Litster* die bisherige Wortlautgrenze auch im Bereich des mittelbar wirkenden Gemeinschaftsrechts unter der Voraussetzung eines gesetzgeberischen Umsetzungswillens als unbeachtlich angesehen werden kann, ist dies innerstaatlich jedoch nicht wie in *Pickstone* mit s. 2 des ECA 1972, sondern allein mit s. 3 des ECA 1972 zu begründen[213].

---

[211] Vgl. dazu oben I.2.a.cc.

[212] House of Lords, Urt. v. 16.3.1989, [1989] 1 All ER 1134, 1139 f. per Lord Templeman - *Litster v. Forth Dry Dock and Engineering Co. Ltd.*. Siehe hierzu auch High Court, Urt. v. 25.2.1998, [1999] 1 All ER 174, 176 per Deputy Judge Mitting QC - *Moore v. Piretta PTA Ltd.*.

[213] Vor diesem Hintergrund erklärt sich, warum *Prechal*, (1990) 27 CML Rev. 451, 471, ungeachtet der früheren *Pickstone*-Entscheidung das Interpretationsergebnis der *Litster*-Entscheidung als „very surprisingly“ bezeichnet. Siehe in diesem Zusammenhang aber auch die abweichende Entscheidung des Court of Session, Urt. v. 17.3.1995, [1995] IRLR 301, 303 - *Stirling District Council v. Allan.*

cc) Neue Interpretationsgrenze?

Trotz dieser unterschiedlichen Begründungen zur Reichweite EG-rechtskonformer *interpretations* ist abschließend zu ergänzen, dass die Unbeachtlichkeit der Wortlautgrenze auch im Rahmen der Richtlinienkonformität nicht grenzenlos ist. Wie schon in der *Pickstone*-Entscheidung ging *Lord Oliver of Aylmerton* vielmehr auch im Urteil *Litster* von der Möglichkeit aus, dass die gewählte Rechtsanwendungsmethode nicht immer zur Richtlinienkonformität der nationalen Gesetzgebung führen könne. Dies folgt aus einer Äußerung, die er mit Blick auf Kündigungen zum Zwecke einer Betriebsveräußerung machte:

> „The European Court has expressed, in the clearest terms, the opinion that so transparent a device would not avoid the operation of the directive, and if the effect of the regulations is that under the law of the United Kingdom it has that effect, then your Lordships are compelled to conclude that the regulations are gravely defective and the government of the United Kingdom has failed to comply with its mandatory obligations under the directive. If your Lordships are in fact compelled to that conclusion, so be it; but it is not, I venture to think, a conclusion which any of your Lordships would willingly embrace in the absence of the most compulsive context rendering any other conclusion impossible.“[214]

Zuzugeben ist allerdings an dieser Stelle ebenso, dass *Lord Oliver of Aylmerton* die damit angesprochene Beschränkung einer richtlinienkonformen *interpretation* kaum weiter konkretisierte. Allein die Formulierung „most compulsive context“ lässt aber auf eine der *Pickstone*-Entscheidung vergleichbare Grenze schließen. Diese wurde letztlich derart verstanden, dass die Anwendung nationalen Rechts in Übereinstimmung mit gemeinschaftsrechtlichen Vorgaben praktisch noch möglich sein muss. Hiervon kann vor allem dann nicht mehr ausgegangen werden, wenn der betreffenden Norm ein ihrer „essential nature“ widersprechender Sinn verliehen werden würde[215]. Anderenfalls wäre auch hier die Anwendung innerstaatlichen Rechts *ad absurdum* geführt. Die Berufung auf eine positivrechtliche Vorgabe des souveränen nationalen Gesetzgebers würde sich folglich als verschleierte unmittelbare Wirkung des in Wahrheit nur mittelbar wirkenden Gemeinschaftsrechts darstellen.

---

[214] House of Lords, Urt. v. 16.3.1989, [1989] 1 All ER 1134, 1143 per Lord Oliver of Aylmerton - *Litster v. Forth Dry Dock and Engineering Co. Ltd.*.

[215] Vgl. *Bennion*, Statutory Interpretation (1997), p. 1009; *Hepple/Byre*, (1989) 18 I.L.J. 129, 133; *Curtin*, (1990) 15 E.L.Rev. 195, 222 f. Ausführlich dazu bereits oben B.IV.

III. Finnegan v. Clowney Youth Training Programme Ltd.

1. Sachverhalt

Die Klägerin *Mrs. Finnegan* wurde kurz nach ihrem 60. Geburtstag von ihrem Arbeitgeber *Clowney Youth Training Programme Ltd.* in den Ruhestand versetzt. Hiergegen wandte sich ihre Klage. *Mrs. Finnegan* trug vor, im Widerspruch zu art. 8(2) der Sex Discrimination (Northern Ireland) Order 1976 geschlechtsspezifisch benachteiligt worden zu sein, indem sie anders als ihre männlichen Kollegen nicht bis zum 65. Lebensjahr beschäftigt wurde. Demgegenüber berief sich die Beklagte auf art. 8(4) der Order 1976, wonach art. 8(2) auf ruhestandsbezogene Regelungen nicht anwendbar sei[216]. Erstinstanzlich wurde der Klage vom *Industrial Tribunal* mit der Begründung stattgegeben, dass art. 8(2) und (4) in Übereinstimmung mit Art. 5 Abs. 1 der Gleichbehandlungs-Richtlinie (76/207/EWG)[217] angewandt werden müssen, wonach geschlechtsbezogene Diskriminierungen durch den Arbeitgeber auch hinsichtlich ruhestandbedingter Entlassungen verboten sind. Dieser Rechtsauffassung widersprach indes der *Court of Appeal in Northern Ireland*, welcher auf das Erfordernis einer einheitlichen Rechtsanwendung mit identischem englischen Recht hinwies, wofür anerkannt sei, dass dieses derartige Diskriminierungen gestatte. Hiergegen rief die Klägerin das *House of Lords* an. *Mrs. Finnegan* trug vor, dass die englische Gesetzgebung von der nordirischen zu unterscheiden sei, da allein Letztere dem Erlass der Gleichbehandlungs-Richtlinie zeitlich nachfolgt und deshalb im Lichte der Richtlinie angewandt werden müsse.

2. Das Urteil des House of Lords

Das *House of Lords* entschied letztinstanzlich mit Urteil vom 17. Mai 1990 und wies die Klage ab. Die Begründung dieser Entscheidung wurde mit der Rede von *Lord Bridge of Harwich* geliefert. Dieser unterstrich, dass die Gesetzgebung von Nordirland durch die Übernahme englischer Gesetze geprägt sei. Hiermit sei es zu erklären, dass die in Frage stehende Vorschrift von art. 8 der Sex Discrimination (Northern Ireland) Order 1976 wortgleich mit s. 6 des englischen Sex Discrimination Act 1975 übereinstimmt[218]. Zur Bestätigung verwies er darauf, dass selbst die Änderung des englischen Rechts durch den Sex Discrimination (Amendment) Act 1986 in die nordirische Rechtslage

[216] Art. 8(4) der Sex Discrimination (Northern Ireland) Order 1976 bestimmt: „Paragraphs (1)(b) and (2) do not apply to provisions in relation to death or retirement […].“
[217] ABlEG Nr. L 39 v. 14.2.1976, S. 40.
[218] Vgl. dazu bereits oben B.I.1., vor allem Fußnote 63.

aufgrund der Sex Discrimination (Northern Ireland) Order 1988 eingearbeitet wurde. Hieraus folgerte *Lord Bridge of Harwich*, dass das im *Finnegan-case* anwendbare Recht inhaltlich nicht von dem der *Duke*-Entscheidung zu unterscheiden sei. Mithin könne der *Duke-case* als maßgeblicher *precedent* herangezogen werden, auf dessen Grundlage die Klage von *Mrs. Finnegan* abzuweisen war[219].

Zum Klägervortrag, wonach nationales Recht, das dem Erlass einer einschlägigen EG-Richtlinie zeitlich nachfolgt, auf der Grundlage der *von Colson und Kamann*-Entscheidung des *EuGH* sowie der *Pickstone*- und *Litster*-Entscheidung des *House of Lords* richtlinienkonform angewandt werden müsse, da insofern zumindest von einer Vermutung zu Gunsten eines entsprechenden Umsetzungswillens des Gesetzgebers auszugehen sei, äußerte sich *Lord Bridge of Harwich* anschließend wie folgt:

> „I entirely accept the validity of the proposition, but I do not accept that it has any application here. Before the decision in *Marshall*'s case it is apparent from the history I have recounted that neither the United Kingdom Parliament nor the United Kingdom government perceived any conflict between the provisions of s 6(4) of the 1975 Act and s 6(IA) of the 1970 Act on the one hand and the provisions of the European equal treatment directive on the other hand, such as to call for amendment of the English statutes after the adoption of the directive. Accordingly, it would appear to me to be wholly artificial to treat the 1976 order enacting identical provisions for Northern Ireland, because it was made after the directive, as having been made with the purpose of implementing Community law in the same sense as the regulations which fell to be construed in *Pickstone*'s and *Litster*'s cases. The reality is that art 8(4) of the 1976 order, being in identical terms and in an identical context to s 6(4) of the 1975 English Act, must have been intended to have the identical effect. To hold otherwise would be, as in *Duke v GEC Reliance Ltd*, most unfair to the employer in that it would be giving retrospective operation to the amending 1988 order and effectively eliminating the distinction between Community law which only affects citizens of member states when it is implemented by national legislators."[220]

Lord Bridge of Harwich begrenzte demnach - entgegen der grundsätzlichen Vermutung[221] - den Willen des nordirischen Gesetzgebers auf die präzise Übernahme der bestehenden englischen Gesetzgebung[222]. Genau betrachtet, legte er damit seiner Rechtsanwendung zwar nicht die im *Duke*-Urteil

---

[219] House of Lords, Urt. v. 17.5.1990, [1990] 2 All ER 546, 548 ff. per Lord Bridge of Harwich - *Finnegan v. Clowney Youth Training Programme Ltd.*.

[220] House of Lords, Urt. v. 17.5.1990, [1990] 2 All ER 546, 551 per Lord Bridge of Harwich - *Finnegan v. Clowney Youth Training Programme Ltd.*.

[221] Siehe hierzu House of Lords, Urt. v. 22.4.1982, [1982] 2 All ER 402, 415 per Lord Diplock - *Garland v. British Rail Engineering Ltd.*; EuGH, Urt. v. 16.12.1993, Slg. 1993, I-6911, 6932 - Rs. C-334/92, *Wagner Miret ./. Fondo de garantia salarial.*

[222] Kritisch hierzu *Szyszczak*, (1990) 15 E.L.Rev. 480, 485 f.

festgestellte *Parliamentary intention*, die eine Richtlinienumsetzung nicht einschloss, zugrunde, brachte diese aber mittelbar auf der Grundlage eines entsprechend begrenzten Willens des nordirischen Gesetzgebers zur Geltung. Im Übrigen wurde noch einmal der bereits in *Duke* herausgestellte Gedanke des Vertrauensschutzes zu Gunsten des beklagten Arbeitgebers betont, der einer richtlinienkonformen Rechtsanwendung von art. 8 der Sex Discrimination (Northern Ireland) Order 1976 entgegensteht. Insofern stelle schon die *Duke*-Entscheidung klar, dass ein richtlinienkonformes Interpretationsergebnis nicht mit dem Wortlaut der entsprechenden s. 6(4) des englischen Sex Discrimination Act 1975 übereinstimme[223]. Auch mit dieser Äußerung wurde impliziert, was *Lord Bridge of Harwich* abschließend noch einmal ausdrücklich hervorhob, nämlich dass das *House of Lords* im Urteil *Finnegan* uneingeschränkt an den Feststellungen der *Duke*-Entscheidung festhielt[224]. Damit konnte insbesondere eine kritische Analyse der Rede von *Lord Templeman* ausfallen, in der ein bedenklich enges Verständnis der *von Colson und Kamann*-Entscheidung des *EuGH* herausgearbeitet wurde[225].

IV. Webb v. EMO Air Cargo (U.K.) Ltd.

1. Sachverhalt

Zwischen der Klägerin *Mrs. Webb* und der Beklagten *Webb v. EMO Air Cargo U.K. Ltd.* wurde im Juli 1987 ein Arbeitsverhältnis begründet, vor allem um den am Jahresende beginnenden Mutterschaftsurlaub einer anderen Arbeitnehmerin zu überbrücken. Da darüber hinaus eine Weiterbeschäftigung von *Mrs. Webb* beabsichtigt war, wurde der Arbeitsvertrag als unbefristet geschlossen. Zudem nahm die Klägerin zu Einarbeitungszwecken ihre Tätigkeit bei der Beklagten sofort auf. Bereits zwei Wochen nach Arbeitsbeginn stellte sich heraus, dass die Klägerin ebenfalls schwanger war. Nachdem sie die Beklagte hiervon in Kenntnis gesetzt hatte, wurde ihr gekündigt. Zur Begründung der hiergegen erhobenen Klage trug *Mrs. Webb* vor, unter Verstoß gegen s. 1(1) des Sex Discrimination Act 1975 diskriminiert worden zu sein. Der *Industrial Tribunal* wies die Klage mit der Begründung ab, dass der tatsächliche Grund für die Entlassung der Klägerin nicht ihre Schwangerschaft, sondern ihre feststehende Arbeitsunfähigkeit zum Zeitpunkt des Mutterschaftsurlaubs der anderen Arbeitnehmerin war. Dieses Urteil wurde sowohl vom *Employment Appeal Tribunal* als auch vom *Court of Appeal* bestätigt. Daraufhin rief die Klägerin

[223] Vgl. dazu bereits oben I.2.a.cc.
[224] House of Lords, Urt. v. 17.5.1990, [1990] 2 All ER 546, 551 per Lord Bridge of Harwich - *Finnegan v. Clowney Youth Training Programme Ltd.*.
[225] Vgl. dazu vor allem oben I.2.a.cc.

das *House of Lords* an, welches ebenfalls zur Verneinung einer rechtswidrigen Diskriminierung neigte, da der von s. 5(3)(b) des Sex Discrimination Act 1975 geforderte Vergleich dazu führe, dass auch ein männlicher Arbeitnehmer entlassen worden wäre, sofern er im fraglichen Zeitraum - etwa aus medizinischen Gründen - arbeitsunfähig gewesen wäre. Aufgrund der relevanten Vorschriften der Artt. 2(1)(c) und 5(1)(d) der Gleichbehandlungs-Richtlinie (76/207/EWG)[226] leitete das *House of Lords* jedoch zunächst ein Vorabentscheidungsverfahren vor dem *EuGH* ein (*Webb v. EMO Air Cargo [U.K.] Ltd. [No. 1]*[227]). Der *Gerichtshof* entschied, dass die Situation einer Frau, die aufgrund einer Schwangerschaft unfähig ist, eine Tätigkeit auszuüben, für die sie eingestellt wurde, nicht mit der eines Mannes zu vergleichen sei und dass vor diesem Hintergrund ein unbefristetes Arbeitsverhältnis nicht aufgrund einer nur vorübergehenden Arbeitsunfähigkeit gekündigt werden könne[228].

2. *Die Urteile des House of Lords*

Nur zwei Jahre nach der *Finnegan*-Entscheidung und drei Jahre nach der *Duke*-Entscheidung war das *House of Lords* damit erneut mit der Frage der richtlinienkonformen Anwendung des Sex Discrimination Act 1975 befasst. Mit dem verfahrensabschließenden Urteil vom 19. Oktober 1995 (*Webb v. EMO Air Cargo [U.K.] Ltd. [No.2]*[229]) wurde diesmal eine an den Vorgaben der Gleichbehandlungs-Richtlinie ausgerichtete *interpretation* der nationalen Gesetzgebung angenommen, sodass dem Klageantrag entsprochen werden konnte. Die allein von *Lord Keith of Kinkel* gelieferte Urteilsbegründung zeigt, dass der ausschlaggebende Gesichtspunkt für diese Rechtsprechungsänderung das zwischenzeitlich vom *EuGH* gefällte Urteil in der Rechtssache *Marleasing* war[230].

---

226 ABlEG Nr. L 39 v. 14.2.1976, S. 40.

227 House of Lords, Urt. v. 26.11.1992, [1993] 1 W.L.R. 49 - *Webb v. EMO Air Cargo (U.K.) Ltd. (No. 1)*.

228 EuGH, Urt. v. 14.7.1994, Slg. 1994, I-3567, 3585 ff. = [1994] 3 W.L.R. 941, 968 f. - Rs. C-32/93, *Webb ./. EMO Air Cargo (UK) Ltd.*. Vgl. hierzu *Bamforth*, [1993] 56 MLR 872, 877; *McGlynn*, [1995] 46 NILQ 50 ff.; *dies.*, [1996] 4 Feminist Legal Studies 229 ff.; *Moore*, (1994) 19 E.L.Rev. 653 ff.

229 House of Lords, Urt. v. 19.10.1995, [1995] 4 All ER 577 - *Webb v. EMO Air Cargo (U.K.) Ltd. (No.2)*.

230 Vgl. dazu bereits oben 1. Kapitel, B.

a) Grundlage der richtlinienkonformen Interpretation

Während in den Urteilen *Duke* und *Finnegan* eine Pflicht zur richtlinienkonformen Anwendung innerstaatlichen Rechts noch ausdrücklich abgelehnt wurde, sofern ein gesetzgeberischer Wille zur Umsetzung der Richtlinie nicht festgestellt beziehungsweise vermutet werden konnte, machte *Lord Keith of Kinkel* im Urteil *Webb (No.1)* nunmehr folgende Äußerung:

> „The Directive (76/207/E.E.C.) does not have direct effect upon the relationship between a worker and an employer who is not the state or an emanation of the state, but nevertheless it is for a United Kingdom court to construe domestic legislation in any field covered by a Community Directive so as to accord with the interpretation of the Directive as laid down by the European Court of Justice, if that can be done without distorting the meaning of the domestic legislation: *Duke v. G.E.C. Reliance Systems Ltd.* [...], per Lord Templeman. This is so whether the domestic legislation came after or, as in this case, preceded the Directive: *Marleasing S.A. v. La Comercial Internacional de Alimentación S.A.* [...].“[231]

Entsprechend der Vorgabe von s. 3 des ECA 1972 integriert *Lord Keith of Kinkel* damit die *Marleasing*-Regel des *EuGH* in die Methodik zur Anwendung des innerstaatlichen Rechts. Dementsprechend wurde festgestellt, dass sämtliche nationale Rechtsvorschriften, also auch solche, die in ihrer Entstehung einer gemeinschaftsrechtlichen Vorgabe zeitlich vorausgehen, richtlinienkonform zu interpretieren sind[232]. Regelrecht trickreich mutet es vor diesem Hintergrund an, dass *Lord Keith of Kinkel* innerhalb des vorgenannten Zitats sich auch auf die - dem Urteil *Marleasing* in diesem Punkt widersprechende - *Duke*-Entscheidung beruft[233]. Freilich ist diese *reference* aber allein auf die Grenze der richtlinienkonformen *interpretation* bezogen („without distorting the meaning of the domestic legislation“). Indes ist aber selbst nicht unumstritten, ob das *House of Lords* im Urteil *Webb* letztlich nicht auch gegen den Wortlaut von s. 5 des Sex Discrimination Act 1975 entschieden hat.

---

[231] House of Lords, Urt. v. 26.11.1992, [1993] 1 W.L.R. 49, 59 per Lord Keith of Kinkel - *Webb v. EMO Air Cargo (U.K.) Ltd. (No. 1)*.

[232] Siehe außerdem Employment Appeal Tribunal, Urt. v. 29.6.1997, [1997] IRLR 556, 558 f. - *Chessington World of Adventures Ltd. v. Reed.* Hingegen wurde in High Court, Urt. v. 29.7.1997, [1997] 3 C.M.L.R. 1218, 1222 f. - *Evans v. Motor Insurance Bureau*, eine *interpretation* des *Motor Insurers Bureau Agreement*, einer Vereinbarung zwischen dem *Secretary of State for Transport* und dem *Motor Insurers Bureau*, in Übereinstimmung mit der Richtlinie 84/5/EWG, ABlEG Nr. L 8 v. 11.1.1984, S. 17, abgelehnt.

[233] Vgl. dazu auch *Chalmers*, (2000) 37 CML Rev. 83, 95; *Deards*, (1996) 2 EPL 71, 72; *Greenwood*, [1991] All ER Annual Review 141, 146; *Szyszczak*, (1994) 19 E.L.Rev. 214, 215; *dies.*, (1996) 21 E.L.Rev. 79, Fußnote 6.

b) Beachtlichkeit der Wortlautgrenze?

Der Grund für die Unklarheit, inwieweit mit der *Webb*-Entscheidung ein weiterer *precedent* für das Überschreiten der Wortlautgrenze geschaffen wurde, liegt in erster Linie darin, dass zwei Urteile des *House of Lords* zum *Webb-case* vorliegen. Indem nämlich *Lord Keith of Kinkel* schlussendlich im Urteil *Webb (No. 2)* eine richtlinienkonforme Anwendung von s. 5 des Sex Discrimination Act 1975 befürwortete, könnte dies aufgrund einer Gesamtschau mit einigen Passagen aus dem Urteil *Webb (No. 1)* für eine Unbeachtlichkeit der Grenze des noch möglichen Wortsinns angeführt werden[234].

aa) Webb v. EMO Air Cargo (U.K.) Ltd. (No. 1)

Zur Feststellung einer geschlechtsspezifischen Diskriminierung im Sinne von s. 1(1) des Sex Discrimination Act 1975 ist gemäß s. 5(3) ein Vergleich mit einem unter den gleichen maßgeblichen Umständen („relevant circumstances") beschäftigten männlichen Arbeitnehmer anzustellen. Da im konkreten Fall eine solche Vergleichsperson jedoch nicht gegeben war, stellte *Lord Keith of Kinkel* auf die Situation eines „hypothetical man" ab. Zu diesem bemerkte er:

> „What in this case are the relevant circumstances which are to be assumed to be present in the case of the hypothetical man? Obviously, they cannot include the circumstance that the man is pregnant, for that is impossible."[235]

Aufgrund dieser offensichtlichen Unmöglichkeit eines schwangeren Arbeitnehmers sah sich *Lord Keith of Kinkel* daher gezwungen, die Situation von *Mrs. Webb* mit der einer männlichen Person, die infolge anderer Umstände ebenfalls im fraglichen Zeitraum des Mutterschaftsurlaubs arbeitsunfähig gewesen wäre, zu vergleichen[236]. Hierzu folgerte er zunächst:

> „[…] that on a proper construction of the relevant provisions of the Act 1975 the applicant's dismissal did not in the circumstances of this case, as found by the industrial tribunal, constitute direct unlawful discrimination."[237]

---

[234] Vgl. hierzu *Vogenauer*, ZEuP 1997, 158, 168 f. So weit ersichtlich, wird jedoch ein derartiges Verständnis der *Webb*-Entscheidung im englischsprachigen Schrifttum nicht geäußert.

[235] House of Lords, Urt. v. 26.11.1992, [1993] 1 W.L.R. 49, 53 per Lord Keith of Kinkel - *Webb v. EMO Air Cargo (U.K.) Ltd. (No. 1)*.

[236] House of Lords, Urt. v. 26.11.1992, [1993] 1 W.L.R. 49, 53 ff. per Lord Keith of Kinkel - *Webb v. EMO Air Cargo (U.K.) Ltd. (No. 1)*. Vgl. zu diesem Gedankenschritt *McGlynn*, [1996] 4 Feminist Legal Studies 229, 236 f.

[237] House of Lords, Urt. v. 26.11.1992, [1993] 1 W.L.R. 49, 55 per Lord Keith of Kinkel - *Webb v. EMO Air Cargo (U.K.) Ltd. (No. 1)*.

Zudem verneinte *Lord Keith of Kinkel* auf der Grundlage von s. 1(1)(b)(ii) des Sex Discrimination Act 1975 ebenso das Vorliegen einer *indirect unlawful discrimination*, da sich die Erforderlichkeit der Arbeitsfähigkeit im betreffenden Zeitraum sowohl für weibliche als auch für männliche Arbeitnehmer rechtfertigte[238].
Aufgrund dieses Vortrags könnte gefolgert werden, dass nach der Auffassung von *Lord Keith of Kinkel* den maßgeblichen Vorschriften des Sex Discrimination Act 1975 ein richtlinienkonformer Inhalt nicht zu entnehmen war. Jedoch trägt ein solches Verständnis noch allein die Züge der *Duke*-Entscheidung, wonach mit der nächstliegenden *interpretation* eines Gesetzwortlauts, dem ein Wille zur Umsetzung einer Richtlinie nicht zugrunde liegt, auch schon dessen Grenze für die richtlinienkonforme Rechtsanwendung erreicht sein sollte. Da nunmehr aber im Urteil *Webb* auf der Grundlage der *Marleasing*-Entscheidung des *EuGH* eine Pflicht zur richtlinienkonformen Anwendung sämtlichen innerstaatlichen Rechts anerkannt wurde, kann diese enge Grenzbestimmung nicht mehr aufrecht erhalten bleiben. Anderenfalls käme der Anerkennung der *Marleasing*-Entscheidung keine praktische Wirkung zu. Eine nationale Rechtsvorschrift, die nicht schon aufgrund der herkömmlichen Rechtsanwendungsmethoden richtlinienkonform zu interpretieren wäre, bliebe gegenüber dem Gemeinschaftsrecht als Rechtserkenntnisquelle konsequent verschlossen. Demgegenüber wurde bereits ausführlich darauf hingewiesen, dass die Rechtsanwendungsmethodik des Vereinigten Königreichs in anderen Fällen durchaus die Berücksichtigung externer Rechtserkenntnisquellen zulässt. Im hier interessierenden Zusammenhang verdient insofern das *Garland-principle* besondere Erwähnung. Daneben gilt dies aber vor allem auch für Rechtserkenntnisse, die auf der Grundlage der *Pepper v. Hart*-Entscheidung des *House of Lords* gewonnen werden[239]. In all diesen Fällen ist es anerkannt, dass das letztlich gewonnene Interpretationsergebnis nicht der so genannten *literal rule* entspringen muss[240]. Im Urteil *Webb* genügte daher die alleinige Heranziehung des Sex Discrimination Act 1975 zu dessen umfassender *interpretation* nicht. Dies hat auch *Lord Keith of Kinkel* erkannt, wenn er fortfährt:

> „Up to this point I have proceeded upon the basis of the relevant provisions of the Act of 1975 considered in isolation. It is, however, necessary to take into account certain recent decisions of the European Court of Justice. The decisions are

---

[238] House of Lords, Urt. v. 26.11.1992, [1993] 1 W.L.R. 49, 55 f. - per Lord Keith of Kinkel - *Webb v. EMO Air Cargo (U.K.) Ltd. (No. 1)*.

[239] House of Lords, Urt. v. 26.11.1992, [1992] 3 W.L.R. 1032 - *Pepper v. Hart*. Vgl. dazu bereits oben A.I.1. Bemerkenswert ist, dass das Urteil *Pepper v. Hart* am selben Tag wie das Urteil *Webb v. EMO Air Cargo (U.K.) Ltd. (No. 1)* ergangen ist.

[240] Vgl. auch *Bennion*, Statutory Interpretation (1997), p. 1009. Vgl. zur *literal rule* bereits oben A.II.1.

> concerned with the interpretation of Council Directive (76/207/E.E.C.) of the Council of the European Communities, […].“[241]

Aufgrund des bisher Gesagten lässt sich demnach allein folgern, dass nicht schon dem Wortlaut von s. 1(1) des Sex Discrimination Act 1975 in Verbindung mit s. 5(3) primär eine richtlinienkonforme *interpretation* zu entnehmen ist. Daneben verbleibt die Erkenntnis, dass die Berufung auf die *Duke*-Entscheidung, wonach auch bei Anwendung der *Marleasing*-Regel der Wortlaut der innerstaatlichen Gesetzgebung nicht entstellt werden darf („without distorting the meaning of the domestic legislation“), ein inhaltlich neues Verständnis dieses *precedents* implizierte[242]. *Lord Keith of Kinkel* hat hierzu mit Blick auf die Konsequenzen eines die Diskriminierung von *Mrs. Webb* bejahenden Urteils des *EuGH* ausgeführt:

> „In the event of the court arriving at a decision that the latter and not the former is the correct view for the purposes of the Directive 76/207, it would be necessary for this House to consider whether it is possible to construe the relevant provisions of the Act of 1975 in such a way as to accord with such decision. […] So I think it appropriate that before final judgment is given on this appeal there should be referred to the European Court of Justice the following question: […]?“[243]

Abhängig von einer *EuGH*-Entscheidung, die der isolierten *interpretation* des Sex Discrimination Act 1975 widerspricht, hält *Lord Keith of Kinkel* es demnach für erforderlich, die Übereinstimmung der Richtlinienvorgabe mit dem nationalen Gesetzeswortlaut gesondert zu prüfen. In Anbetracht der Tatsache, dass das enge Verständnis der *Duke*-Entscheidung insoweit nicht mehr aktuell sein kann, liegt es daher nahe, entsprechend der herkömmlichen Interpretationsmethoden auch hier von der Rechtsanwendungsgrenze des noch möglichen Wortsinns auszugehen[244]. Damit wird aber gerade entgegen der oben skizzierten Auffassung noch nichts über eine Unzugänglichkeit des Gesetzeswortlauts für eine richtlinienkonforme *interpretation* ausgesagt („before final judgment is given“), sodass aufgrund des späteren Ergebnisses im Urteil *Webb (No. 2)* von einer Unbeachtlichkeit der Wortlautgrenze ausgegangen werden könnte. Im Gegensatz dazu implizierte die Rede von *Lord Keith of Kinkel* vielmehr, dass eine richtlinienkonforme *interpretation* des innerstaatlichen Rechts auch durchaus an den betreffenden innerstaatlichen Gesetzesvorschriften zu scheitern vermag.

---

[241] House of Lords, Urt. v. 26.11.1992, [1993] 1 W.L.R. 49, 56 per Lord Keith of Kinkel - *Webb v. EMO Air Cargo (U.K.) Ltd. (No. 1)*.

[242] Vgl. hierzu auch *Saunders*, (1992) European Business Law Review 339, 341.

[243] House of Lords, Urt. v. 26.11.1992, [1993] 1 W.L.R. 49, 60 f. per Lord Keith of Kinkel - *Webb v. EMO Air Cargo (U.K.) Ltd. (No. 1)*.

[244] Vgl. hierzu etwa House of Lords, Urt. v. 7.2.1962, [1962] A.C. 635, 662 per Lord Reid - *Jones v. Director of Public Prosecutions*. Dazu bereits oben A.I.1.

bb) Webb v. EMO Air Cargo (U.K.) Ltd. (No. 2)

Im Urteil *Webb (No. 2)* griff *Lord Keith of Kinkel* das letztgenannte Zitat aus dem Urteil *Webb (No. 1)* auf und erörterte die Frage, ob es nunmehr angesichts der vom *EuGH* auf der Grundlage der Gleichbehandlungs-Richtlinie angenommenen geschlechtsspezifischen Diskriminierung möglich sei, die einschlägigen Vorschriften des Sex Discrimination Act 1975 richtlinienkonform anzuwenden[245]. Hierzu wiederholte er die von ihm im Urteil *Webb (No. 1)* favorisierte *interpretation* von s. 1(1) in Verbindung mit s. 5(3) des Sex Discrimination Act 1975 und ergänzte nunmehr:

> „The ruling of the European Court proceeds on an interpretation of the broad principles dealt with in arts 2(1) and 5(1) of Directive 76/207. Sections 1(1)(a) and 5(3) of the 1975 Act set out a more precise test of unlawful discrimination, and the problem is how to fit the terms of that test into the ruling. It seems to me that the only way of doing so is to hold that, in a case where a woman is engaged for an indefinite period, the fact that the reason why she will be temporarily unavailable for work at a time when to her knowledge her services will be particularly required is pregnancy is a circumstance relevant to her case, being a circumstance which could not be present in the case of the hypothetical man. It does not necessarily follow that pregnancy would be a relevant circumstance in the situation where the woman is denied employment for a fixed period in the future during the whole of which her pregnancy would make her unavailable for work, nor in the situation where after engagement for such a period the discovery of her pregnancy leads to cancellation of the engagement.“[246]

Indem *Lord Keith of Kinkel* damit weiter fragte, auf welche Weise der Wortlaut der gesetzlichen Diskriminierungsvoraussetzungen im Vereinigten Königreich mit denen des vom *EuGH* interpretierten mittelbar wirkenden Gemeinschaftsrechts zu vereinbaren ist („how to fit the terms of that test into the ruling“), bestätigt er die obige Annahme, dass eine richtlinienkonforme *interpretation* auf der Grundlage der *Marleasing*-Entscheidung ihre Grenze in dem noch möglichen Wortsinn der nationalen Gesetzesvorschrift findet. Für den konkreten Fall hielt es *Lord Keith of Kinkel* entsprechend der herkömmlichen Interpretationsmethoden für möglich, dem Begriff der *„relevant circumstances“* im Sinne von s. 5(3) des Sex Discrimination Act 1975 eine Mehrdeutigkeit (*ambiguity*) beizumessen, die den Weg zu einer richtlinienkonformen *interpretation* eröffnete[247]: Zwar sprach nach Auffassung von *Lord Keith of*

---

[245] House of Lords, Urt. v. 19.10.1995, [1995] 4 All ER 577, 579 ff. per Lord Keith of Kinkel - *Webb v. EMO Air Cargo (U.K.) Ltd. (No. 2)*.
[246] House of Lords, Urt. v. 19.10.1995, [1995] 4 All ER 577, 582 per Lord Keith of Kinkel - *Webb v. EMO Air Cargo (U.K.) Ltd. (No. 2)*.
[247] Siehe hierzu etwa House of Lords, Urt. v. 27.11.1974, [1975] A.C. 373, 391 per Lord Simon of Glaisdale - *Maunsell v. Olins*; House of Lords, Urt. v. 7.2.1980, [1980] 1 All ER

Kinkel die gewöhnliche Lesart dieser Vorschrift für das im Urteil *Webb (No. 1)* favorisierte Normverständnis, nämlich für das Abstellen auf den Umstand der Arbeitsunfähigkeit im fraglichen Zeitraum. Daneben hielt er aber eine *secondary ordinary meaning* von s. 5(3) für gegeben, die ein Abstellen auf die Schwangerschaft als Kündigungsgrund gestatte[248]. Da diese bei einem „hypothetical man" nicht vorliegen kann[249], war schlussendlich die Annahme eines richtlinienkonformen Rechtsanwendungsergebnisses möglich. Mithin lässt sich aus der *Webb*-Entscheidung des *House of Lords* folgern, dass eine richtlinienkonforme *intepretation* innerstaatlichen Rechts auch dann zu fordern ist, wenn die betreffende nationale Rechtsvorschrift schon vor Entstehung der gemeinschaftsrechtlichen Vorgabe existierte, allerdings nur insoweit, wie sich eine solche Rechtsanwendung im Rahmen der noch möglichen Bedeutung des Gesetzeswortlauts bewegt.

V. Ergebnis

Das beschriebene *case-law* für den Bereich des mittelbar wirkenden Gemeinschaftsrechts lässt sich in der Weise zusammenfassen, dass eine Pflicht zur richtlinienkonformen *interpretation* innerstaatlichen Rechts zunächst auf der Grundlage des von *Lord Diplock* im Urteil *Garland* geprägten *principle of construction of United Kingdom statutes* anzunehmen ist, also für solche Vorschriften, für die ein gesetzgeberischer Wille zur Richtlinienumsetzung unterstellt werden kann (*purposive approach*). Soweit das *Garland-principle* ursprünglich seine Grenze in dem noch möglichen Wortsinn der nationalen Rechtsvorschrift fand, wurde diese entsprechend der Rechtsfindung im Urteil *Pickstone* in der späteren *Litster*-Entscheidung weitgehend aufgehoben. Das *House of Lords* entschied, dass zu Gunsten der Richtlinienkonformität nationaler Gesetze an diesen Textergänzungen (*implications*) vorgenommen werden dürfen. Anders als im Bereich der Gemeinschaftsrechtskonformität konnte für diese Rechtsprechungsänderung aber nicht auf die Vorschrift von s. 2 des ECA 1972 zurückgegriffen werden. Maßgeblich war vielmehr, dass das *House of Lords* auf der Grundlage von s. 3 des ECA 1972 der vom *EuGH*

529, 541 per Lord Diplock - *Duport Steels Ltd. v. Sirs*; House of Lords, Urt. v. 26.11.1992, [1992] 3 W.L.R. 1032, 1040 per Lord Griffiths - *Pepper v. Hart*. Vgl. dazu bereits oben A.

[248] Ebenso *Beaumont*, (1995) S.L.G. 159, 161: „Clearly their Lordships felt that the Act was capable of bearing such a meaning." Vgl. außerdem *Boch*, (1996) 33 CML Rev. 547, 563; *dies.*, (1997) 1 Edin. L.R. 392, 394; *Craig*, (1997) 22 E.L.Rev. 519, 532; *Deards*, (1996) 2 EPL 71, 76; *Steiner/Woods*, EC Law (1998), p. 60; *Szyszczak*, (1996) 21 E.L.Rev. 79 f.; *dies.*, [1996] 59 MLR 589 f.; kritisch *Chalmers*, (2000) 37 CML Rev. 83, 96.

[249] Vgl. hiergegen allerdings den bedenklichen Vortrag von *Honeyball*, (2000) 29 I.L.J. 43, 47, Fußnote 15.

ausgesprochenen *von Colson und Kamann*-Regel eine entsprechend weite Interpretationsvorgabe entnahm.

Ebenfalls auf der Grundlage von s. 3 des ECA 1972 kam es später im Urteil *Webb* zu einer Übernahme der *Marleasing*-Regel, wonach innerstaatliche Rechtsvorschriften „soweit wie möglich" auch dann im Lichte einschlägiger Richtlinienbestimmungen anzuwenden sind, wenn ihnen ein entsprechender gesetzgeberischer Umsetzungswille nicht zugrunde liegt. Damit wurde vor allem das frühere Urteil *Duke* aber auch dessen Bestätigung durch das Urteil *Finnegan* stillschweigend *„overruled*". Beibehalten wurde indes die Formulierung aus der *Duke*-Entscheidung, wonach die richtlinienkonforme *interpretation* nicht zu einer Entstellung des Gesetzeswortlauts führen darf. Eine solche Entstellung kann seither aber erst dann angenommen werden, wenn die Grenze des noch möglichen Wortsinns überschritten werden würde.

Können somit die Urteile *Litster* und *Webb* als die *landmark-cases* für den Bereich des mittelbar wirkenden Gemeinschaftsrechts bezeichnet werden, so bereitet nichtsdestoweniger die Abgrenzung ihrer *rationes decidendi* voneinander zuweilen Schwierigkeiten. *Vogenauer* hat im Anschluss an die *Webb*-Entscheidung im deutschen Schrifttum behauptet:

> „Englische Gerichte sind jetzt also verpflichtet, alle nationalen Vorschriften richtlinienkonform auszulegen, die in den Anwendungsbereich einer Richtlinie fallen. Dabei ist es unerheblich, ob diese Vorschriften vor oder nach der Richtlinie erlassen worden sind. Das Auslegungsergebnis kann mithin im Widerspruch zu den gesetzgeberischen Regelungsabsichten und Normvorstellungen stehen. Auch durch andere nationale Auslegungsspielräume wird es nicht begrenzt. Nicht ausgeschlossen erscheint aber, daß englische Gerichte auch in Zukunft eine richtlinienkonforme Auslegung unter Hinweis auf eine drohende ‚Verzerrung der Bedeutung des Gesetzes' ablehnen. Das House of Lords verwarf diese Formel auch in *Webb* nicht ausdrücklich. Nach dem Zwischenurteil des Gerichtshofs erwähnte es sie allerdings auch nicht mehr. Tatsächlich befürwortete es ein Auslegungsergebnis, das nach einhelliger Auffassung des Court of Appeal die Bedeutung des Gesetzes verzerrte und seiner ursprünglichen Ansicht nach nicht ‚richtig' war."

Ausgehend von dem bereits oben widerlegten Verständnis der *Webb*-Entscheidung wird hier angedeutet, dass zunächst in *Litster* die Wortlautgrenze einer richtlinienkonformen *interpretation* gefallen ist und später im Urteil *Webb* allein der Anwendungsbereich der Pflicht zu einer derart umfangreichen Rechtsanwendung erweitert wurde. Damit wäre die Richtlinienkonformität des nationalen Rechts im Vereinigten Königreich auf Kosten der *Parliamentary sovereignty* weitgehend gewährleistet.

Das *House of Lords* wahrte indes nicht nur im Urteil *Litster* durch das Erfordernis eines richtlinienkonformen gesetzgeberischen Willens die verfassungsrechtlich verankerte *Parliamentary sovereignty*[250]. Gleiches geschah auch im Urteil *Webb* durch eine richtlinienkonforme Rechtsanwendung, die sich - wie gezeigt - anders als in der *Litster*-Entscheidung an die Grenzen des noch möglichen Wortsinns halten musste. Auch wenn eine Pflicht zur richtlinienkonformen *interpretation* seit der *Webb*-Entscheidung für sämtliches innerstaatliches Recht besteht, so ist demnach auch weiterhin streng zwischen den Grundlagen des *Garland-principle* (*Litster*) und der *Marleasing*-Formel (*Webb*) zu unterscheiden[251]. Gemein ist beiden Entscheidungen jedoch die *ratio decidendi*, dass - symbolisch gesprochen - der *statutory wording* nicht mehr als „Brücke" zur *Parliamentary intention* herhalten muss[252]. Vielmehr sind beide Kriterien unter dem Einfluss des mittelbar wirkenden Gemeinschaftsrechts nunmehr als gleichberechtigt anzusehen, indem sie eigenständige Anhaltspunkte für die *statutory interpretation* darstellen[253]. Zeigt die Anwendung nationalen Rechts zu keinen von ihnen einen Bezug, so handelt es sich um eine unzulässige Rechtsanwendung *contra legem*.

D. Zusammenfassung

Der Einfluss des unmittelbar wirkenden Gemeinschaftsrechts auf die Anwendung innerstaatlichen Rechts im Vereinigten Königreich findet zunächst auf der Grundlage des allgemeinen *principle of construction of United Kingdom statutes* statt, wie es von *Lord Diplock* im Urteil *Garland* geprägt wurde. Darüber hinaus kommt es vor allem auf der Grundlage von s. 2(4) in Verbindung mit s. 2(1) des ECA 1972 zu einer gemeinschaftsrechtskonformen Rechtsanwendung. Hiernach ist es zulässig, die herkömmlich anerkannte Grenze des noch möglichen Wortsinns der jeweiligen nationalen Rechtsvorschrift zu überschreiten, vorausgesetzt, dass dies noch im Einklang mit deren „essential nature" steht. Kann indes selbst innerhalb dieser Grenze keine Gemeinschaftsrechtskonformität erreicht werden, so hat das *House of Lords* aufgrund des innerstaatlich ebenfalls durch s. 2 des ECA 1972 anerkannten gemeinschaftsrechtlichen Vorrangs als *ultima ratio* eine *duty to disapply* hinsichtlich gemeinschaftswidriger Normen angenommen. Im Übrigen ist neben der Vorschrift von s. 2 des ECA 1972 auch auf s. 3 des ECA 1972

---

[250] Vgl. an dieser Stelle *de Búrca*, [1992] 55 MLR 215, 223 ff.; *Campbell*, [1992] 43 NILQ 330, 336 ff.; *Craig*, in: Slaughter/Stone Sweet/Weiler (eds.), The European Court and National Courts (1998), p. 195, 199.

[251] Vgl. hierzu etwa *Fitzpatrick*, (1989) 18 I.L.J. 116, 118; *Steiner*, Enforcing EC Law (1995), p. 25; kritisch hingegen *Howells*, [1991] 54 MLR 456, 462 f.; *Ross*, (1996) 18 Journal of Social Welfare and Family Law 147, 154 f.; *Shaw*, (1990) 19 I.L.J. 228, 231.

[252] Vgl. dazu oben A.

[253] Vgl. zu diesem Ansatz vor allem *de Búrca*, [1992] 55 MLR 215, 234.

abzustellen, wonach die Vorgaben des *EuGH* für die Anwendung nationalen Rechts verbindlich sind.

Der Einfluss des nur mittelbar wirkenden Gemeinschaftsrechts auf die Anwendung innerstaatlichen Rechts im Vereinigten Königreich kennt zwar keine *duty to disapply*, kann auf der Grundlage von s. 3 des ECA 1972 aber im gleichen Umfang wie das unmittelbar wirkende Gemeinschaftsrecht zu einer Überschreitung der Grenze des noch möglichen Wortlauts führen. Voraussetzung hierfür ist, dass ein gesetzgeberischer Wille zur Umsetzung der gemeinschaftsrechtlichen Vorgaben wenigstens zu vermuten ist (*purposive approach*). Ist Letzteres nicht der Fall, findet eine am Gemeinschaftsrecht orientierte Rechtsanwendung allein innerhalb der Grenzen des noch möglichen Wortsinns statt, was indes nicht bedeutet, dass das Interpretationsergebnis mit einer isolierten Anwendung der nationalen Rechtsvorschrift übereinstimmen muss.

4. Kapitel: Vergleich der dargestellten Rechtslagen

Entsprechend der beiden vorhergehenden Kapitel eröffnet auch der Vergleich der dargestellten Rechtslagen mit den herkömmlichen nationalen Rechtsanwendungsmethoden. Auf deren Grundlage werden anschließend Mittel und Wege zur Erreichung einer Gemeinschaftsrechts- beziehungsweise Richtlinienkonformität des innerstaatlichen Rechts einander gegenübergestellt.

A. Herkömmliche Rechtsanwendungsmethoden

Hinsichtlich der herkömmlichen Rechtsanwendungsmethoden fällt zuvorderst auf, dass das Recht des Vereinigten Königreichs anders als das der Bundesrepublik Deutschland nicht zwischen den Methoden der Gesetzesauslegung und Rechtsfortbildung unterscheidet, sondern von einer beides umfassenden *interpretation* ausgeht. Dies entspricht der französischen *interprétation* und damit auch dem vom *EuGH* gewählten Ansatz. Es wird allerdings zu zeigen sein, dass vor allem mit der so genannten *golden rule* auch im Vereinigten Königreich ein Bereich der Rechtsanwendung abgegrenzt werden kann, der der deutschen Rechtsfortbildung zumindest ähnlich ist.

I. Ziel der Rechtsanwendung

Während angesichts der deutschen Rechtslage keine grundsätzliche Einigkeit darüber besteht, ob für die Anwendung innerstaatlichen Rechts der Wille des Gesetzgebers oder der „des Gesetzes" zugrunde zu legen ist, besteht im Vereinigten Königreich für das Ziel der *statutory interpretation* eine klare Definition: Ausgehend vom Verfassungsprinzip der *Parliamentary sovereignty* geht es um die Ermittlung der *Parliamentary intention*. Aber selbst wenn man für das deutsche Recht den objektiven Ansatz zur Gesetzesauslegung als herrschend bezeichnet[1], sind die sich daraus für die Rechtspraxis ergebenden Unterschiede zum britischen Recht eher gering. Der Grund hierfür ist, dass auch (und vor allem) Letzteres - ungeachtet der primären Bedeutung der *Parliamentary intention* - dem *statutory wording* eine entscheidende Rolle beimisst. Bis zur Entscheidung des *House of Lords* in *Pepper v. Hart* war der maßgebliche gesetzgeberische Wille fast ausschließlich anhand des Gesetzestextes und damit insbesondere aufgrund des einschlägigen *statutory wording* zu bestimmen[2]. Indem nunmehr die Ermittlung der *Parliamentary*

---

[1] So etwa *Hassold*, ZZP 1981, 192, 194.

[2] House of Lords, Urt. v. 5.3.1975, [1975] A.C. 591, 613 per Lord Reid - *Black-Clawson International Ltd. v. Papierwerke Waldhof-Aschaffenburg*. Siehe jetzt House of Lords, Urt. v.

intention auch unter Heranziehung von außerhalb des Gesetzeswerks liegenden Umständen erfolgen darf, hat sich die Rechtsanwendungsmethodik des Vereinigten Königreichs aber nur noch weiter der Bundesdeutschen angenähert[3]. Die entscheidende Bedeutung des *statutory wording* blieb dabei nämlich unverändert: Die Feststellung einer *Parliamentary intention* darf nicht über diejenigen Grenzen hinausgehen, die der *statutory wording* dem Rechtsanwender als „noch möglich" („reasonably capable") vorgibt.
Ruft man vor diesem Hintergrund die vermittelnden Auffassungen zum Ziel der deutschen Gesetzesauslegung in Erinnerung, so mag man dem Recht des Vereinigten Königreichs etwa folgende - vom *Bundesverfassungsgericht* verwandte - Formulierung gegenüberstellen:

> „Maßgebend für die Auslegung einer Gesetzesvorschrift ist der in dieser zum Ausdruck kommende objektivierte Wille des Gesetzgebers, so wie er sich aus dem Wortlaut der Gesetzesbestimmung und dem Sinnzusammenhang ergibt, in den diese hineingestellt ist"[4]

Die inhaltliche Ähnlichkeit dieser Textstelle etwa mit der Bemerkung von *Lord Diplock* im Urteil *Duport Steels Ltd. v. Sirs*, wonach „the role of the judiciary is confined to ascertaining from the words that Parliament has approved as expressing its intention what that intention was, and to giving effect to it"[5], verdeutlicht, dass für die hier zu vergleichenden Rechtslagen von einem übereinstimmenden Grundverständnis der Rechtsanwendung ausgegangen werden kann: Grundsätzlich dient jeweils der maßgebliche Gesetzestext als Ausgangspunkt und Grenze der Rechtsanwendung, wobei ein zusätzlich extern ermittelter gesetzgeberischer Wille nur innerhalb dieses Anwendungsspielraums zu berücksichtigen ist. Letzteres gilt unabhängig von der Frage, ob man schlussendlich den Willen des Gesetzgebers (*Parliamentary intention*) oder den Willen „des Gesetzes" zur Geltung bringen will.

26.11.1992, [1992] 3 W.L.R. 1032, 1040 per Lord Griffiths - *Pepper v. Hart*. Vgl. dazu oben 3. Kapitel, A.I.1.

[3] Vgl. hierzu auch *Kötz*, ZEuP 1998, 493, 499 m.w.N. sowie sogleich III.

[4] BVerfG, Urt. v. 21.5.1952, E 1, 299, 312; ähnlich BVerfG, Beschl. v. 12.11.1958, E 8, 274, 307; BVerfG, Beschl. 15.12.1959, E 10, 234, 244; BVerfG, Beschl. v. 17.5.1960, E 11, 126, 130; BVerfG, Beschl. v. 11.6.1966, E 19, 354, 362; ebenso BGH, Urt. v. 30.6.1966, Z 46, 74, 76 m.w.N.; siehe hingegen für einen „subjektiveren" Ansatz *Engisch*, Einführung in das juristische Denken (1983), S. 249 (Fußnote 106 b): „Andererseits ist aber jener Sprachgebrauch Mittel zur Erforschung des Willens des Gesetzgebers *neben* den anderen auf das gleiche Ziel gerichteten Auslegungsmitteln [...]." Vgl. dazu oben 2. Kapitel, A.I.1.c.

[5] House of Lords, Urt. v. 7.2.1980, [1980] 1 All ER 529, 541 per Lord Diplock - *Duport Steels Ltd. v. Sirs*. Siehe außerdem House of Lords, a.a.O., p. 551 per Lord Scarman: „But our law requires the judge to choose the construction which in his judgment best meets the legislative purpose of the enactment."

II. Rechtsfortbildung und golden rule

Sobald der Rechtsanwender an die Grenze des noch möglichen Wortsinns einer nationalen Rechtsvorschrift stößt, kann - abgesehen vom *common law* des Vereinigten Königreichs - nach beiden beschriebenen Rechtslagen eine weitergehende Rechtsanwendung nur noch aufgrund besonderer Voraussetzungen erfolgen. Während in der deutschen Methodik insofern das umfassende Institut der Rechtsfortbildung besteht[6], spricht man im Vereinigten Königreich zwar ebenfalls zuweilen von einem allgemeinen „gap-filling“[7], letztlich geht es in diesen Fällen aber vor allem um eine Rechtsanwendung auf der Grundlage der *golden rule*, wie sie von *Lord Diplock* im Urteil *Wentworth Securities Ltd. v. Jones*[8] geprägt wurde. Oberste gemeinsame Voraussetzung ist insofern das Vorliegen einer vom Gesetzgeber unbeabsichtigten Lücke (*omission*), wobei deren Existenz nach britischem Recht schon positivrechtlich angelegt sein muss. Diese Lücke ist in beiden Rechtsordnungen grundsätzlich anhand der *ratio* des bestehenden Rechts auszufüllen. Soweit allerdings ein subjektiver Gesetzeszweck nicht eindeutig ermittelt werden kann beziehungsweise die konkret vom Gesetzgeber beabsichtigte Ergänzung des geschriebenen Rechts Unklarheiten in sich birgt, scheidet im Vereinigten Königreich eine Rechtsanwendung auf der Grundlage der *golden rule* aus. Im Gegensatz hierzu erkennt die deutsche Methodik eine Rechtsfortbildung grundsätzlich auch dann noch an, wenn aufgrund allgemeiner Rechtsprinzipien von einem nur objektiv-teleologisch ermittelten Gesetzeszweck ausgegangen werden kann. Im Vereinigten Königreich steht eine entsprechende Rechtsanwendungsmethode zwar ebenso in Form der *analogy* grundsätzlich bereit[9]. Aufgrund der beschriebenen Unsicherheiten sowohl hinsichtlich ihrer grundsätzlichen Existenz als auch hinsichtlich ihrer einzelnen Anwendungsvoraussetzungen kann diese aber kaum als vergleichbare Interpretationsmethode verstanden werden[10]. Mit Blick auf die damit bestehende Differenz zum bundesdeutschen Recht wird man daher insbesondere wegen der Zweifel an der *analogy*, die durch das *common law* begründet sind, die stetig zunehmende Bedeutung des *statute law* und folglich auch die weitere

---

[6] Vgl. dazu oben 2. Kapitel, A.II.

[7] Siehe etwa House of Lords, Urt. v. 30.6.1988, [1989] 1 A.C. 66, 125 per Lord Oliver of Aylmerton - *Pickstone v. Freemans plc.*. Vgl. außerdem *Bankowski/MacCormick*, in: MacCormick/Summers (eds.), Interpreting Statutes (1991), p. 359, 362 ff.

[8] House of Lords, Urt. v. 13.12.1978, [1980] A.C. 74, 105 per Lord Diplock - *Wentworth Securities Ltd. v. Jones*. Vgl. dazu oben 3. Kapitel, A.I.2.

[9] Vgl. dazu oben 3. Kapitel, A.I.3.b.

[10] Vgl. auch *Summers/Taruffo*, in: MacCormick/Summers (eds.), Interpreting Statutes (1991), p. 461, 471.

Annäherung des britischen Rechtssystems an die kontinentaleuropäischen Rechtssysteme zu verfolgen haben.

III. Mittel der Rechtsanwendung

Beide Rechtsanwendungsmethoden in ihrer herkömmlichen Erscheinung zeichnen sich zunächst dadurch aus, dass wegen der Eigenschaft des Gesetzeswortlauts als interpretativer Ausgangspunkt dem Mittel der grammatikalischen Auslegung beziehungsweise der vergleichbaren *literal rule* eine herausragende Bedeutung zukommt[11].

Daneben kennen beide Rechtsordnungen die Ermittlung des Sinngehalts einer Rechtsvorschrift anhand ihres Zusammenhangs mit anderen Vorschriften. Während die deutsche Methodik unter dem einheitlichen Gesichtspunkt der systematischen Auslegung sowohl die Stellung der betreffenden Rechtsvorschrift innerhalb des gesamten maßgeblichen Gesetzes als auch im Rahmen aller Normsysteme im fraglichen Regelungsbereich erfasst[12], findet im Vereinigten Königreich eine diesbezügliche Differenzierung zwischen einerseits dem Zusammenhang der Rechtsvorschrift mit dem *act as a whole* und andererseits mit Gesetzen desselben Regelungsbereichs (*statutes in pari materia*) statt[13]. Inhaltlich bestehen damit aber auch hier keine beachtlichen Unterschiede.

Festzustellen ist jedoch, dass das deutsche Recht eine Entsprechung für die gesondert herauszustellenden *rules of language* des britischen Rechts[14] nicht ausdrücklich nennt. Bei genauerer Betrachtung zeigt sich aber, dass diese unverbindlichen *rules* nichts anderes darstellen als eine Konkretisierung der in der deutschen Methodik ebenso enthaltenen systematischen Auslegung. Auch an dieser Stelle handelt es sich daher um keinen bedeutsamen Unterschied.

Inhaltliche Übereinstimmung besteht zudem, soweit man das bundesdeutsche Mittel der historischen Auslegung mit den diesbezüglichen Interpretationsmitteln im Vereinigten Königreich, nämlich der *mischief rule* und der Berücksichtigung der *legislative history*, vergleicht[15]. Zwar folgt die *mischief rule* verhältnismäßig starren Voraussetzungen. Die dadurch hervorgerufenen Unzulänglichkeiten gegenüber der deutschen Methode werden aber durch die inzwischen auch im britischen Recht zulässige Berücksichtigung der Gesetzgebungsgeschichte anhand der Gesetzmaterialien kompensiert.

---

[11] Vgl. dazu oben 2. Kapitel, A.I.2. beziehungsweise 3. Kapitel, A.II.1.
[12] Vgl. dazu oben 2. Kapitel, A.I.3.
[13] Vgl. dazu oben 3. Kapitel, A.II.2. sowie 3.
[14] Vgl. dazu oben 3. Kapitel, A.II.4.
[15] Vgl. dazu oben 2. Kapitel, A.I.4. beziehungsweise 3. Kapitel, A.II.5. sowie 6.

Demgegenüber kann ein beachtlicher Unterschied nicht geleugnet werden, soweit es um die deutsche Methode der teleologischen Auslegung[16] geht, für die im Recht des Vereinigten Königreichs eine Entsprechung grundsätzlich fehlt[17]. Eine gewisse Angleichung der Rechtslagen erfolgt aber dadurch, dass - wie auch die ernst zu nehmenden Ansätze hinsichtlich der *analogy* belegen - durch die Ableitung so genannter *general rules* auch objektiv-teleologische Aspekte zunehmend Einfluss auf die Anwendung britischen Rechts finden. Zudem kommt es aufgrund der Einbeziehung so genannter *statutes in pari materia* zu Rechtserkenntnisquellen, die der deutschen Gesetzesteleologie entsprechen können (teleologisch-systematische Auslegung[18]). Dementsprechend finden teleologische Überlegungen im eigentlich objektiven Bereich weit überwiegend ihre dogmatische Grundlage aber noch immer in den zuvor genannten Rechtsanwendungsmethoden, wie es etwa die die positivrechtlich nicht weiter begründete Vermutung eines bestimmten gesetzgeberischen Willens belegt[19]. Insofern gilt es an dieser Stelle daher auch zu beachten, dass der so genannte *common sense* wichtige Impulse für die nationale Rechtsfindung liefern kann.

Überdies lag bislang ein signifikanter Unterschied der nationalen Rechtsanwendungsmethoden darin, dass allein der deutschen Methodik mit dem Mittel der verfassungskonformen Auslegung eine normorientierte Anwendung innerstaatlichen Rechts bekannt war, der - im Rahmen der äußersten Auslegungsgrenzen - der Vorzug vor allen anderen Auslegungsmitteln zukommt. Dem Vereinigten Königreich fehlte es hingegen neben der rudimentären *unwritten constitution* an entsprechenden Verfassungsvorgaben. Dies hat sich indes mit dem unlängst verabschiedeten Human Rights Act 1998 geändert, der zumindest eine verfassungsähnliche Funktion einnimmt. Zwar fehlt es angesichts des Verfassungsprinzips der *Parliamentary sovereignty* auch hier an einer normtheoretischen Höherwertigkeit des Act 1998 gegenüber sonstigen Gesetzen, weshalb den Gerichten keine Normverwerfungskompetenz zusteht. S. 3 des Human Rights Act 1998 bestimmt aber, dass das Verständnis sonstiger britischer Rechtsakte an dessen Vorgaben auszurichten ist, „[s]o far as it is possible". Damit besteht nunmehr auch im Vereinigten Königreich eine Vorzugswürdigkeit innerstaatlicher Rechtsvorschriften, die zu einer normorientierten *interpretation* verpflichten[20]. Hiervon abgesehen, lässt sich aber abschließend festhalten, dass beide Rechtslagen im Rahmen der vor allem

---

[16] Vgl. dazu oben 2. Kapitel, A.I.5.

[17] Vgl. auch *Summers/Taruffo*, in: MacCormick/Summers (eds.), Interpreting Statutes (1991), p. 461, 471.

[18] Vgl. hierzu etwa *Bydlinski*, Juristische Methodenlehre und Rechtsbegriff (1991), S. 453 ff.

[19] Vgl. hierzu *Bankowski/MacCormick*, in: MacCormick/Summers (eds.), Interpreting Statutes (1991), p. 359, 370 ff.; rechtsvergleichend *Summers/Taruffo*, in: MacCormick/Summers (eds.), Interpreting Statutes (1991), p. 461, 485.

[20] Vgl. hierzu *Morris*, (2000) 21 Statute Law Review 104, 108 ff.

vom Wortlaut gesetzten Rechtsanwendungsgrenzen ein Rangverhältnis der verschiedenen Auslegungsmittel nicht anerkennen, sondern vielmehr deren Gewichtung in jedem Einzelfall gesondert bestimmt wissen wollen.

B. Gemeinschaftsrechtskonformität[21]

Anders als die Darstellung der Gemeinschaftsrechtskonformität im Rahmen der britischen Rechtslage wird sich der nachfolgende Vergleich mit der Rechtslage in der Bundesrepublik Deutschland nicht an obergerichtlichen Leitentscheidung orientieren, sondern entsprechend der Darstellung zum bundesdeutschen Recht in abstrakter Weise zunächst die gemeinschaftsrechtsbedingte Nichtanwendung innerstaatlichen Rechts behandeln. Im Anschluss hieran wird die gemeinschaftsrechtskonforme Rechtsanwendung im positiven Sinne verglichen.

I. Nichtanwendung nationalen Rechts

Entsprechend der Vorgabe des *EuGH* ist die Nichtanwendung innerstaatlichen Rechts sowohl in der Bundesrepublik Deutschland als auch im Vereinigten Königreich zur Erreichung einer Gemeinschaftsrechtskonformität als *ultima ratio* grundsätzlich anerkannt. Die Nichtanwendung nationalen Rechts ist das Resultat des vom *Gerichtshof* frühzeitig auf der Grundlage des EG-Vertrags festgestellten Vorrangs des unmittelbar wirkenden Gemeinschaftsrechts[22]. Dieser Vorrang, der später zu einem Anwendungsvorrang konkretisiert wurde, setzte zu seiner Durchsetzung eine Anerkennung in jedem Mitgliedstaat voraus.

1. Anerkennung des gemeinschaftsrechtlichen Vorrangs

Sowohl in der Bundesrepublik Deutschland als auch im Vereinigten Königreich hatte sich die Anerkennung des gemeinschaftsrechtlichen Vorrangs auf legislativer Ebene zu vollziehen, das heißt durch einen Anerkennungsakt des Gesetzgebers. Während die Bundesrepublik Deutschland als Gründungsmitglied

---

[21] Vgl. zur Terminologie oben „Einleitung und Gang der Untersuchung".

[22] EuGH, Urt. v. 5.2.1963, Slg. 1963, 1, 24 ff. - Rs. 26/62, *van Gend & Loos ./. Niederländische Finanzverwaltung*; EuGH, Urt. v. 15.7.1964, Slg. 1964, 1259, 1269 ff. - Rs. 6/64, *Costa ./. E.N.E.L.*; später vor allem EuGH, Urt. v. 9.3.1978, Slg. 1978, 629, 644 - Rs. 106/77, *Staatliche Finanzverwaltung ./. S.p.A. Simmenthal*; EuGH, Urt. v. 7.2.1991, Slg. 1991, I-297, 321 - Rs. C-184/89, *Nimz ./. Freie und Hansestadt Hamburg*; EuGH, Urt. v. 13.3.1997, Slg. 1997, I-1489, 1498 - Rs. C-197/96, *Kommission der Europäischen Gemeinschaften ./. Französische Republik.*

der Europäischen Gemeinschaften ausschließlich die jeweilige Fassung des EG-Vertrags ratifiziert, existiert im Vereinigten Königreich eine besondere Gesetzgebung, die im European Communities Act 1972 niedergelegt ist. Der EG-Vertrag und infolgedessen auch das deutsche Ratifikationsgesetz sehen einen Vorrang zu Gunsten des Gemeinschaftsrechts nicht ausdrücklich vor, weshalb nicht nur der *EuGH*, sondern auch die deutsche Jurisdiktion zur Entwicklung beziehungsweise Anerkennung einer Kollisionsregel aufgerufen ist. Dementsprechend akzeptierte das *Bundesverfassungsgericht* im Jahre 1971 die maßgebliche Rechtsprechung des *EuGH* aus den Entscheidungen *van Gend & Loos* und *Costa ./. E.N.E.L.*, indem es wegen Art. 90 EGV (ex-Art. 95 EWGV) die Nichtanwendung von § 7 Abs. 4 UStG a.F. für verfassungsgemäß erklärte[23].

Das Vereinigte Königreich trat erst mit Wirkung zum 1. Januar 1973 der damaligen Europäischen Wirtschaftsgemeinschaft bei. Zu diesem Zeitpunkt war die vorgenannte Rechtsentwicklung schon erheblich fortgeschritten, das heißt sowohl die unmittelbare Wirkung des Gemeinschaftsrechts als auch dessen Vorrang gegenüber den Rechtsordnungen der Mitgliedstaaten war bereits vom *EuGH* als gemeinschaftsrechtsimmanent festgestellt. Vor diesem Hintergrund entstand der European Communities Act 1972, der die Rechtsprechung des *EuGH* positivrechtlich umsetzt. Während s. 2(1) des ECA 1972 die Fähigkeit des Gemeinschaftsrechts zur unmittelbaren Wirkung im nationalen Rechtsraum aufgreift, bestimmt s. 2(4) des ECA 1972 unter anderem, dass das nationale Recht im Anwendungsbereich des unmittelbar wirkenden Gemeinschaftsrechts nur in Übereinstimmung mit diesem anwendbar sein soll („shall [...] have effect"). Die sich hieraus ergebende *duty to disapply* wurde erstmals vom *Court of Appeal* im Urteil *Macarthys Ltd. v. Smith* festgestellt[24] und später vom *House of Lords* im Urteil *Regina v. Secretary of State for Transport, ex parte Factortame Ltd. (No.2)* bestätigt[25].

2. *Vorbehalte?*

Aufgrund des Vorgesagten ist der Vorrang des Gemeinschaftsrechts und damit auch die Pflicht zur Nichtanwendung widersprechenden innerstaatlichen Rechts sowohl in der Bundesrepublik Deutschland als auch im Vereinigten Königreich grundsätzlich anerkannt. Dies bedeutet indes nicht, dass das umfassende

---

[23] BVerfG, Beschl. v. 9.6.1971, E 31, 145, 173 ff. Vgl. dazu oben 2. Kapitel, B.I.1.

[24] Court of Appeal, Urt. v. 25.7.1979, [1979] 3 All ER 325, 329 per Lord Denning MR, 335 f. per Cumming-Bruce LJ - *Macarthys Ltd. v. Smith*. Vgl. dazu oben 3. Kapitel, B.III.2.

[25] House of Lords, Urt. v. 11.10.1990, [1991] 1 A.C. 603, 659 per Lord Bridge of Harwich - *Regina v. Secretary of State for Transport, ex parte Factortame Ltd. (No. 2)*. Vgl. dazu oben 3. Kapitel, B.III.2.

Vorrangverständnis des *EuGH* in beiden Ländern vorbehaltlos übernommen wurde. Zu unterscheiden ist insofern zwischen Vorbehalten zum einen gegen die Unwiderruflichkeit der Einbindung in die Europäischen Gemeinschaften und zum anderen zu Gunsten eines nationalen Rechtsstandards.

a) Grundsatz des pacta sunt servanda

Bedenken gegen die innerstaatliche Anerkennung einer unwiderruflichen Einbindung in die Europäischen Gemeinschaften aufgrund des Grundsatzes *pacta sunt servanda* wurden vor allem im Vereinigten Königreich geäußert. Anlass hierfür gab das Verfassungsprinzip der *Parliamentary sovereignty*, demgemäß „*Parliament cannot bind its successor*". Dieses Prinzip stand im Widerspruch zur Rechtsprechung des *EuGH*, der von einer endgültigen Beschränkung nationaler Hoheitsrechte ausgeht, die nicht mehr durch einseitige Maßnahmen rückgängig gemacht werden kann[26]. Nichtsdestoweniger hat zunächst der *Court of Appeal* im Urteil *Macarthys Ltd. v. Smith* allein die Lehre vom so genannten *implied repeal* für unanwendbar erklärt, darüber hinaus dem *Parliament* aber die Tür zu einem ausdrücklichen Widerruf der Europäischen Gemeinschaften offen gehalten[27]. In letzter Konsequenz wäre demzufolge nach britischem Recht ein Ausstieg aus dem EG-Vertrag möglich gewesen. Dem widersprach nach überwiegender Auffassung jedoch das *House of Lords* im Urteil *Regina v. Secretary of State for Transport, ex parte Factortame (No. 2)*[28]. Hiernach soll auch innerstaatlich auf der Grundlage von s. 2 des ECA 1972 sämtlicher Gesetzgebung, die im Widerspruch zum EG-Vertrag erlassen wird, die Gefolgschaft zu versagen sein. Inwieweit allerdings die so beschriebene Rechtslage einem ausdrücklichen Widerruf der Europäischen Gemeinschaften durch die Legislative im Vereinigten Königreich wirklich entgegen stünde, kann letztlich wohl nur im Rahmen einer - zumindest gegenwärtig noch nicht absehbaren - derartigen Gesetzgebung geklärt werden[29].

Im Gegensatz zur Rechtslage des Vereinigten Königreichs bestehen in der Bundesrepublik Deutschland weder rechtstheoretische noch rechtstatsächliche Zweifel grundsätzlicher Art an der Unwiderruflichkeit der Europäischen Gemeinschaften. Der Grundsatz des *pacta sunt servanda* wird demnach vom

---

[26] Siehe insbesondere EuGH, Urt. v. 15.7.1964, Slg. 1964, 1259, 1270 f. - Rs. 6/64, *Costa ./. E.N.E.L.*. Vgl. dazu oben 1. Kapitel, A.

[27] Court of Appeal, Urt. v. 25.7.1979, [1979] 3 All ER 325, 329 per Lord Denning MR, 334 per Lawton LJ - *Macarthys Ltd. v. Smith*. Vgl. dazu oben 3. Kapitel, B.III.2.b.

[28] House of Lords, Urt. v. 11.10.1990, [1991] 1 A.C. 603, 659 per Lord Bridge of Harwich - *Regina v. Secretary of State for Transport, ex parte Factortame Ltd. (No. 2)*. Vgl. dazu oben 3. Kapitel, B.III.2.

[29] Vgl. dazu oben 3. Kapitel, B.III.2.b., vor allem Fußnote 143.

deutschen Recht gestützt. Gegenstand umfangreicher Kontroversen war hingegen die Frage, zu welchem Umfang nationale Hoheitsrechte an den Gemeinschaftsgesetzgeber übertragen wurden.

b) Rechtsstandard

Das *Bundesverfassungsgericht* hat im Rahmen seiner *Solange*-Rechtsprechung die Grundrechtsgewährleistungen als ein „unaufgebbares, zur Verfassungsstruktur des Grundgesetzes gehörendes Essentiale der geltenden Verfassung" aus dem Akt der Hoheitsübertragung an die Europäischen Gemeinschaften „ausgeschnitten"[30]. Der deutsche Gesetzgeber hat dies durch den Erlass von Art. 23 GG n.F. bestätigt und ausdrücklich um weitere Gewährleistungen ergänzt. Infolgedessen besteht zwar nicht - wie in der Diskussion im Vereinigten Königreich erwogen - eine Vorrangmöglichkeit in Anbetracht sämtlicher nationaler Gesetzgebung. Jedoch unterliegt jegliches Handeln der Gemeinschaftsrechtsorgane in der Bundesrepublik Deutschland - abgesehen von den rechtstatsächlichen Einschränkungen durch das „Kooperationsverhältnis" zwischen *Bundesverfassungsgericht* und *EuGH* - den materiellrechtlichen Bindungen des Art. 23 Abs. 1 GG. Dies hat zur Folge, dass auch der Vorrang des Gemeinschaftsrechts und damit die Pflicht zur Nichtanwendung innerstaatlichen Rechts an dieser Grenze Halt macht.
Im Vereinigten Königreich besteht kein dem deutschen Recht vergleichbarer Grundrechtskatalog. Auch der Human Rights Act 1998 schreibt nur vor, dass die sonstige britische Gesetzgebung an dessen Vorgaben auszurichten ist, „[s]o far as it is possible"[31]. Vor allem hierin dürfte der Grund liegen, dass eine qualitative Beschränkung der innerstaatlichen Anerkennung des Gemeinschaftsrechts nicht erwogen wird.

3. Ergebnis

Abschließend lässt sich festhalten, dass im Vereinigten Königreich trotz erheblicher Kontroversen Vorbehalte gegen die innerstaatliche Wirkung des Gemeinschaftsrechts nicht bestehen. Der Vorrang des Gemeinschaftsrechts und die damit einhergehende Pflicht zur Nichtanwendung nationalen Rechts sind damit als *ultima ratio* uneingeschränkt anerkannt.

---

[30] Siehe vor allem BVerfG, Beschl. v. 29.5.1974, E 37, 271, 279 ff. - „*Solange I*"; BVerfG, Beschl. 22.10.1986, E 73, 339, 375 ff. - „*Solange II*"; BVerfG, Urt. v. 12.10.1993, E 89, 155, 174 f. - „*Maastricht*". Vgl. dazu oben 2. Kapitel, B.I.2.

[31] S. 3(1) des Human Rights Act 1998.

Nach bundesdeutschem Recht sind entsprechende Hoheitsrechte ebenfalls unwiderruflich auf die Europäischen Gemeinschaften übertragen. Eine Grenze besteht aber für den Erlass solcher Rechtsakte die gegen unabdingbare Gewährleistungen im Sinne des Art. 23 Abs. 1 GG verstoßen. Für diese ist weder ein gemeinschaftsrechtlicher Vorrang noch eine hierauf beruhende Nichtanwendungspflicht anerkannt.

II. Gemeinschaftsrechtskonforme Rechtsanwendung

Zur Schonung ihrer nationalen Gesetzgebungsautoritäten wird von den beschriebenen Rechtslagen der Nichtanwendung innerstaatlichen Rechts übereinstimmend die gemeinschaftsrechtskonforme Rechtsanwendung im positiven Sinne vorgeschaltet.

1. Grundlagen der gemeinschaftsrechtskonformen Rechtsanwendung

Als Grundlage einer gemeinschaftsrechtskonformen Anwendung innerstaatlichen Rechts sehen in beiden Rechtsordnungen bereits die herkömmlichen Rechtsanwendungsmethoden eine Berücksichtigung des Gemeinschaftsrechts als eine Form des Völkerrechts vor. Hinzu kommt jeweils eine spezielle Pflicht zur gemeinschaftsrechtskonformen Rechtsanwendung, wie sie der *EuGH* in seiner *Murphy*-Entscheidung ausdrücklich festgestellt hat[32].

a) Herkömmliche Rechtsanwendungsmethoden

In der Bundesrepublik Deutschland besteht zunächst mit der herkömmlichen Methode der historischen Auslegung ein Mittel, mit dem grundsätzlich eine am Völkerrecht und damit auch am Gemeinschaftsrecht ausgerichtete Anwendung innerstaatlichen Rechts erfolgen kann[33]. Gleiches gilt im Vereinigten Königreich aufgrund des von *Lord Diplock* im Urteil *Garland v. British Rail Engineering Ltd.* geprägten *principle of construction of United Kingdom statutes*[34]. Dabei wird in beiden Rechtsordnungen das historische Moment der Gesetzesinterpretation durch die Vermutung eines gemeinschaftsrechtskonformen Gesetzgeberwillens ergänzt. Jedoch leidet eine allein auf die

---

[32] EuGH, Urt. v. 4.2.1988, Slg. 1988, 673, 690 - Rs. 157/86, *Murphy ./. An Bord Telecom Eireann*. Vgl. dazu oben 1. Kapitel, A.

[33] Vgl. dazu oben 2. Kapitel, B.II.2.b.

[34] House of Lords, Urt. v. 22.4.1982, [1982] 2 All ER 402, 415 per Lord Diplock - *Garland v. British Rail Engineering Ltd.*. Vgl. dazu oben 3. Kapitel, B.I.2.a.aa.

Gesetzeshistorie gestützte gemeinschaftsrechtskonforme Rechtsanwendung daran, dass sie die Besonderheiten des unmittelbar wirkenden Gemeinschaftsrechts nicht zu berücksichtigen vermag, dieses vielmehr mit gewöhnlichem Völkerrecht, das in beiden Ländern einer innerstaatlichen Transformation bedarf, auf eine Stufe stellt.
In Deutschland wird dieses Defizit behoben durch die zusätzliche interpretative Einbeziehung des unmittelbar wirkenden Gemeinschafsrechts aufgrund von teleologischen Erwägungen. Hiernach ist dem anzuwendenden nationalen Recht stets ein objektiv hervortretender Gesetzeszweck zu unterstellen, der den Vorgaben des Gemeinschaftsrechts entspricht. Im Vereinigten Königreich besteht hingegen eine solche Möglichkeit, die über die Beachtung des allgemeinen Völkerrechts hinausgeht, im Rahmen der herkömmlichen Rechtsanwendungsmethoden nicht. Insbesondere wird nicht erwogen, das jeweils maßgebliche Gemeinschaftsrecht aufgrund von teleologisch-systematischen Erwägungen als *statute in pari materia* anzusehen. Der Grund hierfür dürfte schon in dem fehlenden systematischen Zusammenhang zwischen den beiden Rechtsordnungen liegen.

b) *Pflicht zur gemeinschaftsrechtskonformen Rechtsanwendung*

Neben der Einbeziehung des Gemeinschaftsrechts aufgrund herkömmlicher Rechtsanwendungsmethoden besteht in beiden Ländern eine besondere Pflicht zur gemeinschaftsrechtskonformen Anwendung nationalen Rechts. Diese zeichnet sich zum einen durch die ihr anhaftende normative Verbindlichkeit aus, zum anderen durch die Erstreckung auch auf diejenigen Fälle, in denen die Gesetzeshistorie keine Anhaltspunkte für eine gemeinschaftsrechtskonforme Rechtsanwendung offenbart. Letzteres ist mangels einer Parallele zur teleologischen Einbeziehung des Gemeinschaftsrechts in die Anwendung bundesdeutschen Rechts vor allem im Vereinigten Königreich von Bedeutung.
Für diese in der Rechtsprechung des *EuGH* festgestellte und vom Schrifttum mit Art. 10 EGV begründete Pflicht gilt grundsätzlich das zur Nichtanwendungspflicht Gesagte entsprechend. Das bedeutet, dass die gemeinschaftsrechtskonforme Rechtsanwendung in der Bundesrepublik Deutschland durch den jeweiligen Zustimmungsakt zum EG-Vertrag verbindlich geworden ist. Demgegenüber ist im Vereinigten Königreich wegen des späteren Beitritts zu den Europäischen Gemeinschaften die maßgebliche innerstaatliche Zustimmung vor allem in der Vorschrift von s. 2 des ECA 1972 zu sehen. Diese schreibt in ss. (4) - anders als der EG-Vertrag - neben der Nichtanwendung nationalen Rechts dessen gemeinschaftsrechtskonforme *interpretation* ausdrücklich vor („shall be construed"). Vor diesem Hintergrund handelt es sich im Vereinigten Königreich bei der Pflicht zur gemeinschaftsrechtskonformen Rechtsanwendung

anders als in Deutschland nicht um eine gemeinschaftsrechtliche Pflicht, sondern um eine vom nationalen Recht begründete. Allerdings ist insofern auch ergänzend auf s. 3 des ECA 1972 hinzuweisen, wonach die nationalen Gerichte an die einschlägigen *EuGH*-Entscheidungen gebunden sind. Hieraus folgt allein eine innerstaatliche Anerkennung der vom *Gerichtshof* festgestellten Pflicht des Gemeinschaftsrechts. Genau genommen, hat die Pflicht zur gemeinschaftsrechtskonformen Rechtsanwendung demnach eine doppelte Grundlage, nämlich eine nationale und eine gemeinschaftsrechtliche.

2. Durchführung der gemeinschaftsrechtskonformen Rechtsanwendung

Was die Durchführung der gemeinschaftsrechtskonformen Rechtsanwendung betrifft, fällt auf, dass diese - so weit ersichtlich - im Vereinigten Königreich nicht weiter als problematisch angesehen wird. In Übereinstimmung mit dem hier für die deutsche Rechtslage vertretenen Standpunkt[35] wird aber deutlich, dass auch im Rahmen der britischen Rechtsanwendung in einem ersten Schritt Gemeinschaftsrecht und innerstaatliches Recht getrennt voneinander zu behandeln sind. Soweit hierbei eine Kollision auftritt, ist im Anschluss die Erreichung einer Gemeinschaftsrechtskonformität nationalen Rechts zu erwägen[36]. In Frage stehen damit in beiden Ländern die Grenzen der Pflicht zur gemeinschaftsrechtskonformen Anwendung innerstaatlichen Rechts.

3. Grenzen der gemeinschaftsrechtskonformen Rechtsanwendung

Hinsichtlich der Grenzen der gemeinschaftsrechtskonformen Rechtsanwendung ist vorweg vergleichend festzustellen, dass diese in der Bundesrepublik Deutschland für die dargestellten Grundlagen einheitlichen Regeln folgen. Demgegenüber hat im Vereinigten Königreich jeweils eine gesonderte Grenzbestimmung zu erfolgen. Der Übersichtlichkeit halber wird sich die nachfolgende Darstellung am britischen Recht orientieren und für beide Rechtslagen zwischen den herkömmlichen Rechtsanwendungsmethoden einerseits und der speziellen Pflicht zur gemeinschaftsrechtskonformen Rechtsanwendung andererseits unterscheiden.

---

[35] Vgl. dazu oben 2. Kapitel, B.II.3.

[36] Vgl. etwa *Docksey/Fitzpatrick*, (1991) 20 I.L.J. 113, 119: „[…] to conclude whether it is possible to achieve the necessary reconciliation with the national law.“

a) Herkömmliche Rechtsanwendungsmethoden

Soweit man nach herkömmlicher deutscher Rechtsanwendungsmethodik die Einbeziehung des Gemeinschaftsrechts auf historische Erwägungen in Form eines - zumindest vermuteten - gemeinschaftsrechtskonformen Willen des Gesetzgebers stützt beziehungsweise auf einen entsprechenden objektiv-teleologischen Gesetzeszweck, ist eine erste Grenze der gemeinschaftsrechtskonformen Rechtsanwendung, genauer der gemeinschaftsrechtskonformen Auslegung, in dem noch möglichen Wortsinn der maßgeblichen nationalen Rechtsvorschrift zu erblicken[37]. Diese wortlautbezogene Rechtsanwendungsgrenze findet im Recht des Vereinigten Königreichs ihre Entsprechung: Auf der Grundlage der *ratio decidendi* aus dem Urteil *Garland v. British Rail Engineering Ltd.* kann eine völkerrechtskonforme *interpretation* innerstaatlichen Rechts erfolgen, sofern den Wörtern des betreffenden Gesetzes eine derartige Bedeutung beigelegt werden kann („if they are reasonably capable of bearing such a meaning")[38]. Soweit darüber hinaus nach herkömmlicher britischer Methodik eine über den Wortsinn hinausgehende Rechtsanwendung auf der Grundlage der so genannten *golden rule* beziehungsweise einer *analogy within the statutory code* erwogen werden kann, erfüllt die bloße Existenz des unmittelbar wirkenden Gemeinschaftsrechts deren Voraussetzungen nicht[39]. Bei alleiniger Anwendung herkömmlicher Interpretationsmethoden stellt damit der noch mögliche Wortsinn die äußerste Rechtsanwendungsgrenze dar.
Im Gegensatz zur Rechtslage des Vereinigten Königreichs ist nach herkömmlicher deutscher Methodik der vornehmlich durch den Wortlaut bestimmten Grenze einer gemeinschaftsrechtskonformen Auslegung innerstaatlichen Rechts die Grenze der - methodologisch zu unterscheidenden - gemeinschaftsrechtskonformen Rechtsfortbildung hinzuzufügen[40]. Die Methode der Rechtsfortbildung lässt trotz entgegenstehenden Wortlauts die Erreichung einer Gemeinschaftsrechtskonformität deutschen Rechts auch dann zu, sofern ein - zumindest vermuteter - gemeinschaftsrechtskonformer Wille des Gesetzgebers vorliegt oder wenigstens eine Berufung auf die vom Gemeinschaftsrecht beeinflusste und objektiv hervortretende *ratio* der nationalen Rechtsnorm möglich ist. Letzteres ist dann nicht der Fall, wenn einer jüngeren deutschen Rechtsvorschrift ein dem Gemeinschaftsrecht ausdrücklich widersprechender Wille des Gesetzgebers zugrunde liegt[41]. Hier stellt dieser Wille eine für den Rechtsanwender unüberwindbare Hürde dar. Folglich muss

[37] Vgl. dazu oben 2. Kapitel, B.II.4.a.
[38] House of Lords, Urt. v. 22.4.1982, [1982] 2 All ER 402, 415 per Lord Diplock - *Garland v. British Rail Engineering Ltd.*. Vgl. dazu oben 3. Kapitel, B.I.2.
[39] Vgl. dazu oben 3. Kapitel, B.II.2.b.cc., vor allem Fußnote 96.
[40] Vgl. dazu oben 2. Kapitel, B.II.4.b.
[41] Vgl. dazu oben 2. Kapitel, B.II.4.b.bb.(2).

bereits das Auffinden einer Lücke scheitern, was die gemeinschaftsrechtswidrige Aussage des nationalen Rechts endgültig macht. Eine Gemeinschaftsrechtskonformität ist mithin nur im Wege der Nichtanwendung zu erreichen. Lässt sich hingegen im Wege historischer oder teleologischer Erwägungen eine Lücke auffinden, so ist für deren Ausfüllung weiterhin Voraussetzung, dass dem nationalen Recht ein Rechtssatz entnommen werden kann, der mit Hilfe eines Analogieschlusses, eines *argumentum a maiore ad minus* oder einer teleologischen Reduktion das vom Gemeinschaftsrecht geforderte Ergebnis bereit hält. Vor allem in Fällen einer Diskriminierung von EU-Ausländern bereitet dies kaum Schwierigkeiten. Soweit aber dennoch im Einzelfall eine Lückenschließung mangels einer entsprechenden Wertung des bestehenden Rechts ausscheidet, kommt ungeachtet einer vorhandenen Lücke eine gemeinschaftsrechtskonforme Anwendung deutschen Rechts im positiven Sinne nicht in Betracht.

b) Pflicht zur gemeinschaftsrechtskonformen Rechtsanwendung

Begutachtet man die Grenzen der Pflicht zur gemeinschaftsrechtskonformen Rechtsanwendung, ist für die Rechtspraxis beider Länder zunächst zu betonen, dass die hiermit verbundene Problematik den Kern der Diskussion bildet. Die Einbeziehung des Gemeinschaftsrechts bereits aufgrund der herkömmlichen Methodik bleibt dagegen aufgrund ihrer fehlenden Verbindlichkeit, im Vereinigten Königreich darüber hinaus wegen des kleineren Anwendungsbereich, im Hintergrund. Allerdings kommt nach deutscher Methodik den Kriterien der Gesetzeshistorie und -teleologie eine ergänzende Funktion zu, indem diese im Bereich der Rechtsfortbildung das notwendige Mittel zur Verfügung stellen, um das nationale Recht überhaupt als „planwidrig unvollständig" und infolgedessen als lückenhaft erscheinen zu lassen. Erst sie eröffnen damit den Weg zu einer gemeinschaftsrechtskonformen Rechtsfortbildung. Demgegenüber hat im Vereinigten Königreich die gemeinschaftsrechtskonforme Anwendung innerstaatlichen Rechts allein aufgrund der herkömmlichen Methodik mit dem Urteil *Garland v. British Rail Engineering Ltd.* zwar grundsätzlich eine eigenständige Bedeutung erlangt. Soweit die unmittelbare Wirkung des einschlägigen Gemeinschaftsrechts aber außer Frage steht, darf indes wohl auch hier in erster Linie die weiter reichende Regel von s. 2 des ECA 1972 als die allein maßgebliche bezeichnet werden. Die Anwendung der in ss. (4) in Verbindung mit ss. (1) niedergelegten Pflicht zur

gemeinschaftsrechtskonformen Rechtsanwendung wurde vom *House of Lords* vor allem im Urteil *Pickstone v. Freemans plc.*[42] geprägt.
Auch in Anbetracht der verbindlichen Pflicht zur gemeinschaftsrechtskonformen Rechtsanwendung erlaubt die bundesdeutsche Methodik zunächst im Wege der Gesetzesauslegung die Erreichung nationaler Gemeinschaftsrechtskonformität innerhalb der von den herkömmlichen Auslegungsmitteln gesetzten Grenzen. Ist dies nicht möglich, so kommt auch hier eine gemeinschaftsrechtskonforme Rechtsfortbildung entgegen dem eindeutigen Wortlaut vor allem dann in Betracht, sofern ein gemeinschaftsrechtskonformer Wille des Gesetzgebers gegeben oder zumindest vermutet werden kann. Die gemeinschaftsrechtliche Pflicht zur gemeinschaftsrechtskonformen Rechtsanwendung hat insofern keine Bedeutung. Etwas anderes gilt nur dann, wenn es bei der Lückenfeststellung um die Auflösung eines Widerspruchs zwischen verschiedenen Willensrichtungen des Gesetzgebers und damit um die Auswahl einer Rechtsanwendungsalternative geht. Hier greift die Verbindlichkeit der Pflicht zu Gunsten eines gemeinschaftsrechtskonformen Rechtsanwendungsergebnisses ein[43].
Darüber hinaus wird eine gemeinschaftsrechtskonforme Fortbildung deutschen Rechts durchweg auch angesichts solcher nationaler Rechtsnormen bejaht, die in ihrer Entstehung dem maßgeblichen Gemeinschaftsrecht vorausgehen, und zwar unabhängig davon, ob diesen Normen sogar ein gesetzgeberischer Wille zugrunde lag, der die vom Gemeinschaftsrecht vorgegebene Rechtsfolge ganz bewusst ausgeklammert hat[44]. Der Grund hierfür ist, dass durch das objektiv-teleologische Hinzutreten des unmittelbar wirkenden Gemeinschaftsrechts Wertungswidersprüche entstehen, die in Erfüllung der Pflicht zur gemeinschaftsrechtskonformen Rechtsanwendung zu der Annahme eines Funktionswandels der bisherigen *ratio legis* führen müssen. Auch auf diese Weise entsteht nach herkömmlicher deutscher Methodik eine Lücke, in deren Bereich deutsches Recht gemeinschaftsrechtskonform fortgebildet werden kann. Hierfür erforderlich ist eine im positiven Recht angelegte Wertung, die dem maßgeblichen Gemeinschaftsrecht entspricht. Ist eine solche nicht auffindbar, muss eine gemeinschaftsrechtskonforme Rechtsfortbildung ebenso scheitern, wie in dem - bisher rein theoretischen - Fall, dass der Gesetzgeber in Kenntnis gemeinschaftsrechtlicher Vorgaben willentlich im Widerspruch zu diesen Recht setzt. Da folglich eine gemeinschaftsrechtskonforme Rechtsanwendung durchaus an den herkömmlichen nationalen Rechtsanwendungsmethoden scheitern kann, lässt sich zusammenfassen, dass die bundesdeutsche Rechtslage den vom *EuGH* in der Rechtssache *Murphy* aufgestellten Anforderungen entspricht, wonach eine gemeinschaftsrechtskonforme Rechtsanwendung im

---

[42] House of Lords, Urt. v. 30.6.1988, [1989] 1 A.C. 66, 109 ff. - *Pickstone v. Freemans plc.*. Vgl. dazu vor allem oben 3. Kapitel, B.II.2.b.
[43] Vgl. dazu oben 2. Kapitel, B.II.4.b.bb.(1).
[44] Vgl. dazu oben 2. Kapitel, B.II.4.b.aa.(2).

positiven Sinne vom Gemeinschaftsrecht nur gefordert wird, soweit eine solche nach nationaler Methodik „möglich“ ist.
Im Vereinigten Königreich lassen die herkömmlichen Interpretationsgrenzen eine der deutschen Rechtslage vergleichbar weite gemeinschaftsrechtskonforme Rechtsanwendung nicht zu. Vielmehr stellt grundsätzlich der noch mögliche Wortsinn die äußerste Grenze innerstaatlicher Rechtsanwendung dar. Ihrem ersten Anschein nach ändert hieran auch die Vorschrift von s. 2(4) des ECA 1972 nichts. Diese stellt - wie die spätere *Murphy*-Entscheidung des *EuGH* - lediglich die Auslegung und Nichtanwendung innerstaatlichen Rechts als zwei Mittel für die Erreichung innerstaatlicher Gemeinschaftsrechtskonformität zur Disposition. Eine von der herkömmlichen Rechtsanwendungsmethodik abweichende Reichweite lässt sich dabei der Formulierung „shall be construed“ nicht zwingend entnehmen. Nichtsdestoweniger hat aber das *House of Lords* im Urteil *Pickstone v. Freemans plc.* die Auslegungsregel von s. 2(4) des ECA 1972 dahingehend gefasst, dass innerstaatliches Recht selbst dann gemeinschaftsrechtskonform anzuwenden ist, wenn dies dem eindeutigen Wortlaut der einschlägigen Rechtsvorschrift widerspricht[45]. Indem das Gericht eine judikative Ergänzung des Gesetzestextes für zulässig hielt, hat es folglich mehr gemacht, als der *EuGH* auf der Grundlage des Gemeinschaftsrechts von den mitgliedstaatlichen Gerichten fordert. Das *House of Lords* beschränkte sich nämlich nicht auf eine gemeinschaftsrechtskonforme Anwendung innerstaatlichen Rechts, die nach den herkömmlichen Rechtsanwendungsmethoden noch „möglich“ gewesen wäre. Vielmehr hat es mit der gemeinschaftsrechtskonformen *interpretation* auf der Grundlage von s. 2 des ECA 1972 eine neue, dem nationalen Recht bis dahin unbekannte, methodologische Vorgehensweise geschaffen. Diese findet ihre Grenze erst dort, wo eine gemeinschaftsrechtskonforme Anwendung mit der „essential nature“ der nationalen Gesetzgebung nicht in Einklang zu bringen ist[46].
Die damit für das britische Recht hergestellte Trennlinie zwischen der gemeinschaftsrechtskonformen Rechtsanwendung im positiven Sinne und der Nichtanwendung nationalen Rechts zeigt beachtliche Ähnlichkeit mit der des bundesdeutschen Rechts. Auch der in Deutschland im Rahmen der gemeinschaftsrechtskonformen Rechtsfortbildung abschließend erforderliche Schritt der Lückenausfüllung ist auf eine grundsätzlich gemeinschaftsrechtskonform ausgerichtete Rechtsnorm angewiesen. Ein gewichtiger Unterschied zwischen den beschriebenen Rechtslagen dürfte demzufolge allein für den - noch nicht ausdrücklich entschiedenen - Fall bestehen, dass nach britischem Recht innerstaatliche Gemeinschaftsrechtskonformität auch dann zu erzielen ist,

---

[45] House of Lords, Urt. v. 30.6.1988, [1989] 1 A.C. 66, 112 per Lord Keith of Kinkel, 125 ff. per Lord Oliver of Aylmerton - *Pickstone v. Freemans plc.*. Vgl. dazu oben 3. Kapitel, B.II.2.b.bb. sowie cc.
[46] So *Bennion*, Statutory Interpretation (1997), p. 1009. Vgl. dazu oben 3. Kapitel, B.IV.

wenn der Gesetzgeber bei Erlass einer Rechtsvorschrift bewusst in Widerspruch zum einschlägigen Gemeinschaftsrecht tätig geworden ist. Hier würde nach deutscher Methodik schon die erforderliche Lückenfeststellung scheitern.

4. Ergebnis

Schlussendlich lässt sich konstatieren, dass sich die gemeinschaftsrechtskonforme Anwendung innerstaatlichen Rechts in der Bundesrepublik Deutschland und im Vereinigten Königreich im Ergebnis als weitgehend einheitlich darstellen. Erhebliche Unterschiede zeigen demgegenüber aber die maßgeblichen Begründungen: Während in Deutschland bereits die Rechtsanwendungsgrenzen der herkömmlichen Methodik den skizzierten Einfluss des unmittelbar wirkenden Gemeinschaftsrechts ermöglichen, war hierfür im Vereinigten Königreich eine - über die Anforderungen der *Murphy*-Entscheidung des *EuGH* - hinausgehende methodologische Neuschöpfung in Form einer gemeinschaftsrechtskonformen *interpretation* auf der Grundlage von s. 2 des ECA 1972 erforderlich.

C. Richtlinienkonformität[47]

Der nachfolgende Vergleich der richtlinienkonformen Rechtsanwendung in der Bundesrepublik Deutschland und im Vereinigten Königreich folgt ebenso wie der vorhergehende Vergleich zur Gemeinschaftsrechtskonformität in seiner äußeren Form einer abstrakten, das heißt nicht an obergerichtlichen Leitentscheidungen orientierten Darstellung.

I. Grundlagen der richtlinienkonformen Rechtsanwendung

Auch die richtlinienkonforme Anwendung innerstaatlichen Rechts findet in beiden Staaten ihre Grundlage zum einen schon in den herkömmlichen Rechtsanwendungsmethoden. Zum anderen geht es anders als bei der Gemeinschaftsrechtskonformität im Rahmen der Richtlinienkonformität beider Rechtsordnungen im positiven Sinne zwar nicht um die Schonung der nationalen Gesetzgebungsautorität aufgrund einer Nichtanwendungspflicht als *ultima ratio*. Dennoch ist auch hier die - vom *EuGH* festgestellte - gemeinschaftsrechtliche Pflicht zur richtlinienkonformen Rechtsanwendung aus Artt. 10 und 249 Abs. 3 EGV innerstaatlich anerkannt.

---

[47] Vgl. zur Terminologie oben „Einleitung und Gang der Untersuchung".

1. Herkömmliche Rechtsanwendungsmethoden

Der Vergleich der Gemeinschaftsrechtskonformität beider Rechtsordnungen zeigt bereits, dass sowohl in der Bundesrepublik Deutschland als auch im Vereinigten Königreich die Möglichkeit besteht, zwischenstaatliches Recht, das zu seiner innerstaatlichen Durchsetzung einer Transformation bedarf, im Wege der Gesetzeshistorie in die herkömmliche Rechtsanwendung einzubeziehen. Dies gilt auch für umsetzungsbedürftige EG-Richtlinien. In Deutschland setzt demnach die Methode der historischen Auslegung voraus, dass der gesetzgeberische Wille auf eine adäquate Richtlinienumsetzung ins nationale Recht gerichtet war, wobei insofern in Übereinstimmung mit der Rechtsprechung des *EuGH* von einer entsprechenden Vermutung ausgegangen wird[48]. Gleiches gilt im Vereinigten Königreich aufgrund des auch im Rahmen der richtlinienkonformen Rechtsanwendung herangezogenen *principle of construction of United Kingdom statutes*, wie es *Lord Diplock* im Urteil *Garland v. British Rail Engineering Ltd.* geprägt hat[49].
Darüber hinaus lässt sich in der Bundesrepublik Deutschland der historische Ansatz der richtlinienkonformen Rechtsanwendung vor allem bei Anwendung jüngerer Rechtsvorschriften durch systematische Erwägungen ergänzen[50]. Demgegenüber sind im Vereinigten Königreich vergleichbare Überlegungen etwa aufgrund der Richtlinie als *statute in pari materia* nicht erkennbar. Der Grund hierfür dürfte vor allem in der - auch in Deutschland - problematischen Herstellung eines Zusammenhangs mit der Richtlinie als Gemeinschaftsrechtsakt liegen, der sich aufgrund seines andersartigen Ursprungs nicht als „*in pari materia*" verstehen lässt[51].
Schließlich kommt es im Bereich der Richtlinienkonformität ebenso wenig wie im Vereinigten Königreich auch nicht in Deutschland zu einer Einbeziehung gemeinschaftsrechtlicher Vorgaben aufgrund einer entsprechend objektiv hervortretenden Gesetzesteleologie: Während es insofern im britischen Recht schon grundsätzlich an einer herkömmlichen Rechtsanwendungsmethode hierzu fehlt, ist für die deutsche Rechtslage entscheidend, dass sich dem Inhalt einer

---

[48] Vgl. dazu oben 2. Kapitel, C.II.2.c.

[49] House of Lords, Urt. v. 22.4.1982, [1982] 2 All ER 402, 415 per Lord Diplock - *Garland v. British Rail Engineering Ltd.*. Für die Anwendung dieses *principle* zu Gunsten einer richtlinienkonformen Rechtsanwendung - siehe House of Lords, Urt. v. 11.2.1988, [1988] 1 A.C. 618, 638 f. per Lord Templeman - *Duke v. G.E.C. Reliance Ltd.*; House of Lords, Urt. v. 16.3.1989, [1989] 1 All ER 1134, 1136 per Lord Keith of Kinkel, 1139 per Lord Templeman, 1140 per Lord Oliver of Aylmerton - *Litster v. Forth Dry Dock and Engineering Co. Ltd.*.

[50] Vgl. dazu oben 2. Kapitel, C.II.2.b.

[51] Vgl. im Übrigen zum fehlenden Bedürfnis einer systematischen Einbeziehung des EG-Rechts unten 5. Kapitel, A.II.1.

nur mittelbar wirkenden Richtlinienbestimmung kein innerstaatlich beachtlicher Rechtssatz von allgemeiner Bedeutung entnehmen lässt[52].

2. *Pflicht zur richtlinienkonformen Rechtsanwendung*

Die Grundlage der richtlinienkonformen Rechtsanwendung in Form der herkömmlichen Rechtsanwendungsmethoden wird in beiden Ländern ergänzt durch eine gemeinschaftsrechtliche Pflicht zur richtlinienkonformen Rechtsanwendung. Diese erweist sich aufgrund ihrer Verbindlichkeit sowie ihres umfassenderen Anwendungsbereichs gegenüber den innerstaatlichen Grundlagen als weitergehend. Insbesondere hängt hiernach die richtlinienkonforme Anwendung nationalen Rechts nicht von einem entsprechenden Willen des nationalen Gesetzgebers ab.
Die Anerkennung der gemeinschaftsrechtlichen Pflicht für das Recht der Bundesrepublik Deutschland erfolgt wie für die entsprechende Pflicht im Bereich der Gemeinschaftsrechtskonformität durch den jeweiligen deutschen Zustimmungsakt zum EG-Vertrag. Demgegenüber ist für die Rechtslage im Vereinigten Königreich zu differenzieren: Nach der nicht unumstrittenen Rechtsprechung des *House of Lords* findet eine Anwendung von s. 2 des ECA 1972 im Bereich der Richtlinienkonformität nicht statt[53]. Innerstaatliche Verbindlichkeit erfährt die durch die Rechtsprechung des *EuGH* etablierte Pflicht zur richtlinienkonformen Rechtsanwendung daher erst aufgrund von s. 3 des ECA 1972. Hiernach muss der nationale Rechtsanwender die *EuGH*-Rechtsprechung zur Bedeutung und Wirkung des gesamten Gemeinschaftsrechts beachten. Mithin lässt sich anders als bei der Gemeinschaftsrechtskonformität an dieser Stelle auch für das britische Recht ausschließlich von einer gemeinschaftsrechtlichen Pflicht zur richtlinienkonformen Rechtsanwendung sprechen.

II. *Durchführung der richtlinienkonformen Rechtsanwendung*

Was die Durchführung der richtlinienkonformen Rechtsanwendung betrifft, so ist wie zuvor für die gemeinschaftsrechtskonforme Rechtsanwendung festzustellen, dass die insofern im bundesdeutschen Schrifttum geführte Diskussion im Vereinigten Königreich keine Entsprechung findet. Es soll daher der Hinweis genügen, dass in Übereinstimmung mit dem für das deutsche Recht bestehenden Konsens über ein zweistufiges Verfahren für die richtlinien-

---

[52] Vgl. dazu oben 2. Kapitel, C.II.2.d.

[53] House of Lords, Urt. v. 11.2.1988, [1988] 1 A.C. 618, 639 f. per Lord Templeman - *Duke v. G.E.C. Reliance Ltd.*. Vgl. dazu oben 3. Kapitel, C.I.2.a.bb.

konforme Rechtsanwendung auch das britische Recht zunächst getrennt von der maßgeblichen Richtlinienbestimmung zu begutachten ist. Soweit hierbei ein Konflikt mit einer EG-rechtlichen Vorgabe in Erscheinung tritt, sind in einem zweiten Schritt weitere und gegebenenfalls richtlinienkonforme Rechtsanwendungsmöglichkeiten herauszuarbeiten und anzuwenden[54].

III. Grenzen der richtlinienkonformen Rechtsanwendung

Ebenso wie im Rahmen der Gemeinschaftsrechtskonformität unterscheiden sich die beiden Rechtslagen auch bei den Grenzen der richtlinienkonformen Rechtsanwendung darin, dass im Vereinigten Königreich eine nach der jeweiligen Grundlage differenzierte Grenzbestimmung zu erfolgen hat. Hingegen ist dem deutschen Recht eine solche Unterscheidung wiederum fremd. Dennoch folgt auch hier die nachfolgende Darstellung der Übersichtlichkeit halber der Struktur der britischen Rechtslagen.

1. Herkömmliche Rechtsanwendungsmethoden

Stützt man die richtlinienkonforme Anwendung innerstaatlichen Rechts allein auf die herkömmlichen nationalen Rechtsanwendungsmethoden, so zeigen sich in beiden Ländern weitreichende Parallelen zur entsprechenden Einbeziehung von Vorgaben des unmittelbar wirkenden Gemeinschaftsrechts. Nach deutscher Methodik findet die Einbeziehung von Richtlinienbestimmungen in die Auslegung deutschen Rechts vor allem aufgrund des historischen Ansatzes ihre Grenze in dem noch möglichen Wortsinn der maßgeblichen Vorschrift. Darüber hinaus existiert in Deutschland aber die Methode der Rechtsfortbildung, die grundsätzlich eine richtlinienkonforme Anwendung nationalen Rechts auch jenseits des eindeutigen Gesetzeswortlauts ermöglicht. Voraussetzung ist insofern zum einen der Schluss von einem - zumindest vermuteten - richtlinienkonformen Willen des Gesetzgebers auf eine planwidrige Unvollständigkeit des geschriebenen Rechts, also eine Lücke. Zum anderen ist erforderlich, dass eine in ihrer Wertung der Richtlinie vergleichbare nationale Rechtsvorschrift besteht, mit der diese Lücke ausgefüllt werden kann. In Abgrenzung zur Gemeinschaftsrechtskonformität deutschen Rechts ist insofern zu betonen, dass angesichts der fehlenden teleologischen Einbeziehung von Richtlinienbestimmungen eine richtlinienkonforme Rechtsfortbildung ohne einen entsprechenden gesetzgeberischen Willen in jedem Fall ausscheidet. Hier

---

[54] Vgl. dazu bereits oben Fußnote 36.

fehlt es schon an der erforderlichen „Planwidrigkeit" des richtlinienwidrigen Rechts.
Anders als die deutsche Rechtslage zeigt die des Vereinigten Königreichs überhaupt keine Unterschiede zwischen der Einbeziehung von unmittelbar und nur mittelbar wirkendem Gemeinschaftsrecht in die herkömmliche nationale Rechtsanwendung. Da hier die Möglichkeit eines objektiv-teleologischen Ansatzes für die normorientierte Rechtsanwendung nicht einmal im Rahmen der Gemeinschaftsrechtskonformität besteht, kommt auch eine richtlinienkonforme Rechtsanwendung auf herkömmlicher Grundlage allein unter Heranziehung der *ratio decidendi* aus dem Urteil *Garland v. British Rail Engineering Ltd.* in Betracht. Die dort vorgesehene völkerrechtskonforme *interpretation* kann aber auch im Bereich der Richtlinienkonformität eine normorientierte Rechtsanwendung nur insoweit rechtfertigen, wie der Wortlaut der nationalen Gesetzgebung mit dem Richtlinieninhalt in Einklang zu bringen ist („if they are reasonably capable of bearing such a meaning")[55]. Beschränkt man also seine Begutachtung auf die herkömmlichen nationalen Rechtsanwendungsmethoden, so ist festzustellen, dass nach britischem Recht die Berücksichtigung von Richtlinienvorgaben nur zu einem geringeren Umfang möglich ist als nach bundesdeutscher Methodik.

2. *Pflicht zur richtlinienkonformen Rechtsanwendung*

a) *Kein richtlinienkonformer Wille des Gesetzgebers*

Es wurde bereits dargestellt, dass die Pflicht zur richtlinienkonformen Rechtsanwendung vor allem in den Fällen von Bedeutung ist, wo die Einbeziehung von Richtlinienvorgaben nicht aufgrund der Gesetzeshistorie, also eines auf die Richtlinienumsetzung gerichteten Gesetzgeberwillens, erfolgen kann. Allein aufgrund der herkömmlichen nationalen Rechtsanwendungsmethoden müssten an dieser Stelle die Vorgaben des Gemeinschaftsrechts sowohl in der Bundesrepublik Deutschland als auch im Vereinigten Königreich unberücksichtigt bleiben. Aber nicht nur insofern besteht Übereinstimmung. Fehlt es an einem richtlinienkonformen Willen des Gesetzgebers, so findet die gemeinschaftsrechtliche Pflicht zur richtlinienkonformen Rechtsanwendung in beiden Ländern ihre Grenzen in dem noch möglichen Wortsinn der jeweiligen nationalen Rechtsvorschrift. In Deutschland liegt der Grund hierfür darin, dass mangels eines richtlinienkonformen Gesetzgeberwillens auch keine Unvollständigkeit des geschriebenen Rechts vorliegt, die einem auf

[55] House of Lords, Urt. v. 22.4.1982, [1982] 2 All ER 402, 415 per Lord Diplock - *Garland v. British Rail Engineering Ltd.*. Vgl. dazu oben 3. Kapitel, B.II.2.b.

Richtlinienkonformität gerichteten „Plan" des Gesetzgebers widerspricht. Mithin hat hier eine richtlinienkonforme Rechtsfortbildung schon am Vorliegen einer ausfüllungsbedürftigen Lücke zu scheitern[56].
Demgegenüber stellt nach der Auffassung des *House of Lords* die ursprüngliche Rechtslage des Vereinigten Königreichs von vornherein keine Methode zur EG-rechtsbedingten Überschreitung des Gesetzeswortlauts zur Verfügung. Es entspricht daher den vom *EuGH* in der Rechtssache *Marleasing* aufgestellten Anforderungen[57], wenn das *House of Lords* im Urteil *Webb v. EMO Air Cargo (U.K.) Ltd.* eine richtlinienkonforme Anwendung solchen Rechts, dass einer Richtlinie in seiner Entstehung zeitlich vorausgeht, nur insoweit für „möglich" hielt, wie der Wortlaut der innerstaatlichen Rechtsvorschrift mit der maßgeblichen Richtlinienbestimmung in Einklang zu bringen ist[58].

b) Richtlinienkonformer Wille des Gesetzgebers

Liegt hingegen ein auf die Richtlinienumsetzung gerichteter Wille des Gesetzgebers vor, so gestaltet sich der Einfluss der gemeinschaftsrechtlichen Pflicht zur richtlinienkonformen Rechtsanwendung in beiden Rechtsordnungen als äußerst unterschiedlich. In der Bundesrepublik Deutschland ist es schon die herkömmliche Methodik, die auch hier neben einer richtlinienkonformen Auslegung die Möglichkeit zu einer wortlautüberschreitenden richtlinienkonformen Rechtsfortbildung eröffnet. Die Bedeutung der Pflicht aus Artt. 10 und 249 Abs. 3 EGV erschöpft sich demzufolge auf die ihr anhaftende Verbindlichkeit zur Durchsetzung einer richtlinienkonformen Rechtsanwendungsalternative. Dies bedeutet, dass bei zwei sich widersprechenden Willensrichtungen des deutschen Gesetzgebers diejenige als maßgeblich anzusehen ist, die der Richtlinievorgabe entspricht[59]. Liegt also - zumindest auch - ein richtlinienkonformer Wille des Gesetzgebers vor, so führt dieser Wille aufgrund der verbindlichen Pflicht des Gemeinschaftsrechts stets zu einer planwidrigen Unvollständigkeit des geschriebenen Rechts, also zu einer Lücke. Da diese nunmehr anhand der im bestehenden deutschen Recht niedergelegten Wertungen auszufüllen ist, lässt sich mithin festhalten, dass die äußerste Grenze der Pflicht zur richtlinienkonformen Rechtsanwendung bei Vorliegen einer

[56] Vgl. dazu oben 2. Kapitel, C.IV.2.b.aa.
[57] EuGH, Urt. v. 13.11.1990, Slg. 1990, I-4135, 4159 - Rs. C-106/89, *Marleasing SA ./. La Comercial Internacional de Alimentación SA*. Vgl. dazu oben 1. Kapitel, B.
[58] House of Lords, Urt. v. 26.11.1992, [1993] 1 W.L.R. 49, 60 f. per Lord Keith of Kinkel - *Webb v. EMO Air Cargo (U.K.) Ltd. (No. 1)*; House of Lords, Urt. v. 19.10.1995, [1995] 4 All ER 577, 582 per Lord Keith of Kinkel - *Webb v. EMO Air Cargo (U.K.) Ltd. (No. 2)*. Vgl. dazu oben 3. Kapitel, C.IV.2.b.
[59] Vgl. dazu oben 2. Kapitel, C.IV.2.b.bb.(1).

entsprechenden Willensrichtung des Gesetzgebers erst dort verläuft, wo dem deutschen Recht eine richtlinienkonforme Wertung nicht entnommen werden kann. Dies ist indes nur in Ausnahmefällen anzunehmen, da regelmäßig auch bereits in einer nur unvollkommenen deutschen Umsetzungsnorm die Wertentscheidung der Richtlinie niedergelegt ist[60].

Zur Rechtslage des Vereinigten Königreichs wurde demgegenüber betont, dass ihre herkömmliche Rechtsanwendungsmethodik eine Entsprechung zur bundesdeutschen Methode der Rechtsfortbildung, nach der eine EG-rechtsbedingte Überschreitung der Wortlautgrenze grundsätzlich möglich ist, nicht kennt. Auch wurde bereits ausgeführt, dass die richtlinienkonforme Anwendung britischen Rechts - anders als die gemeinschaftsrechtskonforme - nicht auf s. 2 des ECA 1972 gestützt werden kann, sondern allein auf die Vorschrift von s. 3 des ECA 1972. Während Letztere aber lediglich die Rechtsprechung des *EuGH*, wonach die Pflicht zur richtlinienkonformen Rechtsanwendung nur im Rahmen bestehender Auslegungsmöglichkeiten durchgreift, für innerstaatlich verbindlich erklärt, begründete das *House of Lords* in dem Urteil *Pickstone v. Freemans plc.* mit der Vorschrift von s. 2 des ECA 1972 eine normorientierte Rechtsanwendung, die über die herkömmlich zu beachtende Wortlautgrenze hinausging[61]. Trotz der im Urteil *Duke v. G.E.C. Reliance Ltd.* ausdrücklich festgestellten Unanwendbarkeit von s. 2 des ECA 1972[62], übernahm das *House of Lords* in der Entscheidung *Litster v. Forth Dry Dock and Engineering Co. Ltd.* die Reichweite der *Pickstone*-Entscheidung auch für die richtlinienkonforme Rechtsanwendung[63]. Ausschlaggebend hierfür war, dass ebenso wie im Urteil *Pickstone* der betreffenden nationalen Rechtsvorschrift ein Umsetzungswille des Gesetzgebers zugrunde lag. Vor diesem Hintergrund hielt sich das *House of Lords* gemeinschaftsrechtlich beziehungsweise auf der Grundlage von s. 3 des ECA 1972 auch im Rahmen der richtlinienkonformen Rechtsanwendung dazu verpflichtet, innerstaatliches Recht auch entgegen dem eindeutigen Gesetzeswortlaut zur Anwendung zu bringen. Die Grenze der Pflicht zur gemeinschaftsrechtskonformen Rechtsanwendung ist demnach ungeachtet der fehlenden Anwendbarkeit von s. 2 des ECA 1972 ebenso wie im Bereich der Gemeinschaftsrechtskonformität zu formulieren, nämlich dass eine richtlinienkonforme Rechtsfindung noch im Einklang mit der

---

[60] Vgl. dazu oben 2. Kapitel, C.IV.2.b.bb.(1).

[61] House of Lords, Urt. v. 30.6.1988, [1989] 1 A.C. 66, 112 per Lord Keith of Kinkel, 125 ff. per Lord Oliver of Aylmerton - *Pickstone v. Freemans plc.*. Vgl. dazu oben 3. Kapitel, B.II.2.b.

[62] House of Lords, Urt. v. 11.2.1988, [1988] 1 A.C. 618, 639 f. per Lord Templeman - *Duke v. G.E.C. Reliance Ltd.*. Vgl. dazu oben 3. Kapitel, C.I.2.b.bb.

[63] House of Lords, Urt. v. 16.3.1989, [1989] 1 All ER 1134, 1136 per Lord Keith of Kinkel, 1139 f. per Lord Templeman, 1140 & 1152 f. per Lord Oliver of Aylmerton - *Litster v. Forth Dry Dock and Engineering Co. Ltd.*.

„essential nature“ der nationalen Gesetzgebung stehen muss[64]. Festzuhalten bleibt damit, dass ungeachtet der eigentlichen Wortlautgrenze, die *ratio decidendi* der *Litster*-Entscheidung zu Gunsten innerstaatlicher Richtlinienkonformität eine Rechtsfindung zulässt, die der nach deutschem Recht zulässigen richtlinienkonformen Rechtsfortbildung stark ähnelt[65].

IV. Ergebnis

Abschließend lässt sich damit auch für den Vergleich der richtlinienkonformen Rechtsanwendung in der Bundesrepublik Deutschland und im Vereinigten Königreich zusammenfassen, dass sich diese im Ergebnis als weitgehend einheitlich darstellen. Ebenso wie schon bei der Gemeinschaftsrechtskonformität innerstaatlichen Rechts zeigt demgegenüber aber die maßgebliche Begründung für die jeweilige Rechtsanwendung erhebliche Unterschiede: Während in Deutschland wiederum bereits die Rechtsanwendungsgrenzen der herkömmlichen Methodik auch den Einfluss von Richtlinien auf die nationale Rechtsanwendung bestimmen, gilt dies im Vereinigten Königreich nur, sofern ein richtlinienkonformer Wille des Gesetzgebers nicht gegeben ist. Ist ein solcher hingegen wenigsten zu vermuten, so gewährt die Rechtslage des Vereinigten Königreichs dem Rechtsanwender einen über den Rahmen der herkömmlichen Rechtsanwendungsmethoden hinausgehenden Beurteilungsspielraum, in dem ein richtlinienkonformes Rechtsanwendungsergebnis gefunden werden kann.

---

[64] So *Bennion*, Statutory Interpretation (1997), p. 1009. Vgl. dazu im Übrigen oben 3. Kapitel, C.II.2.b.cc.

[65] Vgl. auch *Schulze*, in: Schulze (Hrsg.), Auslegung europäischen Privatrechts und angeglichenen Rechts (1999), S. 9, 21 f.

5. Kapitel: Schlussfolgerungen

Der vorhergehende Rechtsvergleich hat gezeigt, dass die rechtspraktischen Ergebnisse einer am Gemeinschaftsrecht orientierten Rechtsanwendung im Vereinigten Königreich weitgehend der Rechtslage in der Bundesrepublik Deutschland entsprechen. Das bedeutet, dass aus vergleichender Perspektive keine Rückschlüsse auf eine im Vereinigten Königreich bereits vorhandene, für die Bundesrepublik Deutschland aber nur wünschenswerte Rechtslage gezogen werden können. Sieht man zudem von der eher geringen Autorität identischer Ergebnisse ab, so muss es bei den zu ziehenden Schlussfolgerungen angesichts der voneinander abweichenden Dogmatik, die beiden Rechtslagen zugrunde liegt, vor allem um eine argumentative Auseinandersetzung mit den für die deutsche Rechtslage gegebenen und teilweise bestrittenen Begründungen gehen. Hierfür ist besonders das jeweilige Verhältnis zwischen der gemeinschaftsrechtskonformen und richtlinienkonformen Rechtsanwendung in den verglichenen Rechtsordnungen herauszustellen. Auf diese Weise entstehen Bezugspunkte, die es ermöglichen, den Umgang mit der jeweils anderen Form der normorientierten Rechtsanwendung zu gewichten. Dies gilt vor allem in Anbetracht der für die Rechtspraxis überaus bedeutsamen Richtlinienkonformität gegenüber der vielfach unberücksichtigten Gemeinschaftsrechtskonformität. Die nachfolgenden Erwägungen sind daher unter den beides umfassenden Oberbegriff der EG-Rechtskonformität zu stellen.

A. Grundlagen der EG-rechtskonformen Rechtsanwendung

I. Bedeutung des gemeinschaftsrechtlichen Vorrangs für die jeweilige Pflicht zur EG-rechtskonformen Rechtsanwendung

Das Verhältnis zwischen Gemeinschaftsrechtskonformität und Richtlinienkonformität ist vor allem von Bedeutung, soweit es um die vom *EuGH* festgestellten Pflichten zur EG-rechtskonformen Rechtsanwendung geht. Im Rahmen der gemeinschaftsrechtskonformen Rechtsanwendung im positiven Sinne wurde ausführlich auf die Ansicht von *Ehricke* Bezug genommen, der nachdrücklich für die Möglichkeit einer gemeinschaftsrechtskonformen Rechtsfortbildung jenseits des eindeutigen Gesetzeswortlauts eingetreten ist[1]. Grundlage dieser Rechtsauffassung ist das - hier bestrittene - Verständnis der Pflicht zur gemeinschaftsrechtskonformen Rechtsanwendung im positiven Sinne als

[1] Vgl. dazu vor allem oben 2. Kapitel, B.II.4.b. Siehe außerdem *Ehricke*, RabelsZ 59 (1995), 598, 635 ff.

Vorrangregel[2]. Mangels eines entsprechenden Vorrangs des nur mittelbar wirkenden Gemeinschaftsrechts war *Ehricke* allerdings gezwungen, diesen Vortrag für den Bereich der richtlinienkonformen Anwendung deutschen Rechts zurückzunehmen. Hier könne angesichts der vom *EuGH* aufgestellten Vorzugsregel eine normorientierte Rechtsanwendung nur insoweit durchgeführt werden, wie dies „im Rahmen der nationalen Auslegungsspielräume, das heißt unter Anwendung des Kanons der klassischen vier Auslegungsmethoden" am besten möglich sei[3]. Darüber hinaus komme - im Gegensatz zu der hier für die deutsche Rechtslage favorisierten Auffassung - eine den Gesetzeswortlaut überschreitende richtlinienkonforme Rechtsfortbildung offenbar nicht in Betracht[4]. Damit stellt sich auch aus rechtsvergleichender Sicht die Frage, inwieweit eine von vornherein differenzierte Behandlung der gemeinschaftsrechts- und richtlinienkonformen Rechtsanwendung gerechtfertigt ist. Vorab hinzuweisen ist insofern darauf, dass der *EuGH* dem EG-Recht zwei parallel formulierte Pflichten zur normorientierten Rechtsanwendung entnommen hat[5].

Als unergiebig erweist sich der Rechtsvergleich, soweit es um die Begründung der jeweiligen Pflicht geht. Obwohl beide auf den Grundsatz des *effet utile* aus Art. 10 EGV gestützt werden, die Pflicht zur richtlinienkonformen Rechtsanwendung zudem noch auf die Vorschrift des Art. 249 Abs. 3 EGV, verbirgt sich allein hinter der Pflicht zur gemeinschaftsrechtskonformen Rechtsanwendung der Gedanke der *Kollisionsvermeidung*. Neben einer effektiven Durchsetzung des Gemeinschaftsrechts ist es demnach auch zur Schonung der nationalen Gesetzgebungsautorität erstrebenswert, drohende Kollisionen zwischen dem nationalen Recht und den Vorgaben des unmittelbar wirkenden Gemeinschaftsrechts von vornherein zu umgehen. Demgegenüber kommt für die Pflicht zur richtlinienkonformen Rechtsanwendung allein das Ziel einer weitestmöglichen *Konfliktvermeidung* in Betracht. Mangels unmittelbarer Wirkung sind hier Kollisionen bei der Rechtsanwendung überhaupt nicht denkbar. Mithin stellt sich auch keine Vorrangfrage. An diesen Erkenntnissen dürften nach dem bisher Gesagten auch weder in der Bundesrepublik Deutschland noch im Vereinigten Königreich Zweifel bestehen. Differenzen zeichnen sich hingegen bei den Auswirkungen der so begründeten Pflichten ab. Hierzu lässt sich nunmehr Folgendes sagen:

---

[2] *Ehricke*, a.a.O., S. 634. Nach der hier vertretenen Auffassung folgt die Pflicht zur gemeinschaftsrechtskonformen Rechtsanwendung zwar durchaus einer Vorrangregel, soweit es aber um die Rechtsanwendung im positiven Sinne geht, besteht allein eine - der Vorrangregel implizit vorgeschaltete - Vorzugsregel. Vgl. dazu oben 2. Kapitel, B.II.4.b.

[3] *Ehricke*, a.a.O., S. 616 f.

[4] *Ehricke*, a.a.O., S. 610 f.

[5] Siehe EuGH, Urt. v. 4.2.1988, Slg. 1988, 673, 690 - Rs. 157/86, *Murphy ./. An Bord Telecom Eireann*; EuGH, Urt. v. 10.4.1984, Slg. 1984, 1891, 1909 - Rs. 14/83, *von Colson und Kamann ./. Land Nordrhein-Westfalen*. Vgl. dazu oben 1. Kapitel.

Wenn *Ehricke* für die Pflicht zur gemeinschaftsrechtskonformen Rechtsanwendung eine prinzipiell weitergehende Wirkung fordert als für die Pflicht zur richtlinienkonformen Rechtsanwendung, übersieht er einen wesentlichen Aspekt. In beiden Fällen geht es um die Vermeidung einer rechtswidrigen innerstaatlichen Rechtslage. Zwar trifft es zu, dass diese Rechtswidrigkeit im Falle von unmittelbar wirkendem Gemeinschaftsrecht letztendlich in einem Vorrang desselben gipfeln würde. Ebenso besteht aber auch hinsichtlich dieser Art von EG-Recht eine entsprechende Pflicht zur normorientierten Rechtsanwendung, wenn es ausschließlich um die Vermeidung von gemeinschaftsrechtswidrigen Konflikten geht. Mithin erlangt der Vorrang des Gemeinschaftsrechts erst dort eine eigenständige Relevanz, wo eine gemeinschaftsrechtskonforme Rechtsanwendung nicht zu verwirklichen ist und folglich eine Kollision nicht vermieden werden kann, diese also aufzulösen ist[6]. Will man hingegen - wie *Ehricke* - diese Vorrangregel bereits bei der positiven Rechtsanwendung zur Geltung bringen, so impliziert man in unzulässiger Weise zwei qualitativ unterschiedliche Stufen von EG-Rechtswidrigkeiten. Richtig ist daher, eine prinzipielle Schlechterstellung der richtlinienkonformen Rechtsanwendung gegenüber der gemeinschaftsrechtskonformen abzulehnen. Unterschiede können sich demnach nur noch aus der jeweiligen Wirkungsweise des maßgeblichen EG-Rechts selbst ergeben, nicht jedoch aus der Pflicht zur normorientierten Rechtsanwendung[7].
Diese Auffassung findet Bestätigung in der Rechtslage des Vereinigten Königreichs. Hierfür ist zunächst auf die Vorschrift von s. 2 des ECA 1972 hinzuweisen, die in ss. (1) die unmittelbare Wirkung des Gemeinschaftsrechts anerkennt und in ss. (4) bestimmt, dass das innerstaatliche Recht nach Maßstab von ss. (1) zu interpretieren („shall be construed") beziehungsweise in seiner Anwendung zurückzustellen („have effect") ist. Damit tritt auch im britischen Recht die aufgezeigte Unterscheidung zwischen schlichter Anwendung im positiven Sinne und vorrangbedingter Nichtanwendung nationalen Rechts in Erscheinung. Dass insofern der Interpretationsregel von s. 2(4) in Verbindung mit s. 2(1) des ECA 1972 nicht der Grundsatz vom Vorrang des Gemeinschaftsrechts innewohnt, dies vielmehr erst bei der Alternative „have effect" der Fall ist, bestätigt die Rechtsprechung des *House of Lords*, in der die *supremacy of Community law* erst für die im Urteil *Regina v. Secretary of State for Transport, ex parte Factortame Ltd. (No. 2)*[8] anerkannte Nichtanwendungs-

---

[6] Ungenau daher auch *Curtin*, (1985) 22 CML Rev. 505, 514 f.; *ders.*, in: Curtin/O'Keeffe (eds.), Constitutional Adjudication in European Community and National Law (1992), p. 33, 39 f.

[7] Dazu sogleich.

[8] House of Lords, Urt. v. 11.10.1990, [1991] 1 A.C. 603, 658 f. per Lord Bridge of Harwich - *Regina v. Secretary of State for Transport, ex parte Factortame Ltd. (No. 2)*. Vgl. dazu oben 2. Kapitel, B.III.2.

pflicht (*duty to disapply*) herangezogen wurde. Im Gegensatz hierzu findet sich in den Entscheidungen zur Rechtsanwendung im positiven Sinne kein Hinweis beziehungsweise keine Berufung auf den von *Ehricke* als maßgeblich erachteten gemeinschaftsrechtlichen Vorrang[9].

Darüber hinaus unterstützt das Urteil *Litster v. Forth Dry Dock and Engineering Co. Ltd.*[10] den hier vertretenen Standpunkt. In dieser Entscheidung übernahm das *House of Lords* für den Bereich der Richtlinienkonformität die *rationale* aus dem Urteil *Pickstone v. Freemans plc.*[11], nach der zu Gunsten eines gemeinschaftsrechtskonformen Rechtsanwendungsergebnisses der Wortlaut einer nationalen Rechtsvorschrift überschritten werden darf. Eine solche methodologische Grundsatzentscheidung wäre angesichts der Vorgaben des *EuGH* zur richtlinienkonformen Rechtsanwendung gemeinschaftsrechtlich nicht geboten gewesen. Dennoch hat man hier die Pflichten zur normorientierten Rechtsanwendung gleichmäßig zur Geltung gebracht, mithin auch für die Richtlinienkonformität eine Überschreitung des Gesetzeswortlauts für zulässig erachtet. Vor diesem Hintergrund wäre es widersinnig, die einheitliche EG-rechtskonforme Rechtsanwendung im positiven Sinne mit einem Vorrang des Gemeinschaftsrechts begründen zu wollen, der angesichts des mittelbar wirkenden Gemeinschaftsrechts unstreitig nicht existiert.

Der vorstehenden Erwägung lässt sich auch nicht entgegenhalten, dass das *House of Lords* die Übernahme der *Pickstone*-Entscheidung auf die richtlinienkonforme Rechtsanwendung in seinem späteren Urteil *Webb v. EMO Air Cargo (U.K.) Ltd. (No. 2)*[12] auf Fälle beschränkt hat, in denen ein richtlinienkonformer Wille des Gesetzgebers erkennbar beziehungsweise zu vermuten war. Dieser Schritt war notwendig, um den Souveränitätsvorbehalt des Art. 249 Abs. 3 EGV zu Gunsten des nationalen Gesetzgebers im innerstaatlichen Rechtsraum wirksam werden zu lassen[13]. Infolgedessen können - anders als im Rahmen der Gemeinschaftsrechtskonformität - nicht auch solche Rechtsvorschriften, die einer Richtlinienbestimmung zeitlich vorausgehen, über

---

[9] Siehe House of Lords, Urt. v. 22.4.1982, [1982] 2 All ER 402, 415 per Lord Diplock - *Garland v. British Rail Engineering Ltd.*; House of Lords, Urt. v. 30.6.1988, [1989] 1 A.C. 66, 112 per Lord Keith of Kinkel; 121 ff. per Lord Templeman; 124 ff. per Lord Oliver of Aylmerton - *Pickstone v. Freemans plc.*. Vgl. dazu oben 3. Kapitel, B.I.2. beziehungsweise II.2.

[10] House of Lords, Urt. v. 16.3.1989, [1989] 1 All ER 1134, 1136 per Lord Keith of Kinkel, 1139 Lord Templeman, 1140 & 1153 per Lord Oliver of Aylmerton - *Litster v. Forth Dry Dock Engineering Co. Ltd.*. Vgl. dazu oben 3. Kapitel, C.II.2.

[11] House of Lords, Urt. v. 30.6.1988, [1989] 1 A.C. 66, 112 per Lord Keith of Kinkel, 125 ff. per Lord Oliver of Aylmerton - *Pickstone v. Freemans plc.*. Vgl. dazu oben 3. Kapitel, B.II.2.b.

[12] House of Lords, Urt. v. 19.10.1995, [1995] 4 All ER 577, 582 per Lord Keith of Kinkel - *Webb v. EMO Air Cargo (U.K.) Ltd. (No. 2)*. Vgl. dazu oben 3. Kapitel, C.IV.2.b.bb.

[13] Vgl. zu diesem Aspekt auch unten B.I.

den noch möglichen Wortsinn hinaus richtlinienkonform interpretiert werden. Gerade im Rahmen eines Vergleichs mit der hier vertretenen Auffassung zur bundesdeutschen Rechtsordnung darf dies aber nicht weiter verwundern. Mangels einer teleologischen Einbeziehung von Richtlinienvorgaben in die nationale Rechtanwendung zeigt sich in Deutschland eine entsprechende Rechtslage. Der Grund hierfür ist aber nicht eine vorrangbedingte Schlechterstellung der vom *EuGH* etablierten Pflicht zur richtlinienkonformen Rechtsanwendung gegenüber der zur gemeinschaftsrechtskonformen. Zu bedenken ist vielmehr, dass in beiden Fällen die interpretative Verpflichtung des nationalen Rechtsanwenders dem vom nationalen Recht zur Verfügung gestellten „Beurteilungsspielraum" achtet. Dementsprechend sind die Unterschiede zwischen der Gemeinschaftsrechts- und Richtlinienkonformität innerstaatlichen Rechts schon durch den von der jeweiligen Pflicht vorausgesetzten „Beurteilungsspielraum" begründet. Dieser wird zwar durch die unmittelbare Wirkung des maßgeblichen Gemeinschaftsrechts beeinflusst, was das *House of Lords* durch seine umfangreich gemeinschaftsrechtsfreundliche Rechtsprechung auf der Grundlage von s. 2(4) des ECA 1972 untermauert hat. Mit dem Vorrang des unmittelbar wirkenden Gemeinschaftsrechts hat dies aber nichts zu tun. Vielmehr schafft die unmittelbare Wirkung einer EG-Rechtsnorm, aufgrund derer eine Kollision mit nationalen Rechtsvorschriften überhaupt erst denkbar wird, lediglich die gemeinschaftsrechtliche Voraussetzung, unter der die Vorrangfrage gestellt werden könnte[14].

Kommt man vor diesem Hintergrund auf die von *Ehricke* aufgestellte Behauptung zurück, dass die Pflicht zur gemeinschaftsrechtkonformen Rechtsanwendung durch den Vorrang des Gemeinschaftsrechts bestimmt werde und mithin gegenüber der Pflicht zur Richtlinienkonformität innerstaatlichen Rechts weitergehe, so ist dem zu widersprechen. Da der gemeinschaftsrechtliche Vorrang für beide Formen von normorientierter Rechtsanwendung ohne Bedeutung ist, müssen aus dieser Perspektive die Bereiche der Gemeinschaftsrechts- und Richtlinienkonformität in gleicher Weise behandelt werden. Infolgedessen sind keine Gründe ersichtlich, weshalb eine richterliche Rechtsfortbildung zur Erreichung von innerstaatlicher Richtlinienkonformität nicht in Betracht kommen sollte. Soweit *Ehricke* für die Gemeinschaftsrechtskonformität nationalen Rechts feststellt, dass durch einen entsprechenden Umsetzungswillen des Gesetzgebers, die *ratio* der nationalen Norm bestimmt wird[15], muss diese Überlegung daher auch für eine richtlinienkonforme Fortbildung des deutschen Rechts geprüft und entsprechend bejaht werden.

---

[14] Vgl. an dieser Stelle auch die Differenzierung bei *Wolf*, WM 1990, 1941, 1943 sowie *Docksey*, (1991) 20 I.L.J. 258, 265: „There is no theoretical conflict; Community law operates through national law, indeed it *is* national law, but it has priority, whether over ministerial certification, Crown privilege or statute."

[15] *Ehricke*, RabelsZ 59 (1995), 598, 637 f.

Damit schafft ein richtlinienkonformer Wille des Gesetzgebers eine planwidrige Unvollständigkeit des richtlinienwidrig geschriebenen Rechts, also eine Lücke, die - wie im Bereich der Gemeinschaftsrechtskonformität - einer EG-rechtskonformen Ausfüllung zugänglich ist. Nicht annehmbar erscheint hingegen - und insofern ist *Ehricke* wenigstens im Ergebnis zuzustimmen - eine objektiv-teleologisch hervortretende Planwidrigkeit des richtlinienwidrig geschriebenen Rechts. Der Grund hierfür liegt aber nicht an dem fehlenden Vorrang der Richtlinie, sondern schon an deren fehlenden unmittelbaren Wirkung.

II. Die Rolle des EG-Rechts im Rahmen der herkömmlichen Rechtsanwendungsmethoden

Neben der vom Gemeinschaftsrecht vorgegebenen Pflicht zur EG-rechtskonformen Anwendung innerstaatlichen Rechts kennt sowohl das Recht der Bundesrepublik Deutschland als auch das des Vereinigten Königreichs die Beachtlichkeit des EG-Rechts schon aufgrund der herkömmlichen nationalen Rechtsanwendungsmethoden. Soweit sich die EG-Rechtskonformität innerstaatlichen Rechts innerhalb des noch möglichen Wortsinns verwirklichen lässt, stellt diese Möglichkeit lediglich eine Ergänzung zu den verbindlichen gemeinschaftsrechtlichen Pflichten dar. Jenseits der Wortlautgrenze fungieren die herkömmlichen Rechtsanwendungsmethoden in Deutschland als unerlässliche Voraussetzung einer richterlichen Rechtsfortbildung, da auch im Regelungsbereich einer EG-Norm eine insofern erforderliche Lücke erst durch sie „aufgebrochen" werden kann. Im Vereinigten Königreich dient der herkömmliche historische Interpretationsansatz dazu, die Differenzierung zwischen der wortlautüberschreitenden Rechtsfindung im Urteil *Litster v. Forth Dry Dock and Engineering Co. Ltd.*[16] und der den Wortlaut beachtenden Rechtsprechung im Urteil *Webb v. EMO Air Cargo (U.K.) Ltd. (No. 2)*[17] zu begründen.

1. Gesetzessystematik

Für die deutsche Rechtslage ist vereinzelt vorgetragen worden, dass die Einbeziehung von EG-Rechtsnormen in die Anwendung nationalen Rechts ohne

---

[16] House of Lords, Urt. v. 16.3.1989, [1989] 1 All ER 1134, 1136 per Lord Keith of Kinkel, 1139 per Lord Templeman, 1140 & 1153 per Lord Oliver of Aylmerton - *Litster v. Forth Dry Dock and Engineering Co. Ltd.*. Vgl. dazu oben 3. Kapitel, C.II.2.b.

[17] House of Lords, Urt. v. 19.10.1995, [1995] 4 All ER 577, 582 per Lord Keith of Kinkel - *Webb v. EMO Air Cargo (U.K.) Ltd. (No. 2)*. Vgl. dazu oben 3. Kapitel, C.IV.2.b.

besondere Voraussetzungen schon aufgrund systematischer Erwägungen möglich sei[18]. Ausdrücklich wurde dies zwar nur im Kontext der richtlinienkonformen Rechtsanwendung geäußert, aufgrund des weitergehenden Charakters des unmittelbar wirkenden Gemeinschaftsrechts liegt es aber nahe, die gleiche Argumentation erst recht auch für den Bereich der Gemeinschaftsrechtskonformität zu erörtern. *Dänzer-Vanotti* hat insofern ausgeführt, dass die systematische Rechtsanwendung dazu diene, die als Einheit verstandene Rechtsordnung in den Rechtserkenntnisprozess einzustellen[19]. Vor diesem Hintergrund fährt er fort, dass es „außer Zweifel stehe", „daß jedenfalls der Zusammenhang zwischen gemeinschaftsrechtlicher Richtlinie und staatlicher Ausführungsnorm eng genug ist für die Annahme, daß ein systematischer Zusammenhang besteht." Die nach der hier vertretenen Auffassung insoweit erforderlichen „Verbindungsstücke" in Form eines Gesetzestitels, der sich auf das betreffende Gemeinschaftsrecht bezieht, beziehungsweise einer entsprechenden amtlichen Anmerkung hält *Dänzer-Vanotti* für entbehrlich. Dazu lässt sich aus rechtsvergleichender Sicht Folgendes feststellen:
Der *EuGH* hat bereits in frühen Urteilen betont, dass ungeachtet der unmittelbaren Wirkung von Gemeinschaftsrechtsnormen das gesamte EG-Recht eine eigenständige Rechtsordnung darstellt, die von denen der Mitgliedsstaaten zu unterscheiden ist[20]. Vor diesem Hintergrund ist es zu erklären, dass eine systematische Einbeziehung von EG-Rechtsnormen in die Anwendung nationalen Rechts im Vereinigten Königreich nicht einmal diskutiert wird. Wie der Vergleich zur herkömmlichen nationalen Methodik beider Länder zeigt, liegt dies hingegen nicht daran, dass ein der systematischen Methode entsprechender Rechtserkenntnisvorgang im britischen Recht gänzlich unbekannt ist. Erinnert sei insofern vor allem an die systematische Berücksichtigung so genannter *statutes in pari materia*[21]. Zur Wahrung der Integrität der innerstaatlichen Rechtsordnung geht man vielmehr im Vereinigten Königreich ebenso wie die überwiegende Auffassung in der Bundesrepublik Deutschland[22] davon aus, dass entsprechend der Rechtsprechung des *EuGH* die jeweils nationale Rechtsordnung gerade nicht mit der des EG-Rechts als Einheit zu verstehen ist. Aus diesem Grund muss es grundsätzlich auch an einem systematischen Zusammenhang zwischen einerseits nationalen und andererseits gemeinschaftlichen Rechtsnormen fehlen. Mithin lässt sich gegen die undifferenzierte

---

[18] Vgl. dazu oben 2. Kapitel, C.II.2.b., Fußnote 246.
[19] *Dänzer-Vanotti*, StjV 1991, 6 f.
[20] EuGH, Urt. v. 5.2.1963, Slg. 1963, 1, 25 - Rs. 26/62, *van Gend & Loos ./. Niederländische Finanzverwaltung*; EuGH, Urt. v. 15.7.1964, Slg. 1964, 1259, 1269 - Rs. 6/64, *Costa ./. E.N.E.L.*.
[21] Vgl. dazu oben 3. Kapitel, A.II.3., 4. Kapitel, A.III. sowie C.I.1.
[22] Vgl. dazu oben 2. Kapitel, C.II.2.b., Fußnote 245.

Auffassung von *Dänzer-Vanotti* auch die Rechtslage im Vereinigten Königreich anführen.

Ein solcher Widerspruch zur britischen Rechtslage besteht indes nicht, soweit die hier dargelegte Ansicht vom überwiegend vertretenen Standpunkt abweicht und eine systematische Einbeziehung des Gemeinschaftsrechts zumindest in solchen Fällen für möglich hält, in denen der innerdeutsche Gesetzestitel beziehungsweise eine amtliche Anmerkung auf dieses Bezug nimmt. Zwar hat man bislang auch im Vereinigten Königreich einen systematischen Zusammenhang zwischen nationalem Recht und EG-Recht noch nicht angenommen und entspricht damit im Ergebnis der überwiegenden deutschen Auffassung. Dies lässt sich aber zunächst damit begründen, dass zum einen die britischen Gesetzestitel in aller Regel keinen Bezug auf das Gemeinschaftsrecht erkennen lassen. Zum anderen zeigt sich eine Parallele zu den amtlichen Anmerkungen deutscher Gesetze im Vereinigten Königreich allein in Form so genannter *explanatory notes*, die den von der Exekutive erlassenen *regulations* hinzugefügt werden. Für diese ist aber ausdrücklich festgeschrieben, dass sie - im Gegensatz zur amtlichen Anmerkung - nicht Teil der jeweiligen Gesetzgebung sind[23]. Insoweit ist daher festzustellen, dass der Vergleich mit der Rechtslage im Vereinigten Königreich gegen einen grundsätzlichen systematischen Zusammenhang zwischen nationalem Recht und EG-Recht spricht, im Übrigen aber keinen Aufschluss gibt über die Möglichkeiten einer systematischen Rechtsanwendung aufgrund von konkreten Bezugnahmen des innerstaatlichen Rechts auf die jeweilige EG-rechtliche Vorgabe.

Darüber hinaus ist allerdings zu ergänzen, dass immerhin die vorgenannten *regulations* zuweilen einen Titel aufweisen, der eine Verbindung zum EG-Recht herzustellen vermag[24]. Zudem enthalten die *statutes* des Vereinigten Königreichs - anders als deutsche Gesetze - in den allermeisten Fällen eine Präambel (*preamble*), auf die als Rechtserkenntnisquelle zurückgegriffen werden kann[25]. Soweit vereinzelt auch in diesen auf das EG-Recht als Ursprung einer innerstaatlichen Gesetzgebung Bezug genommen wird[26], rückt damit das Gemeinschaftsrecht in den systematischen Zusammenhang der nationalen Rechtsvorschrift und folglich auch in den Kreis tauglicher Rechtserkenntnisquellen. Mithin zeigt hier auch das Recht im Vereinigten Königreich eine Offenheit für die systematische Berücksichtigung von EG-rechtlichen Vorgaben. Zuzugeben ist insofern jedoch, dass weder Rechtsprechung noch

---

[23] Siehe etwa The Investment Services Regulations 1995, Statutory Instruments 1995 No. 3275, die zur Umsetzung der Wertpapierdienstleistungs-Richtlinie ergangen sind. Dort heißt es am Ende: „Explanatory Note (This note is not part of the Regulations)".

[24] Siehe etwa die Commercial Agents (Council Directive) Regulations 1993, Statutory Instruments 1993 No. 3053.

[25] Vgl. dazu oben 3. Kapitel, A.II.2., Fußnote 44.

[26] Siehe etwa den Trade Marks Act 1994 oder den Pollution Prevention and Control Act 1999.

Rechtswissenschaft bislang eine Gelegenheit beziehungsweise Notwendigkeit gesehen haben, konkret zur Einbeziehung des EG-Rechts aufgrund eines entsprechenden „Verbindungsstücks“ Stellung zu beziehen. Der Grund hierfür dürfte allerdings darin zu erblicken sein, dass - ähnlich wie in Deutschland - die Bejahung eines systematischen Zusammenhangs stets einherginge mit der eines EG-rechtskonformen gesetzgeberischen Willens. Die hiermit verbundenen Feststellungen hinsichtlich der *Parliamentary intention* stehen im Vereinigten Königreich aber derart im Zentrum der Rechtsanwendung, dass weitere systematische Erwägungen sowieso nur noch in Zweifelsfällen herangezogen werden. Ein entsprechendes Bild bietet insofern auch die deutsche Diskussion, in der es neben den Pflichten zur EG-rechtskonformen Rechtsanwendung in aller erster Linie um die historische und teleologische Einbeziehung des Gemeinschaftsrechts geht[27]. Aus dem bisherigen Schweigen sollten daher keine Einwände gegen die auch im Vereinigten Königreich mögliche systematische Einbeziehung des EG-Rechts in die Anwendung nationalen Rechts erhoben werden.

2. *Gesetzeshistorie*

Die Einbeziehung des EG-Rechts in die Anwendung bundesdeutschen Rechts schon aufgrund der herkömmlichen Rechtsanwendungsmethoden erfolgt vor allem anhand der Gesetzeshistorie, also der historischen Rechtsanwendungsmethode. Entscheidend hierfür ist der Wille des historischen Gesetzgebers. War dieser auf die innerstaatliche Umsetzung einer EG-rechtlichen Vorgabe gerichtet, so ist über das Kriterium der Gesetzeshistorie das jeweils zugrunde liegende Gemeinschaftsrecht als Rechtserkenntnisquelle in den Rechtsfindungsprozess mit einzubeziehen. Anerkannt wurde diese methodologische „Brücke“ nicht erst im EG-rechtlichen Kontext. Vielmehr handelt es sich um ein allgemeines Mittel zur völkerrechtskonformen Anwendung deutschen Rechts[28], das aber angesichts des besonderen Charakters der Europäischen Gemeinschaft für den Bereich der EG-rechtskonformen Rechtsanwendung erst recht gelten muss. Zu Recht hat sich insofern in Übereinstimmung mit der Rechtsprechung des *EuGH* in der Rechtssache *Wagner Miret ./. Fondo de garantía salarial*[29] auch in der Bundesrepublik Deutschland die Auffassung durchgesetzt, dass für innerstaatliches Recht, das in seiner Entstehung einer einschlägigen Regelung

---

[27] Tendenziell in diese Richtung sogar *Dänzer-Vanotti*, StVj 1991, 1, 7.

[28] Vgl. *Herber*, in: Knobbe-Keuk (Hrsg.), FS Döllerer (1988), S. 225, 227; *Kropholler*, Internationales Einheitsrecht (1975), S. 274 ff.

[29] EuGH, Urt. v. 16.12.1993, Slg. 1993, I-6911, 6932 - Rs. C-334/92, *Wagner Miret ./. Fondo de garantía salarial*. Vgl. dazu oben 1. Kapitel, B.

des EG-Rechts zeitlich nachfolgt, schon eine Vermutung für einen EG-rechtskonformen Willen des Gesetzgebers spricht[30].
Das so beschriebene Verständnis von der bundesdeutschen Rechtslage wird bestätigt durch den Vergleich mit der Rechtslage im Vereinigten Königreich. Maßgeblich ist insofern die Leitentscheidung des *House of Lords* in der Sache *Garland v. British Rail Engineering Ltd.*. Hier formulierte *Lord Diplock* das so genannte *Garland-principle*, wonach

> „it is a principle of construction of United Kingdom statutes, now too well established to call for citation of authority, that the words of a statute passed after the treaty has been signed and dealing with the subject matter of the international obligation of the United Kingdom, are to be construed, [...], as intended to carry out the obligation and not to be inconsistent with it. A fortiori is this the case where the treaty obligation arises under one of the Community treaties to which s 2 of the European Communities Act 1972 applies."[31]

Damit weist das britische Recht nicht nur die gleiche Ausgangslage wie das deutsche Recht auf, nämlich eine anerkannte Methode zur völkerrechtskonformen Rechtsanwendung, darüber hinaus existiert auch die Vermutung einer entsprechenden Willensrichtung des Gesetzgebers („as intended"). Soweit *Lord Diplock* zudem davon ausgeht, dass dieses *Garland-principle* erst recht („a fortiori") gilt, wenn es sich um EG-Recht im Sinne von s. 2 des ECA 1972 handelt, ist auch diesbezüglich eine rechtsvergleichende Bestätigung der deutschen Rechtslage gegeben. Zu bedenken ist nämlich, dass die Beschränkung auf s. 2 des ECA 1972 und damit - aus der Perspektive des späteren Urteils *Duke v. G.E.C. Reliance Ltd.*[32] - scheinbar auch auf den Bereich der Gemeinschaftsrechtskonformität zu einem Zeitpunkt erfolgte, zu dem weder der Anwendungsbereich von s. 2 des ECA 1972 geklärt noch die Pflicht zur richtlinienkonformen Rechtsanwendung vom *EuGH* festgestellt war. Ersteres geschah fast sechs Jahre danach[33], Letzteres immerhin erst zwei Jahre später[34].
Ungeachtet der Kürze, in der *Lord Diplock* den Komplex einer EG-rechtskonformen Gesetzeshistorie abhandelt, leitete er mit seiner Rede dennoch eine Ablehnung der gegen die deutsche Rechtslage erhobenen Einwände ein: Soweit vor allem *Nettesheim* gegen die beschriebene deutsche Rechtslage

---

[30] Vgl. oben 2. Kapitel, B.II.2.b. sowie C.II.2.c.
[31] House of Lords, Urt. v. 22.4.1982, [1982] 2 All ER 402, 415 per Lord Diplock - *Garland v. British Rail Engineering Ltd.*. Die Auslassung („if they are reasonably capable of bearing such a meaning") betrifft die Grenzen des *Garland-principle* und ist dort von großer Relevanz. Vgl. zum Ganzen oben 3. Kapitel, B.I.2.
[32] House of Lords, Urt. v. 11.2.1988, [1988] 1 A.C. 618, 639 f. per Lord Templeman - *Duke v. G.E.C. Reliance Ltd.*. Vgl. dazu oben 3. Kapitel, C.I.2.a.bb.
[33] ibid.
[34] EuGH, Urt. v. 10.4.1984, Slg. 1984, 1891, 1909 - Rs. 14/83, *von Colson und Kamann ./. Land Nordrhein-Westfalen*. Vgl. dazu oben 1. Kapitel, B.

vorträgt, dass sich die Vermutung eines EG-rechtskonformen gesetzgeberischen Willens weder empirisch noch normativ begründen lasse und infolgedessen von vornherein abzulehnen sei[35], widerspricht dem schon die bloße Existenz einer solchen Vermutung auch im Recht des Vereinigten Königreichs. Im Übrigen rechtfertigen die späteren Urteile *Pickstone v. Freemans plc.*[36] und *Litster v. Forth Dry Dock and Engineering Co. Ltd.*[37] eine solche Vermutung, da nach diesen ein EG-rechtskonformer Wille des Gesetzgebers auch dann vorliegen kann, wenn dessen Ausdruck im Gesetz den Schluss auf eine EG-rechtswidrige *Parliamentary intention* nahe legt.

Ebenso wenig ist der Rechtsvergleich mit dem Vortrag von *Franzen* in Einklang zu bringen, wonach die Vermutung eines richtlinienkonformen Willens zur Fiktion verkomme, sofern sich der nationale Gesetzgeber der Bedeutung einer Rechtsnorm bewusst ist, lediglich über dessen Kompatibilität mit dem EG-Recht irrt[38]. Insofern ist klarzustellen, dass ein anderslautender Vortrag mit Hinweis auf das Urteil *Finnegan v. Clowney Training Programme Ltd.* nicht in Betracht kommt, obwohl das *House of Lords* in diesem einen richtlinienkonformen Willen des Normgebers auch für einen solchen Rechtsakt abgelehnt hat, der erst nach Erlass der einschlägigen Gleichbehandlungs-Richtlinie ergangen ist[39]. Der Grund hierfür lag nämlich keineswegs in einer dem Gesetzeswortlaut identischen *intention*, die eine prinzipielle Abkehr von der im Urteil *Garland* aufgestellten Vermutung nach sich ziehen sollte. Vielmehr konstatierte das *House of Lords* aufgrund des besonderen Normgebungsprozesses in Nordirland, der sich seit 1974 darauf beschränkt, die britische Gesetzgebung wortgetreu zu übernehmen, dass im Zuge des Erlasses der Sex Discrimination (Northern Ireland) Order 1976 ein EG-rechtsrelevanter Wille überhaupt nicht gebildet wurde. Die *intention* des Normgebers beschränkte sich ausschließlich auf die Übernahme der britischen Gesetzgebung, für die aber bereits im Urteil *Duke v. G.E.C. Reliance Ltd.* mangels richtlinienbezogener *Parliamentary intention* eine

---

[35] *Nettesheim*, AöR 1994, 261, 267. Vgl. ausführlich dazu oben 2. Kapitel, C.II.2.c.

[36] House of Lords, Urt. v. 30.6.1988, [1989] 1 A.C. 66, 112 per Lord Keith of Kinkel, 125 per Lord Oliver of Aylmerton - *Pickstone v. Freemans plc.*. Vgl. dazu oben 3. Kapitel, B.II.2.

[37] House of Lords, Urt. v. 16.3.1989, [1989] 1 All ER 1134, 1136 per Lord Keith of Kinkel, 1139 per Lord Templeman, 1153 per Lord Oliver of Aylmerton - *Litster v. Forth Dry Dock and Engineering Co. Ltd.*. Vgl. dazu oben 3. Kapitel, C.II.2.

[38] *Franzen*, Privatrechtsangleichung durch die Europäische Gemeinschaft (1999), S. 311 ff. Vgl. ausführlich dazu oben 2. Kapitel, C.II.2.c. Die hiermit angesprochene Fragestellung erlangt ihre Relevanz etwa im Fall des § 611 a Abs. 2 BGB a.F., für den der Gesetzgeber einerseits bewusst eine Haftungsbeschränkung auf das negative Interesse verfolgte, gleichzeitig aber auch den Vorgaben der Gleichbehandlungs-Richtlinie nachkommen wollte.

[39] House of Lords, Urt. v. 17.5.1990, [1990] 2 All ER 546, 550 f. per Lord Bridge of Harwich - *Finnegan v. Clowney Youth Training Programme Ltd.*. Vgl. dazu oben 3. Kapitel, C.III.2.

endgültige Richtlinienwidrigkeit festgestellt worden war[40]. Vor diesem Hintergrund wäre es überzogen, eine prinzipielle Abkehr vom *Garland-principle* für den Fall zu erblicken, dass der Gesetzgeber die Bedeutung einer innerstaatlichen Rechtsnorm erkannt hat, nicht jedoch deren Unvereinbarkeit mit EG-Recht. Richtig ist es demgegenüber von einer einzelfallbedingten Widerlegung der grundsätzlichen Vermutung eines EG-rechtskonformen Willens zu sprechen. Die - zumindest rechtstheoretische - Möglichkeit einer solchen Feststellung wird aber auch für die deutsche Rechtslage nicht bestritten. Mithin ist nicht einzusehen, weshalb die *ratio decidendi* des Urteils *Garland* nicht auch dann durchgreifen sollte, wenn der nationale Gesetzgeber eine von ihm inhaltlich vollständig erfasste Rechtsvorschrift verabschiedete und dabei irrigerweise von deren EG-Rechtskonformität ausging.
Schließlich unterstützt die Rechtslage des Vereinigten Königreichs auch die Beschränkung der Vermutung einer EG-rechtskonformen Willensrichtung des Gesetzgebers auf solche Rechtsakte, die erst nach einer einschlägigen Regelung des Gemeinschaftsrechts erlassen worden sind[41]. Infolgedessen lässt sich der weitergehenden Auffassung von *Grundmann*[42] auch ein rechtsvergleichendes Argument entgegenhalten. Maßgeblich hierfür ist die Überlegung, dass sowohl in der Bundesrepublik Deutschland als auch im Vereinigten Königreich der Gesetzestext den Anknüpfungspunkt einer jeden Rechtsanwendung bildet und aus diesem Grund der gesetzgeberische Wille beziehungsweise die *Parliamentary intention* nur insofern eine Rolle spielen, wie ein derart subjektives Element gerade zum Zeitpunkt des Normerlasses bestanden hat[43]. Grundgedanke der historischen Rechtsanwendung ist nämlich allein die direkte Berufung auf die gesetzgeberische Autorität unter - bedingter - Ausklammerung des Gesetzestextes als gesetzgeberisches Sprachmittel. Geäußert hat sich diese Autorität aber allein zum besagten Zeitpunkt des Normerlasses. Erkennt man vor diesem Hintergrund die zeitliche Fixierung des gesetzgeberischen Willens an, so lässt sich in Deutschland eine weitergehende Rechtsanwendung unter Berücksichtigung der *ratio legis* nur noch auf objektiver Ebene anhand des Kriteriums der Gesetzesteleologie fortführen, vorausgesetzt, dass das positive Recht entsprechend verallgemeinerungsfähige Rechtssätze bereithält. Demgegenüber kommt im Vereinigten Königreich nach herkömmlicher Methodik eine objektiv-teleologisch ausgerichtete Rechtsanwendung von

---

[40] House of Lords, Urt. v. 11.2.1988, [1988] 1 A.C. 618, 639 ff. per Lord Templeman - *Duke v. G.E.C. Reliance Ltd.*. Vgl. dazu oben 3. Kapitel, C.I.2.
[41] Vgl. dazu oben 2. Kapitel, C.II.2.c.
[42] Siehe zuletzt *Grundmann*, Europäisches Schuldvertragsrecht (1999), S. 117 f.; *ders.*, in: Schulze (Hrsg.), Auslegung europäischen Privatrechts und angeglichenen Rechts (1999), S. 63, 72 f. Vgl. dazu oben 2. Kapitel, C.II.2.c.
[43] Vgl. dazu oben 4. Kapitel, A.I.

vornherein nicht in Betracht[44]. Hier würde der von *Grundmann* vorgeschlagene extensive Umgang mit dem Kriterium des gesetzgeberischen Willens vielmehr in jedem Fall zu einer unzulässigen Missachtung der *Parliamentary sovereignty* führen. Insofern ist daher interessant, dass gerade *Grundmann* selbst im Kontext der richtlinienkonformen Rechtsanwendung ausführlich auf die notwendige Wahrung der „Souveränität des nationalen Gesetzgebers" hingewiesen hat[45]. Aufgrund der im wesentlichen übereinstimmenden Methoden der historischen Rechtsanwendung in Deutschland und im Vereinigten Königreich lässt sich daher auch rechtsvergleichend folgern, dass die von *Grundmann* vorgeschlagene weite Einbeziehung des EG-Rechts in die herkömmlichen Rechtsanwendungsmethoden allein nach der deutschen Methode der teleologischen Rechtsanwendung erfolgen kann[46]. In Anbetracht der EG-rechtskonformen Rechtsanwendung schon aufgrund einer entsprechenden Gesetzeshistorie bestätigt die britische Rechtslage demzufolge, dass diese auf Rechtsnormen beschränkt bleiben muss, die dem maßgeblichen Gemeinschaftsrecht in ihrer Entstehung zeitlich nachfolgen.

3. Gesetzesteleologie

Soweit nach bundesdeutschem Recht die Möglichkeit besteht, die Anwendung innerstaatlichen Rechts an einem objektiv hervortretenden Gesetzeszweck auszurichten, lässt sich diese Methode zu Gunsten einer gemeinschaftsrechtskonformen Rechtsfindung fruchtbar machen. Der Grund hierfür ist, dass dem unmittelbar wirkenden Gemeinschaftsrecht innerstaatlich eine solche Rolle zuerkannt wird, die eine Einflussnahme auf die Zweckrichtung nationaler Gesetze ermöglicht[47]. Demgegenüber kommt eine objektiv-teleologische Einbeziehung des nur mittelbar wirkenden Gemeinschaftsrechts in die Anwendung bundesdeutschen Rechts nicht in Betracht. Der insofern maßgebliche Unterschied zum Bereich der Gemeinschaftsrechtskonformität ist darin zu sehen, dass anders als bei der Durchsetzung des unmittelbar wirkenden

---

[44] Vgl. dazu oben 4. Kapitel, A.III.

[45] *Grundmann*, Europäisches Schuldvertragsrecht (1999), S. 117 f.; *ders.*, in: Schulze (Hrsg.), Auslegung europäischen Privatrechts und angeglichenen Rechts (1999), S. 63, 72 f.; *ders.*, JZ 1996, 274, 282; zustimmend *Möllers*, Die Rolle des Rechts im Rahmen der europäischen Integration (1999), S. 72. Soweit man seine Begutachtung auf die positive Anwendung innerstaatlichen Rechts beschränkt, muss dies auch für den Bereich der Gemeinschaftsrechtskonformität gelten. Schließlich handelt es sich auch insoweit allein um die Anwendung nationalen Rechts, mit anderen Worten also um die Berufung auf die Autorität des souveränen nationalen Gesetzgebers.

[46] Dazu sogleich.

[47] Vgl. dazu oben 2. Kapitel, B.II.2.b.

Gemeinschaftsrechts hier ein Souveränitätsvorbehalt zu Gunsten des nationalen Gesetzgebers zu beachten ist. Dieser Vorbehalt verbietet es, der deutschen Rechtsordnung einen Rechtssatz zu unterstellen, nach dem das innerstaatliche Recht generell richtlinienkonforme Zwecke erfüllt. Ebenso wenig kann vor diesem Hintergrund der jeweilige „Gesetzgebungsauftrag aus der Richtlinie" eine richtlinienkonforme Teleologie innerstaatlicher Rechtsvorschriften begründen[48].

Obwohl das Recht des Vereinigten Königreichs grundsätzlich keine Entsprechung zur teleologischen Rechtsanwendungsmethode des deutschen Rechts kennt, so wird dennoch die vorstehend wiedergegebene Auffassung - zumindest in ihrem Begründungsansatz - durch die britische Rechtslage bestätigt. Von Bedeutung ist insofern zunächst das Urteil *Pickstone v. Freemans plc.*, nach dem gemäß s. 2(4) des ECA 1972 die innerstaatliche Rechtsanwendung vollumfänglich gemeinschaftsrechtskonform zu erfolgen hat[49]. Zwar konnte sich insofern das *House of Lords* für seine Rechtsfindung zusätzlich auf eine gemeinschaftsrechtskonforme *Parliamentary intention* berufen, aufgrund des umfassenden Anwendungsbereichs von s. 2(4) des ECA 1972 hätte Gleiches aber auch in Anbetracht von gemeinschaftsrechtlichen Vorgaben gelten müssen, die wegen ihres späteren Erlasses dem nationalen Gesetzgeber noch unbekannt waren[50]. Für die Rechtslage des Vereinigten Königreichs bedeutet dies, dass sich der britische Gesetzgeber dazu veranlasst sah, mit der Vorschrift von s. 2(4) des ECA 1972 eine umfassende innerstaatliche Grundlage der gemeinschaftsrechtskonformen Rechtsanwendung zu schaffen, um auf diese Weise der durch s. 2(1) des ECA 1972 anerkannten innerstaatlichen Durchsetzbarkeit des unmittelbar wirkenden Gemeinschaftsrechts umfassend Rechnung zu tragen. Im Ergebnis entspricht die Vorschrift von s. 2(4) des ECA 1972 damit der objektiv-teleologischen Einbeziehung des EG-Rechts in die Anwendung bundesdeutschen Rechts. Der erhebliche Unterschied zwischen beiden Rechtslagen besteht indes darin, dass in Deutschland der so begründete Einfluss des Gemeinschaftsrechts der herkömmlichen Rechtsanwendungsmethodik entspricht, wohingegen im Vereinigten Königreich die Interpretationsregel von s. 2(4) des ECA 1972 erst geschaffen werden musste. Letzteres ist umso bemerkenswerter, wenn man bedenkt, dass dieser gesetzgeberische Schritt von EG-rechtlicher Warte nicht gefordert war. Insofern reicht bereits die innerstaatliche Anerkennung der Pflicht zur gemeinschaftsrechtskonformen Rechtsanwendung aus, wie es durch ss. 2(1) und 3 des ECA

---

[48] So aber *Franzen*, Privatrechtsangleichung durch die Europäische Gemeinschaft (1999), S. 424. Vgl. zum Ganzen oben 2. Kapitel, C.II.2.d.

[49] House of Lords, Urt. v. 30.6.1988, [1989] 1 A.C. 66, 112 per Lord Keith of Kinkel, 124 f. per Lord Oliver of Aylmerton - *Pickstone v. Freemans plc.*. Vgl. dazu oben 3. Kapitel, B.II.2.a.

[50] Vgl. dazu oben 3. Kapitel, B.IV.

1972 geschehen ist. Für die deutsche Rechtslage lässt sich demnach aus rechtsvergleichender Perspektive anführen, dass die volle Ausschöpfung der teleologischen Rechtsanwendungsmethode erst recht vor dem Hintergrund zu gelten hat, dass die entsprechende Rechtslage im Vereinigten Königreich nur im Wege einer positivrechtlichen Ergänzung der herkömmlichen Rechtsanwendungsmittel erreicht werden konnte.

Mindestens ebenso bedeutsam wie die vorstehende Erkenntnis zur Ausrichtung der Gesetzesteleologie am unmittelbar wirkenden Gemeinschaftsrechts ist die im britischen Recht angelegte Differenzierung bei der methodologischen Einbeziehung von einerseits unmittelbar und andererseits nur mittelbar wirkendem Gemeinschaftsrecht. Im Gegensatz zum soeben aufgegriffenen *Pickstone*-Urteil hat das *House of Lords* im Urteil *Duke v. G.E.C. Reliance Ltd.* die Anwendung von s. 2(4) des ECA 1972 für den Bereich der richtlinienkonformen Rechtsanwendung verneint[51]. Die Folge dieser Rechtsprechung ist, dass nach innerstaatlichem Recht ein Einfluss von Richtlinienbestimmungen auf die Rechtsanwendung von einem systematischen Zusammenhang zwischen Richtlinie und nationalem Recht beziehungsweise von einer entsprechenden *Parliamentary intention* abhängt. Darüber hinaus kommt eine umfassende Berücksichtigung des Richtlinieninhalts nur noch aufgrund der vom *EuGH* aufgestellten und innerstaatlich gemäß s. 3 des ECA 1972 anerkannten gemeinschaftsrechtlichen Pflicht zur richtlinienkonformen Rechtsanwendung in Betracht[52]. Diese Feststellung ist rechtsvergleichend in mehrfacher Hinsicht von Interesse: Zunächst findet die deutsche Rechtslage Bestätigung in dem Umstand, dass es auch im Vereinigten Königreich an einem nationalen Einfallstor fehlt, durch das die Richtlinienvorgaben einen umfassenden Einfluss auf die Anwendung innerstaatlichen Rechts nehmen können. Allerdings ist diese Parallele von nur eingeschränkter Bedeutung, wenn man in Rechnung stellt, dass die herkömmliche Methodik im Vereinigten Königreich ein der deutschen Methode der teleologischen Rechtsanwendung vergleichbares Rechtsanwendungsmittel nicht kennt. Hervorzuheben ist daher ebenso, dass sich die in Deutschland im Rahmen der herkömmlichen Rechtsanwendungsmethoden vollzogene Differenzierung zwischen unmittelbar und mittelbar wirkendem Gemeinschaftsrecht im Recht des Vereinigten Königreichs widerspiegelt. Während dem unmittelbar wirkenden Gemeinschaftsrecht aufgrund seiner innerstaatlichen Durchsetzbarkeit durch die Vorschrift von s. 2(4) des ECA 1972 eine objektive Bedeutung für die Anwendung nationalen Rechts beigemessen wird, fehlt es im Bereich der

---

[51] House of Lords, Urt. v. 11.2.1988, [1988] 1 A.C. 618, 639 f. per Lord Templeman - *Duke v. G.E.C. Reliance Ltd.*. Vgl. dazu oben 3. Kapitel, C.I.2.a.bb. sowie zur Gegenauffassung Fußnote 169.

[52] House of Lords, Urt. v. 26.11.1992, [1993] 1 W.L.R. 49, 59 per Lord Keith of Kinkel - *Webb v. EMO Air Cargo (U.K.) Ltd. (No. 1)*. Vgl. dazu oben 3. Kapitel, C.IV.2.a.

Richtlinienkonformität an einer vergleichbaren Regelung. Diese Abstufung entspricht der hier vertretenen Auffassung zur teleologischen Einbeziehung des EG-Rechts in die Anwendung bundesdeutschen Rechts.
Im Übrigen belegt die Nichtanwendung von s. 2(4) des ECA 1972 im Bereich der Richtlinienkonformität, dass ein Bedürfnis nach einer umfassenden und verbindlichen innerstaatlichen Pflicht zur richtlinienkonformen Rechtsanwendung nicht besteht. Infolgedessen legt auch der Rechtsvergleich den Schluss nahe, dass für die von *Franzen*[53] vorgeschlagene analoge Anwendung von Art. 36 EGBGB zur Begründung einer solchen Pflicht kein Anlass besteht. Der deutsche Gesetzgeber hat auch bei der Ratifikation des EG-Vertrags nicht den Willen geäußert, im nationalen Recht eine entsprechende Pflicht festzuschreiben, weshalb es schon an der für eine Analogie erforderlichen Voraussetzung einer Lücke fehlt. Wäre das Gegenteil der Fall und bestünde demnach Anlass für die von *Franzen* postulierte gemeinschaftsrechtskonforme Fortbildung von Art. 36 EGBGB, so müsste auch im Vereinigten Königreich eine entsprechende Vorgabe existieren. Die Folge wäre, dass man auf eine Anwendung von s. 2(4) des ECA 1972 im Bereich der Richtlinienkonformität nicht verzichten könnte. Die tatsächliche Rechtslage im Vereinigten Königreich impliziert daher die hier vertretene Ablehnung der Auffassung von *Franzen*.

B. Grenzen der EG-rechtskonformen Rechtsanwendung

Nach der Rechtsprechung des *EuGH* werden die Grenzen der jeweiligen Pflicht zur EG-rechtskonformen Rechtsanwendung vom nationalen Recht selbst bestimmt[54]. Entscheidend sind demnach die nationalen Rechtsanwendungsmethoden. Hierdurch wird gewährleistet, dass es sich auch bei einer EG-rechtskonformen Anwendung innerstaatlichen Rechts ausschließlich um die Anwendung nationalen Rechts handelt, mithin allein eine Berufung auf die Autorität des mitgliedstaatlichen Gesetzgebers stattfindet. Der Rechtsvergleich zwischen der Bundesrepublik Deutschland und dem Vereinigten Königreich hat insofern gezeigt, dass die herkömmlichen Methodiken beider Länder sich vor allem dadurch unterscheiden, dass im Vereinigten Königreich eine der deutschen Rechtsfortbildung vergleichbare Methode fehlt. Nichtsdestoweniger hält sich das *House of Lords* im Bereich des EG-Rechts aber für befugt, das

---

[53] *Franzen*, Privatrechtsangleichung durch die Europäische Gemeinschaft (1999), S. 314 ff. Vgl. ausführlich dazu oben 2. Kapitel, C.II.2.e.

[54] Siehe vor allem EuGH, Urt. v. 4.2.1988, Slg. 1988, 673, 690 - Rs. 157/86, *Murphy ./. An Bord Telecom Eireann*; EuGH, Urt. v. 10.4.1984, Slg. 1984, 1891, 1909 - Rs. 14/83, *von Colson und Kamann ./. Land Nordrhein-Westfalen*; EuGH, Urt. v. 13.11.1990, Slg. 1990, I-4135, 4159 - Rs. C-106/89, *Marleasing SA ./. La Comercial Internacional de Alimentacion SA*. Vgl. dazu oben 1. Kapitel.

nationale Recht in einer Weise zur Anwendung zu bringen, wie es in Deutschland allein die Methode der Rechtsfortbildung erlaubt. In Anbetracht der damit vollzogenen methodologischen Neuschöpfung erscheint es angebracht, die Bedeutung der Verfassungsgründsätze, an denen das *House of Lords* seine Rechtsprechung ausgerichtet hat, für das deutsche Recht herauszustellen. Im Zentrum der Begutachtung stehen damit die Grundsätze der Gewaltenteilung und der Rechtssicherheit.

I. Grundsatz der Gewaltenteilung

Das britische Verfassungsprinzip der *Parliamentary sovereignty* besagt, dass das *Parliament* grundsätzlich ohne inhaltliche Begrenzung gesetzgeberisch tätig werden kann[55]. Die aufgrund dieser *sovereignty* ergangenen Legislativakte sind gemäß dem Grundsatz der Gewaltenteilung (*separation of powers*) von den Gerichten zur Anwendung zu bringen[56]. Werden hierbei die der Judikative eingeräumten Interpretationsspielräume überschritten, so steht infolgedessen nicht nur das Verfassungsprinzip der Gewaltenteilung in Frage, gleichzeitig droht auch eine Missachtung der zugrunde liegenden *sovereignty of Parliament*. Zur Anwendung von s. 2 des ECA 1972 durch das *House of Lords* im Bereich der Gemeinschaftsrechtskonformität wurde ausgeführt, dass diese Vorschrift die *sovereignty* nachfolgender Gesetzgebungsorgane um die Möglichkeit des wirksamen Erlasses gemeinschaftsrechtswidriger Rechtsnormen eingeschränkt hat[57]. Seither sind die nationalen Gerichte befugt, derartige Gesetzgebungsakte unangewandt zu lassen beziehungsweise bis an die Grenze ihrer „essential nature" gemeinschaftsrechtskonform zu interpretieren. Aus deutscher Sicht vermag die damit einhergehende richterliche Verwerfungskompetenz nicht zu überraschen, da man - anders als im Vereinigten Königreich - entsprechende Judikate aus dem Bereich des nationalen Verfassungsrechts kennt. Eine Beschränkung des - der britischen *Parliamentary sovereignty* vergleichbaren - bundesdeutschen Rechtssetzungsprimats des Gesetzgebers ist folglich seit jeher gegeben. Dementsprechend bereitete auch die Anerkennung einer gemeinschaftsrechtlichen Nichtanwendungspflicht hinsichtlich bundesdeutschen Rechts und die damit einhergehende Ablehnung einer gesetzgeberischen Souveränität abgesehen vom Bereich des Art. 23 Abs. 1 GG keine vergleichbaren Schwierigkeiten.

---

[55] Vgl. hierzu vor allem *Dicey*, Introduction to the Study of the Law of the Constitution (1948), p. 39 ff. Vgl. außerdem oben 3. Kapitel, B.III.2.b., Fußnote 124.
[56] Vgl. etwa *Bankowski/MacCormick*, in: MacCormick/Summers (eds.), Interpreting Statutes (1991), p. 359, 387.
[57] Vgl. dazu oben 3. Kapitel, B.III.2.b. sowie IV.

Aus deutscher Sicht außerordentlich interessant ist demgegenüber die durch s. 2 des ECA 1972 geschaffene Rechtslage, soweit es um die gemeinschaftsrechtskonforme Rechtsanwendung im positiven Sinne geht. Indem das *House of Lords* im Urteil *Pickstone v. Freemans plc.* das innerstaatliche Recht auf der Grundlage von s. 2 des ECA 1972 über die Grenze des noch möglichen Wortsinns hinaus anwandte, leugnete es zwar zu einem gewissen Umfang die Souveränität des nationalen Gesetzgebers der anzuwendenden nationalen Rechtsvorschrift, berief sich aber gleichzeitig auf die *sovereignty* eines früheren *Parliament*, nämlich das des ECA 1972[58]. Legt man insofern die Rede von *Lord Bridge of Harwich* aus dem Urteil *Regina v. Secretary of State for Transport, ex parte Factortame Ltd. (No. 1)* zur Wirkung von s. 2(4) des ECA 1972 zugrunde[59], so kommt der Überlegung, dass jeder nationale Gesetzgebungsakt eine fiktive Vorschrift enthält („[...] as if a section were incorporated [...]"), die dessen Gemeinschaftsrechtskonformität vorsieht, entscheidende Bedeutung zu. Hierdurch wird gewährleistet, dass sich die Judikative auf ihre Rolle als Gesetzesinterpret beschränkt und nicht im Widerspruch zum Prinzip der *separation of powers* rechtssetzend tätig wird. Eine solche Beschränkung liegt freilich erst recht vor, wenn - wie in der *Pickstone*-Entscheidung - zum legislativen Bezugspunkt von s. 2(4) des ECA 1972 ein EG-rechtskonformer Wille des späteren Gesetzgebers hinzutritt.

Im Gegensatz zum Bereich der Gemeinschaftsrechtskonformität fehlt es angesichts der *ratio decidendi* des Urteils *Duke v. G.E.C. Reliance Ltd.* für die richtlinienkonforme Rechtsanwendung an einem positivrechtlichen Bezug zur Legislative wie ihn die Vorschrift von s. 2(4) des ECA 1972 vorsieht[60]. Aus diesem Grund erlangt hier die Anknüpfung an eine EG-rechtskonforme *Parliamentary intention* eigenständige Bedeutung für eine den Gesetzeswortlaut bis zur Grenze seiner „essential nature" überschreitende Rechtsanwendung. Dies hat das *House of Lords* erstmals im Urteil *Litster v. Forth Dry Dock and Engineering Co. Ltd.* festgestellt[61]. Lässt sich demgegenüber ein richtlinienkonformer Wille des Gesetzgebers nicht ermitteln und kann dieser auch nicht vermutet werden, verbleibt als einziger Bezugspunkt zur Souveränität der

---

[58] House of Lords, Urt. v. 30.6.1988, [1989] 1 A.C. 66, 112 per Lord Keith of Kinkel, 125 ff. per Lord Oliver of Aylmerton - *Pickstone v. Freemans plc.*. Vgl. dazu oben 3. Kapitel, B.II.2.b.

[59] House of Lords, Urt. v. 18.5.1989, [1990] 2 A.C. 85, 140 per Lord Bridge of Harwich - *Regina v. Secretary of State for Transport, ex parte Factortame Ltd. (No. 1)*. Vgl. dazu oben 3. Kapitel, B.III.2.b.

[60] House of Lords, Urt. v. 11.2.1988, [1988] 1 A.C. 618, 639 f. per Lord Templeman - *Duke v. G.E.C. Reliance Ltd.*. Vgl. dazu oben 3. Kapitel, C.I.2.a.bb.

[61] House of Lords, Urt. v. 16.3.1989, [1989] 1 All ER 1134, 1136 per Lord Keith of Kinkel, 1139 per Lord Templeman, 1140 & 1153 per Lord Oliver of Aylmerton - *Litster v. Forth Dry Dock and Engineering Co. Ltd.*. Vgl. dazu oben 3. Kapitel, C.II.2.b.

nationalen Legislative der maßgebliche Gesetzeswortlaut selbst. Mithin erklärt sich, warum das *House of Lords* im Urteil *Webb v. EMO Air Cargo (U.K.) Ltd. (No. 2)* eine Rechtsfindung im Rahmen des Wortsinns der nationalen Rechtsvorschrift für erforderlich hielt[62].
Die vorstehend aufgezeigte Rechtsprechung des *House of Lords* zur *separation of powers* lässt sich für den Bereich der EG-rechtskonformen Fortbildung bundesdeutschen Rechts fruchtbar machen[63]. Soweit hier die Befürchtung geäußert wird, dass das gesetzgeberische Rechtssetzungsprimat aufgrund von Beeinträchtigungen der Funktionstrennung zwischen Legislative und Judikative verletzt werden könne[64], belegt die vom *House of Lords* extensiv angewandte britische Methodik, dass schon die nach herkömmlicher deutscher Methodik erforderliche Lückenfeststellung und deren Ausfüllung einen angemessenen Bezug zur nationalen Rechtssetzungsinstanz aufweisen. Eine Lücke als planwidrige Unvollständigkeit des geschriebenen Rechts setzt voraus, dass der Gesetzgeber eine gesetzliche Regelung für einen versehentlich ungeregelt gebliebenen Sachverhalt beabsichtigte beziehungsweise dass sich eine entsprechende Unvollständigkeit aus der objektiv hervortretenden Teleologie der betreffenden Rechtsvorschrift ergibt. Diese Bezugnahme auf die Gesetzeshistorie und -teleologie entspricht der Anknüpfung an die *Parliamentary intention* beziehungsweise an die Vorschrift von s. 2(4) des ECA 1972 im britischen Recht und trägt dementsprechend ebenfalls zur Funktionsabgrenzung zwischen den verschiedenen Gewalten bei. Während im Vereinigten Königreich darüber hinaus für erforderlich gehalten wird, dass sich eine EG-rechtskonforme *interpretation* im Rahmen der „essential nature" der maßgeblichen innerstaatlichen Rechtsvorschrift bewegt[65], so wird diesem Anknüpfungspunkt in Deutschland durch das Erfordernis der Lückenausfüllung entsprochen. Bei dieser muss eine durch die subjektive oder objektive *ratio legis* lediglich aufgedeckte Lücke anhand von Wertungen ausgefüllt werden, die dem geschriebenen Recht zu entnehmen sind. Hierzu ist in den allermeisten Fällen der EG-rechtskonformen Rechtsfortbildung auf die EG-rechtswidrige Vorschrift selbst zurückzugreifen, da sich in dieser die Wertentscheidung des EG-Rechts

---

[62] House of Lords, Urt. v. 19.10.1995, [1995] 4 All ER 577, 582 per Lord Keith of Kinkel - *Webb v. EMO Air Cargo (U.K.) Ltd. (No. 2)*. Vgl. dazu oben 3. Kapitel, C.IV.2.b.bb.

[63] Vgl. allgemein hierzu *Möllers*, Die Rolle des Rechts im Rahmen der europäischen Integration (1999), S.70 ff.

[64] Vgl. *Jarass*, EuR 1991, 211, 218; *ders.*, Grundfragen der innerstaatlichen Bedeutung des EG-Rechts (1994), S. 94; *Nettesheim*, AöR 1994, 261, 287 f. Vgl. dazu außerdem oben 2. Kapitel, B.II.4.b.cc. sowie C.IV.2.a.bb.

[65] Vgl. dazu oben 3. Kapitel, B.IV. sowie C.II.2.b.cc.

wiederfindet, „wenn auch in unvollkommener Form“[66]. Rechtsvergleichend bedeutet dies, dass auf die Rechtsetzung des nationalen Gesetzgebers in ähnlicher Weise Bezug genommen wird, wie wenn man die positive Rechtsanwendung durch die „essential nature“ der betreffenden Vorschrift begrenzen würde.
Die grundlegende Erkenntnis des Rechtsvergleichs ist demnach, dass eine EG-rechtskonforme Rechtsanwendung erst dann zu scheitern hat, wenn ein angemessener Bezug zur nationalen Legislative nicht herzustellen ist. Bei einem EG-rechtswidrigen Gesetzeswortlaut ist dies nach deutscher Methodik der Fall, wenn der Gesetzgeber zur Herstellung einer EG-rechtskonformen innerstaatlichen Rechtslage „beredt geschwiegen“ hat und schon deshalb eine „europäische Lücke“ nicht vorliegen kann, es bei nur neutraler Gesetzeshistorie auch an einer EG-rechtskonformen Gesetzesteleologie fehlt oder wenn dem positiven Recht keine EG-rechtskonforme Wertung zur Lückenausfüllung zu entnehmen ist. Hat hiernach eine EG-rechtskonforme Fortbildung bundesdeutschen Rechts zu scheitern, so kommt in Übereinstimmung mit der *ratio decidendi* des Urteils *Webb* nur noch eine EG-rechtskonforme Gesetzesauslegung in Betracht. Diese ist an den noch möglichen Wortsinn der maßgeblichen Rechtsvorschrift als Bezugspunkt zur Legislative gebunden.

II. Grundsatz der Rechtssicherheit

Solange sich in der Bundesrepublik Deutschland entsprechend der Rechtsprechung des *EuGH* EG-rechtskonforme Rechtsanwendungsergebnisse im Rahmen der Auslegungs- und Rechtsfortbildungsmöglichkeiten halten, die bereits aufgrund der herkömmlichen nationalen Methodik bestehen, müssen hiergegen gerichtete Einwände aus Gründen der Rechtssicherheit als unbegründet zurückgewiesen werden[67]. Demzufolge kann auch nicht die Wortlautgrenze eine derartige Aufwertung erfahren, dass sie nicht allein den Umfang zulässiger Gesetzesauslegung absteckt, sondern gleichzeitig die Grenzen der EG-rechtskonformen Rechtsanwendung insgesamt festlegt[68]. Vielmehr ist zu beachten, dass im Bereich der Gemeinschaftsrechtskonformität die unmittelbare Wirkung des EG-Rechts und im Bereich der Richtlinienkonformität die Veröffentlichung der Richtlinien im Amtsblatt der Europäischen Gemeinschaften gemäß Art. 254 EGV den Belangen der

---

[66] So zur richtlinienkonformen Rechtsfortbildung *Möllers*, EuR 1998, 20, 45. Vgl. dazu oben 2. Kapitel, C.IV.2.b.bb.(1). Vgl. zur gemeinschaftsrechtskonformen Rechtsfortbildung vor allem 2. Kapitel, B.II.4.b.aa.(2).
[67] Vgl. dazu oben 2. Kapitel, B.II.4.b.cc. sowie C.IV.2.a.cc.
[68] So aber *Brechmann*, Die richtlinienkonforme Auslegung (1994), S. 269 ff. Vgl. ausführlich dazu oben 2. Kapitel, C.IV.2.a.cc.

Rechtssicherheit in besonderer Weise Rechnung tragen. Im Rahmen der herkömmlichen methodologischen Grenzen sollte daher eine EG-rechtskonforme Fortbildung deutschen Rechts ebenso möglich sein wie dessen schlichte Auslegung.
Die so verstandene bundesdeutsche Rechtslage wird bestätigt durch die Rechtsprechung des *House of Lords*[69]. Obwohl im Vereinigten Königreich nach herkömmlicher Methodik eine interpretative Überschreitung der Wortlautgrenze nicht in vergleichbarer Weise in Betracht kommt, hinderten rechtssicherheitsbedingte Erwägungen die britische Judikative nicht daran, zu Gunsten einer weitestmöglichen EG-Rechtskonformität der innerstaatlichen Rechtslage die Grenze zulässiger Rechtsfindung auf die „essential nature“ der jeweils maßgeblichen nationalen Rechtsvorschrift zu verschieben. Dies gilt vor allem für den im Urteil *Litster v. Forth Dry Dock and Engineering Co. Ltd.* verfolgten *purposive approach*, der anders als im Bereich der Gemeinschaftsrechtskonformität nicht einmal durch die Vorschrift von s. 2(4) des ECA 1972 unterstützt wurde, sondern seine Rechtfertigung zur Wortlautüberschreitung allein in einer richtlinienkonformen *Parliamentary intention* fand[70]. Soweit hingegen noch in den Urteilen *Duke v. G.E.C. Reliance Ltd.*[71] sowie *Finnegan v. Clowney Youth Training Programme Ltd.*[72] schon die Grundlage einer richtlinienkonformen *interpretation* aus Rechtssicherheitsgründen verneint wurde, sofern ein entsprechender gesetzgeberischer Wille fehlte, ist auch dieser Einwand aus heutiger Sicht nicht mehr gültig. Hintergrund dieses richterlichen Einwands war das enge Verständnis der *von Colson und Kamann*-Regel des *EuGH*[73], das *Lord Templeman* im *Duke*-Urteil geprägt hatte[74]. Hiernach wurde die Reichweite der gemeinschaftsrechtlichen Pflicht nur so weit verstanden, wie eine normorientierte Rechtsanwendung auch schon auf der innerstaatlichen

---

[69] Vgl. allgemein hierzu *Möllers*, Die Rolle des Rechts im Rahmen der europäischen Integration (1999), S. 70 ff.

[70] House of Lords, Urt. v. 16.3.1989, [1989] 1 All ER 1134, 1136 per Lord Keith of Kinkel, 1139 per Lord Templeman, 1140 & 1153 per Lord Oliver of Aylmerton - *Litster v. Forth Dry Dock and Engineering Co. Ltd.*. Vgl. dazu oben 3. Kapitel, C.II.2.b. Siehe zur Gemeinschaftsrechtskonformität House of Lords, Urt. v. 30.6.1988, [1989] 1 A.C. 66, 112 per Lord Keith of Kinkel, 125 ff. per Lord Oliver of Aylmerton - *Pickstone v. Freemans plc.*. Vgl. dazu oben 3. Kapitel, B.II.2.b.

[71] House of Lords, Urt. v. 11.2.1988, [1988] 1 A.C. 618, 641 f. per Lord Templeman - *Duke v. G.E.C. Reliance Ltd.*. Vgl. dazu oben 3. Kapitel, C.I.2.b.

[72] House of Lords, Urt. v. 17.5.1990, [1990] 2 All ER 546, 551 per Lord Bridge of Harwich - *Finnegan v. Clowney Youth Training Programme Ltd.*. Vgl. dazu oben 3. Kapitel, C.III.2.

[73] EuGH, Urt. v. 10.4.1984, Slg. 1984, 1891, 1909 - Rs. 14/83, *von Colson und Kamann ./. Land Nordrhein-Westfalen*. Vgl. dazu oben 1. Kapitel, B.

[74] House of Lords, Urt. v. 11.2.1988, [1988] 1 A.C. 618, 641 per Lord Templeman - *Duke v. G.E.C. Reliance Ltd.*. Vgl. dazu oben 3. Kapitel, C.I.2.a.cc.

Grundlage des so genannten *Garland-principle*[75] angesagt war, also nur für solche nationalen Rechtsakte, die der maßgeblichen Richtlinienbestimmung in ihrer Entstehung zeitlich nachfolgten. Für eine richtlinienorientierte Rechtsanwendung bestand demnach überhaupt kein Anlass. Nach dem weitergehenden Urteil des *EuGH* in der Rechtssache *Marleasing SA ./. La Comercial Internacional de Alimentación SA*[76] und dessen innerstaatlichen Anwendung durch das *House of Lords* im Urteil *Webb v. EMO Air Cargo (U.K.) Ltd. (No. 1)*[77] ist indes die Rechtsprechung aus den Urteilen *Duke* und *Finnegan* aufgehoben worden[78]. Konsequenterweise beinhaltete dieser Schritt die Verwerfung des bisherigen Vorbehalts gegen die richtlinienkonforme Rechtsanwendung aus Gründen der Rechtssicherheit.

C. Rechtsanwendung mit „europäischer Flexibilität"?

Abschließend lädt die Beschreibung der Rechtslage im Vereinigten Königreich zu einer Reflexion über die Frage ein, ob und gegebenenfalls inwieweit sich die bislang dargestellte Anwendung bundesdeutschen Rechts als „europäisch flexibel" erweisen muss. Unter „europäischer Flexibilität" soll hierbei das Abweichen von bisher vertrauten Formen der nationalen Rechtsanwendung verstanden werden[79]. Zu diskutieren ist insofern eine mögliche Modifikation der herkömmlichen Rechtsanwendungskanones und -grenzen, ein verstärkter Gebrauch der Rechtsvergleichung als Mittel der europäischen Rechtsangleichung sowie ein erhöhtes Maß an Aufmerksamkeit der Rechtspraxis und -wissenschaft gegenüber EG-rechtlichen Vorgaben für das deutsche Recht. Hinweise, die für derartige Fragestellungen Anlass geben, finden sich nicht nur in der Rechtsprechung des *House of Lords*[80], sondern auch im einschlägigen Schrifttum. So spricht etwa *Howe* von einem „European flavour" des nationalen Rechts, aufgrund dessen „the two systems of law will interrelate with and permeate each other"[81]. Ähnlich formuliert *Shaw* im Kontext der richtlinienkonformen *interpretation* britischen Rechts, dass „[s]ome of these difficulties must be inherent in a multi-State preliminary reference procedure,

---

[75] House of Lords, Urt. v. 22.4.1982, [1982] 2 All ER 402, 415 per Lord Diplock - *Garland v. British Rail Engineering Ltd.*. Vgl. dazu oben 3. Kapitel, B.I.2.a.aa.
[76] EuGH, Urt. v. 13.11.1990, Slg. 1990, I-4135, I-4159 - Rs. C-106/89, *Marleasing SA ./. La Comercial Internacional de Alimentación SA*.
[77] House of Lords, Urt. v. 26.11.1992, [1993] 1 W.L.R. 49, 59 per Lord Keith of Kinkel - *Webb v. EMO Air Cargo (U.K.) Ltd. (No. 1)*. Vgl. dazu oben 3. Kapitel, C.IV.2.a.
[78] Vgl. dazu oben 3. Kapitel, C.IV.2.a.
[79] Der Begriff „Flexibilität" findet sich wieder bei *Remien*, RabelsZ 62 (1998), 627, 638.
[80] Im Einzelnen dazu sogleich.
[81] *Howe*, (1973) 49 International Affairs 1, 12.

which causes national legal systems to rub shoulders in unaccustomed proximity [...]"[82]. Im Übrigen sind auch dem deutschen Schrifttum vergleichbare Andeutungen einer „europäischen Flexibilität" zu entnehmen. *Basedow* führt etwa aus, dass die an sich nationale Kategorie der Rechtskultur der Feststellung einer „europäischen Rechtskultur" nicht entgegensteht[83]. Dementsprechend weist *Zuleeg* auf die Rolle der mitgliedstaatlichen Gerichte als „europäische Gerichte" hin[84], während *Möllers* den nationalen Rechtsanwender in Gestalt des deutschen Richters als „europäischen Richter" bezeichnet[85], *Pernice* spricht vom „Gemeinschaftsrichter"[86]. Für die damit angesprochenen Rechtsanwendungsinstanzen fordert schließlich *Behrens* ein „gemeinschaftskonformes methodisches Bewußtsein"[87].

I. Hintergrund einer Forderung nach „europäischer Flexibilität"

Erkundigt man sich nach dem Hintergrund der vorzitierten Äußerungen, die auf eine „europäische Flexibilität" der innerstaatlichen Rechtsanwendung hindeuten, stößt man zuvorderst auf den europäischen Integrationsgedanken, wie er nicht nur dem EU- und EG-Vertrag zugrunde liegt, sondern auch den verschiedenen mitgliedstaatlichen Regelungen, wie etwa dem European Communities Act 1972 und Art. 23 GG[88]. Insoweit steht außer Frage, dass eine auf die verbesserte Einbeziehung EG-rechtlicher Vorgaben gerichtete nationale Rechtsanwendungsmethodik zur gemeinschaftsweiten Rechtsvereinheitlichung und infolgedessen auch zur Verwirklichung eines vereinten Europas in höherem Maß beiträgt.
Konkreter formuliert, würde eine „europäisch flexible" Rechtsanwendung bestehende Unstimmigkeiten bei der Abgrenzung von unmittelbar und mittelbar wirkenden Richtlinienbestimmungen abmildern. Zu denken ist in diesem Zusammenhang vor allem an die umstrittene Wirkung von Richtlinien mit so genannter Doppelwirkung, bei der einzelne Bürger berechtigt, andere gleichzeitig aber verpflichtet werden. Da Letztere, zu deren Gunsten das

---

[82] *Shaw*, [1990] 19 I.L.J. 228, 243. Vgl. außerdem *McCaffrey*, [1991] 42 NILQ 109, 115.
[83] *Basedow*, ZEuP 1996, 379 ff.
[84] *Zuleeg*, JZ 1994, 1, 2; *ders.*, RdA 1996, 71.
[85] *Möllers*, EuR 1998, 20, 45; *ders.*, Die Rolle des Rechts im Rahmen der europäischen Integration (1999), S. 73. *Coing*, NJW 1990, 937 ff., fordert einen „europäischen Juristen".
[86] *Pernice*, EuR 1996, 27 f. & 33. Vgl. außerdem *Curtin*, in: Curtin/O'Keeffe (eds.), Constitutional Adjudication in European Community and National Law (1992), p. 33, 40: „The Court corrected this position in *Marleasing* making it quite clear that the national judge is fulfilling a Community law function when he seeks the conform interpretation of national law with a Community directive and that Community law itself prescribes the limits of this obligation on and the techniques that must be used."
[87] *Behrens*, EuZW 1994, 289.
[88] Vgl. hierzu vor allem die Ausführungen von *Behrens*, EuZW 1994, 289.

richtlinienwidrige nationale Recht besteht, keine Verantwortung für eine mangelnde Richtlinienumsetzung trifft, bereitet hier die Begründung einer unmittelbaren Wirkung mit dem allgemeinen Rechtsprinzip des *venire contra factum proprium*[89] erhebliche Probleme[90]. Diese würden mit zunehmender Durchsetzung einer richtlinienkonformen Rechtsanwendung in den Hintergrund treten.

Gleiches gilt für die zuweilen fragwürdige Unterscheidung zwischen einerseits dem Staat als möglicher Verpflichteter aus einer EG-Richtlinie und andererseits privaten Personen. Während sich etwa Angestellte eines staatlichen Unternehmens im Hinblick auf Ansprüche gegenüber ihren Arbeitgeber vielfach bereits unmittelbar auf das EG-Recht berufen können, besteht diese Möglichkeit für Angestellte eines privaten Unternehmens grundsätzlich nicht[91]. Letztere sind vielmehr auf eine entsprechend anzuwendende Vorschrift des nationalen Rechts angewiesen. Vor allem eingedenk eines möglicherweise identischen Unternehmensgegenstands[92] bestehen für diese Differenzierung, die gravierende Konsequenzen haben kann, häufig keine sachlichen Gründe. Eine möglichst weitgehende richtlinienkonforme Rechtsanwendung würde auch hier die bestehende Problematik entschärfen.

Schließlich würde eine „europäisch flexible" Rechtsanwendung zur Überwindung der Schwächen des im Bereich der Richtlinienkonformität

---

[89] Vgl. dazu oben 1. Kapitel, A.

[90] Vgl. etwa *Haneklaus*, DVBl. 1993, 129, 133; *Classen*, EuZW 1993, 83, 84 ff.; *Langenfeld*, DÖV 1992, 955, 960 f. Gleiches gilt angesichts der unmittelbaren Wirkung von wesentlichen Verfahrensvorschriften, die von einer EG-Richtlinie für den Erlass innerstaatlicher Rechtsvorschriften vorgegeben werden und auch in einem Zivilrechtsstreit unter Einzelnen zur Unanwendbarkeit des nationalen Rechts führen - siehe EuGH, Urt. v. 30.6.1996, Slg. 1996, I-2201, 2241 - Rs. C-194/94, *CIA Security International ./. Signalson SA und Securitel SPRL*; EuGH, Urt. v. 26.9.2000, EuZW 2001, 153, 156 - Rs. C-443/98, *Unilever Italia SpA ./. Central Food SpA*. Vgl. hierzu *Coppel*, (1997) 26 I.L.J. 69 ff.; *Gundel*, EuZW 2001, 143 ff.

[91] Vgl. Bernard, (1995) 24 I.L.J. 97, 99 f.; *Curtin*, in: Curtin/O'Keeffe (eds.), Constitutional Adjudication in European Community and National Law (1992), p. 33, 37 f.; *Grabitz*, in Grabitz/Hilf (Hrsg.), Das Recht der Europäischen Union (2000), Art. 189 EGV a.F., Rdnr. 61 a; *Winter*, DVBl. 1991, 657, 665; *Wyatt*, (1975-6) 1 E.L.Rev. 414, 417.

[92] Nach der Rechtsprechung des EuGH, Urt. v. 12.7.1990, Slg. 1990, I-3313, 3348 f. - Rs. C-188/89, *Foster ./. British Gas plc.*, kommt als Rechtssubjekt, dem die Bestimmungen einer Richtlinie mit unmittelbarer Wirkung entgegengehalten werden können, jedenfalls eine solche Einrichtung in Betracht, „die unabhängig von ihrer Rechtsform kraft staatlichen Rechtsakts unter staatlicher Aufsicht eine Dienstleistung im öffentlichen Interesse zu erbringen hat und die hierzu mit Rechten ausgestattet ist, die über das hinausgehen, was für die Beziehungen unter Privaten gilt". Vgl. hierzu *Craig*, (1997) 22 E.L.Rev. 519, 523; *Langenfeld*, DÖV 1992, 955, 958; *Prechal*, (1990) 27 CML Rev. 451, 457 ff. Vgl. zur umstrittenen Frage, ob darüber hinaus auch rein erwerbswirtschaftliche Tätigkeiten der öffentlichen Hand einer unmittelbaren Richtlinienwirkung unterfallen können, *Jarass*, NJW 1991, 2665, 2666; *Winter*, DVBl. 1991, 657, 662 f.

ersatzweise geltendzumachenden gemeinschaftsrechtlichen Staatshaftungsanspruchs wegen mangelnder Richtlinienumsetzung beitragen[93]. Aufgrund seiner ausschließlichen Staatsverpflichtung wäre dieser Anspruch etwa im obigen Beispielsfall des § 611 a Abs. 2 BGB a.F. nicht in der Lage gewesen, die mit der Gleichbehandlungs-Richtlinie vorgesehene pönalisierende Wirkung des Schadensersatzanspruchs gegen den Arbeitgeber zu erzeugen[94].

II. Anerkennung einer Forderung nach „europäischer Flexibilität"?

1. Keine Modifikation der herkömmlichen Rechtsanwendungsmittel und -grenzen

Vor dem dargestellten Hintergrund regt die Rechtslage des Vereinigten Königreichs dazu an, in Ergänzung zu der bisher vertretenen weitestmöglichen Ausschöpfung der bestehenden nationalen Rechtsanwendungsalternativen auch über eine inhaltliche Modifikation der bundesdeutschen Methodik zu Gunsten einer EG-rechtskonformen innerstaatlichen Rechtslage nachzudenken[95]. Obwohl im britischen Recht die herkömmliche Methodik eine EG-rechtsorientierte Rechtsanwendung ausschließlich im Rahmen des noch möglichen Wortsinns einer Gesetzesbestimmung erlaubt, hat das *House of Lords* unter der Voraussetzung eines bestehenden Bezugspunkts zur nationalen Gesetzgebungsautorität eine EG-rechtskonforme Rechtsfindung auch innerhalb der „essential nature" innerstaatlicher Rechtsvorschriften zugelassen[96].

In Deutschland hat *Behrens* eine Modifikation der herkömmlichen Rechtsanwendungsmethodik angedeutet. Dieser will das „Prinzip der gemeinschaftskonformen Auslegung" aus Art. 10 EGV in eine neue einheitliche, das heißt nicht auf die bundesdeutsche Rechtsordnung beschränkte, Methodenlehre integrieren[97]. Der Sache nach wäre demzufolge die bisher aus dem nationalen Recht bekannte Methodik um ein weiteres Rechtsanwendungsmittel zu ergänzen und fortan als allgemein verbindliche Methodenlehre anzuerkennen. Bedenkt man indes, dass nationales Recht und Gemeinschaftsrecht zwei grundsätzlich voneinander zu trennenden Rechtsordnungen entstammt, so kann ein derart

---

[93] Siehe hierzu EuGH, Urt. v. 19.11.1991, Slg. 1991, I-5357, 5415 f. - Rs. C-6/90 & 9/90, *Francovich ./. Italienische Republik.* Vgl. dazu auch oben 1. Kapitel, B.

[94] Vgl. allgemein zu den Sanktionen für die Verletzung des EG-Rechts *Remien*, RabelsZ 62 (1998), 627, 644 f.; *Rosengarten*, NJW 1996, 1935, 1936 f.; *Steiner*, (1987) 12 E.L.Rev. 102 ff.

[95] Vgl. auch die Fragestellung bei *Schultz*, in: Lüke (Hrsg.), GS Constantinesco (1983), S. 677, 684.

[96] Vgl. dazu oben 3. Kapitel, B.IV sowie C.V.

[97] *Behrens*, EuZW 1994, 289.

formulierter Vorschlag nicht überzeugen. Eine Rechtsanwendungsmethodik dient dazu, die Vorgaben *einer* gesetzgeberischen Autorität zum „Sprechen“ zu bringen. Unterschiedliche Rechtsordnungen implizieren aber die Berufung auf verschiedene Autoritäten. Eine vereinheitlichte Methodenlehre kommt daher nicht in Betracht. Dies bestätigt die Rechtsprechung des *EuGH*, nach der die jeweilige Pflicht zur EG-rechtskonformen Rechtsanwendung einen nach rein innerstaatlicher Methodik gewonnenen Beurteilungsspielraum voraussetzt[98].
Eine vergleichsweise umfassende Rechtsanwendungsmethodik ließe sich indes auf rein nationaler Ebene begründen, sofern der mitgliedstaatliche Gesetzgeber eine verbindliche Pflicht zur EG-rechtskonformen Rechtsanwendung im innerstaatlichen Recht verankert, wie etwa im Vereinigten Königreich durch s. 2(4) des ECA 1972 geschehen ist. *De lege ferenda* ist dem deutschen Recht eine derartige Rechtsvorschrift jedoch nicht zu entnehmen und *de lege lata* zeigt gerade die britische Vorschrift von s. 2(4) des ECA 1972 aufgrund ihrer Beschränkung auf den Bereich der Gemeinschaftsrechtskonformität, dass für eine entsprechende Regelung kein Bedürfnis besteht. Die auf die Anwendung innerstaatlichen Rechts einwirkenden gemeinschaftsrechtlichen Pflichten zur mittelbaren Durchsetzung des EG-Rechts erfüllen im rechtspraktischen Ergebnis die gleiche Funktion, wenn auch als Bestandteil einer gemeinschaftsrechtlichen Methodik. Als entscheidend erweist sich daher der von *Behrens* gewählte Ausgangspunkt, wonach das EG-Recht für seine Wirksamkeit auf die mitgliedstaatlichen Rechtsordnungen angewiesen ist[99]. Mithin wird deutlich, dass der nationale Richter gleichzeitig als „europäischer Richter“[100] tätig wird, sofern die Anwendung nationalen Rechts unter der gemeinschaftsrechtlich gebotenen Berücksichtigung des EG-Rechts erfolgt.
Im Übrigen ist grundsätzlich nicht ausgeschlossen, dass mitgliedstaatliche Rechtsanwendungsmethoden einen solchen Zuschnitt bekommen, dass sie einen weitestmöglichen Einfluss des EG-Rechts auf die Anwendung nationalen Rechts gewährleisten. Die Rechtslage des Vereinigten Königreichs übernimmt insofern eine beispielhafte Vorreiterrolle. Angesichts der Rechtsprechung des *EuGH* muss man diesbezüglich zwar ernsthaft bezweifeln, ob die beschriebene Modifikation der britischen Methodik zu Gunsten des EG-Rechts geboten war. Auf jeden Fall ist eine derart integrationsfreundliche Öffnung einer mitgliedstaatlichen Rechtsordnung aber aus den beschriebenen Gründen zu

---

[98] Siehe vor allem EuGH, Urt. v. 4.2.1988, Slg. 1988, 673, 690 - Rs. 157/86, *Murphy ./. An Bord Telecom Eireann*; EuGH, Urt. v. 10.4.1984, Slg. 1984, 1891, 1909 - Rs. 14/83, *von Colson und Kamann ./. Land Nordrhein-Westfalen*. Vgl. dazu oben 1. Kapitel.
[99] *Behrens*, EuZW 1994, 289 unter Hinweis auf EuGH, Urt. v. 15.7.1964, Slg. 1964, 1259, 1269 - Rs. 6/64, *Costa ./. E.N.E.L.*.
[100] So *Möllers*, EuR 1998, 20, 45; *ders.*, Die Rolle des Rechts im Rahmen der europäischen Integration (1999), S. 73. Vgl. außerdem *Pernice*, EuR 1996, 27 f. & 33; *Zuleeg*, JZ 1994, 1, 2; *ders.*, RdA 1996, 71.

begrüßen. Möchte man daher mit dem rechtsvergleichenden Hinweis auf die Rechtslage im Vereinigten Königreich eine entsprechende Öffnung auch für die bundesdeutsche Rechtsanwendungsmethodik fordern, so ist hierzu herauszustellen, dass die herkömmliche britische Methodik die Anwendung nationalen Rechts bereits als *contra legem* klassifiziert, obwohl auch noch jenseits des als Grenze fungierenden Gesetzeswortlauts ein Spielraum besteht, innerhalb dessen eine EG-rechtskonforme Rechtsfindung auf die Autorität des nationalen Gesetzgebers gestützt werden und demnach auch als Anwendung innerstaatlichen Recht erscheinen kann. Die Rechtsprechung des *House of Lords* zur EG-rechtskonformen *interpretation* bewirkt nichts anderes, als diesen Spielraum zu Gunsten einer weitestmöglichen Harmonie zwischen nationalem Recht und EG-Recht zu nutzen. Aus bundesdeutscher Perspektive ist daher zuvorderst die Frage zu stellen, ob auch hier die herkömmliche Methodik einen entsprechenden Spielraum offenbart. Dies ist zu verneinen. Würde man die äußersten Grenzen der deutschen Gesetzesauslegung beziehungsweise Rechtsfortbildung zu Gunsten des EG-Rechts über den Wortlaut hinaus beziehungsweise über eine entsprechende Teleologie und eine positivrechtliche Wertung hinaus verschieben, so wäre der notwendige Bezug zur nationalen Legislative verloren. Eine EG-rechtskonforme Anwendung deutschen Rechts wäre in Wirklichkeit eine verschleierte unmittelbare Wirkung des betreffenden EG-Rechts, und zwar selbst im Bereich der Richtlinienkonformität, wo eine solche überhaupt nicht existiert. Nutzt man also nach der hier vertretenen Auffassung die herkömmlichen Rechtsanwendungsmöglichkeiten des nationalen Rechts vollumfänglich aus, bestehen darüber hinaus keine Spielräume bei der Ausgestaltung der bundesdeutschen Methodik, innerhalb derer eine weiter reichende EG-Rechtskonformität des nationalen Rechts hergestellt werden kann. Dementsprechend konnte auch die Rechtsanwendungsmethodik im Vereinigten Königreich nur bis zu einem Umfang modifiziert werden, der den methodologischen Möglichkeiten nach bundesdeutschem Recht entspricht[101].

2. Bedeutung einer europäischen Rechtsvergleichung

Die soeben als integrationsfreundlich bezeichnete Rechtslage im Vereinigten Königreich wurde vor allem durch das Urteil des *House of Lords* in *Pickstone v. Freemans plc.* eingeleitet. Mit dieser Entscheidung aus dem Jahre 1988 wurde erstmals die anerkannte Interpretationsgrenze des noch möglichen Wortsinns einer nationalen Rechtsvorschrift zu Gunsten von deren Gemeinschaftsrechtskonformität überschritten. Zur Begründung berief sich das *House of Lords* zwar in erster Linie auf eine EG-rechtskonforme *Parliamentary intention*

---

[101] Vgl. dazu oben 4. Kapitel, B.II.4. sowie C.IV.

beziehungsweise auf die Vorschrift von s. 2(4) des ECA 1972[102]. Darüber hinaus ließ *Lord Oliver of Aylmerton* aber auch eine rechtsvergleichende Überlegung in seine Rede einfließen[103]. Er gab zu bedenken, dass der Gesetzgeber im Vereinigten Königreich anders als etwa die belgische Legislative die Gemeinschaftsvorgabe zur Gleichbehandlung von Männern und Frauen am Arbeitsplatz nicht einfach wortgetreu übernommen habe, sondern im Wege von s. 1 des Equal Pay Act 1970 (as amended) eine so genannte *equality clause* für jeden Arbeitsvertrag mit einer Arbeitnehmerin vorsieht. Um damit aber ebenso wie die belgische Rechtslage den EG-rechtlichen Anforderung zu genügen, müsse die Vorschrift von s. 1(2) des Equal Pay Act 1970 auch über deren noch möglichen Wortsinn hinaus EG-rechtskonform interpretiert werden.
Einen ähnlichen Ansatz offenbart die Entscheidung des *High Court* in *Moore v. Piretta PTA Ltd.* aus dem Jahre 1998[104]. Unter Berufung auf die EG-rechtskonforme *interpretation* in den Entscheidungen *Pickstone v. Freemans plc.*[105] sowie *Litster v. Forth Dry Dock and Engineering Co. Ltd.*[106] wurde hier für die Anwendung der Commercial Agents (Council Directive) Regulations 1993 die bundesdeutsche Regelung des § 89 b HGB zum Ausgleichsanspruch des Handelsvertreters herangezogen[107]. Die Aussage dieser Entscheidung erweist sich allerdings als nicht ganz eindeutig, wenn man die einleitenden Bemerkungen von *Deputy Judge Mitting QC* mit in die Betrachtung einbezieht. Dieser rechtfertigte die Berücksichtigung der bundesdeutschen Rechtslage mit der Überlegung, dass der maßgeblichen Bestimmung der Handelsvertreter-Richtlinie[108] unter anderem die Vorschrift des § 89 b HGB als Vorlage diente und deren *interpretation* infolgedessen am deutschen Recht auszurichten sei. In Anbetracht dieser Äußerung ist nach dem jeweiligen Interpretationsgegenstand zu differenzieren. Erweckt die Rede von *Deputy Judge Mitting QC* zunächst den Eindruck, dass die rechtsvergleichende Heranziehung des bundesdeutschen Rechts allein in ihrer Funktion als Richtlinienvorlage zur *interpretation* der Handelsvertreter-Richtlinie von Bedeutung sei, so hätte dies zur Konsequenz, dass die Rechtsvergleichung damit in direkter Weise ausschließlich der

[102] House of Lords, Urt. v. 30.6.1988, [1989] 1 A.C. 66, 109 ff. - *Pickstone v. Freemans plc.*. Vgl. dazu oben 3. Kapitel, B.II.2.
[103] House of Lords, Urt. v. 30.6.1988, [1989] 1 A.C. 66, 125 per Lord Oliver of Aylmerton - *Pickstone v. Freemans plc.*. Vgl. dazu oben 3. Kapitel, B.II.2.c.
[104] High Court, Urt. v. 25.2.1998, [1999] 1 All ER 174 per Deputy Judge Mitting QC - *Moore v. Piretta PTA Ltd.*.
[105] House of Lords, Urt. v. 30.6.1988, [1988] 1 A.C. 66, 109 ff. - *Pickstone v. Freemans plc.*. Vgl. dazu vor allem oben 3. Kapitel, B.II.2.b.
[106] House of Lords, Urt. v. 16.3.1989, [1989] 1 All ER 1134, 1136 ff. - *Litster v. Forth Dry Dock and Engineering Co. Ltd.*. Vgl. dazu vor allem oben 3. Kapitel, C.II.2.b.
[107] High Court, Urt. v. 25.2.1998, [1999] 1 All ER 174, 179 f. per Deputy Judge Mitting QC - *Moore Piretta PTA Ltd.*.
[108] Richtlinie 86/653/EWG, ABlEG Nr. L 382 v. 31.12.1986, S. 17.

Richtlinieninterpretation diente[109]. Für die Anwendung nationalen Rechts käme dem grenzüberschreitenden Blick damit allenfalls eine indirekte Bedeutung zu, nämlich über die maßgebliche Richtlinie als Verbindungsstück. Steht hingegen wie in der vorgenannten Rede von *Lord Oliver of Aylmerton* die bundesdeutsche Vorschrift des § 89 b HGB in ihrer Funktion als Umsetzung einer EG-rechtlichen Vorgabe im Zentrum rechtsvergleichender Erwägungen, so kann das mitgliedstaatliche Recht zum einen zwar ebenfalls zur *interpretation* der maßgeblichen EG-rechtlichen Vorgabe dienen[110]. Darüber hinaus vermag das nationale Recht in dieser Funktion aber auch direkt zur Anwendung von Umsetzungsvorschriften in anderen Mitgliedstaaten einen rechtsvergleichenden Beitrag zu leisten. Zuzugeben ist indes, dass sich die rechtspraktische Bedeutung dieser Unterscheidung als gering erweist, soweit es - wie im Urteil *Moore v. Piretta PTA Ltd.* - um die innerstaatliche Anwendung von Rechtsvorschriften geht, die im Regelungsbereich einer EG-Richtlinie bestehen. In der Tat ist es eher unbedeutend, ob die Rechtsvergleichung über das Verbindungsstück einer Richtlinie erfolgt oder nicht. Eine Relevanz der beschriebenen Differenzierung entsteht allerdings dort, wo das EG-Recht dem mitgliedstaatlichen Rechtsordnungen einen Spielraum belässt, innerhalb dessen durch rechtsvergleichende Erwägungen eine weitergehende Rechtsvereinheitlichung erreicht werden kann. Dies gilt freilich vor allem für den Bereich des Primärrechts. Darüber hinaus ist auch an den Fall zu denken, in dem das maßgebliche EG-Recht ohne mitgliedstaatliches Vorbild geschaffen wurde und aus diesem Grunde Regelungen aus anderen Rechtsordnungen ausschließlich in ihrer Funktion als Umsetzungsnormen rechtsvergleichend herangezogen werden können.

Im deutschen Schrifttum wird vor allem von *Odersky* ein direkter Rechtsvergleich sogar dann gefordert, wenn im jeweils betroffenen Rechtsgebiet noch gar keine EG-rechtliche Regelung besteht[111]. Auch hier sei im Interesse

---

[109] Vgl. zur rechtsvergleichenden Anwendung des EG-Rechts *Rodríguez Iglesias*, NJW 1999, 1, 6 ff.; *Bleckmann*, NJW 1982, 1177, 1182; *Bredimas*, Methods of Interpretation and Community Law (1978), p. 125 ff.; *Daig*, in: Bernstein/Drobnig/Kötz (Hrsg.), FS Zweigert (1981), S. 395; *Everling*, in: Kruse (Hrsg.), Zölle, Verbrauchssteuern, europäisches Marktordnungsrecht (1988), S. 51, 61 f.; *ders.*, ZGR 1992, 376, 386; *Hommelhoff*, AcP 192 (1992), 71, 98 f.; *Meilicke*, BB 1992, 969, 974; *Möllers*, Die Rolle des Rechts im Rahmen der europäischen Integration (1999), S. 71; *Remien*, RabelsZ 62 (1998), 627, 645 f.; *Schön*, Die Auslegung europäischen Steuerrechts (1993), S. 51 f. Differenzierend hingegen *Lutter*, JZ 1992, 593, 601 f. & 603; *Schulze*, ZfRV 1997, 183, 188 ff.; *Starck*, JZ 1997, 1021, 1029 f.

[110] *Lutter*, JZ 1992, 593, 604; zustimmend *Möllers*, Die Rolle des Rechts im Rahmen der europäischen Integration (1999), S. 75. Siehe aber auch die Rede von *Deputy Judge Mitting QC*, a.a.O., p. 177: „The practice in other countries where the right appear to be new, for example Italy, seem to me to be of less assistance."

[111] *Odersky*, ZEuP 1994, 1 ff.; zustimmend *von Bar*, ZfRV 1994, 221, 230; *Basedow*, in: Pfeiffer (Hrsg.), FS Brandner (1996), S. 651, 659; *Möllers*, Die Rolle des Rechts im Rahmen

des fortschreitenden europäischen Integrationsprozesses sowie aufgrund des Grundsatzes der Gemeinschaftstreue gemäß Art. 10 EGV der nationale Rechtsanwender verpflichtet, „das eigene Recht harmonisierend ‚im Lichte' der anderen europäischen Rechtsordnungen" anzuwenden[112]. Damit erhebt sich wie auch bei den gemeinschaftsrechtlichen Pflichten zur EG-rechtskonformen Rechtsanwendung die Frage, wo eine solche Orientierung an anderen Rechtsordnungen auf ihre Grenzen stößt. *Odersky* selbst hat insofern vorgetragen, dass sämtliche Harmonisierungsbemühungen ausschließlich „im Rahmen der Anwendung eines eigenen Rechts und selbstverständlich immer unter Abwägung aller bei der Auslegung und Rechtsfortbildung zu berücksichtigenden Gesichtspunkte" zu erfolgen haben[113]. Hierauf aufbauend hat *Starck* allgemein zur Methode der Rechtsvergleichung ausgeführt, dass diese als „Element der Teleologie" zu behandeln sei[114]. Folglich sollen „Analogie, teleologische Reduktion und Rechtsfortbildung rechtsvergleichend begründet werden [können]". Dies begegnet Bedenken.
Großfeld hat in einem vorzüglichen Aufsatz aus dem Jahre 1984 überzeugend dargelegt, dass die Rechtsvergleichung im rein nationalen Rechtsraum „keine normative Kraft" hat[115]. Sie dient allein als Anregung beziehungsweise Bestätigung für die nationale Rechtsfindung, nicht jedoch als unmittelbar verwertbare Rechtserkenntnisquelle. Soweit hingegen *Starck* rechtsvergleichende Erkenntnisse als Bestandteil der Gesetzesteleologie behandelt wissen will und demzufolge in die anerkannten Rechtsanwendungsmittel eingliedert, stellt er die Rechtsvergleichung jedoch gerade als eine unmittelbar verwertbare Rechtserkenntnisquelle dar. Die rechtspraktische Folge wäre mithin, dass ein Schweigen des bundesdeutschen Rechts fortan aufgrund eines etwa im britischen Recht objektiv hervortretenden allgemeinen Rechtssatzes für die deutsche Rechtslage unmaßgeblich wäre, im innerstaat-

---

der europäischen Integration (1999), S. 75; *Luttermann*, JZ 1998, 880, 883; *Schulze*, in: Schulze (Hrsg.), Auslegung europäischen Privatrechts und angeglichenen Rechts (1999), S. 9, 16. Vgl. außerdem *Kirchhof*, EuZW 1999, 353; *Mansel*, JZ 1991, 529, 531; *Schulze*, ZfRV 1997, 183, 192.

[112] *Odersky*, a.a.O., S. 2.

[113] *Odersky*, a.a.O., S. 2.

[114] *Starck*, JZ 1997, 1021, 1024. Vgl. außerdem *Berger*, JZ 1999, 369, 377; *ders.*, ZEuP 2001, 4, 22 f.; *Hassold*, in: Canaris/Diederichsen (Hrsg.), 2. FS Larenz (1983), S. 211, 235; *Kötz*, in: Müller-Graff (Hrsg.), Gemeinsames Privatrecht in der Europäischen Gemeinschaft (1993), S. 95, 102; *Kropholler*, Internationales Einheitsrecht (1975), S. 278; *Schulze*, ZfRV 1997, 183, 191.

[115] *Großfeld*, AcP 184 (1984), 289, 294 f. & 304 & 319 ff. Vgl. außerdem *Canaris*, JZ 1987, 543, 549 f.; *ders.*, in: Basedow (Hrsg.), Europäische Vertragsrechtsvereinheitlichung und deutsches Recht (2000), S. 5, 13 ff.; *Möllers*, Die Rolle des Rechts im Rahmen der europäischen Integration (1999), S. 75 mit Hinweis auf BGH, Urt. v. 27.2.1992, St. 38, 214, 228 ff.

lichen Rechtsraum vielmehr einer (ausländischen?) Rechtsfortbildung Verbindlichkeit zukäme. Wie eine derartige Rechtsfindung indes noch unter den Topos „Anwendung innerstaatlichen Rechts" gefasst werden könnte, erweist sich als unlösbare Fragestellung. Festzustellen ist hingegen, dass die Existenz national unterschiedlicher Gesetzgebungsorgane einen rechtsvergleichenden Übergriff auf andere mitgliedstaatliche Rechtsordnungen als unmittelbar verwertbare Erkenntnisquelle verbietet. Gerade mit Blick auf das Recht im Vereinigten Königreich lässt sich insofern an das *constitutional principle* der *Parliamentary sovereignty* erinnern.

Schlussendlich ist damit für die Rechtsvergleichung zwischen EU-Mitgliedstaaten wiederum mit *Großfeld* darauf hinzuweisen, dass wir Teil einer gemeineuropäischen Tradition sind, „die selbst im Zeitalter der Nationalstaaten viel von ihrer Kraft bewahrt hat"[116]. Diese Tradition wird heute ergänzt durch die in Art. 10 EGV niedergelegte Pflicht zur Gemeinschaftstreue. Festzuhalten ist daher, dass der Methode der Rechtsvergleichung für die Anwendung mitgliedstaatlichen Rechts eine gegenüber der allgemeinen Rechtsvergleichung herausragende Bedeutung zukommt. Konkret bedeutet dies, dass der nationale Rechtsanwender die Anregungen und Bestätigungen, die er aufgrund von rechtsvergleichenden Überlegungen erfährt, zu Gunsten einer gemeinschaftsweit rechtsvereinheitlichenden Weiterentwicklung der nationalen Rechtsordnung im Rahmen der bestehenden Rechtsanwendungsmöglichkeiten zu beachten hat. Eine Parallele zur EG-rechtskonformen Anwendung innerstaatlichen Rechts lässt sich somit nicht von der Hand weisen. Genau genommen, kann man sogar von einer EG-rechtskonformen Rechtsanwendung im weiteren Sinne sprechen[117]. Freilich muss es bei dieser „Pflicht zur Rechtsvergleichung" aber auch aus der Perspektive des Art. 10 EGV schon aufgrund der Vielzahl von möglicherweise differierenden ausländischen Rechtsordnungen[118] an einer vergleichbaren Verbindlichkeit fehlen. Entscheidend ist vielmehr, dass es im Rahmen des nationalen Rechtsfindungsprozesses überhaupt zu ernst zu nehmenden rechtsvergleichenden Überlegungen kommt[119]. Hierfür liefern die

---

[116] *Großfeld*, AcP 184 (1984), 289, 305. Vgl. außerdem *Odersky*, ZEuP 1994, 1, 3.

[117] *von Bar*, ZfRV 1994, 221, 231 spricht von einer „europafreundlichen Auslegung".

[118] Vgl. hierzu auch *Berger*, ZEuP 2001, 4, 13.

[119] Gerade aus der Perspektive des bundesdeutschen Rechts ist eine derart formulierte Pflicht nicht gänzlich unbekannt, lässt sich der Rechtsfindungsprozess unter Einschluss der Rechtsvergleichung doch mit der nach § 1 Abs. 6 BauGB gebotenen Abwägung vergleichen. Diese Abwägung erscheint im Fall eines so genannten Abwägungsausfalls, das heißt bei fehlender Einstellung von maßgeblichen Belangen, als fehlerhaft - siehe BVerwG, Urt. v. 12.12.1969, E 34, 301, 309; BVerwG, Urt. v. 5.7.1974, E 45, 309, 315. Vgl. außerdem etwa *Krebs*, in: Schmidt-Aßmann (Hrsg.), Besonderes Verwaltungsrecht (1999), 4. Abschnitt, Rdnr. 106 f.

dargestellten Entscheidungen aus dem Vereinigten Königreich hervorragende Beispiele[120].

3. *„Europäische Flexibilität" in der Person des nationalen Rechtsanwenders*

Abschließend ist nicht mehr auf die theoretisch begründbare Methode der Rechtsanwendung einzugehen, sondern auf die Person des Rechtsanwenders, durch die eine juristische Methodik erst ihren „äußeren Anstrich" erhält. Tatsächlich müssen sich nämlich auch die jeweiligen Rechtsanwendungsinstanzen als zunehmend „europäisch flexibel" erweisen, damit der ebenfalls rechtstheoretisch begründete europäische Integrationsprozess fortschreiten kann. *Kirchhof* hat insofern plakativ behauptet „Der Weg Europas ist der Dialog"[121]. Er führt aus, dass das EG-Recht im Entstehen und in der Anwendung auf ein bislang unbekanntes Zusammenwirken zwischen den Mitgliedstaaten und europäischen Organen angelegt sei[122]. Ebenso fordert *Odersky* einen „gesamteuropäischen" juristischen Dialog[123]. Darüber hinaus hat *Jacobs* in Anbetracht der Durchsetzungsmöglichkeiten des EG-Rechts eine hohe Aufmerksamkeit des Rechtsanwenders angemahnt[124]. Dies gelte in besonderer Weise für eine möglichst effektive Behandlung von nur mittelbar wirkenden Richtlinienbestimmungen, wodurch deren umstrittene Abgrenzung zu solchen mit unmittelbarer Wirkung eine Entwertung erfahren könne. In ähnlicher Weise stellen *Rodríguez Iglesias/Riechenberg* fest, dass „mit dem Postulat der richtlinienkonformen Auslegung des innerstaatlichen Rechts im Bereich

---

[120] Siehe außerdem etwa House of Lords, Urt. v. 5.2.1987, [1987] 2 W.L.R. 480, 511 per Lord Goff of Chieveley - *Smith v. Littlewoods Organisation Ltd.*; House of Lords, Urt. v. 16.2.1995, [1995] 2 W.L.R. 187, 201 per Lord Goff of Chieveley - *White v. Jones*. Vgl. zu Letzterem auch die Anmerkung von *Lorenz*, JZ 1995, 317, 323 f.

[121] *Kirchhof*, EuZW 1999, 353.

[122] *Kirchhof*, a.a.O. Vgl. außerdem *Weatherill*, (1992) 17 E.L.Rev. 299, 319 ff.

[123] *Odersky*, ZEuP 1994, 1, 4. Vgl. außerdem *Kötz*, in: Müller-Graff (Hrsg.), Gemeinsames Privatrecht in der Europäischen Gemeinschaft (1993), S. 95, 104; *Luttermann*, JZ 1998, 880, 883: „Im Mittelpunkt aller Bemühungen müssen die Menschen stehen, ihre Begegnung und der Austausch, verstärkt auch im universitären Bereich durch paneuropäische Studienangebote und Rechtsfakultäten."

[124] *Jacobs*, (1992) 17 E.L.Rev. 232, 237. Vgl. außerdem *Everling*, ZGR 1992, 376, 385 sowie *Luttermann*, JZ 1992, 880, 883, die zu Recht bemängeln, dass die geläufigen Gesetzessammlungen keinen Hinweis auf einen gemeinschaftlichen Ursprung einer nationalen Rechtsvorschrift geben. Das Gewicht dieses Einwands hat aufgrund der zunehmend vorkommenden amtlichen Anmerkungen in jüngerer Zeit allerdings eine erhebliche Entwertung erfahren.

horizontaler Rechtsbeziehungen eine Frage der Akzeptanz des Gemeinschaftsrechts durch den nationalen Richter aufgeworfen [ist]"[125].
Unabhängig davon, ob man dem nationalen Rechtsanwender nun konkret die Fähigkeit zum Dialog mit den europäischen Organen beziehungsweise europäischen Nachbarn abverlangt, seine Aufmerksamkeit hinsichtlich EG-rechtlicher Besonderheiten fordert oder an seine Bereitschaft zur Akzeptanz des Gemeinschaftsrechts appelliert, es wird in jedem Fall deutlich, dass der heutige Jurist aus dem Gebiet der Europäischen Union ein Verständnis entwickeln muss für das EG-Recht und das seiner Nachbarn, das ebenso wie das eigene nationale Recht Quelle und Objekt des EG-Rechts darstellt. Damit steht außer Frage, dass besondere Anforderungen an ihn gestellt werden. Dies gilt zuvorderst für die Überwindung der bestehenden Sprachbarrieren. Sicherlich wird man von niemandem auch nur eine ansatzweise Kenntnis aller elf Amtsprachen erwarten können. Eines der ganz wesentlichen Potentiale eines vereinten Europas, nämlich die kulturelle Vielfalt innerhalb der Europäischen Union, verbietet aber gleichfalls eine Beschränkung des europäischen Integrationsprozesses auf nur eine Sprache[126]. Zu Gunsten eines möglichst lebendigen Dialogs zwischen allen mitgliedstaatlichen Rechtsordnungen wird man daher vor allem im Rahmen rechtswissenschaftlicher Auseinandersetzungen auf eine größtmögliche Sprachenvielfalt des jeweiligen Autors bauen müssen, um eine umfassende Aufarbeitung bestimmter Themenbereiche zu erzielen und gleichsam die gegenwärtigen Rechtswissenschaften aus ihren nationalen Umklammerungen herauszuführen[127]. Als fatal würde sich daher auch eine Beschränkung auf „andere wichtige europäische Sprachen" erweisen[128], da dies langfristig zu einer rechtswissenschaftlichen Abschottung einzelner Mitgliedstaaten führen würde. Gerade im Gegensatz hierzu muss in der Mitberücksichtigung von Diskussionen, die in eher unpopulären Sprachen gehalten werden, eine wahrhafte Bereicherung für eine europäische Rechtswissenschaft gesehen

---

125 *Rodríguez Iglesias/Riechenberg*, in: Due (Hrsg.), FS Everling, Bd. 2 (1995), S. 1213, 1230. Vgl. außerdem *Steiner*, [1980] 96 L.Q.R. 126, 139; *Arnull*, (1987) P.L. 383, 391: „It will be apparent that the effectiveness of this [*von Colson*] principle depends on the willingness of national courts to find that their domestic legislation is capable of bearing more than one meaning." sowie *Ross*, [1993] 56 MLR 55, 56: „The weakness in relying on protection by this route [*Marleasing*] is that it depends upon the willingness and capacity of the national court to identify the relevance of its Article 5 obligation to particular litigation before it."

126 *Remien*, JZ 1992, 277, 283; *Möllers*, Die Rolle des Rechts im Rahmen der europäischen Integration (1999), S. 77 f.; *Weir*, ZEuP 1995, 368 ff. Vgl. aber auch *von Bar*, ZfRV 1994, 221, 232.

127 Vgl. hierzu auch *Remien*, JZ 1992, 277, 282. Siehe in diesem Zusammenhang die Verordnung Nr. 1 des Rates v. 15.4.1958 zur Regelung der Sprachenfrage für die Europäische Wirtschaftsgemeinschaft v. 15.4.1958, ABlEG Nr. 17 v. 6.10.1958, S. 385.

128 Vgl. aber *Remien*, RabelsZ 60 (1996), 1, 35.

werden. Zuzugeben ist allerdings, dass man für den verbalen Kommunikationsprozess um eine Konzentration auf den „größten gemeinsamen Nenner“ in Form der englischen und wohl auch französischen Sprache nicht umhin kommt[129].

Neben der Grundbedingung einer gemeinsamen Sprache setzt das Verständnis gemeinschaftlicher und EG-ausländischer Rechtszusammenhänge eine Angleichung oder wenigstens ein gegenseitiges Bewusstsein der unterschiedlichen Stile juristischer Arbeit voraus[130]. So darf es etwa einen deutschen Juristen nicht verwundern, wenn seine Urteilskritik von einem *lawyer* aus dem Vereinigten Königreich mit den knappen Worten „That is not the law“ verworfen wird[131]. Voraussetzung für eine derartige Vertrautheit nationaler Rechtsanwender mit juristischen Stilen, die in anderen nationalen Rechtsordnungen innerhalb der Europäischen Union ihren Ursprung finden oder auch bereits eine EG-rechtliche Verselbständigung erfahren haben, ist freilich eine entsprechend grenzüberschreitende Ausbildung[132]. Mit Blick auf die damit verbundene Forderung nach einem Studium des EG-Rechts lässt sich sagen, dass sich das Pflichtfach „Europarecht“ in den Prüfungsordnungen durchgesetzt hat und überdies die Vorzüge einer gegenwärtigen Mode genießt. Macht man dennoch auf zweifellos bestehende Defizite bei der Berücksichtigung maßgeblichen EG-Rechts aufmerksam[133], ist gleichfalls zu bedenken, dass die Verwirklichung der europäischen Vereinigung auch auf ein neues Rechtsverständnis angewiesen ist, dessen vollständige Durchsetzung erst mit dem Einzug einer neuen Juristengeneration abgeschlossen sein kann. Dies ist nicht etwa übertriebene Zurückhaltung oder gar Pessimismus, sondern gebotener Realismus, der unabdingbar erscheint, will man die Bedeutung der Europäischen

---

[129] Vgl. hierzu die Vorschläge von *Möllers*, Die Rolle des Rechts im Rahmen der europäischen Integration (1999), S. 81 ff.

[130] Ausführlich dazu *Remien*, RabelsZ 60 (1996), 1 ff. Vgl. auch *Flessner*, RabelsZ 56 (1992), 243, 250 ff.; *ders.*, ZEuP 2000, 1 ff.; *Kötz*, in: Müller-Graff (Hrsg.), Gemeinsames Privatrecht in der Europäischen Gemeinschaft (1993), S. 95, 103; *ders.*, ZEuP 1996, 565, 567 f. Dies gilt umso mehr, wenn man die sich abzeichnenden Folgen des in der Richtlinie über den elektronischen Geschäftsverkehr (2000/31/EG), ABlEG Nr. L 178 v. 17.7.2000, S. 1, festgeschriebenen Herkunftslandprinzips bedenkt - vgl. hierzu etwa *Spindler*, ZUM 1999, 775, 780 ff.

[131] Vgl. zum Stellenwert rechtswissenschaftlicher Arbeit im Vereinigten Königreich *Bankowski/MacCormick*, in: MacCormick/Summers (eds.), Interpreting Statutes (1991), p. 359, 379: „None of the legal traditions of the UK at present attaches strong persuasive force to the juristic writings of living authors. It is still sometimes said that an author cannot become an authority until he/she is dead.“

[132] Bezeichnenderweise schlägt *Starck*, JZ 1997, 1021, 1030, vor, das universitäre Lehrfach „Europarecht“ mit dem der „Rechtsvergleichung“ zu verbinden.

[133] Vgl. etwa *Basedow*, ZEuP 1996, 379, 381; *Kochs*, in: Schulze (Hrsg.), Auslegung europäischen Privatrechts und angeglichenen Rechts (1999), S. 211 f.; *Remien*, ZfRV 1995, 116, 124 f.

Union nicht auf eine reine Rechtsgemeinschaft beschränken. Schließlich ist die Existenz des EG-Rechts mehr als eine Novellierung zuvor maßgeblicher Rechtsvorschriften.
Darf man zudem vom nationalen Rechtsanwender auch einen Sinn für andere mitgliedstaatliche Rechtsordnungen verlangen, kann dies - wie schon bei den Anforderungen an dessen Sprachkenntnisse - freilich ebenfalls nur für einen Ausschnitt des vorhandenen Erkenntnismaterials gelten. Demzufolge kommt es zunächst auch nicht auf die punktuelle Kenntnis von einzelnen Regelungen in anderen Mitgliedstaaten an. Vielmehr geht es darum, die Scheu vor anderen Rechtssystemen abzulegen, um sich die Suche nach einer Antwort auf eine konkrete Rechtsfrage außerhalb des eigenen Systems überhaupt zuzutrauen[134]. Schon hierdurch entwickelt der nationale Rechtsanwender das vorbezeichnete Gespür für andersartige juristische Stile[135]. Ist demnach vom jungen Juristen mehr denn je ein Studium auch in anderen Mitgliedstaaten der Europäischen Union gefordert, so ist hierbei zu beachten, dass es nicht das oberste Ziel sein kann, ein zweites Rechtssystem vollständig zu erfassen. Vielmehr geht es um die Gewinnung grundsätzlicher Rückschlüsse für das von ihm anzuwendende eigene nationale Recht beziehungsweise für den innerstaatlichen Umgang mit dem gemeinsamen EG-Recht. Erforderlich ist daher in jedem Fall eine sichere Kenntnis des eigenen *legal background*, was insbesondere für die nationalen Methodenlehren gilt[136].
Gewinnt der angehende Jurist auf die beschriebene Weise ein angemessenes Verständnis für das EG-Recht und das seiner Nachbarn, so wird man ihn nicht nur eines gemeinschaftsweiten Dialogs für fähig erachten beziehungsweise ihm mit Blick auf das EG-Recht eine adäquate Aufmerksamkeit und Akzeptanz zu unterstellen haben. Vielmehr muss die so bewiesene „europäische Flexibilität" in der Person des künftigen nationalen Rechtsanwenders auch dazu führen, dass ihm die Tauglichkeit zum „europäischen Richter"[137] zugesprochen wird.

---

[134] Vgl. auch *Coing*, NJW 1990, 937, 940 f.

[135] Vgl. insofern auch *Großfeld*, AcP 184 (1984), 289, 320: „Darüber hinaus erhält die Rechtsvergleichung zunehmend eine noch wichtigere Rolle: Sie befähigt uns, unsere Rechtskultur nach außen überzeugender zu vertreten, unsere Rechtskultur zum Leuchten zu bringen. Sie befreit uns von einer nationalen Nabelschau, zeigt uns den Verständnishorizont des Auslandes und hilft und so, das fremde Ohr zu treffen. Das gelingt uns nur, wenn wir den ausländischen rechtskulturellen Hintergrund wenigstens erahnen (zu mehr wird es meist nicht reichen)."

[136] In diesem Sinne wohl auch *Remien*, RabelsZ 60 (1996), 1, 37 f. Vgl. außerdem bereits *Kötz*, MDR 1960, 362, 363.

[137] So *Möllers*, EuR 1998, 20, 45; *ders.*, Die Rolle des Rechts im Rahmen der europäischen Integration (1999), S. 73. Vgl. außerdem *Pernice*, EuR 1996, 27 f. & 33; *Zuleeg*, JZ 1994, 1, 2; *ders.*, RdA 1996, 71.

Zusammenfassende Thesen

Die Pflicht zu einer am Europäischen Gemeinschaftsrecht ausgerichteten Anwendung nationalen Rechts setzt keinen Vorrang des Gemeinschaftsrechts voraus. Mithin lassen sich aus dem Vorrang des unmittelbar wirkenden Gemeinschaftsrechts keine Unterschiede zwischen einerseits der gemeinschaftsrechtskonformen und andererseits der richtlinienkonformen Rechtsanwendung im positiven Sinne ableiten. In beiden Kategorien bestimmt sich der Umfang der Pflicht zur normorientierten Rechtsanwendung ausschließlich nach der herkömmlichen nationalen Rechtsanwendungsmethodik. Innerhalb dieser kann dem unmittelbar wirkenden Gemeinschaftsrecht allerdings eine weitreichendere Rolle zukommen als dem nur mittelbar wirkenden Gemeinschaftsrecht[1].

Aufgrund der unterschiedlichen Ebenen von nationaler und gemeinschaftlicher Rechtsordnung findet eine systematische Einbeziehung von Vorgaben des unmittelbar wie auch mittelbar wirkenden Gemeinschaftsrechts in die Anwendung nationalen Rechts grundsätzlich nicht statt. Etwas anderes gilt nur dann, wenn besondere Anhaltspunkte wie verweisende Gesetzestitel oder amtliche Anmerkungen vorliegen, die einen systematischen Zusammenhang zwischen nationalem Recht und Gemeinschaftsrecht begründen. Vor allem aber erfolgt die auf innerstaatlicher Methodik beruhende Einbeziehung des Gemeinschaftsrechts in die Anwendung nationalen Rechts anhand der Gesetzeshistorie und Gesetzesteleologie[2].

Die Ausrichtung der Rechtsanwendung an der Gesetzeshistorie, die auch ein Instrument der völkerrechtskonformen Auslegung deutschen Rechts darstellt, kommt erst recht zu Gunsten einer gemeinschaftsrechtskonformen und richtlinienkonformen Rechtsanwendung in Betracht. Allerdings ist eine derartige Einbeziehung von Gemeinschaftsrechtsvorgaben nur möglich, sofern ein entsprechender gesetzgeberischer Wille nachweislich vorliegt beziehungsweise eine diesbezügliche Vermutung sich darauf stützen kann, dass der Gesetzgeber in Kenntnis des maßgeblichen Gemeinschaftsrechts tätig geworden ist. Dies gilt allein für solche nationalen Rechtsakte, die dem Gemeinschaftsrecht in ihrer Entstehung zeitlich nachfolgen[3].

Die Methode der teleologisch ausgerichteten Rechtsanwendung führt die Orientierung am Gesetzeszweck aufgrund von allgemeinen Rechtsprinzipien fort. Hierunter sind auch die Vorgaben des unmittelbar wirkenden Gemeinschaftsrechts zu fassen. Demgegenüber muss eine teleologische

[1] Vgl. dazu vor allem oben 5. Kapitel, A.I.
[2] Vgl. dazu vor allem oben 5. Kapitel, A.II.1.
[3] Vgl. dazu vor allem oben 5. Kapitel, A.II.2.

Einbeziehung des nur mittelbar wirkenden EG-Rechts angesichts der Souveränitätsreserve zu Gunsten der mitgliedstaatlichen Gesetzgeber scheitern[4].

Was die Reichweite einer EG-rechtskonformen Rechtsanwendung angeht, so steckt der noch mögliche Wortsinn einer nationalen Rechtsvorschrift die Grenzen der zulässigen Gesetzesauslegung ab. Darüber hinaus besteht mit der Methode der Rechtsfortbildung eine Möglichkeit auch jenseits des Gesetzeswortlauts eine am Gemeinschaftsrecht ausgerichtete Rechtsfindung zu erreichen. Voraussetzung hierfür ist ein Gesetzeszweck, der das geschriebene Recht als planwidrig lückenhaft erscheinen lässt, und eine bereits im geschriebenen Recht vorhandene Wertung, mit der diese Lücke ausgefüllt werden kann. Insofern ist bedeutsam, dass auch in einer nur unvollkommenen Rechtsvorschrift in aller Regel die Wertentscheidung des zugrunde liegenden Gemeinschaftsrechts zum Ausdruck kommt. Ist hingegen schon ein auf EG-Rechtskonformität abzielender Plan weder im Wege historischer noch teleologischer Erwägungen zu ermitteln, scheidet eine Rechtsfortbildung aus. Hier fordert der Grundsatz der Gewaltenteilung einen Rückgriff auf den objektivierten Willen des Gesetzgebers, also den Gesetzeswortlaut[5].

Es besteht kein Anlass, bei der EG-rechtskonformen Rechtsanwendung einschließlich der Rechtsfortbildung besondere Beeinträchtigungen für die verfassungsrechtlich gebotene Rechtssicherheit zu befürchten. Vielmehr ist zu bedenken, dass es sich beim Gemeinschaftsrecht um Vorschriften handelt, die entweder vom Rechtsanwender als *ultima ratio* auch direkt herangezogen werden können oder die - im Falle von Richtlinien - zumindest im Amtsblatt der Europäischen Gemeinschaften veröffentlicht worden sind. Damit erfährt das Bedürfnis nach Rechtssicherheit eine überobligatorische Genugtuung[6].

Eine inhaltliche Modifikation der bundesdeutschen Methodenlehre ist nicht angesagt. Vielmehr trifft die jeweils verbindliche Pflicht zur EG-rechtskonformen Rechtsanwendung als Bestandteil des eigenständigen Gemeinschaftsrechts auf die bundesdeutsche Rechtsordnung. Bei der nur mittelbaren Wirkung des EG-Rechts ist der deutsche Richter daher nicht nur als nationaler Richter, sondern ebenso auch als „europäischer Richter“ zur Entscheidung aufgerufen. Die Rolle als nationaler Richter gebietet insofern, dass die mittelbare Durchsetzung des Gemeinschaftsrechts auf die Anwendungsmöglichkeiten des innerstaatlichen Rechts angewiesen ist, die durch eine

---

[4] Vgl. dazu vor allem oben 5. Kapitel, A.II.3.
[5] Vgl. dazu vor allem oben 5. Kapitel, B.I.
[6] Vgl. dazu vor allem oben 5. Kapitel, B.II.

vollumfängliche Ausschöpfung der nationalen Rechtsanwendungsmethodik aufgedeckt werden[7].

Neben den Pflichten zur EG-rechtskonformen Rechtsanwendung verlangt die Vorschrift des Art. 10 EGV ebenfalls im Rahmen der jeweils bestehenden Rechtsanwendungsmöglichkeiten auch eine vergleichende Anwendung der mitgliedstaatlichen Rechtsordnungen untereinander. Allerdings stellen derartige rechtsvergleichende Erwägungen keine schon nach nationalem Recht unmittelbar verwertbare Rechtserkenntnisquelle dar. Im Übrigen kommt der „Pflicht zur Rechtsvergleichung" auch keine der EG-Rechtskonformität vergleichbare Verbindlichkeit zu. Soweit andere Rechtsordnungen aber als Anregung beziehungsweise Bestätigung für die innerstaatliche Rechtsfindung dienen können, muss sich der nationale Rechtsanwender zumindest ernsthaft mit ihnen auseinander setzen[8].

Damit sich nationale Rechtsanwender für die auf sie übertragende Durchsetzung des EG-Rechts in der Rolle als „europäische Richter" qualifizieren, ist von ihnen zu verlangen, dass sie die europäische Integration durch die Kenntnis von weiteren Amtsprachen der Europäischen Union lebhaft vorantreiben. Zum gleichen Zweck ist - neben dem Studium des EG-Rechts selbst - zu fordern, dass nationale Rechtsanwendungsinstanzen einen Sinn für andere mitgliedstaatliche Rechtsordnungen entwickeln. Hierbei geht es nicht um das vollständige Erfassen ausländischer Regelungskomplexe, sondern vielmehr um ein Gespür für die unterschiedlichen juristischen Stile, die es im Rahmen der europäischen Rechtsvereinheitlichung zu überwinden gilt[9].

---

[7] Vgl. dazu vor allem oben 5. Kapitel, C.II.1.
[8] Vgl. dazu vor allem oben 5. Kapitel, C.II.2.
[9] Vgl. dazu vor allem oben 5. Kapitel, C.II.3.

Conclusion

The duty to interpret national law in accordance with Community law does not require the primacy of Community law. Thus the primacy of directly effective Community law does not allow a distinction between the statutory interpretation in consistency with directly effective Community law on the one hand and indirectly effective Community law on the other hand. In both categories the extent to which the interpretative duty applies is determined by the traditional national methods of interpretation. Merely in accordance with them, the directly effective Community law might have a more extensive influence on the application of national law than the indirectly effective Community law.

Due to the different levels of Community law on the one hand and national legal systems on the other hand a systematic consideration of EC law is, in general, an impermissible aid to the construction of German law. The only exception applies when the national law comprises a reference to the relevant Community law. For example, its mention by the title or an official note of German statutes may constitute a systematic relation between Community law and national law. However, the interpretative consideration of EC law is mainly based on the traditional methods aiming at the legislative history and teleology of the enactment.

The construction of national law in accordance with the legislative history is a method of interpreting German law in consistency with international treaties. *A fortiori* this method is to apply where directly and indirectly effective Community law is concerned. But yet, the legislative history requires a Parliamentary intention aiming at the implementation of EC law. At least, the presumption of such an intention has to be based on the fact that the legislature took notice of its Community obligations. This is only possible if the national law does not precede the relevant EC law.

The statutory interpretation on the basis of teleology continues to centre on the enactment's *ratio*, not by referring to the expressed will of Parliament but to general principles of law. These principles include the directly effective Community law. In contrast to that, the indirectly effective Community law is not admissible within the process of teleological construction. Otherwise, the remaining sovereignty of national Parliaments established by art. 249 (3) of the EC-Treaty would be disregarded.

The application of national law in consistency with Community law is limited by its statutory wording, as far as the method of *Gesetzesauslegung* is concerned. Furthermore, the method of *Rechtsfortbildung* provides an interpretative means to go beyond the wording of national law to achieve conformity with EC law. For this it is necessary that the enactment's *ratio* lead to the conclusion that the positive law is unintentionally incomplete. Moreover, *Rechtsfortbildung* requires a legal principle provided by the existing law, which can be used to fill the unintentional gap. In this context it is important to note that even an imperfect provision of German law regularly contains the legal idea of the relevant EC law being the basis for its enactment. However, if a legal purpose aiming at consistency with Community law cannot be established, neither by the legislative history, nor by a teleological interpretation, the method of *Rechtsfortbildung* must fail. On the contrary, it is the constitutional principle of separation of powers which requires the person applying the law to follow the will of Parliament as expressed in the statute.

The interpretation of German law in conformity with Community law including the method of *Rechtsfortbildung* is not contradictory to the constitutional principle of legal certainty. In contrast to this, it must be considered that provisions of Community law are either *ultima ratio* directly effective or - as far as directives are concerned - at least published in the Official Journal of the European Communities. Thus, the requirements of legal certainty are fulfilled in an exemplary manner.

A modification of German canons of statutory interpretation is not to be made. The duties to interpret national law in accordance with Community law meet national legal systems as part of the independant EC law. Giving indirect effect to Community provisions, the German judge does not only act as national judge, but also as "European judge". However, his national role causes the effect of EC law to be limited to the interpretative options of the applicable national law. These options are determined by a complete utilization of the judge's interpretative discretion under national law.

In addition to the duties to interpret national law in conformity with Community law, a comparative analysis of legal systems of other Member States is also required within the interpretative options of national law by the provision of art. 10 of the EC-Treaty. Yet, aspects of comparative law do not form part of the directly admissible aids to the interpretation of German law. Besides, the duty to consider comparative law is not of the same compulsory nature as the duty to achieve consistency of national law with EC law. Nevertheless, as far as other legal systems may serve as suggestion or confirmation of an interpretative approach, they have to be considered in a serious way.

To qualify for the enforcement of EC law as "European judge", lawyers are required to support the European integration by the knowledge of other official languages of the European Union. For the same purpose, it is necessary, apart from studying Community law, to develop a sense of other national legal systems. This statement is not directed towards a complete knowledge of foreign legal institutions, but towards a feeling for different legal styles which are to be overcome in the course of European legal harmonization.

LITERATURVERZEICHNIS

Abele, Roland
Geschlechtsbezogene Diskriminierung beim Zugang zum Arbeitsverhältnis, EuR 1990, 371

Schadensersatz wegen geschlechtsbezogener Diskriminierung eines Stellenbewerbers, NZA 1997, 641

Allan, T.R.S.
Parliamentary Sovereignty: Lord Denning's Dexterous Revolution, (1983) 3 O.J.L.S. 22

The Limits of Parliamentary Sovereignty, (1985) P.L. 614

Parliamentary Sovereignty: Law, Politics, and Revolution, [1997] 113 L.Q.R. 443

Allott, Philip
Parliamentary Sovereignty - from Austin to Hart, [1990] 49 C.L.J. 377

Ameli, Francois/ Baets, Caroline de/ Ehricke, Ulrich/ Kennett, Wendy/ Haegenborgh, Geert van/ Verschuur, René
Case C-398/92, Firma Mund & Fester v Firma Hatrex Internationaal Transport, 10 February, [1994] ECR I-467, European Court of Justice, (1995) 4 ERPL 613

Arnull, Anthony
The Incoming Tide: Responding to Marshall, (1987) P.L. 383

The Duke Case: an Unreliable Precedent, (1988) P.L. 313

When is pregnancy like an arthritic hip?, (1992) 17 E.L.Rev. 265

Editorial - The incidental effect of directives, (1999) 24 E.L.Rev. 1

Atiyah, P.S.
Common Law and Statute Law, [1985] 48 MLR 1

Bach, Albrecht
Direkte Wirkungen von EG-Richtlinien, JZ 1990, 1108

Baldus, Christian/ Becker, Rainer
Haustürgeschäfte und richtlinienkonforme Auslegung, ZEuP 1997, 874

Bamforth, Nicholas
The Changing Concept of Sex Discrimination, [1993] 56 MLR 872

Bankowski, Zenon/ MacCormick, D. Neil Statutory Interpretation in the United Kingdom, in: D. Neil MacCormick/Robert S. Summers (eds.), Interpreting Statutes - A Comparative Study, Aldershot u.a. 1991, p. 359

Banks, Karen Constitutional Implications of Community Sex Equality Law, in: Deirdre Curtin/David O'Keeffe (eds.), Constitutional Adjudication in European Community and National Law - Essays for the Hon. Mr. Justice T. F. O'Higgins, Dublin 1992, p. 107

Bar, Christian von Vereinheitlichung und Angleichung von Deliktsrecht in der Europäischen Union, ZfRV 1994, 221

Barber, N.W. Sovereignty Re-examined: The Courts, Parliament, and Statutes, (2000) 20 O.J.L.S. 131

Basedow, Jürgen Der Bundesgerichtshof, seine Rechtsanwälte und die Verantwortung für das europäische Privatrecht, in: Gerd Pfeiffer (Hrsg.), FS Hans Erich Brandner, Köln u.a. 1996, S. 651

Rechtskultur - zwischen nationalem Mythos und europäischem Ideal, ZEuP 1996, 379

Bayreuther, Frank Anmerkung (zu BGH, Urt. v. 5.2.1998), EuZW 1998, 474

Beaumont, Paul Sex Discrimination - Pregnancy - Interpretation of a UK Act to Conform with a Non-directly Effective Directive, (1995) S.L.G. 159

Bebr, Gerhard Joined Cases C-6/90 and C-9/90, *Francovich v. Italy*, *Bonifaci v. Italy*, Judgment of the Court of Justice of 19 November 1991, (1992) 29 CML Rev. 557

Behrens, Peter Gemeinschaftsrecht und juristische Methodenlehre, EuZW 1994, 289

Bell, John/ Engle, George Cross: Statutory Interpretation, 3rd edition, London 1995

Bennion, F.A.R. Statutory Interpretation, 3rd edition, London u.a. 1997

Berger, Klaus Peter Auf dem Weg zu einem europäischen Gemeinrecht der Methode, ZEuP 2001, 4

Bernard, Nicolas The Direct Effect of Directives: Retreating from Marshall (No. 1)?, (1995) 24 I.L.J. 97

Bertelsmann, Klaus/ Pfarr, Heide M. — Diskriminierung von Frauen bei der Einstellung und Beförderung, DB 1984, 1297

Betlem, Gerrit — The principle of indirect effect of Community law, (1995) 3 ERPL 1

Bettermann, Karl August — Die verfassungskonforme Auslegung - Grenzen und Gefahren, Heidelberg 1986

Beyer, Thomas C.W./ Möllers, Thomas M.J. — Die Europäisierung des Arbeitsrechts, JZ 1991, 24

Birk, Rolf — Auswirkungen der Rechtsprechung des EuGH zur Gleichbehandlung von Frauen und Männern beim Berufszugang, NZA 1984, 145

Bleckmann, Albert — Die Völkerrechtsfreundlichkeit der deutschen Rechtsordnung, DÖV 1979, 309

Zu den Auslegungsmethoden des Europäischen Gerichtshofs, NJW 1982, 1177

Zur unmittelbaren Anwendbarkeit der EG-Richtlinien, RIW 1984, 774

Gleichbehandlung von Männern und Frauen hinsichtlich des Zugangs zur Beschäftigung, DB 1984, 1574

Europarecht, 6. Auflage, Köln u.a. 1997

Boch, Christine — When is Pregnancy Unique to the Female Sex?, (1997) 1 Edin. L.R. 392

Case C-32/93, *Webb v. EMO Air Cargo (U.K.) Ltd.*, [1994] ECR I-3567; in the House of Lords [1995] 1 WLR 1454, (1996) 33 CML Rev.547

Borck, Hans-Günther — Von der „Wirtschaftlichen Betrachtungsweise" zur „Europarechtskonformen Auslegung", WRP 1994, 15

Bork, Reinhard/ Schmidt-Parzefall, Tillmann — Zur Reformbedürftigkeit des § 110 ZPO, JZ 1994, 18

Bourn, Colin — Discrimination and equal pay, (1991) 141 N.L.J. 1142

Bradley, Anthony W./ Ewing, Keith D. — Constitutional and administrative law, 11th edition, London 1993

Brandenburg, Hans-Friedrich — Die teleologische Reduktion, Göttingen 1983

Brandner, Hans Erich — Beobachtungen und Lehren bei der Umsetzung von Verbraucherschutzrichtlinien in das deutsche Recht, in: Reiner Schulze (Hrsg.), Auslegung europäischen Privatrechts und angeglichenen Rechts, Baden-Baden 1999, S. 131

Aufgaben der mitgliedstaatlichen Gerichte bei der Umsetzung europäischen Privatrechts und der Auslegung des angeglichenen Rechts, in: Karlmann Geiß/Kay Nehm/Hans Erich Brandner/Horst Hagen (Hrsg.), FS BGH, Köln u.a. 2000, S. 299

Brandt, Kerstin — Der Europäische Gerichtshof (EuGH) und das Europäische Gericht erster Instanz (EuG) - Aufbau, Funktionen und Befugnisse, JuS 1994, 300

Brealey, Mark/ Hoskins, Mark — Remedies in EC law - Law and Practice in the English and EC Courts, 2nd edition, London 1998

Brechmann, Winfried — Die richtlinienkonforme Auslegung, München 1994

Bredimas, Anna — Methods of Interpretation and Community Law, Amsterdam u.a. 1978

Brödermann, Eckart — Europäisches Gemeinschaftsrecht versus IPR: Einflüsse und Konformitätsgebot, MDR 1992, 89

Brüggemeier, Gert — EG-rechtskonforme Ausgestaltung des Schadensersatzes bei Geschlechtsdiskriminierung im Arbeitsleben, ZEuP 1998, 752

Bungert, Hartwin — Sicherheitsleistung durch Ausländer und europäische Dienstleistungsfreiheit, IStR 1993, 481

Búrca, Gráinne de — Giving Effect to European Community Directives, (1992) 55 MLR 215

Burmeister, Joachim — Die Verfassungsorientierung der Gesetzesauslegung, Verfassungskonforme Auslegung oder vertikale Normendurchdringung?, Berlin u.a. 1966

Busch, Bernhard — Das Verhältnis des Art. 80 Abs. 1 S. 2 GG zum Gesetzes- und Parlamentsvorbehalt, Berlin 1992

Bydlinski, Franz — Juristische Methodenlehre und Rechtsbegriff, 2. Auflage, Wien u.a. 1991

Campbell, A.I.L. National Legislation and EC Directives: Judicial Co-operation and National Autonomy, [1992] 43 NILQ 330

Canaris, Claus-Wilhelm Die Feststellung von Lücken im Gesetz, 2. Auflage, Berlin 1983

Die Bedeutung allgemeiner Auslegungs- und Rechtsfortbildungskriterien im Wechselrecht, JZ 1987, 543

Das Rangverhältnis der „klassischen" Auslegungskriterien, demonstriert an Standardproblemen aus dem Zivilrecht, in: Volker Beuthien/Maximilian Fuchs/Herbert Roth/Gottfried Schiemann/Andreas Wacke (Hrsg.), FS für Dieter Medicus, Köln u.a. 1999, S. 25

Die Stellung der „UNIDROIT Principles" und der „Principles of European Contract Law" im System der Rechtsquellen, in: Jürgen Basedow (Hrsg.), Europäische Vertragsrechtsvereinheitlichung und deutsches Recht, Tübingen 2000, S. 5

Carstens, Karl Der Rang europäischer Verordnungen gegenüber deutschen Rechtsnormen, in: Bernhard Aubin (Hrsg.), FS für Otto Riese, Karlsruhe 1964, S. 65

Chalmers, Damian European Union Law, Volume I, Aldershot u.a. 1998

The Application of Community Law in the United Kingdom, 1994-1998, (2000) 37 CML Rev. 83

Classen, Claus Dieter Zur Bedeutung von EWG-Richtlinien für Privatpersonen, EuZW 1993, 83

Coing, Helmut Juristische Methodenlehre, Berlin u.a. 1972

Grundzüge der Rechtsphilosophie, 5. Auflage, Berlin u.a. 1993

Collins, Lawrence European Law in the United Kingdom, 4th edition, London u.a. 1990

Coppel, Jason Rights, Duties and the End of Marshall, [1994] 57 MLR 859

Horinzontal Effect of Directives, (1997) 26 I.L.J. 69

Craig, Paul P. Sovereignty of the United Kingdom Parliament after *Factortame*, (1991) 11 Y.B.E.L. 221

Once upon a Time in the West: Direct Effect and the Federalization of EEC Law, (1992) 12 O.J.L.S. 453

Francovich, Remedies and the Scope of Damages Liability, [1993] 109 L.Q.R. 595

Directives: Direct Effect, Indirect Effect and the Construction of National Legislation, (1997) 22 E.L.Rev. 519

Once More unto the Breach: The Community, the State and Damages Liability, [1997] 113 L.Q.R. 67

Report on the United Kingdom, in: Anne-Marie Slaughter/Alec Stone Sweet/J.H.H. Weiler (eds.), The European Court and National Courts - Doctrine and Jurisprudence, Oxford 1998, p. 195

Craig, Paul P./ Búrca, Gráinne de — EU Law - Text, Cases, and Materials, 2nd edition, Oxford 1998

The Evolution of EU Law, Oxford 1999

Cross, Rupert/ Harris, J.W. — Precedent in English Law, 4th edition, Oxford 1991

Curtin, Deirdre — Effective Sanctions and the Equal Treatment Directive: the *von Colson* and *Harz* Cases, (1985) 22 CML Rev. 505

Directives: The Effectiveness of Judicial Protection of Individual Rights, (1990) 27 CML Rev. 709

The Province of Government: Delimiting the Direct Effect of Directives in the Common Law Context, (1990) 15 E.L.Rev. 195

The Decentralised Enforcement of Community Law Rights. Judicial Snakes and Ladders, in: Deirdre Curtin/David O'Keeffe (eds.), Constitutional Adjudication in European Community and National Law - Essays for the Hon Mr Justice T F O'Higgins, Dublin 1992, p. 33

State Liability Under Community Law: A New Remedy for Private Parties, (1992) 21 I.L.J. 74

Daig, Hans-Wolfram — Zur Rechtsvergleichung und Methodenlehre im Europäischen Gemeinschaftsrecht, in: Herbert Bernstein/Ulrich Drobnig/Hein Kötz (Hrsg.), FS Konrad Zweigert, Tübingen 1981, S. 395

Dänzer-Vanotti, Wolfgang — Richtlinienkonforme Auslegung und Rechtsfortbildung, StVj 1991, 1

Die richtlinienkonforme Auslegung deutschen Rechts hat keinen rechtlichen Vorrang, RIW 1991, 754

	Methodenstreit um die den EG-Richtlinien konforme Auslegung, DB 1994, 1052
Dashwood, Alan	The Principle of Direct Effect in European Community Law, [1977/78] 16 J.C.M.S. 229
Deards, Elspeth	Indirect Effect after *Webb v. Emo Air Cargo (UK) Ltd*: How Must National Law be Interpreted to Comply with a Directive?, (1996) 2 EPL 71
Degenhardt, Christoph	Grundrechtsschutz ausländischer juristischer Personen bei wirtschaftlicher Betätigung im Inland, EuGRZ 1981, 161
Dendrinos, Antonios	Rechtsprobleme der Drittwirkung der EWG-Richtlinien unter besonderer Berücksichtigung der Rechtslage in Griechenland, Frankfurt am Main u.a. 1989
Depenheuer, Otto	Der Wortlaut als Grenze, Heidelberg 1988
Di Fabio, Udo	Richtlinienkonformität als ranghöchstes Normauslegungsprinzip?, NJW 1990, 947
Dicey, Albert Venn	Introduction to the Study of the Law of the Constitution, 9th edition, London 1948
Docksey, Christopher/ Fitzpatrick, Barry	The Duty of National Courts to Interpret Provisions of National Law in Accordance with Community Law, (1991) 20 I.L.J. 113
Dreher, Meinrad	Richtlinienumsetzung durch Exekutive und Judikative, EuZW 1997, 522
Dreier, Horst	Kommentar zum Grundgesetz, Bd. I, Tübingen 1996
	Kommentar zum Grundgesetz, Bd. II, Tübingen 1998
Drexl, Josef	Der Bürge als deutscher und europäischer Verbraucher, JZ 1998, 1046
Easson, A.J.	Can Directives Impose Obligations on Individuals?, (1979) 4 E.L.Rev. 67
	The "Direct Effect" of EEC Directives, [1979] 28 I.C.L.Q. 320
Ebsen, Ingwer	Gesetzesbindung und „Richtigkeit" der Entscheidung, Berlin 1974

Eckertz-Höfer, Marion Gleichbehandlung von Frauen und Männern beim Zugang zur Beschäftigung, JuS 1987, 611

Eekelaar, John The Death of Parliamentary Sovereignty - A Comment, [1997] 113 L.Q.R. 185

Ehricke, Ulrich Zur teleologischen Reduktion des § 917 II ZPO, NJW 1991, 2189

Nochmals: Zum Arrestgrund der Auslandsvollstreckung in § 917 II ZPO, NJW 1992, 603

Der „taugliche" Bürge gemäß § 239 BGB auf dem Prüfstand des Gemeinschaftsrechts, EWS 1994, 259

Die richtlinienkonforme Auslegung und gemeinschaftsrechtskonforme Auslegung nationalen Rechts, RabelsZ 59 (1995), 598

Die richtlinienkonforme Auslegung nationalen Rechts vor Ende der Umsetzungsfrist einer Richtlinie, EuZW 1999, 553

Eisemann, Hans Der Ersatz von immateriellen „Diskriminierungsschäden", ArbuR 1988, 225

Ellis, Evelyn Supremacy of Parliament and European Law, [1980] 96 L.Q.R. 511

EEC Law and the Interpretation of Statutes, [1988] 104 L.Q.R. 379

European Community Sex Equality Law, Oxford 1991

The Status of European Community Law in the United Kingdom, (1996) 31 Irish Jurist 35

EC Sex Equality Law, Oxford 1998

Elze, Hans Lücken im Gesetz, München u.a. 1916

Emiliou, Nicholas State Liability Under Community Law: Shedding More Light on the *Francovich* Principle, (1996) 21 E.L.Rev. 399

Emmerich, Volker Wettbewerbsbeschränkungen durch die Rechtsprechung, in: Hermann Lange/Knut Wolfgang Nörr/Harm Peter Westermann (Hrsg.), FS Joachim Gernhuber, Tübingen 1983, S. 857

Emmert, Frank Horizontale Drittwirkung von Richtlinien?, EWS 1992, 53

Engisch, Karl — Einführung in das juristische Denken, Stuttgart u.a. 1983

Enneccerus, Ludwig
Nipperdey, Hans Carl — Lehrbuch des Bürgerlichen Rechts, Bd. I/1, Tübingen 1959

Erman, Walter — Handkommentar zum Bürgerlichen Gesetzbuch, Bd. 1 (§§ 1 - 853), 9. Auflage, Münster 1993

Esser, Josef — Vorverständnis und Methodenwahl in der Rechtsfindung, Frankfurt am Main 1970

Grundsatz und Norm in der richterlichen Fortbildung des Privatrechts, 4. Auflage, Tübingen 1990

Everling, Ulrich — Zur direkten innerstaatlichen Wirkung der EG-Richtlinien: Ein Beispiel richterlicher Rechtsfortbildung auf der Basis gemeinsamer Rechtsgrundsätze, in: Bodo Börner (Hrsg.), FS Karl Carstens, Bd. 1, Köln u.a. 1984, S. 95

Zum Vorrang des EG-Rechts vor dem nationalen Recht, DVBl. 1985, 1201

Rechtsanwendungs- und Auslegungsgrundsätze des Gerichtshofs der Europäischen Gemeinschaften, in: Heinrich Wilhelm Kruse (Hrsg.), Zölle, Verbrauchssteuern, europäisches Marktordnungsrecht, Köln 1988, S. 51

Zur Auslegung des durch EG-Richtlinien angeglichenen nationalen Rechts, ZGR 1992, 376

Fikentscher, Wolfgang — Methoden des Rechts, Bd. III, Tübingen 1976

Fitzpatrick, Barry — The Significance of EEC Directives in UK Sex Discrimination Law, (1989) 9 O.J.L.S. 336

Sex Discrimination Law - Mandatory Retirement and Indirect Effect, (1989) 18 I.L.J. 116

The Effectiveness of Equality Law Remedies: A European Community Law Perspective, in: Bob Alexander Hepple/Erika M. Szyszczak (eds.), Discrimination: the limits of law, London 1992, p. 67

Flessner, Axel — Rechtsvereinheitlichung durch Rechtswissenschaft und Juristenausbildung, RabelsZ 56 (1992), 243

Schiffbruch der Interpreten und Statuten, ZEuP 2000, 1

Fluck, Jürgen/ Theuer, Andreas (Hrsg.) Umweltinformationsgesetz UIG (Loseblatt), Stand: 5. EL, Heidelberg 1999

Foster, Nigel *Duke v. G.E.C. Reliance System Ltd.*, Judgment of the House of Lords, (1988) 25 CML Rev. 629

Franzen, Martin Privatrechtsangleichung durch die Europäische Gemeinschaft, Berlin u.a. 1999

Frosini, Vittorio Gesetzgebung und Auslegung, Baden-Baden 1995

Frowein, Jochen Abr. Europäisches Gemeinschaftsrecht und Bundesverfassungsgericht, in: Christian Starck (Hrsg.), FS BVerfG, Bd. II, Tübingen 1976, S. 187

Geiger, Rudolf EUV/EGV, 3. Auflage, München 2000

Gellermann, Martin Beeinflussung des bundesdeutschen Rechts durch Richtlinien der EG, Köln u.a. 1994

Geoghegan, Mary Finlay The Status of Non Implemented Directives before Irish Courts Post Marleasing, in: Deirdre Curtin/David O'Keeffe (eds.), Constitutional Adjudication in European Community and National Law - Essays for the Hon. Mr. Justice T. F. O'Higgins, Dublin 1992, p. 247

Gersdorf, Hubertus Das Kooperationsverhältnis zwischen deutscher Gerichtsbarkeit und EuGH, DVBl. 1994, 674

Gerven, Walter van Bridging the Gap Between Community and National Laws: Towards a Principle of Homogeneity in the Field of Legal Remedies?, (1995) 32 CML Rev. 679

Bridging the Unbridgeable: Community and National Tort Laws after Francovich and Brasserie, [1996] 45 I.C.L.Q.

Göldner, Detlef Christoph Verfassungsprinzip und Privatrechtsnorm in der verfassungskonformen Auslegung und Rechtsfortbildung, Berlin 1969

Verfassung, Rechtsfortbildung und Lücke, in: Claus-Wilhelm Canaris/Uwe Diederichsen (Hrsg.), 2. FS Karl Larenz, München 1983, S. 199

Götz, Volkmar Europäische Gesetzgebung durch Richtlinien - Zusammenwirken von Gemeinschaft und Staat, NJW 1992, 1849

Das Maastricht-Urteil des Bundesverfassungsgerichts, JZ 1993, 1081

Grabitz, Eberhard — Das Verhältnis des Europarechts zum nationalen Recht, in: Heinrich Wilhelm Kruse (Hrsg.), Zölle, Verbrauchssteuern, europäisches Marktordnungsrecht, Köln 1988, S. 33

Grabitz, Eberhard/ Hilf, Meinhard (Hrsg.) — Das Recht der Europäischen Union (Loseblatt), Altband I (EUV, Art. 1 - 136a EGV [Maastrichter-Fassung]), Stand: 14. EL, München 2000

Das Recht der Europäischen Union (Loseblatt), Altband II (Art. 137 - 248 EGV [Maastrichter-Fassung], EWGV [Römische Fassung]), Stand: 14. EL, München 2000

Gravells, Nigel P. — Disapplying an Act of Parliament Pending a Preliminary Ruling: Constitutional Enormity or Community Law Right, (1989) P.L. 568

Effective Protection of Community Law Rights: Temporary Disapplication of an Act of Parliament, (1991) P.L. 180

European Community Law in the English Courts (1993) P.L. 44

Green, Nicholas — Directives, Equity and the Protection of Individual Rights, (1984) 9 E.L.Rev. 295

Greenwood, Christopher — European Community Law, [1988] All ER Annual Review 122

European Community Law, [1991] All ER Annual Review 146

Effect of EC Directives in National Law, [1992] 51 C.L.J. 3

Groeben, Hans von der/ Thiersing, Jochen/ Ehlermann, Claus-Dieter (Hrsg.) — Kommentar zum EG-Vertrag, 5. Auflage, Bd. 1, Baden-Baden 1997

Großfeld, Bernhard — Vom Beitrag der Rechtsvergleichung zum deutschen Recht, AcP 184 (1984), 289

Grundmann, Stefan — Richtlinienkonforme Auslegung im Bereich des Privatrechts - insbesondere: der Kanon der nationalen Auslegungsmethoden als Grenze?, ZEuP 1996, 399

EG-Richtlinie und nationales Privatrecht, JZ 1996, 274

Europäisches Schuldvertragsrecht, Berlin 1999

Die Auslegung angeglichenen Kapitalmarktrechts - insbesondere der Sanktionsregeln, in: Reiner Schulze (Hrsg.), Auslegung europäischen Privatrechts und angeglichenen Rechts, Baden-Baden 1999, S. 63

Gunasekara, Gehan N. — Judicial Reasoning by Analogy with Statutes: The Case of Contributory Negligence and the Law of Contract in New Zealand, (1993) 14 Statute Law Review 84

Gundel, Jörg — Neue Grenzlinien für die Direktwirkung nicht umgesetzter EG-Richtlinien unter Privaten, EuZW 2001, 143

Hakenberg, Waltraud — Keine horizontale Richtlinienwirkung, ZIP 1994, 1510

Haneklaus, Winfried — Direktwirkung von EG-Richtlinien zu Lasten einzelner, DVBl. 1993, 129

Hartley, Trevor C. — The European Court, Judicial Objectivity and the Constitution of the European Union, [1996] 112 L.Q.R. 95

The Foundations of European Community Law, 4th edition, Oxford 1998

Hassold, Gerhard — Wille des Gesetzgebers oder objektiver Sinn des Gesetzes - subjektive oder objektive Theorie der Gesetzesauslegung, ZZP 1981, 192

Strukturen der Gesetzesauslegung, in: Claus-Wilhelm Canaris/Uwe Diederichsen (Hrsg.), 2. FS Karl Larenz, München 1983, S. 211

Heck, Philipp — Gesetzesauslegung und Interessenjurisprudenz, AcP 112 (1914), 1

Hegenbarth, Rainer — Juristische Hermeneutik und linguistische Pragmatik, Königstein 1982

Hepple, Bob Alexander
Byre, Angela — EEC labour law in the United Kingdom - a new approach, (1989) 18 I.L.J. 129

Herber, Rolf — Hat der deutsche Richter das Bilanzrichtlinien-Gesetz an den ihm zugrundeliegenden EG-Richtlinien zu messen?, in: Brigitte Knobbe-Keuk (Hrsg.), FS Georg Döllerer, Düsseldorf 1988, S. 225

Direktwirkung sogenannter horizontaler EG-Richtlinien?, EuZW 1991, 401

Hergenröder, Curt Wolfgang — Anmerkung (zu EuGH, Urt. v. 22.4.1997 - Rs. C-180/95, *Draehmpaehl ./. Urania Immobilienservice oHG*), JZ 1997, 1174

Richtlinienwidriges Gesetz und richterliche Rechtsfortbildung, in: Manfred Lieb (Hrsg.), FS Wolfgang Zöllner, Köln u.a. 1999, S. 1139

Herrmann, Elke — Die Abschlußfreiheit - ein gefährdetes Prinzip, ZfA 1996, 19

Herrmann, Hans Joachim — Einwirkungen von EG-Richtlinien auf das nationale deutsche Umsatzsteuerrecht, RIW 1982, 566

Hervey, Tamara K./ Rostant, Philip — After *Francovich*: State Liability and British Employment Law, (1996) 25 I.L.J. 259

Heß, Burkhard — Anmerkung (zu EuGH, Urt. v. 14.7.1994 - Rs. C-91/92, *Faccini Dori ./. Recreb Srl.*), JZ 1995, 150

Hilbrandt, Christian — Anmerkung (zu EuGH, Urt. v. 22.4.1997 - Rs. C-180/95, *Draehmpaehl ./. Urania Immobilienservice oHG*), EzA § 611 a BGB Nr. 12

Hilf, Meinhard — Die Richtlinie der EG - ohne Richtung, ohne Linie?, EuR 1993, 1

Hillgruber, Christian — Richterliche Rechtsfortbildung als Verfassungsproblem, JZ 1996, 118

Hirsch, Günter — Europäischer Gerichtshof und Bundesverfassungsgericht - Kooperation oder Konfrontation?, NJW 1996, 2457

Hommelhoff, Peter — Zivilrecht unter dem Einfluß europäischer Rechtsangleichung, AcP 192 (1992), 71

Honeyball, Simon — Pregnancy and Sex Discrimination, (2000) 29 I.L.J. 43

Hood Phillips, O. — A Garland for the Lords; Parliament and Community Law Again [1982] 98 L.Q.R. 524

Hopt, Klaus J. — Harmonisierung im europäischen Gesellschaftsrecht, ZGR 1992, 265

Horn, Hans-Detlef — „Grundrechtsschutz in Deutschland" - Die Hoheitsgewalt der Europäischen Gemeinschaften und die Grundrechte des Grundgesetzes nach dem Maastricht-Urteil des Bundesverfassungsgerichts, DVBl. 1995, 91

Howe, Geoffrey — The European Communities Act 1972, (1973) 49 International Affairs 1

Howells, Geraint G. — Implications of the Implementation and Non-Implementation of the EC Products Liability Directive, [1990] 41 NILQ 22

European Directives - the Emerging Dilemmas, [1991] 54 MLR 456

Isensee, Josef/ Kirchhof, Paul (Hrsg.) — Handbuch des Staatsrechts der Bundesrepublik Deutschland, Bd. II, Heidelberg 1987

Handbuch des Staatsrechts der Bundesrepublik Deutschland, Bd. III, Heidelberg 1996

Handbuch des Staatsrechts der Bundesrepublik Deutschland, Bd. V, Heidelberg 1992

Handbuch des Staatsrechts der Bundesrepublik Deutschland, Bd. VII, Heidelberg 1992

Jacobs, Francis G. — Preparing English Lawyers for Europe, (1992) 17 E.L.Rev. 232

Jarass, Hans D. — Voraussetzungen der innerstaatlichen Wirkung des EG-Rechts, NJW 1990, 2420

Richtlinienkonforme Auslegung bzw. EG-Rechtskonforme Auslegung nationalen Rechts, EuR 1991, 211

Folgen der innerstaatlichen Wirkung von EG-Richtlinien, NJW 1991, 2665

Die Niederlassungsfreiheit in der Europäischen Gemeinschaft, RIW 1993, 1

Grundfragen der innerstaatlichen Bedeutung des EG-Rechts, Köln u.a. 1994

Jarass, Hans D./ Pieroth, Bodo — Grundgesetz für die Bundesrepublik Deutschland, 5. Auflage, München 2000

Kampf, Roger — Sicherheitsleistungen durch britische Staatsangehörige, NJW 1990, 3054

Kapteyn, P.J.G./ VerLoren van Themaat, P. — Introduction to the Law of the European Communities, 3rd edition, London 1998

Kirchhof, Paul — Der Weg Europas ist der Dialog, EuZW 1999, 353

Kirchhoff, Wolfgang Die Bedeutung des Europäischen Gerichtshofs für Europa und für die einzelnen Marktteilnehmer, DB 1989, 2261

Klein, Eckart Unmittelbare Geltung, Anwendbarkeit und Wirkung von Europäischem Gemeinschaftsrecht, in: Georg Ress/Michael R. Will (Hrsg.), Vorträge, Reden und Berichte aus dem Europa-Institut der Universität des Saarlandes, Nr. 119, Saarbrücken 1988

Der Verfassungsstaat als Glied einer europäischen Gemeinschaft, VVDStRL (50) 1991, 56

Objektive Wirkung von Richtlinien, in: Ole Due (Hrsg.), FS Ulrich Everling, Bd. 1, Baden-Baden 1995, S. 641

Kleinmann, Werner Verfassungsbeschwerde gegen deutsche Gesetze, die europäisches Gemeinschaftsrecht transformieren?, NJW 1969, 355

Kloepfer, Michael Arbeitsgesetzgebung und Wesentlichkeitstheorie, NJW 1985, 2497

Koch, Robert Einwirkungen des Gemeinschaftsrechts auf das nationale Verfahrensrecht, EuZW 1995, 78

Kochs, Hermann Probleme deutscher Richter bei der Auslegung europäischen Privatrechts, in: Reiner Schulze (Hrsg.), Auslegung europäischen Privatrechts und angeglichenen Rechts, Baden-Baden 1999, S. 211

Kollmer, Norbert Klage auf Umweltinformation nach dem neuen Umweltinformationsgesetz (UIG), NVwZ 1995, 858

Kötz, Hein Ein Student über die Reform des Jurastudiums, MDR 1960, 362

Rechtsvergleichung und gemeineuropäisches Privatrecht, in: Peter-Christian Müller-Graff (Hrsg.), Gemeinsames Privatrecht in der Europäischen Gemeinschaft, Baden-Baden 1993, S. 95

Zehn Thesen zum Elend der deutschen Juristenausbildung, ZEuP 1996, 565

Abschied von der Rechtskreislehre?, ZEuP 1998, 493

Kriele, Martin Theorie der Rechtsgewinnung, 2. Auflage, Berlin 1976

Kropholler, Jan Internationales Einheitsrecht, Tübingen 1975

Langenbucher, Katja — Die Entwicklung und Auslegung von Richterrecht, München 1996

Langenfeld, Christine — Zur Direktwirkung von EG-Richtlinien, DÖV 1992, 955

Die dezentrale Kontrolle der Anwendung des Europäischen Gemeinschaftsrechts im innerstaatlichen Rechtsraum, in Heinrich Siedentopf (Hrsg.), Europäische Integration und nationalstaatliche Verwaltung, Stuttgart 1991, S. 173

Larenz, Karl — Methodenlehre der Rechtswissenschaft, 6 Auflage, Berlin 1991

Larenz, Karl/ Canaris, Claus-Wilhelm — Schuldrecht II 2, 13. Auflage, München 1994

Laws, John — Law and Democracy, (1995) P.L. 72

Leible, Stefan/ Sosnitza, Olaf — Richtlinienkonforme Auslegung vor Ablauf der Umsetzungsfrist und vergleichende Werbung, NJW 1998, 2507

Lenz, Carl Otto — Entwicklung und unmittelbare Geltung des Gemeinschaftsrechts, DVBl. 1990, 903

Lenz, Carl Otto (Hrsg.) — EG-Vertrag Kommentar, 2. Auflage, Köln u.a. 1999

Leonard, Axel — Die Rechtsfolgen der Nichtumsetzung von EG-Richtlinien, Frankfurt am Main u.a. 1997

Levitsky, Jonathan — The Europeanization of the British Legal Style, (1994) 42 Am.J.Comp.L. 347

Lewis, Clive — EEC Law in the United Kingdom: Marshalling Arguments in Reliance on Directives, [1989] 48 C.L.J. 6

Lewis, Clive/ Moore, Sarah — Duties, Directives and Damages in European Community Law, (1993) P.L. 151

Lohse, W. Christian — Anmerkung (zu FG München, Urt. v. 13.9.1989), DStR 1990, 145

Looschelders, Dirk/ Roth, Wolfgang — Juristische Methodenlehre im Prozeß der Rechtsanwendung, Berlin 1996

Lorenz, Stephan — Richtlinienkonforme Auslegung, Mindestharmonisierung und der „Krieg der Senate“, NJW 1998, 2937

Lorenz, Werner — Anwaltshaftung wegen Untätigkeit bei der Errichtung letztwilliger Verfügungen, JZ 1995, 317

Löw, Friederike — Steht das europäische Recht einem Widerspruchsrecht des Arbeitnehmers bei Betriebsübergang entgegen?, DB 1991, 546

Lutter, Marcus — Die Auslegung angeglichenen Rechts, JZ 1992, 593

Ergänzende Bemerkungen zur Auslegung im Gesellschaftsrecht und im Kapitalmarktrecht, in: Reiner Schulze (Hrsg.), Auslegung europäischen Privatrechts und angeglichenen Rechts, Baden-Baden 1999, S. 83

Luttermann, Claus — Der Sinn für das Europäische Recht, JZ 1998, 880

MacCormick, Neil D. — Beyond the Sovereign State, [1993] 56 MLR 1

Magliveras, Konstantin D. — Fishing in Troubled Waters: The Merchant Shipping Act 1988 and the European Community, [1990] 39 I.C.L.Q. 899

Maher, Imelda — A Question of Conflict: The Higher English Courts and the Implementation of European Community Law, in: Terence Daintith (ed.), Implementing EC Law in the United Kingdom: Structures for Indirect Rule, Chichester u.a. 1995, p. 303

Maltby, Nick — *Marleasing*: What is All the Fuss About?, [1993] 109 L.Q.R. 301

Mankowski, Peter — Zum Arrestgrund der Auslandsvollstreckung in § 917 II ZPO, NJW 1992, 599

Mansel, Heinz-Peter — Rechtsvergleichung und europäische Rechtseinheit, JZ 1991, 529

Maunz, Theodor/ Dürig, Günter/ Herzog, Roman/ Scholz, Rupert (Hrsg.) — Kommentar zum Grundgesetz (Loseblatt), Band III, Stand: 37. EL, München 2000

McCaffrey, Elizabeth — Parliamentary Sovereignty and the Primacy of European Law: A Matter of Construction?, [1991] 42 NILQ 109

McCrudden, Christopher — The Effectiveness of European Equality Law: National Mechanism for Enforcing Gender Equality Law in the Light of European Requirements, (1993) 13 O.J.L.S. 320

McGlynn, Clare M.S. — *Webb v. EMO:* A Hope for the Future, [1995] 46 NILQ 50

Pregnancy Dismissals and the *Webb* Litigation, [1996] 4 Feminist Legal Studies 229

Mead, Philip — The obligation to apply European law: is *Duke* dead?, (1991) 16 E.L.Rev. 490

Marleasing and the European sea, (1991) 88 L.Soc.Gaz. 27-19

Meier, Gert — Anmerkung (zu BVerwG, Urt. v. 23.1.1992), WRP 1993, 21

Meier-Hayoz, Arthur — Der Richter als Gesetzgeber, Zürich 1951

Meilicke, Wienand — Zur Bedeutung der richtlinienkonformen Auslegung für das deutsche Steuerrecht, BB 1992, 969

Menke, Burkhart — Funktionale Entscheidungskriterien in der Rechtsprechung zum bezugnehmenden Werbevergleich, GRUR 1991, 661

Metallinos, Alexander — Die europarechtskonforme Auslegung, Münster u.a. 1994

Mitchell, J.D.B./ Kuipers, S.A./ Gall, B. — Constitutional Aspects of the Treaty and Legislation Relating to British Membership, (1972) 9 CML Rev. 134

Mögele, Rudolf — Neuere Entwicklungen im Recht der Europäischen Gemeinschaften, BayVBl. 1993, 129

Möllers, Thomas M.J. — Doppelte Rechtsfortbildung contra legem, EuR 1998, 20

Die Rolle des Rechts im Rahmen der europäischen Integration, Tübingen 1999

Moore, Sarah — Sex, pregnancy, and dismissal, (1994) 19 E.L.Rev. 653

Morris, Dennis — The Human Rights Act 1998: Too Many Loose Ends?, (2000) 21 Statute Law Review 104

Mülbert, Peter O. — Privatrecht, die EG-Grundfreiheiten und der Binnenmarkt, ZHR 1995, 2

Müller, Friedrich — Juristische Methodik, 7. Auflage, Berlin 1997

Müller, Volker/ Heuer, Jens-Uwe — Problemfälle des Anspruchs auf Umweltinformationen, NVwZ 1997, 330

Müller-Graff, Peter-Christian — Europäisches Gemeinschaftsrecht und Privatrecht, NJW 1993, 13

Nessler, Volker — Richterrecht wandelt Richtlinien - Die EuGH-Rechtsprechung zur unmittelbaren Wirkung von Richtlinien als Problem des europäischen Richterrechts, RIW 1993, 206

Nettesheim, Martin Auslegung und Fortbildung nationalen Rechts im Lichte des Gemeinschaftsrechts, AöR 1994, 261

Neuner, Jörg Die Rechtsfindung contra legem, München 1992

Nicol, Danny Disapplying with relish? The Industrial Tribunals and Acts of Parliament, (1996) P.L. 579

Nicolaysen, Gert Richtlinienwirkung und Gleichbehandlung von Männern und Frauen beim Zugang zum Beruf, EuR 1984, 380

Odersky, Walter Harmonisierende Auslegung und europäische Rechtskultur, ZEuP 1994, 1

Oetker, Hartmut Anmerkung (zu EuGH, Urt. v. 22.4.1997 - Rs. C-180/95, *Draehmphael ./. Urania Immobilienservice oHG*), ZIP 1997, 802

Oldenbourg, Andreas Die unmittelbare Wirkung von EG-Richtlinien im innerstaatlichen Bereich, München 1984

Oppermann, Thomas Die Dritte Gewalt in der Europäischen Union, DVBl. 1994, 901

Europarecht, 2. Auflage, München 1999

Ossenbühl, Fritz Richterrecht im demokratischen Rechtsstaat, Bonn 1988

Der gemeinschaftsrechtliche Staatshaftungsanspruch, DVBl. 1992, 993

Parker, Kenneth State Liability in Damages for Breach of Community Law, [1992] 108 L.Q.R. 181

Pawlowski, Hans-Martin Methodenlehre für Juristen, Heidelberg 1999

Pernice, Ingolf Die Dritte Gewalt im europäischen Verfassungsverbund, EuR 1996, 27

Pescatore, Pierre The Doctrine of "Direct Effect": An Infant Disease of Community Law, (1983) 8 E.L.Rev. 155

Pfeiffer, Thomas Ein zweiter Anlauf des deutschen Bürgschaftsrechts zum EuGH, NJW 1996, 3297

Die Bürgschaft unter dem Einfluss des deutschen und europäischen Verbraucherrechts, ZIP 1998, 1129

Plaza Martin, Carmen — Furthering the Effectiveness of EC Directives and the Judicial Protection of Individual Rights Thereunder, [1994] 43 I.C.L.Q. 26

Posch, Willibald — Judikative Rechtsangleichung, ZEuP 1998, 521

Pound, Roscoe — Common Law and Legislation, (1907-08) 21 Harv. L. Rev. 383

Prechal, Sacha — Remedies after Marshall, (1990) 27 CML Rev. 451

Directives in European Community Law, Oxford 1995

Raisch, Peter — Vom Nutzen der überkommenen Auslegungskanones für die praktische Rechtsanwendung, Heidelberg 1988

Rebmann, Kurt Säcker, Franz Jürgen (Hrsg.) — Münchener Kommentar zum Bürgerlichen Gesetzbuch, Bd. 1 - Allgemeiner Teil (§§ 1 - 240), 3. Auflage, München 1993

Reich, Norbert — Der Schutz subjektiver Gemeinschaftsrechte durch Staatshaftung, EuZW 1996, 709

Die Umsetzung der Richtlinie 1999/44/EG in das deutsche Recht, NJW 1999, 2397

Reinicke, Dietrich/ Tiedtke, Klaus — Schutz des Bürgen durch das Haustürwiderrufsgesetz, ZIP 1998, 893

Remien, Oliver — Illusion und Realität eines europäischen Privatrechts, JZ 1992, 277

Denationalisierung des Privatrechts in der Europäischen Union? - Legislative oder gerichtliche Wege, ZfRV 1995, 116

Über den Stil des europäischen Privatrechts in der Europäischen Union? - Legislative oder gerichtliche Wege, ZfRV 1995, 116

Einheit, Mehrstufigkeit und Flexibilität im europäischen Privat- und Wirtschaftsrecht, RabelsZ 62 (1998), 627

Ress, Georg — Die richtlinienkonforme „Interpretation“ innerstaatlichen Rechts, DÖV 1994, 489

Richter, Stefan — Die unmittelbare Wirkung von EG-Richtlinien zu Lasten Einzelner, EuR 1988, 394

Riegel, Reinhard — Auslegungsfragen zum Vorrang des Gemeinschaftsrechts und zu Art. 177 EWGV, RIW 1980, 695

Robinson, William — Case C-91/92 *Paola Faccini Dori v. Recreb Srl*, (Full Court), Judgment of 14 July 1994, (1995) 32 CML Rev. 629

Rodríguez Iglesias, Gil Carlos — Gedanken zum Entstehen einer Europäischen Rechtsordnung, NJW 1999, 1

Der EuGH und die Gerichte der Mitgliedstaaten - Komponenten der richterlichen Gewalt in der Europäischen Union, NJW 2000, 1889

Rodríguez Iglesias, Gil Carlos/ Riechenberg, Kurt — Zur richtlinienkonformen Auslegung des nationalen Rechts, in: Ole Due (Hrsg.), FS Ulrich Everling, Bd. 2, Baden-Baden 1995, S. 1213

Rohe, Mathias — Binnenmarkt oder Interessenverband?, RabelsZ 61 (1997), 1

Rosengarten, Joachim — Der Präventionsgedanke im deutschen Zivilrecht, NJW 1996, 1935

Ross, Jennifer — Equal pay and sex discrimination law in the UK and Europe: the need for coherence, (1996) 18 Journal of Social Welfare and Family Law 147

Ross, Malcolm — Beyond *Francovich*, [1993] 56 MLR 55

Roth, Herbert — EG-Richtlinien und Bürgerliches Recht, JZ 1999, 529

Roth, Wulf-Henning — „Video"-Nachlese oder das (immer noch) vergessene Gemeinschaftsrecht, ZIP 1992, 1054

Rüffler, Friedrich — Richtlinienkonforme Auslegung nationalen Rechts, ÖJZ 1997, 121

Sachs, Michael (Hrsg.) — Kommentar zum Grundgesetz, 2. Auflage, München 1999

Sack, Rolf — Die Berücksichtigung der Richtlinie 97/55/EG über irreführende und vergleichende Werbung bei der Anwendung der §§ 1 und 3 UWG, WRP 1998, 241

Saunders, O.O.R. — *Marleasing* - A Fatal Blow to the Rule of Construction, (1992) 3 European Business Law Review 339

Savigny, Friedrich Carl — System des heutigen Römischen Rechts, Bd. I, Aalen 1840

Scherzberg, Arno — Die innerstaatlichen Wirkungen von EG-Richtlinien, Jura 1993, 225

Freedom of information - deutsch gewendet: Das neue Umweltinformationsgesetz, DVBl. 1994, 733

Schiffauer, Peter — Wortbedeutung und Rechtserkenntnis, Berlin 1979

Schlachter, Monika — Anmerkung (zu EuGH, Urt. v. 22.4.1997 - Rs. C-180/95, *Draehmpaehl ./. Urania Immobilienservice oHG*), AP § 611 a BGB Nr. 13

Schlaich, Klaus — Das Bundesverfassungsrecht, 4. Auflage, München 1997

Schlosser, Peter — Die europäische justizielle Infrastruktur ohne Diskriminierungen, ZEuP 1995, 250

Prozeßkostensicherheitsleistung durch Ausländer und gemeinschaftsrechtliches Diskriminierungsverbot, EuZW 1993, 659

Schlüchter, Ellen — Mittlerfunktion der Präjudizien, Berlin u.a. 1986

Schmidt, Marek — Privatrechtsangleichende EU-Richtlinien und nationale Auslegungsmethoden, RabelsZ 59 (1995), 569

Schmidt-Aßmann, Eberhard — Besonderes Verwaltungsrecht, 11. Auflage, Berlin u.a. 1999

Schmidt-Steinhauser, Burkhard — Geltung und Anwendung von Europäischem Gemeinschaftsrecht im Vereinigten Königreich, Baden-Baden 1994

Scholz, Rupert — Gemeinsame Anmerkung (zu BAG, Urt. v. 14.3.1989 und BAG, Urt. v. 14.3.1989), AP § 611 a BGB Nr. 5 und 6

Gemeinsame Anmerkung (zu EuGH, Urt. v. 10.4.1984 - Rs. 14/83, *von Colson und Kamann ./. Land Nordrhein Westfalen* und EuGH, Urt. v. 10.4.1984 - Rs. 79/83, *Harz ./. Deutsche Tradax GmbH*), SAE 1984, 250

Schön, Wolfgang — Die Auslegung des europäischen Steuerrechts, Köln 1993

Schröder, Meinhard — Das Bundesverfassungsgericht als Hüter des Staates im Prozeß der europäischen Integration, DVBl. 1994, 316

Schultz, Dietrich — Die ausgeführte Richtlinie im nationalen Recht - Offene Fragen aus der Sicht des deutschen Gesellschaftsrechts, in: Gerhard Lüke (Hrsg.), GS Léontin-Jean Constantinesco, Köln u.a. 1983, S. 677

Schulze, Reiner Vergleichende Gesetzesauslegung und Rechtsangleichung, ZfRV 1997, 183

Auslegung europäischen Privatrechts und angeglichenen Rechts - Einführung, in: Reiner Schulze (Hrsg.), Auslegung europäischen Privatrechts und angeglichenen Rechts, Baden-Baden 1999, S. 9

Schumann, Ekkehard Das Rechtsverweigerungsverbot, ZZP 1968, 79

Schünemann, Bernd Die Gesetzesinterpretation im Schnittfeld von Sprachphilosophie, Staatsverfassung und juristischer Methodenlehre, in: Günter Kohlmann (Hrsg.), FS Ulrich Klug, Bd. I, Köln 1983, S. 169

Schwarze, Jürgen Vorläufiger Rechtsschutz im Widerstreit von Gemeinschaftsrecht und nationalem Verwaltungsverfahrens- und Prozeßrecht, in: Jürgen F. Baur (Hrsg.), FS Bodo Börner, Köln u.a. 1992, S. 389

Shaw, Josephine European Community Judicial Method: its Application to Sex Discrimination Law, (1990) 19 I.L.J. 228

Shears, Peter/ Stephenson, Graham James' Introduction to English Law, 13th edition, London u.a. 1996

Siebert, Wolfgang Die Methode der Gesetzesauslegung, Heidelberg 1958

Snyder, Francis The Effectiveness of European Community Law: Institutions, Processes, Tools and Techniques, [1993] 56 MLR 19

Soergel, Hans Theodor (Begr.) Bürgerliches Gesetzbuch, Bd. 2 - Schuldrecht I (§§ 241 - 432), 12. Auflage, Stuttgart u.a. 1990

Bürgerliches Gesetzbuch, Bd. 2 - Allgemeiner Teil 2 (§§ 104 - 240), 13. Auflage, Stuttgart u.a. 1999

Spetzler, Eugen Die unmittelbare Wirkung von Richtlinienbestimmungen als neue Sanktionskategorie nach Art. 189 EWG-Vertrag, RIW 1989, 362

Die Kollision des Europäischen Gemeinschaftsrechts mit nationalem Recht und deren Lösung, RIW 1990, 286

Die richtlinienkonforme Auslegung als vorrangige Methode steuerjuristischer Hermeneutik, RIW 1991, 579

Spindler, Gerald Der neue Vorschlag einer E-Commerce-Richtlinie, ZUM 1999, 775

Starck, Christian Rechtsvergleichung im öffentlichen Recht, JZ 1997, 1021

Stark, Jack On Language Games and Statutory Interpretation: An Inside Narrative, (1999) 20 Statute Law Review 144

Steindorff, Ernst Gesellschaftsrecht, EG-Richtlinien und Art. 177 EWG-Vertrag, AG 1988, 57

Vorlagepflicht nach Art. 177 Abs. 3 EWGV und Europäisches Gesellschaftsrecht, ZHR 1992, 1

EG-Richtlinien und Illusionen, in: Ole Due (Hrsg.), FS Ulrich Everling, Bd. 2, Baden-Baden 1995, S. 1455

EG-Vertrag und Privatrecht, Baden-Baden 1996

Steiner, Josephine The Application of European Community Law in National Courts - Problems, Pitfalls and Precepts, [1980] 96 L.Q.R. 126

Direct Applicability in EEC Law - a Chameleon Concept, [1982] 98 L.Q.R. 229

How to Make the Action Suit the Case, (1987) 12 E.L.Rev. 102

Coming to Terms with EEC Directives, [1990] 106 L.Q.R. 144

From direct effects to Francovich: shifting means of enforcement of Community Law, (1993) 18 E.L.Rev. 3

Enforcing EC Law, London 1995

Steiner, Josephine/ Woods, Lorna Textbook on EC Law, 6th edition, Hampshire 1998

Stiess, Katia Schutz der Wirtschaftswerbung durch Verfassungsrecht und Gemeinschaftsrecht, München 2000

Streinz, Rudolf Der Verfassungsstaat als Glied einer europäischem Gemeinschaft, DVBl. 1990, 954

Europarecht, 4. Auflage, Heidelberg 1999

Stuyck, J./ Wytinck, P. Case C-106/89, *Marleasing SA v. La Comercial Internacional de Alimentacion SA*, Judgment of 13 November 1990 (Sixth chamber), (1991) 28 CML Rev. 205

Styles, Scott W. The Rule of Parliament: Statutory Interpretation after *Pepper v. Hart*, (1994) 14 O.J.L.S. 151

Summers, Robert S. Taruffo, Michele Interpretation and Comparative Analysis, in: D. Neil MacCormick/Robert S. Summers (eds.), Interpreting Statutes - A Comparative Study, Aldershot u.a. 1991, p. 461

Szyszczak, Erika M. Community law and employment law, (1989) 14 E.L.Rev. 246

Sovereignty: Crisis, Compliance, Confusion, Complacency?, (1990) 15 E.L.Rev. 480

Case C-208/90, *Emmott v. Minister For Social Welfare and the Attorney General*, Preliminary reference under Article 177 EEC by the Irish High Court, Decision of the European Court of Justice of July 1991, (1992) 29 CML Rev. 604

European Community Law: New Remedies, New Directions?, [1992] 55 MLR 690

Interpretation of Community Law in the Courts, (1994) 19 E.L.Rev. 214

Pregnancy Discrimination, [1996] 59 MLR 589

Pregnancy and sex discrimination, (1996) 21 E.L.Rev. 79

Theuer, Andreas Der Zugang zu Umweltinformationen aufgrund des Umweltinformationsgesetzes (UIG), NVwZ 1996, 326

Thomas, Heinz/ Putzo, Hans Zivilprozeßordnung, 20 Auflage, München 1997

Thümmel, Roderich C. Der Arrestgrund der Auslandsvollstreckung im Fadenkreuz des Europäischen Rechts, EuZW 1994, 242

Einstweiliger Rechtsschutz im Auslandsrechtsverkehr, NJW 1996, 1930

Tiedtke, Klaus Rechtsprechung des BGH auf dem Gebiet des Bürgschaftsrechts seit 1997, NJW 2001, 1015

Tietje, Christian Europäischer Grundrechtsschutz nach dem Maastricht-Urteil, „Solange III"? - BVerfG, NJW 1993, 3047, JuS 1994, 197

Timmermanns, C.W.A. Directives: Their Effect within the National Legal Systems, (1979) 16 CML Rev. 533

Tomuschat, Christian Die Europäische Union unter der Aufsicht des Bundesverfassungsgerichts, EuGRZ 1993, 489

Toth, A.G. European Community Law, Vol. 1 (Institutional Law), Oxford 1990

Case C-213/89, *Regina v. Secretary of State Transport, ex parte Factortame Limited and Others*, Judgment of the Court of 19 June 1990, (1990) 27 CML Rev. 573

Treber, Jürgen Europäischer Verbraucherschutz im Bürgschaftsrecht, WM 1998, 1908

Triantafyllou, Dimitri Zur Europäisierung des vorläufigen Rechtsschutzes, NVwZ 1992, 129

Tridimas, Takis Horizontal effect of directives: a missed opportunity?, (1994) 19 E.L.Rev. 621

Member State Liability in Damages, [1996] 55 C.L.J. 412

Trindade, F.A. Parliamentary Sovereignty and the Primacy of European Community Law, [1972] 35 MLR 375

Turiaux, André Umweltinformationsgesetz (UIG), München 1995

Usher, John A. Direct effect of directives: dotting the i's ..., (1980) 5 E.L.Rev. 470

European Community law and national law, London 1981

Direct effect of directives: the European Court holds firm, (1982) 7 E.L.Rev. 193

Vaughan, David Law of the European Communities Service, Issue 50, London 1999

Vaughan, David/ Randolph, Fergus The Interface between Community Law and National Law: The United Kingdom Experience, in: Deirdre Curtin/David O'Keeffe (eds.), Constitutional Adjudication in European Community and National Law - Essays for the Hon. Mr. Justice T. F. O'Higgins, Dublin 1992, p. 219

Vedder, Christoph Die Anordnung der sofortigen Vollziehung eines Verwaltungsaktes als Folge des Gemeinschaftsrechts, EWS 1991, 10

Veelken, Winfried — Die Bedeutung des EG-Rechts für die nationale Rechtsanwendung, JuS 1993, 265

Vogenauer, Stefan — Richtlinienkonforme Auslegung nationalen Rechts, ZEuP 1997, 158

Völp, Fromut — Anmerkung (zu BGH, Urt. v. 14.7.1961), NJW 1961, 1916

Voß, Reimer — Europäisches und nationales Steuerrecht, StUW 1993, 155

Wade, H.W.R. — The Basis of Legal Sovereignty, [1955] C.L.J. 172

Sovereignty and the European Communities, [1972] 88 L.Q.R. 1

What has Happened to the Sovereignty of Parliament? [1991] 107 L.Q.R. 1

Sovereignty - Revolution or Evolution?, [1996] 112 L.Q.R. 568

Wank, Rolf — Grenzen richterlicher Rechtsfortbildung, Berlin 1978

Juristische Begriffsbildung, München 1985

Die Auslegung von Gesetzen, Köln u.a. 1997

Warner, J.-P. — The Relationship between European Community Law and the National Laws of Member States, [1977] 93 L.Q.R. 349

Weatherill, Stephen — Regulating the Internal Market: Result Orientation in the House of Lords, (1992) 17 E.L.Rev. 299

Weatherill, Stephen
Beaumont, Paul — EU Law, 3rd edition, London u.a. 1999

Weir, Tony — Die Sprachen des europäischen Rechts, ZEuP 1995, 368

Wesel, Uwe — Geschichte des Rechts - Von den Frühformen bis zum Vertrag von Maastricht, München 1997

Weymüller, Rainer — Der Anwendungsvorrang von EG-Richtlinien - Eine Diskussion ohne Ende?, RIW 1991, 501

Wiese, Günther — Verbot der Benachteiligung wegen des Geschlechts bei der Begründung eines Arbeitsverhältnisses, JuS 1990, 357

Winter, Gerd — Direktwirkung von EG-Richtlinien, DVBl. 1991, 657

Winter, J.A. Direct Applicability and Direct Effect - Two Distinct and Different Concepts in Community Law, (1972) 9 CML Rev. 425

Winterton, George The British Grundnorm: Parliamentary Supremacy Re-examined, [1976] 92 L.Q.R. 591

Worzalla, Michael Die Haftung des Arbeitgebers wegen geschlechtsspezifischer Diskriminierung bei Einstellung nach der neuen Rechtsprechung des EuGH, NJW 1997, 1807

Wyatt, Derrick Article 119 EEC: definition of "pay", (1975-6) 1 E.L.Rev. 414

The Direct Applicability of Regulations and Directives, [1977] 36 C.L.J. 216

The Direct Effect of Community Social Law - Not Forgetting Directives, (1983) 8 E.L.Rev. 241

Wyatt, Derrick/ Dashwood, Alan European Community Law, 3rd edition, London 1993

Zeller, Ernst Auslegung von Gesetz und Vertrag, Zürich 1989

Zimmermann, Andreas Die Ausländersicherheit des § 110 ZPO auf dem Prüfstand des Europäischen Gemeinschaftsrechts, RIW 1992, 707

Zippelius, Reinhold Auslegung als Legitimationsproblem, in: Claus-Wilhelm Canaris/Uwe Diederichsen (Hrsg.), 2. FS Karl Larenz, München 1983, S. 739

Juristische Methodenlehre, 6. Auflage, München 1994

Zöckler, Markus C. Probleme der richtlinienkonformen Auslegung des nationalen Zivilrechts, Jahrbuch Junger Zivilrechtswissenschaftler 1992, 141

Zuleeg, Manfred Die Rechtswirkung europäischer Richtlinien, ZGR 1980, 466

Gleicher Zugang von Männern und Frauen zu beruflicher Tätigkeit, RdA 1984, 325

Die Rolle der rechtsprechenden Gewalt in der europäischen Integration, JZ 1994, 1

Deutsches und europäisches Verwaltungsrecht - Wechselseitige Einwirkungen, VVDStRL 53 (1994), 154

Europäischer Gerichtshof und nationale Arbeitsgerichte aus europarechtlicher Sicht, RdA 1996, 71

Die gemeinschaftskonforme Auslegung und Fortbildung mitgliedstaatlichen Rechts, in: Reiner Schulze (Hrsg.), Auslegung europäischen Privatrechts und angeglichenen Rechts, Baden-Baden 1999, S. 163

Zweigert, Konrad/ Kötz, Hein Einführung in die Rechtsvergleichung, 3. Auflage, Tübingen 1996

Kolibri 360 GmbH
Ferdinand-Jühlke-Straße 7
99095 Erfurt, Deutschland
produktsicherheit@kolibri360.de

Druck:
CPI Druckdienstleistungen GmbH
im Auftrag der
Kolibri 360 GmbH
Ferdinand-Jühlke-Str. 7
99095 Erfurt